日本の家族 1999-2009

全国家族調査［NFRJ］による計量社会学

稲葉昭英／保田時男／田渕六郎／田中重人――［編］

東京大学出版会

FAMILIES IN JAPAN, 1999-2009
Based upon Quantitative Analysis of
National Family Research of Japan (NFRJ)
Akihide INABA, Tokio YASUDA, Rokuro TABUCHI,
and Shigeto TANAKA, Editors
University of Tokyo Press, 2016
ISBN 978-4-13-050188-0

はじめに

　本書は，2009 年に実施された第 3 回全国家族調査（以下，とくに断りがない限り NFRJ08［National Family Research of Japan 2008］と略）のデータセットを中心に，第 1 回全国家族調査（1999 年実施，NFRJ98），第 2 回全国家族調査（2004 年実施，NFRJ03）のデータセットを併用しつつ，この時期の家族に関する様々な事象についての分析をおこなった論文集である．データは過去のイベント経験も測定しているために，それぞれの論文が扱う対象の時期はさまざまだが，中心は 1999 年から 2009 年前後の 10 年間の時期となる．

　NFRJ は当初からクロスセクショナルな調査を定期的に行う反復横断調査のデザインをとっており，5 年おきの 3 回の調査の実施を経た現在，ようやく「家族の構造と変動を明らかにする」データが整備されたことになる（なお，これ以外に特別調査としての NFRJ-S01，パネル調査としての NFRJ-08Panel などの調査も存在する）．いささか大げさかもしれないが，この時代の家族のありようとその変化についての情報を後世に残すことを目的として，本書は企画された．

　日本の家族研究が大規模な確率標本データを用いて分析をおこなうようになったのは，ごく最近のことである．少なくとも，NFRJ98 以前には家族研究者が利用可能な信頼できる大規模データは存在しなかった．その意味では NFRJ98 を用いた論文集『現代家族の構造と変容』（渡辺秀樹・稲葉昭英・嶋﨑尚子編，2004 年）が日本の計量的な家族研究の実質的な最初の成果であったといえるだろう．NFRJ98 がその射程におさめた家族的事象は限定されたものではあるが，しかしその出現によって，日本の家族研究もようやく計量的な方法に本格的に向き合うことが可能になった．こうした NFRJ98 およびそれを用いた研究の評価については賛否両論があるものの，計量的な家族研究への道を拓いたという貢献は否定できないだろう．なお，これに続く成果は

NFRJ03 を主として用いた『現代日本人の家族』（藤見純子・西野理子編，2009 年）である．こちらは前著とは対照的に，授業のテキストなどにも使用可能な平易な内容で全体が構成されている．

『現代家族の構造と変容』の刊行以降，計量的な分析方法は家族研究内外でさまざまな進展を遂げた．なかでも，われわれにとってマルチレベル分析の発展と普及は大きな意味をもった．NFRJ は回答者の両親，配偶者の両親のほかに，子ども，きょうだいについて年長から 3 人までを測定対象とし，それぞれ同一項目によって測定を行うという，ダイアド情報を豊富にもつ独自のデザインをとっている．マルチレベル分析が普及する以前は，われわれはこうしたデータを有効に分析する手段を持たなかった．そこでは，たとえば長子や年長のきょうだいに限定するなどして分析を行わざるを得なかった．しかし，マルチレベル分析の進展によって，測定されているすべての子ども，すべてのきょうだいを扱うことが可能になり，過去のデータを含めて NFRJ のデータを有効に活用しうる道が拓けた．こうして，本書に所収された多くの論文がマルチレベル分析を使用している．その点では，本書はマルチレベル分析を家族研究に導入した最初の成果といえるのかもしれない．

本書で使用される 3 つのデータの概要は，表 1 の通りである．NFRJ98，NFRJ03 は 28-77 歳の男女を対象にしていたが，NFRJ08 は残念なことに予算的な制約が大きく，28-72 歳の男女を対象とせざるをえなかった．いずれも調査員による訪問留置法を用いているが，回収率は近年ほど悪化しているため，時点間の比較は慎重に行うべきである．その意味では，NFRJ の分析から得られた結果は他のデータでの結果と常に比較することが望ましい．なお，各データの詳細は巻末の資料にも情報を付している．それぞれの調査に使用された調査票は大部になるため本書には収録していないが，NFRJ ホームページの調査票のページ（http://nfrj.org/c/question）を参照していただきたい．

本書の母体となったのは 2011 年 9 月に日本家族社会学会全国家族調査委員会より刊行された，以下の NFRJ08 の第 2 次報告書 4 冊である．

表1 3つのNFRJデータの概要

	NFRJ98	NFRJ03	NFRJ08
調査年	1999年1-2月	2004年1-2月	2009年1-2月
調査対象	1921-70年生まれ	1926-75年生まれ	1936-1980年生まれ
	［1998年末で28-77歳］の男女	［2003年末で28-77歳］の男女	［2008年末で28-72歳］男女
計画標本	10,500	10,000	9,400
回収標本	6,985	6,302	5,203
回収率	66.5%	63.0%	55.4%

第1巻　田中重人・永井暁子編『家族と仕事』
第2巻　田渕六郎・嶋﨑尚子編『世代間関係の動態』
第3巻　福田亘孝・西野理子編『家族形成と育児』
第4巻　稲葉昭英・保田時男編『階層・ネットワーク』

　本書執筆者の多くがこの報告書に論文を寄稿しているが，本書所収論文にはこれらと同一のものはなく，大幅に内容を改変したもののほか，全く異なったテーマで執筆されているものもある．われわれは2年間にわたって本書の作成のために研究会を組織し，各論文について継続的に議論を行ってきた．そうしたなかで，当初執筆を予定していたにもかかわらず種々の事情で残念ながら掲載に至らなかった論文もいくつか存在する．このため，本書全体が家族的事象のすべての領域を網羅しているわけではなく，全体の構成に若干の偏りがある点は否定できない．

　われわれの研究が可能になったのは，いうまでもなく日本家族社会学会および同学会全国家族調査委員会の手によってNFRJデータが作成・整備・公開されたからである．NFRJ98の企画・検討は1994年に始まっており，実にその時から20年以上が経過したことになる．NFRJデータの作成に対して一貫して支援をくださった日本家族社会学会の歴代会長（森岡清美・正岡寛司・袖井孝子・石原邦雄・目黒依子・牧野カツコ・渡辺秀樹・善積京子）および理事会に衷心よりお礼申し上げたい．
　3つのデータは多くの全国家族調査委員および実行委員の文字通り血と汗の結晶である．本書に収録されている論文の著者たちも，データの作成・整備に

関する苦労を経験してきたものがほとんどであるが，一方でデータ作りに多大な労力を提供しながらも本書には加わらなかった研究者も多数存在する．データの作成に尽力されたすべての方々にも厚くお礼申し上げたい．

また，本書の作成過程では日本学術振興会より研究助成を受けた（基盤研究（C）「全国家族調査データを用いた 1999-2009 年の日本の家族の総合的研究」，課題番号 25380683，平成 25-27 年度）．記して謝意を表したい．このほか，NFRJ データの作成・整備・公開にあたっても研究助成を受けているが，これについては巻末に一括して示している．

なお，本書所収論文は実際のデータの利用にあたっては東京大学社会科学研究所附属社会調査・データアーカイブ研究センター SSJ データアーカイブから個票データの提供を受ける形をとっている．

本書の刊行は早くから企画されていたが，ここまで刊行が遅れてしまったことはひとえに編者の責任である．遅れに遅れた本書の出版であるが，東京大学出版会の宗司光治さんには最初から最後まで編集の労をお執りいただいた．かなりの無理をお願いした宗司さんにも心よりお礼を申し上げたい．また，校正作業の多くを担当いただいた，近兼路子，吉武理大（いずれも慶應義塾大学大学院生）の二氏の献身的な努力にもお礼を申し上げる．

われわれは，100 年後，200 年後にも残る本を作ることを目標に編集を行った．苦心して作成された 3 つのデータを活用した成果を後世に残すことがわれわれの使命だと考えたからである．そうした目標が達成できたかといえば，今となってはいささか心許ないが，この点は読者からの批判を待ちたい．

2016 年 6 月

稲葉昭英・保田時男・田渕六郎・田中重人

目　次

はじめに　i

Ⅰ　家族の基本構造

1　2000年前後の家族動態 ――― 稲葉昭英・保田時男・田渕六郎・田中重人　3

1　家族の多様化と再生産　3
2　雇用の不安定化と家族　5
3　夫婦関係の不安定性　7
4　女性の就業と家族の変化　9
5　高齢者と子どもとの関係　10
6　安定的なパターン　12
7　本書の構成について　13
8　今後に向けて　19

2　夫婦の情緒関係 ――― 筒井淳也・永井暁子　23
　　　結婚満足度の分析から

1　結婚の質をどうとらえるか　23
2　結婚満足度に関する先行研究　24
3　結婚満足度に関する理論枠組み　26
4　仮説，分析対象と変数　28

        5　分　析　31
        6　議　論　39

3　家族についての意識の変遷────────西野理子・中西泰子　47
　　APC 分析の適用によるコーホート効果の検討

        1　はじめに　47
        2　2つの意識をめぐる先行研究　48
        3　分　析　51
        4　考　察　59
        5　停滞する家族意識　62

4　ネットワークの構造とその変化────────大日義晴・菅野剛　69
　　「家族的関係」への依存の高まりとその意味

        1　はじめに　69
        2　困ったときに誰に頼るのか？　70
        3　なぜ定位家族に頼る傾向が高まっているのか？　80
        4　配偶者中心的なサポート構造と無配偶者への注視　87

II　家族構成と家族行動

5　教育達成に対する家族構造の効果────────荒牧草平・平沢和司　93
　　「世代間伝達」と「世代内配分」に着目して

        1　家族構造　93

2　教育達成と家族にかかわる時代背景　97
  3　データと変数　98
  4　きょうだい効果の分析　100
  5　祖父母効果の分析　105
  6　議　論　109

6　現代日本における子どもの性別選好───────福田　亘孝　113

  1　はじめに　113
  2　子どもの性別選好の変動要因　114
  3　データと分析方法　118
  4　性別選好の特徴と変化　119
  5　マルチレベル・イベント・ヒストリー分析　121
  6　結　論　125

7　離婚と子ども─────────────────────稲葉　昭英　129

  1　離婚と子どもへの視点　129
  2　ひとり親世帯と子ども　129
  3　方　法　132
  4　親の離婚と子どもの教育達成　135
  5　考察と議論　141
  6　結　論　142

III 育児期の家族

8 父親の育児参加の変容 ――――松田 茂樹 147

1 問題設定　147
2 仮　説　148
3 データ・変数・方法　150
4 分析結果　152
5 多変量解析　155
6 結　論　160

9 育児期の女性の就業とサポート関係 ――――西村純子・松井真一 163

1 はじめに　163
2 育児期の女性の就業と親からの非経済的支援の状況　164
3 育児期の女性の就業の規定要因に関する先行研究　167
4 育児期の女性の就業の規定要因に関する分析　169
5 育児期の女性の就業の規定要因に関する考察　173
　――NFRJ98, NFRJ03, NFRJ08 の比較から
6 育児期の女性に対する親からの非経済的支援の規定要因　177
7 親からの非経済的支援の規定要因に関する考察　181
8 おわりに　183

10 育児期のワーク・ライフ・バランス ――――鈴木 富美子 187

1 問題設定　187
2 分析に使用する変数　190
3 育児期の女性たちを取り巻く状況　191
　――「ワーク」と「ライフ」の側面から
4 育児期のワーク・ライフ・バランス　194

5 まとめと考察　198

11 子どもへの母親のかかわり─────────────品田　知美　203
  1 子育ての担い手としての母親　203
  2 子どもへの親のかかわりと階層の再生産　204
  3 子どもへの親のかかわりと関連する因子　205
  4 分析の方法　206
  5 親子のかかわりを理解するための枠組み　206
  6 対象としたデータおよび分析モデル　208
  7 分析結果その1──幼児期後期から児童期の子どもへのかかわり　209
  8 分析結果その2──児童期（思春期前期以降）のかかわり　211
  9 結論および考察　212

Ⅳ　成人期・脱親期の家族

12 中期親子関係の良好度─────────────田中慶子・嶋﨑尚子　219
  発達的過程と相互援助
  1 中期親子関係への接近　219
  2 親子関係の測定　222
  3 データと分析方法　224
  4 結　果　225
  5 結　論　231

13　親への援助のパターンとその変化
　　　　　　　　　　　　　　　　　　施利平・金貞任・稲葉昭英・保田時男　235

　　1　目的と背景　235
　　2　親への援助の非対称性をめぐる実証研究　237
　　3　親への援助の規定要因　238
　　4　NFRJ における世代間援助の測定　240
　　5　親に対する経済的援助　241
　　6　親への非経済的援助　249
　　7　結　論　255

14　成人期のきょうだい関係　　　　　　　　　　　　　　保田　時男　259
　　交流頻度のマルチレベル分析

　　1　成人期のきょうだい関係への注目　259
　　2　成人期のきょうだい関係についての実証研究　260
　　3　成人きょうだいの交流頻度　262
　　4　交流頻度の規定要因のライフステージによる変化　264
　　5　まとめと議論──きょうだいの代替役割が暗示する日本家族の将来　270

15　公的介護保険導入にともなう介護期待の変化　　　　　　大和　礼子　275
　　自分の介護を誰に頼るか

　　1　問い──介護制度の変化は人々の介護期待をどう変えたか　275
　　2　理論的検討──介護制度と介護期待の関連　276
　　3　仮　説　278
　　4　データと方法　279
　　5　分析結果　281
　　6　結論と政策的含意　287

V 性別役割分業と家族

16 有配偶女性からみた夫婦の家事分担 ————————乾 順子 295

1 問題設定 295
2 先行研究と仮説 296
3 データと変数 299
4 分 析 303
5 結果のまとめと議論 306

17 ワーク・ファミリー・コンフリクト ————————内田哲郎・裵智恵 311
職業生活領域から家族生活領域への葛藤（WFC）を中心に

1 研究の目的 311
2 WFC をめぐる先行研究の整理 312
3 NFRJ08 にみる WFC の現況 314
4 男性にとっての WFC，女性にとっての WFC 317
5 WFC の規定要因 319
6 結びにかえて——現代日本の WFC の様相 322

18 有配偶女性の就労と性別役割分業意識 ————————島直子・賀茂美則 329

1 本章の目的 329
2 先行研究の知見 330
　　——妻の就労が本人及び夫の性別役割分業意識に及ぼす影響
3 方 法 335
4 結 果 337
5 まとめ 341

19 補章　マルチレベル分析による家族研究——————保田　時男　347

　　1　ダイアド集積型調査におけるマルチレベル分析　347
　　2　NFRJ データでの分析例　350
　　3　ダイアド集積型調査における分析の特殊性　352
　　4　マルチレベル分析による家族研究の発展可能性　358

付録　NFRJ 調査の概要　（田中重人）　361

I

家族の基本構造

1
2000年前後の家族動態

稲葉昭英・保田時男・田渕六郎・田中重人

1 家族の多様化と再生産

　本章では，本書が対象とする 1990 年代後半から 2010 年ごろまでの時期にかけての家族的事象の実情や変化について概観しつつ，収録された論文の位置づけを行いたい．

　家族研究では常に指摘されることであるが，家族的な事象は変化しない部分よりも変化した部分に社会的な注目が集まり，研究者もそちらを強調する傾向にある．この期間中には家族に関する多くの本が出版され，社会的な注目を集めたが，それらは当然のことながら変化を強調するものであった．ごく粗くその要旨をまとめるならば，格差や貧困の問題が顕在化し，あわせて未婚化・晩婚化が進展した結果，家族の多様化が進んだ，と理解されているように思われる．

　家族の多様化を形態面での差異の増大ととらえるならば，それは家族についての考え方や許容度が多様化した結果として生じた多様化と，旧来の家族についての考え方が維持されたまま，その実現が難しくなった結果として生じた多様化とに大別できる[1]．「家族についての考え方」を選好，とみなせば「選好の変化に基づく変化」「選好の変化を伴わない変化」ということになるが，Rindfuss ほか（2004）が示したように，選好の変化を伴わない場合でも新たなパターンが人々の周囲で観察されるようになれば，人々の許容度が高まり，結果的に選好の変化が生じる可能性が高くなると考えるべきだろう．

選好の変化を伴わない変化は，本書が対象とする期間中の多様化に関する指摘の多くが該当する．性別役割分業や結婚・出産，理想のライフコースなどについての意識・態度はこの期間中にそれほど大きな変化は見られず，性別役割分業意識にいたってはむしろ保守化したとさえ指摘されている．多くの者が生涯のどこかで結婚することを希望し，子どもをもつことを希望しているという点で，結婚や子どもについての考え方についてもこの期間中に大きな変化があったとはいいがたい（国立社会保障・人口問題研究所 2012a, 2012b）．にもかかわらず実態としては失業率が増加し，格差や貧困の問題が顕在化し，またその結果として未婚化・晩婚化が進展し（もちろん未婚化・晩婚化の原因はそれだけに限定されるものではないが），結婚を中心に人々のそうした選好の実現が難しくなっている．

　一方で，家族研究にとっては変化のない現象も重要な研究対象である．実際，第1回全国家族調査（NFRJ98）の成果であり，2004年に刊行された本書の前身である『現代家族の構造と変容』（東京大学出版会）の1つの知見は，家族的事象に対するジェンダーの強い規定性と遍在性であり，また予想以上に変化に乏しい家族の姿であった．多様化が指摘されるこの期間中の家族についても，この指摘はおよそあてはまるように思われる．こうしたパターンを変動・多様化に対して安定・再生産とよぼう（渡辺（1995）は多様化に対して画一化を対概念として指定するが，画一化もまた変化であるため，ここでは既存の構造が維持される「安定」の概念を用いる）．

　こうしてこの時期の家族的事象に対して安定・再生産，変動・多様化という2つの方向性を看取しうるが，同時にそれぞれについて選好の変化を伴う／伴わない，という2つの傾向を指摘することができる．このような観点から家族的事象を整理すると，表1.1のように整理することができる．選好の変化と一致した変動，選好の変化のない状態での安定を整合的，と呼ぶことにすれば，整合的安定・変動，非整合的安定・変動の4者に区分することができる．

　もちろん，実際には社会全体が一様な選好を有するわけではないから，厳密にはどのような集合体や個人を対象とするかで同じ事象でもこのモデル上の位置は異なってくることになる．厳密にはこのモデルは社会の部分集合レベルで想定されるべきものであるが，部分集合と全体集合の重なりが大きなものにな

表 1.1 家族的事象の再生産・多様化と選好の変化

変動の方向	選好の変化	
	あり	なし
安定・再生産	非整合的安定	整合的安定
変動・多様化	整合的変動	非整合的変動

れば，社会全体としての家族的事象について記述・評価するモデルとして用いることは可能だろう．なお，既述のように選好の変化を伴わない変動は，時間的経過の中で選好の変化を生み出すこともあれば，変動を停止することもあり，同様に選好の変化にもかかわらず変動が生起しない場合には選好自体の再変化や時間的な遅滞をともなった変動を生み出すこともある．これらの状態は相互に移行可能であることが前提となる．以下ではこの図式を基本に置きながら，個別の家族的事象を検討していくことにしよう．

2 雇用の不安定化と家族

1990年代は，それ以前の高度成長期（1950-1970年代前半）・バブル経済期（1980年代）などと違って国内経済は長期的に停滞した時期とされる．1991-93年を中心としたバブル崩壊以降，わが国の経済はその後遺症に苦しんだ．一方で経済のグローバル化が進み，さまざまな法規制の下に企業間の自由競争が統制されていた時代から，激しい企業間競争の時代へと突入する．大手都市銀行の合併・再編に象徴されるように企業の再編が進むとともに，多くの企業は人件費の削減に踏み切り，製造業部門を海外に移転させるとともに非正規雇用を増加させた．同時に高齢化の進展によって国家予算に占める社会保障支出の比率が増大し，公共事業への支出は抑制されていく．これらの結果として失業率が上昇し，それまで標準的なライフコースに予定されていた正規雇用への就業自体が簡単なものではなくなっていった．こうした変化はとくに新卒の若年者に影響を与えたとされる．かつては「親に甘える自立できない若者」が問題にされたが，この時期にはむしろ非正規雇用に代表される経済的に脆弱な若者の問題が注目されるようになり，格差や階層の固定化がさかんに指摘された

（たとえば玄田 2001; 宮本 2002; 山田 2004）．

　日本では卒業・就職・結婚というイベントの移行順序が非常に強く（鈴木 2011），このために就業の不安定化は結婚というイベントに移行できない若者（とくに男性）を生み出すことになる．未婚化・晩婚化はすでに1980年代から発生していたが，非正規雇用や失業という問題が進展した90年代にはこれらの人々を中心に未婚化が顕著なものとなった．未婚化は少子化の最大の要因であり，その進展により少子化は深刻な社会問題として認識されるにいたる．2000年以降に少子化への危機意識はますます高まり，その対策が真剣に講じられるようになった．

　さて，未婚化は単独世帯で暮らす若者の増加をイメージしやすいが，国勢調査等の統計を概観する限り事実は必ずしもそうではなく，男性についていえばむしろ2000年以降はそれ以前に比して定位家族に長期的に同居する若者が増加している（稲葉 2012）．もともと女子は結婚までは定位家族に同居を続ける傾向が強いが，男子においては，経済的に不安定な場合に単独世帯を形成するだけの経済的基盤を持たず，定位家族との同居が選択される傾向が高まる．このように，1990年代から2000年前後の時期は若年男性に同居を通じた定位家族への経済的依存が大きくなったことが推察されるが，その傾向は資源力に乏しい低所得層でより大きかったと考えられる．このことは離家の遅れや離家後の頻繁な帰家・再同居を意味する．

　しかし，以上のような対処戦略は依存可能な定位家族を有している者にしか可能ではない．定位家族との関係が悪い場合，定位家族が経済的に脆弱である場合にはより問題は深刻なものとなる．後者について付言すれば，貧困・低所得層出身者は雇用の不安定化に対してより脆弱であり，この結果としてより不利な立場に置かれると推察できる．貧困・低所得が世代的に再生産される傾向を前提にすれば，経済的な下層ほど定位家族に依存しなければならないニーズを持つ一方で，依存可能な家族を持たないために，1990年代から2000年代にかけて貧困・低所得の世代的な連鎖がより強まったと考えられる．

　ただ，こうした格差の拡大および顕在化が家族に何をもたらしたのかはそれほど明らかにされてきたわけではなかった．本書の大日・菅野論文（第4章）や西村・松井論文（第9章）はサポート源としての定位家族の比重が近年ほど

高まる傾向を明らかにしている．いうまでもないことであるが，このことは人々の生活において家族および世代間関係が重要な資源でありつづけていることを示している．

3 夫婦関係の不安定性

1990年代から2000年代にかけての家族のもうひとつの変化は夫婦関係の不安定化である．それは離婚の実質的な増加を端的な指標として把握できる．この背景には経済的な不安定性のみならず，男女平等イデオロギーの普及，女性の結婚後の就労の一般化などの結果として，夫婦の勢力関係が従来よりも平等化し，それまで潜在化していた「女性にとって望ましくない結婚」が解消されやすくなっていることもあげられる．こうした変化はこの時代特有の現象というよりも，趨勢的に一貫して示されている傾向と考えるべきである．

ただし，離婚に関する統計はそれほど整備されておらず，また指標も十分に理解されているとはいいがたい．人口1000人あたりの離婚件数を示す普通離婚率は近年ほど減少する傾向にあるが，これは離婚リスクの高い若年カップルの減少とリスクの少ない高齢者の増加による「人口学的な」結果と考えたほうがよい．また，夫婦組数1000組あたりの離婚件数である有配偶離婚率も近年は減少しているが，これも同様に若年カップルの減少と高齢カップルの増加の結果と考えらえる．実際に，年齢別に計算された有配偶離婚率は近年ほど上昇しており（図1.1），離婚は実質的に増加していると考えたほうがよい．

とはいえ，結婚したカップルのうちどのくらいが離婚するのかは厳密にはわからない．J. Raymoら（Raymo, Iwasawa and Bumpass 2004）はそうした中で，さまざまな工夫をしたうえでカップルの約3割が離婚するという推定を行っている．人口動態統計データを用いた岩澤美帆（2008）によるシミュレーションでも，既婚者の50歳時点での離婚割合は1980年出生コーホートで18%，90年出生コーホートでは少なく見積もっても28%と推計されており，この数値は妥当性を持つようだ．国勢調査上でも母子世帯で暮らす子どもたちの比率は明らかに上昇しており，2010年時点で10-14歳の子の12.6%が独立ひとり親世帯に暮らしており，祖父母との同居世帯を含めると18%強という数字も

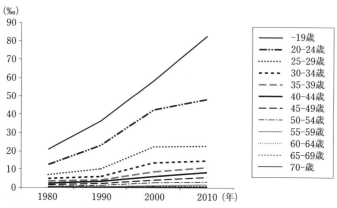

図 1.1 年齢別有配偶離婚率（有配偶者1000人あたり離婚件数，女性，国勢調査より作成）

推計されている（稲葉 2013）．その点でも 90 年代以降に離婚が増加し，親の離婚を経験する子どもたちが増加している点はおそらく確かなようだ．

　離婚だけでなく，夫婦関係の満足度なども平均値レベルで見ると低下傾向が観察される（稲葉 2011）．一般に経済的な困窮は夫婦関係の悪化と結びつくとされるため，経済的な不安定性が強くなったこの時代には夫婦関係を中心とする家族関係も不安定化したと考えられる．一方で，経済的な不安定性は離婚や別居などの選択が簡単に行いえない状況でもある．とすれば，関係が悪化したにもかかわらず解消されずに維持される夫婦関係が以前より増加した可能性もある．不幸な結婚が解消されやすくなり，離婚が実質的に増加する一方で，不満を抱えながら解消せずに存続している家族も増加していると考えられるのである．

　以上の帰結として，親の不仲や離婚を経験する子どもの増加が想定できる．しかし，こうした経験が子どもに何をもたらすのかはまだ十分に明らかにされていない．常識的に考えれば夫婦関係の不安定化は子どもにストレス，経済的問題，一方または双方の親への反感など負の問題を引き起こすと考えられ，結果として親子関係の不安定化と結びつくように思われる．

　このように，社会全体としては家族への依存が強まらざるを得ない状況にあるにもかかわらず，夫婦関係の不安定化，およびそこから派生する親子関係の

不安定化が従来よりも進展していると考えられる．また，離婚の増加は再婚の増加を帰結するように思われるが，再婚の件数は増加しているものの，離婚経験者に占める再婚率は低下していることが知られている（余田 2014）．非離婚経験者，離婚経験者いずれにおいても非婚化が進展しているようだ．

4　女性の就業と家族の変化

　有配偶女性の就労は 2000 年以前から一貫して増加しており，政策的にもそれを推進する機運は強い．正規雇用における出産退職の傾向はいまだ高く，少なくとも出産・育児期のパターンには大きな変化は観察されないが（国立社会保障・人口問題研究所 2012b），本書の鈴木論文（第 10 章）が指摘するように再就労する時期は従来よりも早まっている傾向がみられる．この理由はさまざまに考えられるが，再就労は非正規が多く，低所得層を中心に経済的な理由での就労が従来よりも増加した結果である可能性もある．再就労の時期の早期化は，M 字型の底の期間が短期間化することを意味するが，もともと M 字型就労はその是非はともかくとして，仕事と育児の葛藤を避けるためにとられた戦略であるから，その期間が短期間化したことはいわゆるワーク・ファミリー・コンフリクトが出現しやすくなることを意味する．もっとも，従来型の性別役割分業が大きく平等化の方向に変化していれば，必ずしもこうした問題が発生するとはいえない．このように，育児期における家庭内の性別役割分業はどのように変化しているのか，いないのかが大きな関心事となる．

　本書の松田論文（第 8 章）は，男性の育児参加に大きな変化は認められず，有配偶女性の就労が必ずしも家庭内の性別役割分業の平等化を伴って進行しているわけではないことを明らかにしている．

　1999 年の男女共同参画社会基本法の成立以降，さまざまな場面での男女平等の実現が政策目標ともなっている．そのための政策の 1 つにワーク・ライフ・バランスの推進があげられるが，A. Hochschild が『タイム・バインド』（Hochschild 1997）で明らかにした事実の 1 つは，高学歴のキャリア志向の女性たちは短時間勤務やフレックスタイムのような制度を利用せず，むしろ「ホーム」としての仕事に時間とエネルギーを投入することを望み，家事や育児が

できることならやりたくない「仕事」になっている姿であった．それは自己実現や他者からの評価を与えてくれる仕事の価値が高まり，自分では統制が難しい育児や家事の価値がより低いものへと変化した結果であった．

日本ではまだ伝統的な性別役割分業の規定性が強いため，Hochschild が見出したパターンとは逆に女性たちには「家事や育児に時間をかけたい」希望が多いようだ．本書ではこの問題を内田・裵論文（第 17 章）が扱うが，そこでは女性は「家事や育児の時間が取れないこと」，男性は「家族と過ごせないこと」がワーク・ファミリー・コンフリクトとして認識されている．前者は家族役割の遂行，後者は家族生活の享受が求められているのである．この姿は従来型の選好が大きく変化しない中で共働きが進展している様子をうかがわせる．

こうしたパターンを可能にしている要因の 1 つとして，定位家族を中心とした世代間関係への依存性の大きさが指摘されてきた．西村・松井論文（第 9 章）は育児期の女性の就業と親族（親）の利用可能性の関連を検討し，両者の大きな関連を指摘している．夫が育児にかかわることが難しければ，親族の利用可能性が女性の就労可能性を左右する大きな要因となる．こうして夫婦の関係性，世代間関係，労働環境などが相互に連関しあいながら全体的な構造を形成しており，その変化は簡単ではないことを改めて認識することができる．

5　高齢者と子どもとの関係

2000 年以降に顕著な整合的変動が生じていると思われるのが高齢者と子夫婦の世代間関係である．子世代の同居規範への支持度は趨勢的に低まっていることが報告されている（田渕 2012）．図 1.2 は国民生活基礎調査の結果をもとに 1986 年から 2010 年までの期間中の 65 歳以上の者の子どもとの同居率，およびその内訳を示したものである．高齢者と子夫婦との同居は減少しているが，一方で無配偶の子との同居は増加しており，2007 年以降は無配偶子との同居のほうが多くなるという新たな変化が生じている．

図 1.3 は内閣府「高齢者国際比較調査」における，1980 年から 2010 年までの「子供や孫とはいつも一緒に生活できるのがよい」「子供や孫とはときどきあって食事や会話をするのがよい」という意見の支持度を示したものである．

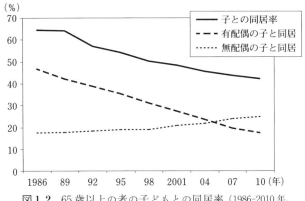

図1.2 65歳以上の者の子どもとの同居率（1986-2010年，国民生活基礎調査）

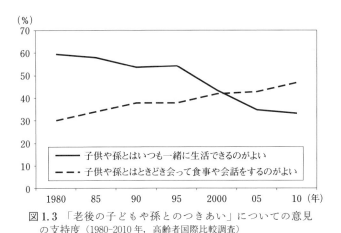

図1.3 「老後の子どもや孫とのつきあい」についての意見の支持度（1980-2010年，高齢者国際比較調査）

ここでも，前者の比率が一貫して低下し，これにかわって後者が漸増すること，2000年すぎに両者の逆転が起こっていることが理解できる．地域差があるとはいえ，趨勢的には高齢者世代が子世代に対して相対的な自立を強めていると推測できる．

けれども，このことはただちに高齢者世代の社会的な孤立を生むものではなく，世代間の交流頻度の低下を伴うものではないようだ（稲葉 2013）．本書では子どもから親への経済的援助を施利平が，非経済的援助を金貞任が扱う（第

13章).施によれば,親への経済的援助は趨勢的に減少しており,親世代の経済面での相対的な自立傾向がうかがえること,夫方・妻方どちらか一方ではなく,双方への援助を行うというバランスがとられているという.金は介護や家事支援などの非経済的援助を扱うが,援助のパターンは多様化しており,自分たちに援助をしてくれる親に援助を提供する,という交換関係が強く維持されていることを明らかにしている.

さらに新たに注目すべき現象として中高年の子とその親との長期的同居があげられる.既述のようにこれは子世代の未婚化・晩婚化および非正規就労の増加などが主因となっているものと考えられ,非整合的な変動であると考えられる.そこでは,従来の「高齢の親を子ども(夫婦)が扶養する」という形の同居はイメージしにくい.この現象は宮本みち子ほか(1997)によっていち早く指摘され,その後の山田昌弘(1999)による造語「パラサイト・シングル」によって社会的に注目を浴びるようになるが,無配偶の成人子とその親との関係はしっかりしたデータに基づく研究が十分に存在するわけではなく,今後とも検討されるべき重要なテーマといえるだろう.

田中・嶋﨑論文(第12章)はこうした中期親子関係について分析し,無配偶の子との関係が有配偶の子との関係よりも良好度が低いことを見出し,標準的な移行を完了することが親子関係のありようを規定することを指摘する.

6　安定的なパターン

以上は主として期間中に示された変化であるが,既述のように家族的事象にはむしろ変化に乏しい側面が多く存在する.夫婦間の家事分担・育児分担は従来からその代表格とされる現象である(岩井 2011).家事については乾論文(第16章),育児については松田論文(第8章)が,いずれも変化の乏しさを確認している.ただし,両論文ともに従来示されなかった性別役割分業意識の規定性がみられるようになっていることを指摘する.松田論文はこの解釈に慎重な立場をとるが,今後その変化に注目すべきだろう.

なお,性別役割分業意識自体の変化を検討した西野・中西論文(第3章)では,性別役割分業意識が言われているほど保守化しているわけではなく,長期

的にみれば平等化の傾向にあること，コーホートの効果は示されるが小さいことを指摘している．

結婚満足度や夫婦間の情緒的なサポートに関しては従来から大きな性差の存在が指摘されており，この点は本書の筒井・永井論文（第2章）でもあらためて確認がなされている．基本的には女性が他者と緊密に相互作用し，情緒的なサポートの授受や交流を行っているのに対して，男性にはこうした傾向は低い．こうした現象はこれまで「女性による他者へのケアの提供」として把握されてきた．この一般原則は親との関係，子との関係，きょうだい，すべてにあてはまるようだ．いわゆるジェンダーの遍在性である．

品田論文（第11章）でも示されるように，前期親子関係（年少の子と親）の良好度は母親に高く父親に低く，また男子に低く女子に高い．中期親子関係（成人子と親）を扱った田中・嶋﨑論文（第12章）でもこの傾向は同様で，関係の良好度は母親に高く，女子に高い．保田論文（第14章）ではきょうだい関係においても，女性のきょうだい関係は男性のそれよりも良く，女きょうだいとの関係は男きょうだいとの関係より良好であることが示される．従来，子どもにとって父方よりも母方の親族のほうが身近な表出的関係であることが指摘されてきたが（藤見 1983），以上の結果からすれば，母方親族のほうが母親を媒介として対人的な交際が活発になることが理論上も予測できる．同様に，離婚後の親子関係についても父子関係が希薄化することが予想されるが，実際にそうした結果が示されている（稲葉論文（第7章））．

これらを見る限り，家族は「変わりにくい構造」の上にさまざまな現象が再生産されている側面もまた大きいことがわかる（整合的安定）．そうした再生産の結果の持つ問題性を抽出し，そのメカニズムを明らかにすることは家族研究にとっては重要である．

7　本書の構成について

本書は，全部で5つの部から構成されている．いずれも NFRJ98, NFRJ03, NFRJ08 のいずれか／すべてのデータセットを使用しているが，データの詳細については巻末を参照いただきたい．以下，部分的にはこれまでの記述と重複

するがその概要を示そう．

　第Ⅰ部は家族の基本構造に関する論文を所収している．筒井・永井論文（第2章）は夫婦関係について結婚満足度を中心に分析をおこない，これまで示されてきたライフサイクル上のU字型パターンを再確認し，そのメカニズムを検討している．趨勢的に結婚満足度は低下しているが，基本的な構造はそれほど大きく変化していないということになる．

　西野・中西論文（第3章）は家族に関する態度・意見（いわゆる家族意識）に対する年齢・時代・出生コーホートの規定性を検討している．性別役割分業意識の保守化はしばしば指摘され，NFRJ08でやや保守化傾向が観察されるが，3時点を比較すると趨勢は平等化にむかっているようだ．規定要因については年齢の効果が大きく，高齢者ほど保守的な意識を有するが，これに比較すると時点，出生コーホートの効果は小さい．また，老親同居規範（「親が歳をとって自分たちだけでは暮らしていけなくなったら，子どもは親と同居すべきだ」への支持度）については年齢および出生コーホートの効果は弱く，時点間では一貫して趨勢的にこれを否定する傾向が示された．

　大日・菅野論文（第4章）はサポートネットワークの構造を分析している．配偶者がもっとも重要なサポート源であり，この傾向は男性に顕著であること，女性は結婚後も親が重要なサポート源であり続けることが示されると同時に，近年になるほど子世代の定位家族への依存性が大きくなっていることが示されている．

　少なくとも夫婦関係やネットワークの構造については総じて構造の変化よりも，再生産が顕著であること，あるいはこれまで知られていた構造がより鮮明化しているといえそうだ．それは人々にとって依然として家族が重要な資源であり，経済的な不況期などにはその存在が際立つということでもあるようにも思われる．

　第Ⅱ部は家族にかかわる諸行動の分析である．福田論文（第6章）は出生行動に関する分析であり，とくに性別選好の問題を扱っている．第2子についてはほとんど性別選好は見られず，この結果は2人の子どもを産むことが標準的なパターンとして確立している結果だと判断されている．一方，第3子については性別選好が示され，かつて見られた男児選好に比して女児選好が示され

ていること，ただしこの傾向は学歴の高い階層では示されないことが明らかになった．総じて子どもの性別選好は弱まっており，この点ではジェンダー平等が進んでいるといえるのかもしれない．

荒牧・平沢論文（第5章）は，これまでの階層研究における学歴達成の基本枠組みを用いながら，出生順位やきょうだい数，祖父母の学歴といった家族的要因の影響を検討している．きょうだい構造の影響力は比較的小さいのに対して，祖父母の学歴のもつ影響力は大きく，階層的地位と強く関連する学歴が家族を経由して再生産されている様子をあらためて垣間見ることができる．

稲葉論文（第7章）は親の離婚や再婚と子どもの学歴達成や親子関係の良好度・会話頻度について検討し，親の離婚を経験した子どもにこれらの点で大きな不利が生じることを示している．これらは親の学歴や子どもの性別にかかわりなく成立する．親の離婚は子どもに不利に働く現実があるが，離婚の増加に伴い，依存可能な定位家族をもつ可能性も限定するためにその影響は長期的なものとなりかねない．荒牧・平沢論文とあわせて，家族を媒介とした格差の拡大・再生産のメカニズムを考えることができる．

第III部は育児期の家族に限定した論考である．松田論文（第8章）は，男性の育児参加が趨勢的に増加しているとは言えないこと，ただし規定要因に男性の性別役割分業意識などの意識・態度変数の効果がみられるようになったことを指摘している．ただ，松田によればこの変化は「保守的な父親がより育児参加をしなくなった」ことで生じたのであり，育児参加をめぐるパターンはこの10年間ほとんど変わらないという．

西村・松井論文（第9章）は育児期の女性の就業を可能にする要因を検討し，定位家族を中心とした親族の利用可能性が近年ほど重要になっていること，とくに女性の実親からの援助がますます重要になっていることを明らかにしている．こうした日本の現状を家族主義的であると批判することもできようが，サポート源としての定位家族がより大きな意味を有していることを理解することができる．

鈴木論文（第10章）は育児期の女性を対象にワーク・ライフ・バランスを規定する諸要因を検討する．家事・育児を中心とした家庭役割の負担感は近年になって常勤女性に増加していること，そうした負担感を軽減しうる要因とし

て，NFRJ08においては従来の夫からの情緒的サポートにくわえて夫の育児参加の効果が示された．夫は「ケアをする妻に対する情緒的な支援」をする存在から，「一緒に育児に取り組む存在」として期待されるようになった，という変化が考察されている．鈴木はここに夫婦関係の変化の端緒を指摘している．

品田論文（第11章）は育児期の親子関係を対象に友好的関わり，教育的関わりを検討する．そこでは母親の労働時間による差異は少なく，子どもとの関わりを前提にしながら生活が構造化されている姿が示された．子どもへの関わりを重視する既存の母子関係のあり方があまり変わらずに，女性の労働市場参加が展開しつつあることになる．また高学歴の専業主婦に教育的関わりが高く，ここでも親子の学歴の再生産のメカニズムがあらためて浮上する．

第III部でも総じて変化よりは既存の構造が再生産ないしは再活性化される姿が顕著であるように思われる．ただし，西村・松井論文にせよ，鈴木論文にせよ，女性が自分の選好を実現するために既存の資源を利用するという，古くて新しいパターンを指摘している．

第IV部は成人期の子と親や家族関係を扱う．田中・嶋﨑論文（第12章）は，親子関係は子が結婚，離家といった通例的な移行を経験しているほど良好であり，また娘，女親に高いこと，を明らかにしている．

施・金・稲葉・保田論文（第13章）は，子世代から親世代への援助について，父（夫）方，母（妻）方への偏り（非対称性）およびその変化を扱う．施は親世代への経済的な援助について検討し，趨勢的に子から親への援助が減少する中で，夫方・妻方双方への援助が同程度になりつつあること，親への金銭的な援助が規範的なものから状況依存的なものになっていることを指摘している．金は非経済的な援助について，親への援助パターンが双系化というよりは多様化していること，親との援助の交換関係が強く見られ，居住の近接性などの要因が大きく関与していることを明らかにしている．総じて子から親への援助は規範的な制約は後退し，それぞれのニーズを反映した交換関係という色彩が強くなっているようだ．

保田論文（第14章）はきょうだい関係の交流頻度（話らしい話をする頻度）を検討し，女性どうしの場合が最も頻度が高くなること，女性が含まれる場合に交流頻度が高まることを指摘する．そのうえで，きょうだいとの交流と配偶

者の有無，子どもの有無との関連を検討している．そこでは，若年期は回答者・きょうだいとも有配偶の場合に交流頻度が低下するが，こうした傾向は壮年期・高年期では弱まり，回答者に子どもがいる場合に交流頻度が大きく低下する傾向が示された．少なくとも，きょうだい関係は子どもとの関係を代替しているようだ．今後未婚化が進展する中で，無配偶者や子どもを持たない者が増加するが，そうした人々にとってきょうだい関係が重要な位置を占めること，一方できょうだい数それ自体が減少しており，かつてほどはきょうだい関係が自明な存在ではなくなっていることが指摘されている．

　大和論文（第15章）は自分が介護を必要とするようになった時に誰を頼りにするか，という介護期待の変化を介護保険導入前後で検討している．介護保険導入後，専門家への介護期待は高まったが，それは家族・親族への介護期待を減少させたわけではなく，「家族よりも専門家」という選好の変化を伴うものではなかった．介護保険導入時にいわれたような「専門家の利用が家族関係を希薄化させる」傾向は示されず，導入前から見られた高学歴層や女性における専門家利用への積極性はそのまま維持されていた．介護保険は家族介護に恵まれない人に安心感を与える効果を有しているようだが，介護保険自体が家族を変化させた側面はこの点ではあまり大きいとはいえないようだ．

　以上の論文からは，家族関係においては女性が関係維持の主たる担い手になっており，世代間関係も世代内関係もこれがあてはまること，この結果として男性同士の関係，男性との関係が低調になる傾向がうかがえる．こうした基本構造は頑健であり，今後も簡単には変容しないように思われる．

　第Ⅴ部は性別役割分業に関連する3本の論文を収録している．乾論文（第16章）は有配偶女性を対象に男性（夫）の家事分担の趨勢と規定要因の変化を考察する．男性の家事分担がわずかながら平等化の方向にあること，これまで家事参加の明確な規定要因ではなかった妻の性別役割分業意識に近年効果が生じていることが明らかにされている．妻が正規職や非正規職の場合には，妻の性別役割分業意識に整合的な家事分担が実現する傾向が生じているようだ．非整合的な安定から整合的な変動にむけて夫婦関係が変化しているということなのだろうか．

　内田・裵論文（第17章）はワーク・ファミリー・コンフリクトを規定する

要因を男女間で比較する．女性は家族役割の遂行に十分に時間がとれない状況を，男性は家族とともに過ごす時間をとれない状況をコンフリクトと感じる．これは，ケアを提供する女性と享受する男性という対比に重なるが，ワーク・ファミリー・コンフリクト自体が強いジェンダー規定性を持つことがわかる．

　島・賀茂論文（第18章）は，妻の就労が夫・妻の性別役割分業意識に及ぼす効果を，とくに妻の所得と夫の所得の差異に注目して検討する．夫・妻ともに男性の稼ぎ手役割規範を強く支持していたが，夫の年収が低い場合には妻の年収が高いと夫・妻は性別役割分業に否定的な傾向を示し，一方夫の年収が高い場合には妻の年収の高低は夫・妻の性別役割分業意識に影響を与えておらず，妻の年収にかかわらず性別役割分業規範は支持されていた．以上から，認知的不協和仮説（夫の稼ぎ手役割規範と矛盾した状態に直面すると，認知的不協和の解消のために性別役割分業に否定的になる）もしくは利益仮説（妻の就労の利益が大きいと意識が平等化する）が支持されたことになる．この結果からすれば，女性の就労状況を一定とすれば夫の所得が不安定化・減少すると性別役割分業意識が平等化することになり，経済的不況と家族の変化に関して有力な視点を提供することになる．

　以上の3論文は，総じて伝統的な性別役割分業およびそれに基づいた意識・態度の存在を示唆する．その意識の変化は簡単ではないし，示された変化もわずかなものにとどまっているが，平等化への端緒をわずかに垣間見ることができる．

　なお，補章となる保田論文（第19章）は，本書の多くの論文が採用したマルチレベルモデルに関する，家族研究向けの解説論文である．

　全体としてみれば，この期間中に家族的事象に大きな変化があったことを指摘する論文は少ない．見出されたのはジェンダーに規定された家族関係のありよう，これと関連する世帯内の性別役割分業，サポート源としての世代間関係の重要性などの頑健な構造であり，そうした中でわずかに平等化や選択機会の増加などの兆候が指摘されるにとどまっている．その意味で本書の内容には「驚くべき話」は少ない．けれども，このことこそが現実の家族的事象を正確にとらえた結果ではないかと私たちは考えている．

8 今後に向けて

　最後に今後の家族について，簡単に展望を述べてみたい．本書でも垣間見えるように，今後結婚し，その結婚を継続させていく人々が社会全体に占める比率はより低下していくと考えられる．これは事実婚が増加するというよりも，パートナー関係を有さない人々が増加することで生じると考えられる．それらの人々は典型的には単独世帯居住者か，親と同居する無配偶者，子どもと同居する無配偶者である．

　こうした人々が家族に所属していないのかといえば，必ずしもそうではない．おそらく，多くは定位家族や自分のきょうだいと一定の相互作用を継続させていると推測できるし，離婚を経験している場合でも子どもとの相互作用は継続していることが考えられる．本書所収論文で垣間見えるのは，そうした相互作用は多くの人々にとって重要な機能を有しているが，それらは女性によって担われている側面が大きく，男性においてはこうした相互作用が成立する基盤がきわめて脆弱である，ということだ．従来，家族の問題は母子世帯の貧困，介護負担や育児不安，就労との両立の困難などのように女性の周辺に社会的な関心が集中していた感が強いが，今後は家族から疎外される男性が重要な対象となるだろう．

　問題は，これまでの家族研究がこうした人たちを対象とした分析枠組みを十分に作りえていないことにある．たとえば，夫婦間の家事分担や情緒的サポートは家族研究にとって重要な研究対象だが，分析対象となるのはこうした夫婦関係を有する人に限られる．分析の精度を高めるために，再婚者が除外されることもある．

　一方，未就学や未成年の子どもと親との関係である前期親子関係についていえば，これまでは同居子との関係を前提とし，同居していない子どもは分析対象から除外されることが多かった．高齢の親と子どもとの関係については，比較的制約は少なかったと考えてよいように思われるが，それでも有配偶の子どもが想定されることが多かった．

　分析対象に一定の条件を設けることは，分析の精度を高めるためには必要な

ことも多く,それ自体は決して非難されるべきではない.しかしながら,研究対象はどうしてもマジョリティとされる人たちになるため,かつてマイノリティとされた人々が今後増加していく場合には,とくに趨勢的なデータで時点間比較を行う場合に深刻な問題となる.もともとNFRJは時点間の趨勢分析を想定して計画された反復横断調査であるが,こうした趨勢分析の可能性について楽観的であったことは否定できない.

たとえば,夫婦関係の時点間比較は家族研究にとって基本となる分析であるが,ほとんどの人が結婚して家族を形成したかつての時代と,人口の8割程度が結婚し,結婚したカップルの3割が離婚する時代では,調査時に夫婦関係を形成・維持している人自体に差異が存在することを想定せざるを得ない.初婚の継続が難しくなる傾向が続けば,データ中に観察される「夫婦」には大きなセレクションバイアスがかかることになる.データを比較する際にはこうした点を考慮していく必要がある.

と同時に,従来の家族研究のアプローチ──初婚や同居を前提とした家族関係の措定──でとらえられる対象は,かつてより狭まっていることがわかる.夫婦関係を持たない人,同居する世帯内に親子関係を持たない人はますます増加する.もちろん従来のアプローチが射程に収める人々がマジョリティであることは当分変わらないから,従来のアプローチがもはや効力を失ったというわけではない.しかし,変動する現象をとらえようとするならば,従来の方法だけでは十分とはいえない.人が複数の定位家族を経験すること,あるいは複数の生殖家族を経験すること／生殖家族を形成しないこと,これらの事象に目配りしながら家族の構造と変動をとらえる研究が望まれる.

1) この区分は渡辺秀樹(1995)が指摘する「選択的多様性」「状況制約的多様性」の区分と対応する.渡辺は意識と実態を区別し,それぞれに「多様化」「画一化」がみられることを指摘する.ここでは「多様化」よりは「変化」に視点をあてているため,より正確には「選択的変化」「状況制約的変化」の概念が対応する.

【文献】

藤見純子,1983,「家行事遂行における同族と親類」喜多野清一編『家族・親族・村落』早稲田大学出版部, pp.183-208.

玄田有史,2001,『仕事のなかの曖昧な不安──揺れる若年の現在』中央公論新社.

Hochschild, Arlie R., 1997, *The Time Bind: When Work Becomes Home and Home Becomes Work*, New York: Metropolitan/Holt（坂口緑・中野聡子・両角道代訳，2012，『タイム・バインド《時間の板挟み状態》 働く母親のワークライフバランス──仕事・家庭・子どもをめぐる真実』明石書店）．
稲葉昭英，2011，「NFRJ98／03／08から見た日本の家族の現状と変化」『家族社会学研究』23(1): 43-52.
稲葉昭英，2012，「2000年以降の家族の変化」『都市社会研究』4: 21-35.
稲葉昭英，2013，「わが国における家族の動向とその将来について」『家庭裁判月報』65(6): 1-53.
岩井紀子，2011，「JGSS-2000〜2010からみた家族の現状と変化」『家族社会学研究』23(1): 30-42.
岩澤美帆，2008,「初婚・離婚の動向と出生率への影響」『人口問題研究』64(4): 19-34.
国立社会保障・人口問題研究所，2012a,『平成22年 わが国独身層の結婚観と家族観──第14回出生動向基本調査』厚生労働統計協会．
国立社会保障・人口問題研究所，2012b,『平成22年 わが国夫婦の結婚過程と出生力──第14回出生動向基本調査』厚生労働統計協会．
宮本みち子，2002,『若者が「社会的弱者」に転落する』洋泉社．
宮本みち子・岩上真珠・山田昌弘，1997,『未婚化社会の親子関係──お金と愛情にみる家族のゆくえ』有斐閣．
Raymo, James M., Miho Iwasawa and Larry Bumpass, 2004, "Marital Dissolution in Japan: Recent Trends and Patterns," *Demographic Research*, 11: 395-420.
Rindfuss, Ronald R., Minja Kim Choe, Larry L. Bumpass and Noriko O. Tsuya, 2004, "Social Networks and Family Change in Japan," *American Sociological Review*, 69(6): 838-861.
鈴木透，2011，「世帯動態調査からみた家族の現状と変化」『家族社会学研究』23(1): 23-29.
田渕六郎，2012，「世代間アンビバレンスからみた世代間居住関係」『上智大学社会学論集』36: 1-17.
山田昌弘，1999,『パラサイト・シングルの時代』筑摩書房．
山田昌弘，2004,『希望格差社会──「負け組」の絶望感が日本を引き裂く』筑摩書房．
余田翔平，2014,「再婚からみるライフコースの変容」『家族社会学研究』26(2): 139-150.
渡辺秀樹，1995，「現代家族，多様化と画一化の錯綜」山岸健編『家族／看護／医療の社会学──人生を旅する人びと』サンワコーポレーション，pp. 47-66.
渡辺秀樹・稲葉昭英・嶋﨑尚子編，2004,『現代家族の構造と変容──全国家族調査［NFRJ98］による計量分析』東京大学出版会．

2

夫婦の情緒関係
結婚満足度の分析から

筒井淳也・永井暁子

1　結婚の質をどうとらえるか

　戦後の民法改正において，結婚は両性の合意に基づくものとされ，恋愛結婚が見合い結婚を上回ったのは1960年頃である．現在は恋愛の帰結としての結婚が当たり前のこととして考えられ，この半世紀ほどで結婚ないしは夫婦関係の基盤は夫婦の愛情関係に定着した．家族の解体は愛情関係の喪失を意味し，夫婦の情緒関係は離婚率の上昇とあいまって家族研究において重要な関心テーマとなった．また，夫婦関係の基盤が愛情関係であることが日本の社会において自明となったことにより，結婚の質（marital quality）とは，家計状況などではなく夫婦の情緒関係を主要な要素として考えられるようになったのである．この間の日本の結婚の質に関する研究は上子（1993）を中心に進められ長津ら（1996）によって引き継がれた．

　結婚の質に関する研究は，たとえばアメリカの家族研究雑誌 *Journal of Marriage and Family* における10年ごとのレビューにおいて取り上げられている（Spanier and Lewis 1980; Glenn 1990; Bradbury et al. 2000; Fincham and Beach 2010; 木下 2004）．また，同誌において，"A Symposium on Marriage and Its Future" と題する特集が組まれたように，離婚率が高くなったアメリカ社会で，結婚の質に関する研究は重要な意味を持ってきた．しかし，Fincham and Beach（2010）が指摘するように，2010年までの10年間に掲載された論文は，その前の10年間に比べて，タイトルの中に「結婚」が入って

いるものは48％も減少している．その大きな理由は，結婚の質に関する概念の曖昧さにある．

結婚の質を測る指標として何がふさわしいか，結婚の質として何を測るべきかが一致していないというのである．結婚の質のとらえ方には，おおむね２つの方法がある．１つは満足度を測る方法であり，いま１つは結婚生活における夫婦の行動，認知などを測る方法である．さらに前者の満足度について，結婚満足度なのか夫婦関係満足度なのか，配偶者満足度なのか，結婚の多側面に関する満足度の合成尺度なのかといったように，満足度といっても多様な測度が用いられている．

さらに後者では，夫婦間コミュニケーションや伴侶性・伴侶行動などを測ることが多いが，これらは夫婦としてあるべき行動様式を前提しているため，規範的であると批判されている．カップル文化の強い社会においては伴侶性，つまり夫婦が行動を共にすることや夫婦ぐるみの友人関係を構築することなどがあげられる．しかし，日本社会においては，伴侶性もしくは伴侶行動は一般的であるとは言い難い．欧米では，marital life（結婚生活）は夫婦関係をただちに指すが，日本において結婚生活が夫婦関係を指すとは限らない．日本で結婚に満足しているかと聞けば，夫婦関係以上に家庭経済・親族関係・地域生活なども含めた結婚生活全般を念頭に回答する可能性がある．欧米の夫婦観・結婚観に基づいた結婚の質の概念，結婚の質を測る尺度は，日本において適当であるとはいえない．したがって，結婚の質として結婚満足度を用いることが妥当であろう．

捕捉方法がこのような妥協の産物であったとしても，結婚の質に関する研究は重要である．結婚満足度研究は夫婦関係を理解する道具であり，加えて離婚率の高い社会における結婚の安定性の研究，未婚率の高い社会において家族形成の研究に対して大きな意義を持つからである．

2　結婚満足度に関する先行研究

まず結婚満足度に関してとりあげなければならないのは，ハネムーン効果（の消失），関係から得られる（ポジティブな）刺激への馴化（habituation）で

ある．通常，新しい生活の始まりである新婚期には満足度は非常に高く，結婚生活の経過とともに急激に低下することが多くの研究で指摘されてきた（たとえば Johnson et al. 1992）．

社会的・家族構造的要因として，仕事・就業状態，所得，子どもの有無や年齢・人数，家事分担，親戚とのかかわり，情緒的サポートなどがあげられる．とくにこれまで家庭内における夫婦間の不平等な家事分担に関心が高かったことから，夫の家事遂行と妻の満足度との関係が分析対象となってきたのだが，夫の家事遂行が妻の満足度に関して一貫した効果を持たないことはアメリカでも指摘されている（Shelton and John 1996）．日本においても同様の傾向があり，大和（2001）は妻の収入貢献度により，夫の家事遂行による妻の満足度への影響の仕方は異なると述べている．また，末盛（1999）は性別役割分業に関して平等的な妻の満足度は夫の家事遂行量が増えることにより上昇することを示し，李（2008）は妻が夫の家事遂行への期待が高い場合に夫の家事遂行が妻の満足度を高めるとしている．つまり各々の持つ性別役割分業観に基づいた役割配分を互いに期待していることがうかがえる．

この社会的・家族構造的な要因の議論も，動態的視点から整理することができる．木下（2004）は末子年齢の違いや子の有無により満足度は異なるとし，また，ライフステージ（主に子どもの年齢）により満足度の規定要因が異なっていることを示した．特定のライフステージにおける分析としては，たとえば，第1子出産前後の夫婦関係の変化と親役割への移行に関する研究において，第1子の誕生は妻の夫婦関係満足度のみを低下させ，夫の情緒的なサポートが妻の満足度を高め，夫の情緒的サポートを妻が認知することが夫の満足度を高める（堀口 2002）．中年期に焦点をあてた研究では，夫婦間の役割意識や関係のズレが，とくに妻の満足度を低下させているとしている柏木・平山（2003），平山・柏木（2004），長津（2007）などがある．

もう1つの動態的視点は，家族キャリアを結婚継続年数としてとらえた研究で，結婚継続年数の経過による結婚満足度の変化，その規則性への関心である．結婚直後に満足度が高いのは「ハネムーン効果」であり，その後，子どもの誕生，子育てを期に夫婦間の対立が増し満足度は低下するが，子どもの離家により夫婦間の対立は減り，夫婦だけの時間が増え満足度は増加するという規則性

は「U字曲線を描く」と指摘された．夫婦の時間が長いほど夫婦関係は良好になるという欧米型のカップルのモデルである．

「U字曲線を描く」とした研究としてはBlood（1967），岩井（2002），稲葉（2004）などがあり，「U字曲線を描かない」としたものには，アメリカではVanLaningham *et al.*（2001），日本では永井（2012）がある．不満足なカップルは夫婦関係を解消（離婚）するため，一定の時期を過ぎると満足度の低いケースがサンプルから脱落していくために，満足度の平均値が上昇しているように見えるにすぎない．あるいは結婚継続年数の長い年齢の高い夫婦は結婚の価値観が若者と異なるために満足度が高いと解釈されている．

また，価値観のズレや結婚初期の過度に高い期待の裏切り（不充足）については，男女の違いに焦点があてられている．性別による満足度の違いに着目した稲葉（2002），木下（2004），筒井（2008），永井（2012）などでは，いずれの研究でも男性でよりストレスが少なく，結婚満足度が高いという結果が出ている．つまり，結婚が個人にもたらす効用は男女で異なり，現在の結婚は男性にとってよりメリットがあることがわかる．この男女の違いを生み出していると考えられる情緒的サポートは，夫婦関係満足度に強い影響力を持つことが示されている（末盛 1999；大和 2001）．男女の差異は夫の威圧的なコミュニケーションにも見られ，夫の威圧的なコミュニケーションが妻の満足度を低下させている（平山 2002）．

3 結婚満足度に関する理論枠組み

以上の先行研究を鑑みて，結婚満足度に関する要因について分析する上での理論枠組みを記述してみよう．外生的な効果としては，性別効果および年齢，時代効果がある．そしてこれらの効果は，先行研究の中で検討されてきた，より内生的な要因によって説明あるいは媒介されるものである．

まず結婚満足度の男女間格差（性別効果）は，配偶者から得られる情緒的サポートの違いや家事遂行の負担の違いによって媒介されている可能性がある．

上述の心理的効果（馴化）は，結婚初期の高い満足度からの急激な低下を説明するための理論である．社会的・家族的要因については，子どもの有無が大

きな（マイナス）効果を持つことが分かっている．クロスセクションデータにおいて日本でもアメリカでも観察される結婚満足度の「U字型」推移は，しばしばこの子どもの負担の有無によって説明される．子ども負担はしばしば女性の就労状態と関連するが，特に日本では男性の定年に伴う家庭内コンフリクトの増加の可能性も考慮すべきかもしれない．いずれにしろ，結婚継続年数や子どもの成長に伴うライフステージの効果は，就業状態や家事分担など，結婚生活の中で変化する要因の集積効果として観察されるものである．

時代効果（調査年）を説明する媒介要因としては，たとえば不況による男性稼得者の所得減，それに付随する女性の就労に伴うワーク・ライフ・コンフリクトの発生などが考えられるだろう．他には，就労制度や税制度の改変が女性労働に影響を与え，それによって結婚満足度の変化が時代効果として観察される可能性もある．

このように，各要因の関係を整理することが分析において重要である．情緒的サポートや就業状態の効果は，これらの要因が結婚継続年数やライフステージの各段階において異なった現れ方をしやすいことの反映として理解する必要がある．結婚継続年数が一定以上の者が何らかの要因（たとえば子どもの独立）によって結婚満足度を回復させる傾向があるならば，子どもの独立を投入した推定式においては結婚継続年数の効果は消えることになる．しかしこのことは，結婚生活の継続に伴って結婚満足度がU字型に回復しないということを意味しているわけではない．

最後に，推定のバイアスについて触れておこう．結婚継続年数，時代（観察時点），学歴などは基本的に外生要因であるため，その効果がバイアスを被るということはない．しかし就業状態や情緒的サポートは内生要因であるため，性別や学歴などの観察された要因ではない未観察要因がもたらすバイアスを被っている可能性がある．本章での分析は基本的に外生要因の効果に焦点を当てたものであるが，ライフステージの段階を示すために用いる末子年齢は学歴やコーホートなどから影響を受ける内生変数でもあり，基本属性を投入した上で効果を見ることにする．

4 仮説,分析対象と変数

前節までの考察を受け,本章で行う分析課題を以下のとおりに設定する.

[課題1] 結婚満足度の男女差はあるか？ あるとすれば何によって説明されるのか？
[課題2] 結婚満足度に対する結婚継続年数およびライフステージ（末子年齢）の効果はあるか？（「U字型」推移が観察されるか？） あるとすれば何によって説明されるのか？
[課題3] 時代効果（調査年による変化）はあるか？ あるとすれば何によって説明されるか？

本章では,分析対象を「初婚を継続している有配偶者」とした.NFRJの3つの調査データ（98,03,08）を合併したデータを用い,回答者数は1万3493である.ただし欠損があるので,実際に使用したケースの数は推定式によって異なる.

従属変数は結婚満足度である[1].NFRJの3つの調査では,結婚生活に関わる満足度のうち,以下のものが観察されている.結婚全体の満足度については,NFRJ98では「結婚生活全体について」,NFRJ03とNFRJ08では「夫婦関係全体について」満足度をたずねており,NFRJ98の方が包括的なワーディングになっている.さらに,配偶者の家事への満足度について,NFRJ98では「配偶者の家事への取り組みについて」,NFRJ03とNFRJ08では「家事に対する,配偶者の取り組み方について」,配偶者の子育てへの満足度については,NFRJ98では「配偶者の育児や子どもとの関わりについて」,NFRJ03では「育児や子育てに対する,配偶者の取り組み方について」,NFRJ08では「子育てに対する,配偶者の取り組み方について」,配偶者との性生活への満足度についてはNFRJ98,NFRJ03,NFRJ08で「性生活について」の満足度をたずねている.このように,調査によってワーディングが異なるものが多いことに注意する必要がある.今回は結婚全体の満足度を分析対象とするが,NFRJ98

とNFRJ03・NFRJ08でワーディングが異なっているので，正確な比較はNFRJ03とNFRJ08でしか可能ではない．その他の満足度のうち配偶者家事満足度は，今回は独立変数として用いることにする．

独立変数としては，調査年ダミー，人口学的変数である性別（男性ダミー），初婚年齢（5歳区切り），結婚継続年数（5年区切り），子ども数[2]，末子年齢階級（「子どもなし」を含む8段階）[3] を用いた．回答者の年齢は特に結婚継続年数と強い共線的関係にあるので，今回は投入していない．観察数が非常に大きければ出生コーホート効果あるいは年齢効果を年齢変数で近似できたかもしれないが，今回は試みない．さらに，教育程度を示す変数として，夫と妻の学歴（中卒・高卒，専門学校・短大・高専，4大以上），仕事については妻の就業状態（無職，経営・役員，フルタイム，パートタイム，派遣，自営業，家族従業，内職）[4] のみを用いた．収入は夫年収と世帯年収（カテゴリー中間値を用い，量的変数として投入）を，配偶者による情緒的サポートは3つのサポート（「配偶者（夫・妻）は，わたしの心配ごとや悩みごとを聞いてくれる」（＝傾聴），「配偶者（夫・妻）は，わたしの能力や努力を高く評価してくれる」（＝評価），「配偶者（夫・妻）は，わたしに助言やアドバイスをしてくれる」（＝助言））に関する質問への回答（「あてはまる」3点，「ややあてはまる」2点，「あまりあてはまらない」1点，「あてはまらない」0点）を連続変数とみなし，その平均点を用いた．3つの変数のアルファ係数は0.874であり内的一貫性がみられた．その他に，満足度全般に一般的に影響をもたらすとされている夫と妻の健康状態（「たいへん良好」「まあ良好」「どちらともいえない」「やや悪い」「たいへん悪い」，高いほうが不健康）を，また，配偶者家事満足度（「かなり満足」「どちらかといえば満足」「どちらかといえば不満」「かなり不満」，ポイントが高いと満足）を加えた．

結婚コーホートは結婚継続年数・調査年と完全共線的な関係にあるため，3つを同時に投入すると多重共線性の問題，いわゆるAPC識別問題が発生しやすい．したがって，今回は課題との関係で結婚継続年数と調査年の変数を使うので，結婚コーホートの変数は使用しなかった．基本統計量は表2.1に示している．

結婚満足度は順序カテゴリー変数として観察されているので，推定には順序

表 2.1 基本

	NFRJ98	NFRJ03	NFRJ08	計
配偶者満足度（%）				
かなり不満	4.0	4.1	5.0	582
どちらかといえば不満	9.6	12.4	13.3	1,560
どちらかといえば満足	59.3	59.1	58.4	7,960
かなり満足	27.1	24.4	23.3	3,391
計（N）	5,181	4,630	3,682	13,493
男性割合	0.49	0.48	0.48	13,906
初婚年齢	25.8	26.3	26.6	13,906
結婚継続年数	25.8	25.6	25.0	13,906
子ども数	2.05	1.98	2.01	13,853
末子年齢（%）				
子どもなし	6.4	9.1	9.1	935
0-6 歳	13.8	23.3	23.0	2,252
7-12 歳	11.4	15.0	14.7	1,580
13-18 歳	13.0	14.8	15.3	1,677
19-24 歳	14.0	11.2	12.3	1,506
25-30 歳	15.1	10.4	9.5	1,455
31-39 歳	16.0	10.2	12.1	1,570
40 歳以上	10.4	6.0	4.0	885
計（N）	5,248	3,679	2,933	11,860
妻学歴（%）				
中卒・高卒	70.4	62.5	59.2	8,890
専門学校・短大・高専	23.0	28.3	30.0	3,683
4 年制大学	6.6	9.2	10.9	1,193
計（N）	5,205	4,754	3,807	13,766
夫学歴（%）				
中卒・高卒	64.5	57.6	55.5	8,188
専門学校・短大・高専	10.3	12.1	11.4	1,545
4 年制大学	25.2	30.2	33.1	3,995
計（N）	5,188	4,736	3,804	13,728
年収（単位：100 万円）				
夫	5.14	4.93	4.88	5.00
世　帯	7.14	6.62	7.33	7.01
配偶者による情緒的サポート	2.08	2.12	2.03	2.08

ロジットモデルを用いた．ただし比例オッズ仮定については検討していない．

統計量

	NFRJ98	NFRJ03	NFRJ08	計
妻就業状態（%）				
無職	48.7	51.3	44.8	6,733
経営・役員	2.1	1.8	1.6	257
フルタイム	15.4	12.7	15.2	1,998
パートタイム	20.2	22.8	27.0	3,189
派　遣	0.3	1.0	2.6	159
自営業	2.6	2.6	2.1	340
家族従業	9.3	7.0	6.1	1,059
内　職	1.4	0.9	0.6	136
計（N）	5,259	4,783	3,829	13,871
妻健康状態（%）				
たいへん良好	13.6	11.8	12.8	1,758
まあ良好	59.7	58.5	61.0	8,237
どちらともいえない	14.1	16.2	15.0	2,081
やや悪い	11.1	11.2	9.3	1,472
たいへん悪い	1.6	2.2	1.9	262
計（N）	5,196	4,778	3,836	13,810
夫健康状態（%）				
たいへん良好	13.1	12.1	12.8	1,747
まあ良好	61.3	58.6	60.6	8,296
どちらともいえない	13.5	17.0	15.4	2,104
やや悪い	9.9	10.0	9.3	1,344
たいへん悪い	2.2	2.4	1.8	300
計（N）	5,172	4,779	3,840	13,791
妻の配偶者家事満足度(%)				
かなり不満	11.4	12.7	13.8	884
どちらかといえば不満	27.5	32.6	29.8	2,110
どちらかといえば満足	47.8	45.1	45.7	3,264
かなり満足	13.4	9.6	10.7	798
計（N）	2,639	2,473	1,944	7,056
夫の配偶者家事満足度(%)				
かなり不満	1.9	1.1	1.9	107
どちらかといえば不満	6.2	8.0	8.0	479
どちらかといえば満足	49.0	53.2	49.8	3,321
かなり満足	42.9	37.7	40.2	2,648
計（N）	2,551	2,224	1,780	6,555

5　分　析

(1)　結婚満足度に対する性別効果の分析

　最初に結婚満足度の男女差である．結婚満足度を性別（男性ダミー）でのみ

表 2.2　結婚満足度に対する性別効果の分析

	モデル A1	モデル A2	モデル A3
男性（＝1）	0.780***	−0.358***	−0.994***
配偶者家事満足度（基準：かなり不満）			
どちらかといえば不満（＝1）	—	1.645***	1.611***
どちらかといえば満足（＝1）	—	3.257***	3.215***
かなり満足（＝1）	—	5.511***	5.233***
男性×配偶者家事満足度（基準：かなり不満）			
どちらかといえば不満（＝1）	—	—	0.504*
どちらかといえば満足（＝1）	—	—	0.605**
かなり満足（＝1）	—	—	0.920***
カットポイント			
1	−2.789***	−0.934***	−1.004***
2	−1.338***	0.853***	0.793***
3	1.510***	4.680***	4.624***
N	13,493	13,429	13,429
$-2LL$	513.11***	5706.13***	5728.44***
df	1	4	7
pseudo R^2	0.018	0.204	0.205

*$p<.05$, **$p<.01$, ***$p<.001$.

回帰すると，プラスの有意な値が推定される（**表 2.2** モデル A1）．つまり，既存の研究結果と同じように男性のほうが結婚満足度が高いということになる．しかし他の変数を投入すると男性ダミーの効果はマイナスに有意になる．これは他変数による媒介のみでは説明できず，何らかの変数との交互作用効果が存在していることが疑われる．

探索的に分析したところ，他の独立変数のうち配偶者家事満足度ダミー群を投入した場合にのみ，男性ダミーの効果が逆転し，マイナスに有意な値になることがわかった（**表 2.2** モデル A2）．さらに性別と配偶者家事満足度の間には顕著な交互作用がある．交互作用項を投入すると，男性ダミーの主効果はマイナスのままだが，男性にとっての配偶者家事満足度の効果が女性のそれよりも有意に高いという結果になっている（**表 2.2** モデル A3）．

配偶者家事満足度は夫のほうが妻よりも圧倒的に高い（「かなり満足」と回答している夫は 40.8% であるが，妻は 11.6%）．このため，家事に満足している多くの夫が結婚満足度を全体的に引き上げ，それにより男性ダミーの総合効果がプラスになっていることが示唆される．

性別はその他の媒介変数とも交互作用を持つが，その他の変数や特定化のもとでの性別の総合効果については後述する[5]．

(2) 結婚継続年数とライフステージの効果の分析

次に，結婚継続年数あるいはライフステージ（末子年齢）による結婚満足度のU字型推移についての分析である．基本属性（性別，子ども数，夫婦の学歴）と調査年，初婚年齢を統制した上で両変数の効果を見たのが表2.3モデルB1である．結果をわかりやすく示すために，結婚継続年数と末子年齢それぞれについて，従属変数の結婚満足度を尋ねた設問で最も満足度が高い選択肢（「かなり満足」）を選択した確率の予測値（その他の変数は回答者固有のものを代入した上で，個々の予測値の平均値を計算したものである）を図2.1（グラフ1および2）にプロットした．グラフ1のB1がモデルB1に基づいた結婚継続年数の効果，同じくグラフ2のB1がモデルB1に基づいたライフステージの効果である．結婚継続年数についてはU字型の戻り幅が小さいようにみえるが，末子年齢についてはかなりはっきりとしたU字型が観察されている．結婚継続年数と末子年齢にはある程度共線的な関係があるので，それぞれ片方のみ用いたモデルも推定し（モデルB2およびB3），そこから確率予測値を同様に計算してプロットしたものがグラフ1および2に「B2」「B3」として示してある．今度は結婚継続年数の効果もよりはっきりとU字型になっている．

以上から，少なくとも今回のデータと分析方法から見れば，総合効果としては結婚継続年数と末子年齢の効果はU字型の結婚満足度として現れていると判断できる．結婚継続年数と末子年齢の効果を媒介する可能性のある要因も投入したモデルの推定結果については後述する．

(3) 時代（調査年）効果の分析

次に3つ目の課題である時代の変化の効果についてである．調査年ダミー群のみのモデル（表2.4モデルC1）だと，NFRJ98 → NFRJ03 → NFRJ08と結婚満足度が低下していることがわかる．ただし，この効果が時代効果なのかコーホート効果なのかは不明である．では，この低下は何によって説明されるの

表 2.3 結婚年数と末子年齢の効果の分析

	モデル B1	モデル B2	モデル B3
調査年（基準：NFRJ03）			
NFRJ98（＝1）	0.186***	0.201***	0.201***
NFRJ08（＝1）	−0.126*	−0.093	−0.130*
男性（＝1）	0.845***	0.827***	0.839***
結婚継続年数（基準：0-4）			
5-9（＝1）	−0.315***	−0.363***	―
10-14（＝1）	−0.367***	−0.493***	―
15-19（＝1）	−0.584***	−0.673***	―
20-24（＝1）	−0.753***	−0.718***	―
25-29（＝1）	−0.605***	−0.471***	―
30-34（＝1）	−0.693***	−0.428***	―
35-39（＝1）	−0.687***	−0.447***	―
40-44（＝1）	−0.473**	−0.278**	―
45-49（＝1）	−0.535**	−0.266*	―
50-54（＝1）	−0.567*	−0.171	―
55-59（＝1）	−0.322	−0.188	―
末子年齢（基準：子どもなし）			
0-6（＝1）	−0.498***	―	−0.344***
7-12（＝1）	−0.668***	―	−0.715***
13-18（＝1）	−0.454***	―	−0.679***
19-24（＝1）	−0.358**	―	−0.581***
25-30（＝1）	−0.154	―	−0.377***
31-39（＝1）	−0.247	―	−0.408***
40歳以上（＝1）	−0.184	―	−0.257*
初婚年齢（基準：20-24）			
15-19（＝1）	−0.006	0.018	0.003
25-29（＝1）	−0.062	−0.044	−0.042
30-34（＝1）	−0.194**	−0.164**	−0.156**
35-39（＝1）	−0.376**	−0.302**	−0.319**
40-44（＝1）	−0.138	−0.032	−0.089
45-49（＝1）	−0.237	−0.018	−0.155
50-54（＝1）	0.017	0.319	0.3
55-59（＝1）	−1.003	−0.677	−0.916
60-64（＝1）	13.191	13.763	13.433
65-69（＝1）	12.784	13.304	13.164
子ども数	0.011	−0.063**	−0.021
妻学歴（基準：中卒・高卒）			
専門学校・短大・高専（＝1）	0.138**	0.112*	0.148**
4年制大学（＝1）	0.230**	0.257***	0.247**
夫学歴（基準：中卒・高卒）			
専門学校・短大・高専（＝1）	0.105	0.086	0.123*
4年制大学（＝1）	0.341***	0.327***	0.343***
カットポイント			
1	−3.489***	−3.236***	−3.100***
2	−2.048***	−1.772***	−1.661***
3	0.863***	1.126***	1.243***
N	11,294	13,182	11,294
$-2LL$	773.38***	798.31***	727.49***
df	36	29	25
pseudo R^2	0.033	0.029	0.031

*$p<.05$, **$p<.01$, ***$p<.001$.

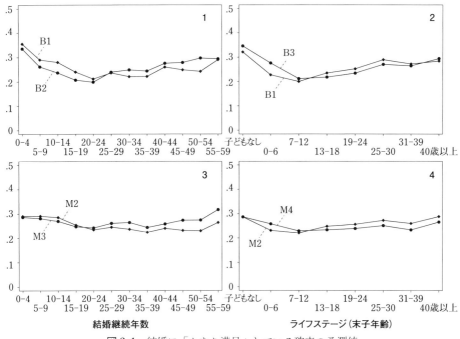

図 2.1 結婚に「かなり満足」している確率の予測値

だろうか．

　まず NFRJ98 と NFRJ03・NFRJ08 の差は，調査票のワーディングの差の効果である可能性もあるが，これ自体は検証する手段がない．それ以外の独立変数の効果については，まず情緒的サポート変数以外の独立変数を投入した**表 2.4 モデル C2** と，これらに加えて情緒的サポート変数も投入した**表 2.4 モデル C3** の結果を見てほしい．情緒的サポート変数を投入すると NFRJ03 から NFRJ08 にかけての低下が有意ではなくなっている．つまり，03 年から 08 年にかけて配偶者の情緒的サポートが低下したために，全体的な結婚満足度も低下したとみることができる．

(4) 媒介効果の分析

　これまで性別，結婚継続年数とライフステージ，そして時代の効果をみてきた．最後にこれらと媒介変数を投入した総合的モデルの推定を行う．その際，

表 2.4 調査年

	モデル C1	モデル C2	モデル C3
調査年（基準：NFRJ03）			
NFRJ98（=1）	0.164***	0.006	0.115*
NFRJ08（=1）	-0.093*	-0.188**	-0.070
男性（=1）	—	-0.253***	-0.100
結婚継続年数（基準：0-4）			
5-9（=1）	—	-0.062	0.006
10-14（=1）	—	-0.104	-0.037
15-19（=1）	—	-0.396**	-0.286*
20-24（=1）	—	-0.526***	-0.458**
25-29（=1）	—	-0.375**	-0.353*
30-34（=1）	—	-0.511**	-0.433*
35-39（=1）	—	-0.607***	-0.556**
40-44（=1）	—	-0.450*	-0.431*
45-49（=1）	—	-0.534*	-0.504*
50-54（=1）	—	-0.591*	-0.534
55-59（=1）	—	-0.232	-0.247
末子年齢（基準：子どもなし）			
0-6（=1）	—	-0.569***	-0.445***
7-12（=1）	—	-0.676***	-0.545***
13-18（=1）	—	-0.451***	-0.299*
19-24（=1）	—	-0.388**	-0.239
25-30（=1）	—	-0.254	-0.095
31-39（=1）	—	-0.270	-0.176
40歳以上（=1）	—	-0.042	0.064
初婚年齢（基準：20-24）			
15-19（=1）	—	-0.145	-0.235
25-29（=1）	—	-0.060	-0.034
30-34（=1）	—	-0.102	-0.090
35-39（=1）	—	-0.320*	-0.168
40-44（=1）	—	-0.084	-0.270
45-49（=1）	—	-0.400	-0.445
50-54（=1）	—	0.670	0.357
55-59（=1）	—	-2.869	-2.477
60-64（=1）	—	13.685	15.580
65-69（=1）	—	13.256	14.200
子ども数	—	0.024	0.041
妻学歴（基準：中卒・高卒）			
専門学校・短大・高専（=1）	—	0.088	0.044
4年制大学（=1）	—	0.171	0.081

効果の分析

	モデルC1	モデルC2	モデルC3
夫学歴（基準：中卒・高卒）			
専門学校・短大・高専（＝1）	—	0.070	0.058
4年制大学（＝1）	—	0.144*	0.062
妻就業状態（基準：無職）			
経営・役員（＝1）	—	0.112	−0.122
フルタイム（＝1）	—	−0.062	−0.042
パートタイム（＝1）	—	−0.183**	−0.177**
派遣（＝1）	—	−0.439*	−0.246
自営業（＝1）	—	0.003	−0.006
家族従業（＝1）	—	−0.107	−0.262**
内職（＝1）	—	0.119	0.198
夫年収	—	0.046***	0.046***
世帯年収	—	−0.002	−0.007
妻健康状態（基準：たいへん良好）			
まあ良好（＝1）	—	−0.153*	−0.112
どちらともいえない（＝1）	—	−0.399***	−0.296**
やや悪い（＝1）	—	−0.462***	−0.430***
たいへん悪い（＝1）	—	−0.992***	−0.770***
夫健康状態（基準：たいへん良好）			
まあ良好（＝1）	—	−0.327***	−0.275***
どちらともいえない（＝1）	—	−0.568***	−0.397***
やや悪い（＝1）	—	−0.586***	−0.450***
たいへん悪い（＝1）	—	−0.617***	−0.356*
配偶者家事満足度（基準：かなり不満）			
どちらかといえば不満（＝1）	—	1.557***	1.033***
どちらかといえば満足（＝1）	—	3.117***	2.132***
かなり満足（＝1）	—	5.298***	4.098***
配偶者による情緒的サポート	—	—	1.508***
カットポイント			
1	−3.067***	−2.054***	−0.014
2	−1.633***	−0.262	2.137***
3	1.133***	3.653***	6.662***
N	13,493	10,134	10,100
$-2LL$	39.3***	4685.11***	6541.23***
df	2	56	57
pseudo R^2	0.001	0.221	0.309

*p<.05, **p<.01, ***p<.001.

性別と時代（調査年）と目立った交互作用があった媒介変数については，交互作用項を投入した推定も行った．具体的には，性別と調査年について，交互作用項を投入した結果モデル対数尤度の有意な改善があった場合に，その交互作用項を投入した推定を行った．

結果は表 2.5 に掲載している．モデル M1 は，交互作用項を含まない推定，モデル M2 は交互作用項を含む推定の結果である．これらに加え，結婚継続年数とライフステージの多重共線性を避けるために，先ほどと同じく片方ずつ投入したものがモデル M3 と M4 である．

準備したすべての媒介変数と目立った交互作用項を投入することで，これまでにみてきた 3 つの分析とどのような違いがあるのかをみてみよう．まず性別であるが，交互作用項を含まないモデル M1 においても主効果は認められなくなった．夫の年収は高いほど結婚満足度が高まるが，それは主に妻についてである．配偶者による情緒的サポートも同じで，女性においてその効果が有意に高い．配偶者家事満足度の効果も性別で異なるのは，すでに表 2.2 でみてきたとおりである．

次に結婚継続年数とライフステージであるが，こちらは結果を見えやすくするために図 2.1 のグラフ 3 および 4 に，やはり結婚満足度の最も高い選択肢を選ぶ確率の予測値をプロットしている．モデル M2 の結果はそれぞれのグラフの M2，モデル M3 と M4 の結果はグラフ 3 の M3，グラフ 4 の M4 で表されている．媒介変数を投入しないグラフ 1 および 2 の結果と比べると，明らかに U 字型が目立たなくなっている．実際，モデル B2 では，結婚継続年数が 20-24 年の者に比べて，25 年以上のカテゴリーに入る者で結婚満足度が有意に高く，U 字型の「戻り」が認められた．しかしモデル M3 においては「戻り」は統計学的に有意ではなくなっていた．

他方でライフステージについては，末子年齢が 7-12 歳の者に比べて，末子年齢が 25 歳以上の者で有意に結婚満足度が高く，これも U 字型の「戻り」が確認できる．媒介変数を入れたモデル M4 では，この「戻り」はかなり弱くなっている．しかし末子年齢が 7-12 歳の者に比べて，末子年齢が 25-30 歳，および 40 歳以上の者で有意に結婚満足度が高いという結果であった．つまり，結婚継続年数の効果と違って，ライフステージの総合効果は今回観察・投入さ

れた変数によっては説明しきれていない，ということになる．

最後に時代効果についてである．これについては，すでに表2.4の分析で多くの媒介変数を投入していたこともあり，表2.5においても大きな違いが出てくることはなかった．

6 議　論

さて，最終的に行き着いた表2.5モデルM2（フルの交互作用モデル）の推定結果を見つつ，もう一度各課題について再検討していこう．

まず課題1の性別の効果についてである．前述したように，これまでの研究において男性のほうが女性よりも結婚満足度が高いことが指摘されてきた．モデルA3では，「配偶者家事満足度が低い男性は同じ配偶者家事満足度の女性よりも結婚満足度が低いが，男性の結婚満足度は家事満足度が高まるにつれて高くなる」というものであったが，モデルM2では性別の主効果は有意ではなくなっている．夫収入と情緒的サポートが結婚満足度を上昇させる効果は女性よりも男性で小さい．配偶者家事満足度は結婚満足度も大幅に上昇させるが，とくに男性において効果が大きい．その結果，性別の総合効果としては男性の方が女性よりも結婚満足度は高くなる．

配偶者の家事の満足度は何を意味するだろうか．たとえば企業による調査によると食卓に4品以上並ぶと夫の結婚満足度は高くなる[6]．多くの家庭で食卓に料理を並べるのは妻であり，提供する女性と享受する男性という構造が見える．配偶者の家事に対する満足度は，男性にとって妻が自分自身をケアしてくれることの代理指標となっていることも考えられる．夫にとってのケアとは，情緒的なサポートとして調査票で示した「傾聴」「評価」「助言」ではなく，自分を世話してくれることであるかもしれない．一方，女性は夫からの情緒的サポート，つまり「傾聴」「評価」「助言」により結婚の満足度が上昇するけれども，その効果は残念ながら大きくはない．

課題2の，結婚継続年数と末子年齢によるU字型推移についてであるが，図2.1にみられるように総合効果としてはU字型の存在が確認された．このU字型の変化が今回観察・投入された要因によってどこまで説明できたのか

表 2.5 すべての変数を使った

独立変数	モデル M1	モデル M2	モデル M3	モデル M4
調査年（基準：NFRJ03）				
NFRJ98（＝1）	0.115*	0.113*	0.149*	0.127*
NFRJ08（＝1）	−0.070	−0.076	−0.023	−0.077
男性（＝1）	−0.100	−0.041	−0.033	−0.037
結婚継続年数（基準：0-4）				
5-9（＝1）	0.006	0.005	−0.044	
10-14（＝1）	−0.037	−0.041	−0.139	
15-19（＝1）	−0.286*	−0.297*	−0.324**	
20-24（＝1）	−0.458**	−0.460**	−0.364**	
25-29（＝1）	−0.353*	−0.366*	−0.204	
30-34（＝1）	−0.433*	−0.444**	−0.180	
35-39（＝1）	−0.556**	−0.552**	−0.351**	
40-44（＝1）	−0.431*	−0.416*	−0.229	
45-49（＝1）	−0.504*	−0.482*	−0.100	
50-54（＝1）	−0.534	−0.498	−0.103	
55-59（＝1）	−0.247	−0.215	0.226	
末子年齢（基準：子どもなし）				
0-6（＝1）	−0.445***	−0.451***		−0.223
7-12（＝1）	−0.545***	−0.551***		−0.468***
13-18（＝1）	−0.299*	−0.307*		−0.423***
19-24（＝1）	−0.239	−0.237		−0.382**
25-30（＝1）	−0.095	−0.099		−0.274*
31-39（＝1）	−0.176	−0.203		−0.420***
40歳以上（＝1）	0.064	0.028		−0.156
初婚年齢（基準：20-24）				
15-19（＝1）	−0.235	−0.205	−0.156	−0.213
25-29（＝1）	−0.034	−0.039	−0.039	−0.025
30-34（＝1）	−0.090	−0.082	−0.081	−0.056
35-39（＝1）	−0.168	−0.157	−0.121	−0.113
40-44（＝1）	−0.270	−0.258	−0.158	−0.174
45-49（＝1）	−0.445	−0.477	−0.268	−0.314
50-54（＝1）	0.357	0.419	0.687	0.640
55-59（＝1）	−2.477	−2.661	−2.356	−2.418
60-64（＝1）	15.580	13.307	13.627	14.530
65-69（＝1）	14.200	12.086	12.372	13.305
子ども数	0.041	0.043	−0.019	0.017
妻学歴（基準：中卒・高卒）				
専門学校・短大・高専（＝1）	0.044	0.040	0.003	0.049
4年制大学（＝1）	0.081	0.082	0.058	0.094
夫学歴（基準：中卒・高卒）				
専門学校・短大・高専（＝1）	0.058	0.059	0.027	0.072
4年制大学（＝1）	0.062	0.058	0.053	0.061

モデル（主効果，交互作用効果）の分析

独立変数	モデル M1	モデル M2	モデル M3	モデル M4
妻就業状態（基準：無職）				
経営・役員（＝1）	-0.122	-0.111	-0.148	-0.116
フルタイム（＝1）	-0.042	-0.032	-0.040	-0.022
パートタイム（＝1）	-0.177**	-0.175**	-0.161**	-0.169**
派遣（＝1）	-0.246	-0.243	-0.263	-0.213
自営業（＝1）	-0.006	0.004	0.019	0.005
家族従業（＝1）	-0.262**	-0.260**	-0.220**	-0.264**
内職（＝1）	0.198	0.181	0.178	0.191
夫年収	0.046***	0.059***	0.060***	0.058***
世帯年収	-0.007	-0.006	-0.003	-0.005
妻健康状態（基準：たいへん良好）				
まあ良好（＝1）	-0.112	-0.117	-0.147	-0.123
どちらともいえない（＝1）	-0.296**	-0.295**	-0.348***	-0.306***
やや悪い（＝1）	-0.430***	-0.419***	-0.407***	-0.429***
たいへん悪い（＝1）	-0.770***	-0.748***	-0.780***	-0.766***
夫健康状態（基準：たいへん良好）				
まあ良好（＝1）	-0.275***	-0.275***	-0.306***	-0.285***
どちらともいえない（＝1）	-0.397***	-0.398***	-0.425***	-0.406***
やや悪い（＝1）	-0.450***	-0.451***	-0.513***	-0.465***
たいへん悪い（＝1）	-0.356*	-0.355*	-0.470**	-0.388*
配偶者家事満足度（基準：かなり不満）				
どちらかといえば不満（＝1）	1.033***	0.951***	1.016***	0.956***
どちらかといえば満足（＝1）	2.132***	1.976***	2.031***	1.977***
かなり満足（＝1）	4.098***	3.697***	3.714***	3.689***
配偶者による情緒的サポート	1.508***	1.660***	1.686***	1.660***
男性×夫年収		-0.033*	-0.032*	-0.033*
男性×配偶者家事満足度（基準：かなり不満）				
どちらかといえば不満（＝1）		0.552	0.508	0.533
どちらかといえば満足（＝1）		0.784**	0.797**	0.769**
かなり満足（＝1）		1.167***	1.197***	1.161***
男性×配偶者による情緒的サポート		-0.331***	-0.358***	-0.330***
カットポイント				
1	-0.014	0.140	0.370	0.368
2	2.137***	2.327***	2.594***	2.553***
3	6.662***	6.863***	7.139***	7.082***
N	10,100	10,100	11,774	10,100
-2LL	6541.23	6581.37	7658.11	6562.32
df	57	62	55	51
pseudo R^2	0.309	0.311	0.311	0.310

*$p<.05$, **$p<.01$, ***$p<.001$.

表 2.5 モデル M2 をもとに，再び結婚満足度において最も高いカテゴリー（「かなり満足」）を選択する確率をプロットしたのが図 2.1 のグラフ 3 とグラフ 4 であるが，変化の幅は非常に小さくなり，結婚継続年数やライフステージの効果はサポートなどの他の変数に媒介されたものであるということがわかった．結婚生活後半の満足度の上昇は，配偶者の情緒的サポートや配偶者の家事への満足度などから説明することができ，子どもに手がかからなくなったことから配偶者からのケアが高まったと解釈するならば，U 字仮説の解釈と適合的である．初期段階からの落ち込みについてはいまだに有意であり，今回観察された要因ではこの落ち込みが完全には説明できていない．つまり，結婚初期の満足度の低下は，観測できなかった要因，たとえばハネムーン効果（の消失），関係から得られる（ポジティブな）刺激への馴化（habituation）によるものと考えられる．

課題 3 については，NFRJ98 → NFRJ03 → NFRJ08 と結婚満足度は有意に低下していることがわかった．モデル M2 でも示されているように，この低下の一部は配偶者の情緒的サポートの低下によるものであると考えられ，情緒的サポート変数を投入すると NFRJ03 → NFRJ08 の差は有意ではなくなる．若い世代の方が配偶者に求める情緒的サポート基準が高くなった，あるいは情緒的サポートをより必要とする状況的変化，または情緒的サポートが低く結婚に満足していない夫婦が離婚しなくなったことが考えられる．NFRJ98 から NFRJ08 にかけて日本の平均初婚年齢は 0.9 歳ほど上がり，30 歳台前半の未婚率は 27.1％ から 35.0％ まで増加している．初婚年齢が高くなることにより，情緒的サポートが低い夫婦でも離婚に耐えているのかもしれない．今後の分析において初婚年齢の変数を投入することで調査年の効果が小さくなれば，その分は初婚年齢の遅れによるものとみることができるだろう．この間の有配偶離婚率（夫）の推移をみるならば，2000 年には 5.90 であった値が，2005 年 5.86，2010 年 5.69 とゆるやかな低下傾向にある．夫婦が離婚することが経済状況の悪化によって難しくなっている，あるいは末子年齢の早い段階から共働きになる傾向が生じており，この結果として家事や育児の分担をめぐるコンフリクトが起きやすくなっているが，子どもが小さいために離婚にいたっていないのではないかなど，時系列的な変化に関していくつかの要因が考えられる．これら

については今後の課題としたい.

1) 結婚満足度は配偶者による情緒的サポートや配偶者とのコミュニケーションと比較的強い相関を持つことは周知である.このため,NFRJ98 データから結婚満足度を分析した稲葉(2004)では,結婚満足度と並べて配偶者による情緒的サポートも独立変数,従属変数として分析をしている.これに対して,今回の分析ではサポートを説明項に組み込んでいる.理由は以下の3つである.第1に,配偶者サポートと結婚満足度は高い相関関係にあるため,結婚満足度の推定の際の誤差が小さくなり,他の変数に関してより正確な推定が可能になるかもしれない.第2に,因果関係としては,「配偶者がサポートしてくれるから(総合的な)結婚満足度も高い」という方向性と「(総合的な)結婚満足度が高いから配偶者によるサポートも多い」という方向性の両方が考えられるが,前者の向きのほうが強いだろう.第3に,たとえば「ここ10年で結婚満足度が下がったのは,サポートのポイントが低下したからだ」「ここ10年の結婚満足度の低下は,特にサポートの小さい回答者による結婚満足度の低さが原因だ(つまり調査年度とサポートに交互作用がある)」といった分析(ここでは時代効果の説明)をすることが可能になるからである.
2) NFRJ08 では健在子の人数は聞いていない.健在の子どもの上から6人目までは情報を得ており,もし健在子が7人以上いるときには結果が不正確になるので,留意が必要である.
3) NFRJ98 では子どもの年齢は健在・死亡あわせて5人目までしか聞いていないので,6人目以降に小さな子どもがいた場合は,その情報は拾いきれていない.また,同居しているかどうかは分からない.NFRJ03 は世帯表を設けているので,同居している小さな子どもの情報は拾えていると思われる.NFRJ08 は6番目の健在子まで,同別居を含めて拾えている.別居している子どもはカウントしていない.また,いずれのデータでも,初婚回答者に限定しても,結婚継続年数よりも末子年齢が大きいケースがいくつかあるが(おそらく相手の連れ子),ここではそういったケースは除外せずにそのままにしてある.
4) 休業中については,「仕事なし」としている.NFRJ98 と NFRJ03 の「派遣」カテゴリーが,NFRJ08 では「派遣・契約・嘱託」になっており,その分割合も大きくなっている.
5) 性別についてはしばしば「サポートギャップ仮説」が検討されるが,表 2.2A1 のモデルにサポート変数を投入しても性別の効果はそれほど小さくならない(ロジットで 0.680).さらに性別とサポートとの交互作用項を投入したモデルを推定すると,性別の主効果はかなり大きくなり(同 1.143),その代わりにマイナスの交互作用が見出される.性別とサポートのマイナスの交互作用効果については,後で検討する.
6) パナソニックによる家事調査.2012 年実施.モニター共働き夫婦男女各 200 人(パナソニック 2012).

【文献】

Blood, R. O. Jr., 1967, *Love Match and Arranged Marriage: A Tokyo-Detroit Comparison*, New York: Free Press（田村健二監訳，1978，『現代の結婚――日米の比較』培風館）.

Bradbury, T. N., F. D. Fincham and S. R. H. Beach, 2000, "Research on the Nature and Determinants of Marital Satisfaction: A Decade in Review," *Journal of Marriage and the Family*, 62(4): 964-980.

Fincham, F. D. and S. R. H. Beach, 2010, "Marriage in the New Millennium: A Decade in Review," *Journal of Marriage and Family*, 72(3): 630-649.

Glenn, N. D., 1990, "Quantitative Research on Marital Quality in the 1980s: A Critical Review," *Journal of Marriage and the Family*, 52(4): 818-831.

平山順子，2002，「中年期夫婦の情緒的関係――妻から見た情緒的ケアの夫婦間対称性」『家族心理学研究』16(2): 81-94.

平山順子・柏木惠子，2004，「中年期夫婦のコミュニケーション・パターン――夫婦の経済生活及び結婚観との関連」『発達心理学研究』15(1): 89-100.

堀口美智子，2002，「第1子誕生前後における夫婦関係満足度――妻と夫の差異に注目して」『家族関係学』21: 139-151.

稲葉昭英，2002，「結婚とディストレス」『社会学評論』53(2): 69-84.

稲葉昭英，2004，「夫婦関係の発達的変化」渡辺秀樹・稲葉昭英・嶋﨑尚子編『現代家族の構造と変容――全国家族調査［NFRJ98］による計量分析』東京大学出版会，pp. 261-276.

岩井紀子，2002，「結婚生活は幸せですか」岩井紀子・佐藤博樹編『日本人の姿――JGSSにみる意識と行動』有斐閣，pp. 9-15.

Johnson, D. R., T. O. Amoloza and A. Booth, 1992, "Stability and Developmental Change in Marital Quality: A Three-Wave Panel Analysis," *Journal of Marriage and the Family*, 54(3): 582-594.

上子武次，1993，「結婚満足度の研究」森岡清美監修，石原邦雄・佐竹洋人・堤マサエ・望月嵩編『家族社会学の展開』培風館，pp. 289-302.

柏木惠子・平山順子，2003，「結婚の『現実』と夫婦関係満足度との関連性――妻はなぜ不満か」『心理学研究』74(2): 122-130.

木下栄二，2004，「結婚満足度を規定するもの」渡辺秀樹・稲葉昭英・嶋﨑尚子編『現代家族の構造と変容――全国家族調査［NFRJ98］による計量分析』東京大学出版会，pp. 277-291.

永井暁子，2011，「結婚生活の経過による妻の夫婦関係満足度の変化」『社会福祉』52: 123-131.

永井暁子，2012，「結婚歴による生活満足度の差異」『社会学研究』東北社会学研究会，90: 39-53.

長津美代子，2007，『中年期における夫婦関係の研究――個人化・個別化・統合の視点から』日本評論社.

長津美代子・細江容子・岡村清子，1996，「夫婦関係研究のレビューと課題——1970年以降の実証研究を中心に」野々山久也・袖井孝子・篠崎正美編『いま家族に何が起こっているのか——家族社会学のパラダイム転換をめぐって』ミネルヴァ書房，pp. 159-186.

パナソニック，2012，「Panasonic 20〜30代共働き夫婦の家事分担・食卓・食洗機に関する調査結果」．

李基平，2008，「夫の家事参加と妻の夫婦関係満足度——妻の夫への家事参加期待とその充足度に注目して」『家族社会学研究』20(1): 70-80.

Shelton, B. A. and D. John, 1996, "The Division of Household Labor," *Anual Review of Sociology*, 22: 299-322.

Spanier, G. B. and R. A. Lewis, 1980, "Marital Quality: A Review of the Seventies," *Journal of Marriage and Family*, 42(4): 825-839.

末盛慶，1999，「夫の家事遂行および情緒的サポートと妻の夫婦関係満足感——妻の性別役割意識による交互作用」『家族社会学研究』11: 71-82.

筒井淳也，2008，『親密性の社会学——縮小する家族のゆくえ』世界思想社．

VanLaningham, J., D. R. Johnson and P. Amato, 2001, "Marital Happiness, Marital Duration, and the U-shaped Curve: Evidence from a Five-Wave Panel Study," *Social Forces*, 78(4): 1313-1341.

大和礼子，2001，「夫の家事参加は妻の結婚満足度を高めるか？——妻の世帯収入貢献度による比較」『ソシオロジ』46(1): 3-20.

3

家族についての意識の変遷
APC 分析の適用によるコーホート効果の検討

西野理子・中西泰子

1 はじめに

　NFRJ はこれまで3時点で幅広い出生コーホートのデータを蓄積しており，2000年をはさむ足掛け10年間で，各年齢層の日本人の家族生活がどのように変わったか否かを確認することができる．では，家族についての意識の部分はどのように変わってきたのか．調査時点ごとに家族に関する意識の質問項目や内容，尋ね方に多少の変遷があり，3時点に共通して比較可能なのは，性別役割分業意識と老親同居をめぐる意識の2項目である．本章では，この2項目に着目して意識の趨勢を検討する．

　そもそも家族についての意識といえば多岐にわたるものが想定できるが，そのうちの性別役割分業意識は家族関連のほぼいずれの調査にも含まれるものであり，質問文も標準化が進んでいる．また，性別役割分業意識が夫婦関係にかかわるのに対し，老親同居意識は親子関係にかかわる分野の意識として，家族にかかわる領域においてもう一方で欠かせない意識だといえよう．

　調査における意識項目は，質問の仕方が多様であるだけでなく，概念としてのとらえ方も研究に応じて複数ありうる．同じ質問で尋ねられる項目であっても，意識と呼ぶ人もいれば，イデオロギー，規範，態度等の概念で解釈する研究もある．本章では「性別役割分業意識」「老親同居意識」と「○○意識」というタイプの呼び方をするように，「意味づけが中立的」で「用いる文脈が限定されない」（吉川 2014: 20）ままに用いている．吉川にならえば，包括上位

概念ならびに理論概念ではなく，それらの下位に位置づけられる具体的な操作概念であり，「意味づけが中立的な社会的態度」（吉川 2014: 21）である．そもそも NFRJ では制約的な概念構成体を想定せずに，家族に関する一般的な意識という観点から測定しており，実際に測定されたものが，対象者が抱いている社会一般における家族のイメージであるのか，あるいは自身の家族生活に即して答えたものかは厳然と判別されるわけではないことを事前に断わっておきたい．

2　2つの意識をめぐる先行研究

(1)　性別役割分業意識をめぐる先行研究

　性別役割分業意識は，男女ないしは夫婦がそれぞれ異なる役割を担うことを肯定／否定する意識であり，ジェンダー・イデオロギーと呼ばれることもある[1]．いわゆる「男は外，女は内」意識である．男女で稼得と家事育児の両役割を担う分業をとりあげているので，この意識には「男性が一家の主たる稼ぎ手であるべきだ」「家事は女性が中心になって行うべきだ」等の複数の次元が含まれている（大和 1995; 神林 2000; 西村 2001）．たとえば，Yamaguchi（2000）は 1995 年 SSM データを用いて，女性の性別役割分業意識が 3 つの潜在的パターンから構成されていることを指摘しているし，Hakim（2000）は，女性の仕事への関わりにおける多様性を指摘している．また松田は，「新性別分業」として，家事負担も加えた性別分業の負担の影響を分析している（松田 2001）．

　この複相性は，測定の面でも指摘できる．すなわち，単一項目による測定では分析に耐えるデータとして不安定である．望むらくは複数の項目から構成される指標として設定すべきだが，「男は外，女は内」の単一指標による測定が汎用されることが少なくなく，本章でもデータの制約上，単一項目での測定データを用いざるをえない．

　このように，設問によって測定される概念内容は異なりうるし，測定から意識指標の操作化の手順によっても相違が生じうる．そうした相違にかかわらず，性別役割分業に関する意識は，総じて先進国では，弱化の方向，すなわち分業

を否定する方向への変化が支持されてきた．近代化の一環としての変化である[2]．国際比較の観点からは，日本や韓国等の東アジア圏では，産業の進展に連動して性別役割分業の弱化が進むとは限らないことが指摘され，「圧縮された近代」として論じられてきている（落合編 2013）．さらに日本では2000年を越えてから，意識の保守化が指摘されている（内閣府 2012）．若年層で性別役割分業を支持する意識が強まっているという指摘であるが，それが一時的なものなのか，それとも新たな逆方向のベクトルの変化なのかは，まだ議論の途中である（松田 2005）．ただし，日本社会において，性別役割分業意識が直線的に1つの方向に向かって変化しているわけではないことは確かであろう[3]．

　性別役割分業意識の規定要因をめぐっては，大きくは3つの仮説が存在する．1つは社会化（埋め込み）仮説で，意識が幼少期に形成される側面を重視する．分析における規定要因としては，生育地，親の職業，教育，コーホートなどが挙げられる．2つめは加齢仮説で，個人の成長に従って意識が変容する側面，すなわち年齢による変化に焦点をあてる．加齢による変化を線形でとらえる場合と，非線形でとらえる場合がある．第3は，可塑性を前提とする仮説で，個人が置かれた状況による意識の変化をとらえようとする．分析では，夫婦の共働きの現状や時代（調査時点）の効果をとりあげることになる．

　吉川（1998）は，有配偶者の性別役割分業意識の形成要因を，生年世代，夫の職業的地位，妻の職業的地位，学歴，世帯年収，家計参入度，伝統・因習的価値志向の7つに整理している．西村（2001）は，性役割意識の流動化要因として，生年世代，妻の職業的地位，学歴，妻の家計参入度を，固定化要因として，夫の職業的地位，世帯年収，伝統・因習的価値志向を挙げている．これまでの先行研究から，若年であるほど（原・肥和野 1990；尾嶋 1998），高学歴者であるほど，妻の職業的地位や職業への関与の度合いが高い者ほど（Thornton and Freedman 1979），妻の家計への貢献度が大きい者ほど（吉川 1998；西村 2001），性別役割分業意識を否定的に捉える傾向が強いことが，また，夫の職業的地位が高い者ほど，世帯全体の年収が高い者ほど，性別役割分業意識を肯定する傾向が強い（吉川 1998）ことが明らかになっている．

(2) 老親同居意識をめぐる先行研究

居住規則に関する家族意識の変化は，伝統的家族から現代的家族への変化の把握において，重要なメルクマールとして位置づけられてきた（那須・湯沢 1970; 光吉 1986）．また，山根は「日本の核家族率の未来を決定するのは，日本人の同居別居志向性の推移いかんである」（山根 1974: 27）として，老親同居に関する意識を把握することの重要性を指摘している．そして，老親との同居に関する意識は，伝統的な老親扶養のありかたの中核として位置づけられてきた．「わが国においての老親扶養はこれまで同居扶養が大勢を占めており，（中略）同居を前提とし（中略），（同居の規定要因としては）とりわけ規範的要因の規定力が強かった」（細江 1987: 97）という説明にみられるように，伝統的家族規範が，同居による老親扶養を規定してきたと位置づけられてきた．

老親との同居を支持する意識を，伝統的家族制度規範の一側面と位置づけるならば，時代による意識の弱化が予想される．戦後日本の家族意識の変化は，「わが国の伝統的家族類型ととらえられる『家』の家族意識の変容ないしは衰退」（熊谷（松田）2001）として把握されてきており，「全国規模の世論調査の結果から見るかぎり『家』意識は確実に弱化している」（松成 1991: 95）とされている．老親同居意識が，家意識の一側面として位置づけられるのであれば，家意識の衰退に伴って，同居への支持が弱まっていると考えられる．

またプライバシー重視による近居志向の高まり[4]や「介護の社会化」を掲げて 2000 年に施行された介護保険制度も，家族による介護，ひいては老親との同居に関する規範性を弱めていると考えられる．内閣府実施の「高齢者介護に関する世論調査」において，介護保険施行後に行った調査では，望ましい介護形態として，家族だけに介護されたいと回答する割合が減少し，ホームヘルパーなど外部の者による介護を利用したいとする割合が増加していることが示されている[5]．こうした傾向は，老親との同居意識にも影響を及ぼしていると考えられる．毎日新聞社人口問題調査会による家族計画世論調査では，「自らの老後を迎えた際に子に頼るつもりがあるか」を尋ねているが，1961 年を境に「頼らないつもり」という回答が「頼るつもり」とする回答を上回っている[6]（毎日新聞社人口問題調査会編 2005）．

しかし，その一方で，必ずしも時代による老親同居意識の弱化を前提とはで

きないのではないかとも考えられる．その理由として，まず，老親同居を支持する意識が，伝統的家族制度規範の一側面と位置づけることが妥当であるか否かという問題が挙げられる．たとえば森岡は，老親同居意識について「同居支持といっても，かならずしも家意識と重ねあわせうるものでなく，いっしょに暮らして親の老後のめんどうをみることに力点があるとすれば，ここにも大きな変化が隠されているといえる」（森岡 1980: 127）と指摘している．すなわち，老親との同居に関する意識は，その内実が変化しつつあることが指摘されているが，質的な変化が量的な変化を伴うとは限らず，同居支持の弱化自体は生じないという可能性もありうる．近年のデータでも，老親との同居が伝統的家制度規範とは別の枠組みで認識されている可能性が示唆されている[7]．

　老親同居に関する意識の変化については，どのように考えられてきたのか．山根（1974）は，昭和44-48年に隔年で行われた老人に関する世論調査を参照し，同居―別居志向に関しては4年間ほとんど変化がなく同居を志向する者が圧倒的に多いことを示し，その背景には戦前に親孝行の倫理が義務教育において強調されてきた背景があると述べている．山根（1974）によれば，世代の特徴を捉えるにあたって義務教育との関連性が重要であり，戦前に義務教育を終え青春時代を経過して結婚した第1世代，戦前に義務教育を受けたが戦後に青春時代を送って結婚した第2世代，戦後に教育を受けて育った第3世代，第3世代から生まれた第4世代に分類することができるという．同居志向的な第1世代の親を持つかぎり，第3世代は多かれ少なかれその影響を受けるのであって，家制度廃止という価値の急激な変動に拘わらず，新旧世代に顕著な断層がないのはこのためであると解釈している．さらに，第4世代になると，家制度が何らかの形で復活することがないかぎり，伝統的な親孝行の観念は著しく弱まることになるだろうという仮説を提示している．

3　分析

(1) 記述統計

　性別役割分業意識は「男性は外で働き，女性は家庭を守るべきである」という設問で，老親同居意識は「親が年をとって自分たちだけでは暮らしていけな

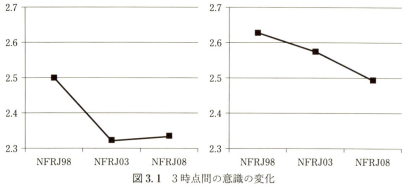

図 3.1　3時点間の意識の変化
注：左―性別役割分業意識，右―老親同居意識．

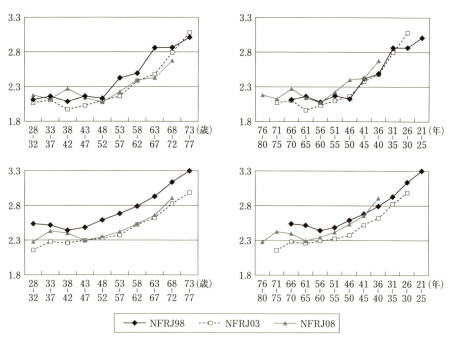

図 3.2　年齢およびコーホートによる性別役割分業意識の推移
注：上段―有配偶女性，下段―有配偶男性．

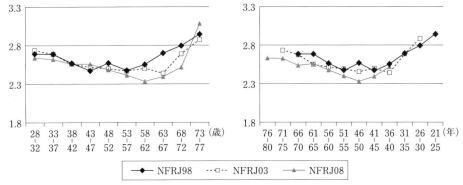

図3.3 年齢およびコーホートによる老親同居意識の推移

くなったら，子どもは親と同居すべきだ」という設問で尋ねている．各質問に対し，「そう思う」「どちらかといえばそう思う」「どちらかといえばそう思わない」「そう思わない」という回答に対して4点〜1点までを配点する．分析に用いる回答ケース数は，不明を除き，性別役割分業意識は1万7846名（男性8467名，女性9379名），老親同居意識は1万8258名（男性8615名，女性9643名）である．

まず各調査時点の意識の全体の平均値を比較すると，図3.1のように低下傾向が確認された．性別役割分業意識はNFRJ98から03にかけて低下すなわちリベラル化し，08では03と違いがない．老親との同居意識は，同居の支持が低下しているが，その低下傾向は03から08の間にかけて相対的に大きい．

各調査の年齢による推移，出生コーホートによる推移を図示したものが図3.2・図3.3である．

図3.2は性別役割分業意識の平均値で，得点が高いほど性別役割分業を支持している．性別役割分業意識は男女，ならびに婚姻上の地位で異なるので，ここでは有配偶男女に限定している．図からは，第1に，年長の世代で意識が保守的であることが認められる．第2に，測定時点による相違を認めることができる．すなわち，NFRJ98から03へと性別役割分業意識の弱化傾向が認められるが，NFRJ03から08への時点ではそうしたリベラル化の傾向がもはや認められず，性別役割分業意識の変化は停滞しているか，むしろ若年世代では性別役割分業意識の高まりすなわち保守化すら認められる．

3 家族についての意識の変遷——53

図3.3は老親同居意識である．年齢ごとの同居を支持する意識の推移をみると，60歳代ではNFRJ98よりもNFRJ03や08で同居支持が減少していることが分かる．一方，出生コーホートと意識との関連をみると，1930年代より以前に生まれた人たちの同居支持が強くなっている．ただしNFRJ08では該当するコーホートの対象者がいないため，こうした傾向はNFRJ98および03データからみられる傾向である．

(2) APC分析

西野（2006）は，NFRJ98とNFRJ03の2つのデータを用いて，5年間での意識の変化を集合体水準で把握したうえで，加齢による効果，時代による効果，コーホートによる効果のいずれに帰せられるのかを考察している．西野によれば，性別役割分業意識における女性の変化は，年齢によるものではなくコーホートの置き換えで説明できるという．SSMデータを分析した尾嶋も，1985年と1995年の分析から，女性の性別役割分業意識はコーホート効果にもとづいて大きく変化しており，それは高学歴化による構成変動には還元できないと主張している（尾嶋 1998）．老親同居意識については，1936年以降に生まれたコーホートとそれ以前に生まれたコーホートの相違を指摘し，年齢効果については，コーホート効果に吸収されるものと位置づけている[8]．ただし，西野（2006）の分析は，平均値を用いたものであり，個人水準における年齢その他の効果が統制された結果として確認された変化ではない．

年齢，時代，そしてコーホートの3つの効果は，相互に独立ではないために識別が困難とされてきたが，近年では，コーホートの置き換え効果を測定する手法として，継続調査データの同一項目の分析に適用する複数の手法が開発されている．1つは，Firebaugh（1989）の提唱によるAge-Period-Cohort法で，代数的な要因分解である回帰分解法（the regression decomposition technique）を用いて，コーホートの効果（Cohort効果）と年齢の効果（Age効果），そして測定時点すなわち時代効果（Period効果）の3つの効果を識別している．これは複数の横断調査間で観測する変化が線形である時に用いられる．さらにBrewster and Padavic（2000）は，この技法を非線形の場合に適用し，合衆国の1977-96年のGSSデータを用いて，コーホートの置き換え効果が近

年高まっていることを指摘している．2つめは，コーホート分析の交互作用からコーホート効果を識別するモデルである（中村 2005, 2000）．3つめは，Mixed モデルを用いた Age-Period-Cohort（APC）分析である．A（年齢 Age 効果），P（時代 Period 効果），C（コーホート Cohort 効果）のうちのいずれかが，そのほかの（固定）効果に対してランダムに影響するモデルを推定する．佐々木は，JGSS の10年間，8波にわたるデータにこの手法を適用し，日本人の性別役割分業意識において，コーホート，年齢，時代の3つの効果がそれぞれ有意であることを指摘している（佐々木 2012）．

佐々木（2012）は時代とコーホートをランダム分散変数とするモデルを用いており，Yang and Land（2006）も年齢を統制したうえで，時点とコーホートのランダム効果を推定する方法を採用している．一方で，O'Brien *et al.*（2008）は，コーホートのみをランダム効果とする APC モデルを採択している．本章で使用する NFRJ データの場合，時点数が3時点と少ないため，時代のランダム効果を推定することができない．それゆえ，O'Brien *et al.*（2008）にならい，コーホートのみをランダム効果とし，年齢と時点は固定効果とする mixed モデルを用いて Age-Period-Cohort（APC）分析を行った．

（3） 結　果

性別役割分業意識，老親同居意識のそれぞれについて，年齢（10で割った値）と時点のみを固定効果とするモデルと，5歳幅の出生コーホートのランダム効果を加えたモデルとを分析し，双方のモデルの適合度の差を検定したところ，いずれも有意であった．すなわち，コーホート変数というランダム効果を導入することで，モデルの適合度が上がったことが確認できた．なお，係数に出生コーホートのランダム効果を加えたモデルも検討したが，これらはいずれも有意ではなく，係数へのランダム効果モデルは支持されなかった．

つづいて，先行研究から導出された独立・統制変数を含めた mixed モデルで分析を行った．性別役割分業意識の分析では，年齢（年齢÷10），居住地が10万人以上の都市を1とするダミー変数，学歴，婚姻上の地位，就業上の地位，世帯収入，そして調査時点を含めている．老親同居意識の独立・統制変数は，年齢二乗項，性別，きょうだい構成，学歴，就労形態（自営・家族従業ダ

ミー），親との同居，世帯年収，配偶状態，子の有無，母の生活段階，調査時点，である．図 3.3 にみるように，年齢の作用は直線的よりむしろ曲線的であることから，加工した年齢値の二乗項を投入した．

表 3.1 では，性別役割分業意識の mixed モデルによる APC 分析の結果を示している．モデル 1 はランダム効果にコーホート変数を投入していない多変量モデルで，モデル 2 はコーホート変数を投入したモデルである．男女ともコーホートの効果は有意に認められ，コーホートをランダム変数に組み込む APC-mixed モデルは有効であった．ただし，そのコーホートの効果は極めて小さいものであった．

一方で，年齢と調査時点の効果も有意に認められた．年齢の効果はプラスで，年齢があがるほど保守的な意識をもつ．調査時点の効果は，1999 年と 2004 年ならびに 2009 年の間で有意である．1999 年と比べると，2004 年も 2009 年も意識がリベラル化しているが，1999 年と 2004 年との間の差は，1999 年と 2009 年との間の差より顕著で，とくに女性においてそれが明確である．

また，モデルに含めた各変数の効果をみると，年齢と調査時点のほかに男女とも共通した効果を認めることができたのは，世帯収入のみであった．その他の変数の効果は男女で異なっており，男性では，都市部に居住していることと，未婚ではなく有配偶であるか離死別の状態であることは保守的な性別役割分業意識と関連しており，大卒などの高学歴であることがリベラルな意識に関連している．女性では，義務教育修了の低い学歴であることが保守的な意識につながっている一方で，職業については非正規であれ自営であれ正規であれ，何らかの職業についていると無職に比してリベラルな意識を持っていた．その効果は，自営より非正規，非正規より正規雇用の場合により大きい．

表 3.2 では，老親同居意識の mixed モデルによる APC 分析の結果を示している．まずモデル 1 は，固定効果の変数のみを投入したモデルである．モデル 2 は，それに加えて出生コーホートをランダム効果に投入したモデルである．ここでもコーホートの効果は有意に認められ，コーホートをランダム変数に組み込む APC-mixed モデルは有効であった．ただし，やはりそのコーホートの効果は極めて小さいものであった．

固定効果として投入した本人年齢は，ランダム効果を投入しないモデルでは

表 3.1　性別役割分業意識の規定要因分析

独立変数	男性		女性	
	モデル1	モデル2	モデル1	モデル2
固定効果				
切片	1.775***	1.688***	2.090***	1.989***
年齢	0.139***	0.148***	0.100***	0.111***
人口10万以上（＝1）	0.098***	0.096***	−0.018	−0.016
学歴（基準：高卒・専門学校卒）				
中卒（＝1）	0.046	0.033	0.162***	0.130***
短大・大学卒（＝1）	−0.053*	−0.052*	−0.042	−0.048+
婚姻上の地位（基準：未婚）				
有配偶（＝1）	0.256***	0.269***	0.013	0.069
離・死別（＝1）	0.189**	0.210**	−0.041	−0.012
就業形態（基準：無職）				
正規（＝1）	−0.011	0.038	−0.517***	−0.476***
非正規（＝1）	−0.056	−0.019	−0.265***	−0.219***
自営（＝1）	−0.027	0.016	−0.147***	−0.106***
世帯収入	−0.012***	−0.011**	−0.011***	−0.009**
調査年（基準：1999年）				
2004年（＝1）	−0.245***	−0.242***	−0.137***	−0.134***
2009年（＝1）	−0.206***	−0.197***	−0.065*	−0.060+
ランダム効果				
第1水準分散成分（切片のランダム効果）		0.987		0.905
第2水準分散成分		0.005***		0.012***
AIC		22107		22972
BIC		22211		23078

***<.001, **<.01, *<.05.

有意であったが，投入した mixed モデルでは 10% 水準の有意差が認められるにとどまった．いずれもプラスの効果で，年齢のプラスの曲線的な効果をかろうじて認めることができた．これを方程式に当てはめて図示すると（図省略），30歳代後半から40歳代において老親同居意識がもっとも弱くなっており，それ以降の年齢では強くなっていき，60歳代以降は顕著に強くなっていく傾向がうかがえた．今回の対象者は 28 歳からとなっているが，20歳代では，30歳代後半から40歳代に比べて老親同居意識が強い傾向がみられる．また時点比較については，2009年時点では1999年時点よりも老親同居意識が弱くなっている傾向が見られた．

表3.2 老親同居意識の規定要因分析

独立変数	モデル1	モデル2
固定効果		
切片	2.752***	2.822***
年齢二乗	0.004**	0.003+
男性（＝1）	−0.195***	−0.194***
長子（＝1）	−0.002	−0.000
大卒（＝1）	−0.039+	−0.041+
自営・家族従業（＝1）	0.059*	0.066**
親同居（＝1）	0.124***	0.126***
世帯年収	−0.006*	−0.005+
有配偶（＝1）	−0.121***	−0.117***
有子（＝1）	−0.170***	−0.161***
母年齢（基準：75歳以上）		
64歳以下（＝1）	0.207***	0.089*
65-74歳（＝1）	0.156***	0.099**
母死亡・不明（＝1）	0.092***	0.073**
調査年（基準：1999年）		
2004年（＝1）	−0.036+	−0.039+
2009年（＝1）	−0.110***	−0.115***
ランダム効果		
第1水準分散成分 （切片のランダム効果）		0.921
第2水準分散成分		0.006***
AIC		36258
BIC		36385

***<.001, **<.01, *<.05.

　ほかに老親同居意識の強さと結びついていたのは，調査時点で実際に親と同居生活を送っていることと，自営業ないしは自営業の家族従業員であること，そして，母親の生活段階であった．母親が後期高齢者の段階にあることと比して，それより年若いことは，その年若さの程度にかかわらず老親同居意識の強さと関連していた．親が後期高齢者になると，同居が困難な事態もより多く予想されるが，それより若い段階であれば，逆に同居したいと思ったり，同居しなければと思ったりしていると推察される．そして，逆に老親同居意識を弱めていたのは，回答者が男性であること，有配偶であること，子どもがいることであった．

4　考　察

(1)　コーホートとの関連

　意識の推移をめぐってはこれまで，年齢にともなう変化が加齢によるものか，それともコーホートの新陳代謝によるものか，判然としないままに解釈されることが多かったといえよう．今回の分析結果では，性別役割分業意識においても老親同居意識においても，年齢とは別にコーホートの効果を有意に認めることができた．

　認められた効果は微々たるものであったが，意識が急激に変化するものでないことを考えれば，結果は首肯できる．むしろ，時代や年齢とは別にコーホートの効果を認めることができる点を確認しておきたい．

　APCモデルでとりあげたコーホートは，5歳幅に区切られた出生コーホートでそれぞれに特定の意味を持たせていない．一方で，先行研究をふまえ，特定コーホートの効果も検討することができる．先述の山根（1974）は，老親同居意識を分析するなかで，義務教育との関連で世代を第1から第4まで分類し，第1世代を親とする第3世代までは，親子間で規範が受け継がれることによって世代による顕著な断層はあらわれず，第3世代の子世代と想定される第4世代以降に伝統的な親孝行の観念が著しく弱まることになるであろうと想定していた．NFRJの老親同居意識を用いて，その第4世代にあたる1970年代以降出生コーホートとそれ以前の出生コーホートとの間での差異を確認したが，有意な関連はみられなかった．第3世代と第4世代の間では有意な差が認められなかったことから，山根が想定していた親から子への規範意識の世代間伝達は，想定されていたほど強くなかったと考えられる．

　一方で，第2世代にあたる1935年以前出生コーホートとそれ以降の出生コーホートとの間において有意な差を認めることができた．これらの傾向は，老親同居意識だけでなく，性別役割分業意識でも同様に認められた．第2世代は，戦前に義務教育を受けた世代である．性別役割分業意識においても老親同居意識においても，戦前の義務教育を受けたコーホートと戦後に義務教育を受けたコーホートとの間で，年齢等を統制しても差異が認められたと考えられる．

(2) 年齢との関連

　加齢の効果は，コーホートの置き換えによって打ち消される可能性も支持されていたが，本章の分析では，時代効果やコーホート効果を統制したうえでも，年齢独自の効果が残ることが確認された．その効果は，高年齢になるほど保守的な性別役割分業意識，ならびに老親同居支持が高くなるものであった．老親同居意識については，その効果は2次曲線を描き，若年層と高年層の双方で同居支持が高くなっていた[9]．

　これは，加齢することによって一定の変化が起こることを示唆しているのだろうか．例えば，30歳代以前の若年層が保守的で老親との同居を支持しやすいのは，まだ現実感がなく理想的な回答をしやすいためとも考えられる．そして，人生経験を積み重ねることによって意識の保守化が起こるのかもしれない．

　あるいは，年齢に応じて社会規範のとらえ方が異なるのだろうか．本章で用いている意識項目は一般的な規範意識を問うたものであり，自身の考えを述べたものか，社会のあるべき姿を述べたものか，あるいは，子の立場からの回答か，親の立場からの回答かを峻別することは難しい．ただし，親同居に関しては，中年層は現実的に子として負担を背負う立場に立って回答するため同居支持が弱く，高年層は老親として世話を受ける立場から回答するために同居支持が高いのではないかと考えられる．先行研究でも，「30歳代，40歳代である女性の場合に『家族』を選択しにくくなるのは，こうした年齢層の女性が，家事分業の構造的不平等という条件下で，子どものケア，親あるいは義理の親のケアといったケア労働を割り当てられる立場に置かれやすいことを反映している（田渕 2006:128）という解釈が述べられている．

　しかしながら一方で，年齢相応のライフステージの進行にともなうものである可能性も否定できない．実際に性別役割分業意識は，妻の就労や家計貢献など生活の現状との関連が強い．子どもが乳幼児期を脱して妻が就労しやすいステージにおいて，ないしは，子の教育費など家計の需要が高いステージにおいて，共働きは増える．また，近年になるほど女性の就労，とくにパートタイムでの家族段階に応じた就労は増えている．分析では性別役割分業意識は子どもの成長段階との関連は認められなかったが，表3.1にもみられるように妻の就労とは大きく関連している．中年期に共働きをして，その経験が性別役割分

業意識の弱化につながっている可能性はあるだろう．

　老親同居意識も，家事育児や介護といった役割との関連について，配偶状態や子どもの有無，母年齢を用いて検討を行ったところ，配偶者や子がいる場合には老親同居意識が弱くなり，また母親が75歳（後期高齢者）より若い場合に老親同居意識が強くなる傾向がみられた．子どもへのケアが必要な場合に，また親がケアを必要とする年代である場合に，老親同居意識は弱くなるようである．こうした傾向はいわば家族ライフステージとの関連を示しているものとも考えられる．

(3) 時点との関連

　時点との関連は，コーホートや年齢による影響を統制しても，性別役割分業意識でも老親同居意識でも認められた．ただし，性別役割分業意識は1999年とその後の時点との間で，老親同居意識は2009年とそれ以前の時点との間での関連がより明確であった．

　性別役割分業意識は，内閣府による男女共同参画調査や国立社会保障・人口問題研究所による家庭動向基本調査など，より観察期間が長い調査においても，2000年以前までのリベラル化の流れが2000年以降は停滞ないしは反転が指摘されている（内閣府 2012; 国立社会保障・人口問題研究所 2014）．NFRJでも同じ傾向が認められ，本章ではそれが対象者の属性やコーホートの効果を統制しても観察できることを指摘した．その意味については，一時的なものか，リベラル化の「天井効果」なのか，現段階ではまだ確定できない．

　老親同居意識は，2000年施行の介護保険制度の影響や近居志向の高まりによって，1999年以降一定の変化があると予想された．しかし本分析では，1999年と2004年との間に断絶を認めることはできず，徐々に老親同居意識が弱まるなかで，99年と09年との間で差が顕著になっていたといえよう[10]．

　あるいは，質的な変化を背景として，量的な変化が現れにくくなっている可能性も考えられる．例えば，全国家庭動向調査の結果では，「息子夫婦と一緒に住む」ことに対し否定的態度が大幅に増加しているのに対して，新たに加えた「年老いた親の介護は家族が担うべきだ」という質問に対しては全体では4分の3が支持しており，両者はかなり異なる傾向を示している（国立社会保

障・人口問題研究所 2000).「息子夫婦と一緒に住む」ことは伝統的な家規範の一部として位置づけうるのに対して,「年老いた親の介護は家族が担うべきだ」は異なった文脈に位置づけられていると考えられる.「家制度的概念に基づいた同居志向からの解放は(中略)情緒的結合に基づいた同居志向を否定するものではない」(山根 1974: 34)など,異なった背景によって老親同居意識が一定の支持を保ち続ける可能性が指摘されてきた.老親同居意識を支える背景がどのように変化をしているかを含めて,老親同居意識の変容を把握していくことが課題であろう.

5 停滞する家族意識

本章では,APC 分析の手法をとることにより,コーホート,年齢,時点のいずれの効果も認めることができた.コーホート効果は,意識について大きな説明力をもつものではないが,年齢や時代とは独立に影響していることが確かめられた.年齢の効果は基本的に,高齢になるほど性別役割分業意識が保守化し老親同居意識は強くなる.老親同居意識は若年世代でも強く,いわゆる中年世代においてリベラルで同居意識が弱い.時代の効果は,3 時点で同等ではない差が認められた.前述した JGSS 調査の結果も本結果と類似している.すなわち,性別役割分業意識における年齢・時代・コーホートの効果が確認されており(佐々木 2012),3 世代同居意識は 2000 年以降明確な低下傾向を示していないことが指摘されている(宍戸・岩井 2010).

従来の近代化論の枠組みでは,性別役割分業意識はリベラル化し老親同居意識は衰退することが当然視されている.しかしながら,実際の意識はもはや,それほど明確な変化は見せていない.性別役割分業意識は近年になって若年層においてむしろ保守化の傾向が指摘されているし,老親同居意識を分析したところ,自営業・家族従業の場合に老親同居意識が強くなるという傾向もみられた.老親同居意識のこの結果は,家産の継承と結びつく親同居の志向性を示唆するものとも考えられる.しかし,きょうだい構成などの影響はみられず,むしろ加齢や母親の生活段階によって意見が異なるという結果は,老親同居意識が状況依存的に決定されているということを意味するものであり,「ご都合主

義的」な規範（直井 1993）ともいいうる．現在の日本における老親扶養は「父子継承ラインをめぐるかつての規範が解体したまま，新しい規範が創造されることなく，状況適合的に，かつ親子兄弟の人間関係のありように流される形」（森岡 1993: 218）になっているといいうる．

　性別役割分業意識についても，学歴との関連は過去の時点の分析ほど明確ではなく，地方と都市による違いも，本章の分析では女性ではすでに認められなかった．むしろ，男性では未婚ではないこと，女性では仕事についていることといった現実生活との関連が明確であった．性別役割分業意識も，受けた教育などにより形成されてきた効果は一部認められるものの，現実の生活から状況依存的に決定される部分が大きくなっているのではないか．そうした流動的な面を抱えながらも，新しい規範の創造にはいたっていないようである．山根は「老人の社会保障が，老人および家族に対して同居・別居の生活形態を選択できる可能性を与えることを意味する」（山根 1974: 33）と述べていたが，現状においてそうした選択可能性が十分確保されるような社会保障が提供されているとはいいがたい．こうした状況において，人々の老親同居意識を一律に大きく変化させるだけの誘因が存在せず，明確な時代変化が確認されなかったのではないかと考える．ただし，こうした解釈のためには，さらなるデータ分析の積み重ねが必要となる．

1) 性別役割分業という用語の用い方については批判もある（山根 2010）．
2) 性別役割分業意識は，男女平等の方向へ変化し，ある一定のところでその変化のペースを落とす（スローダウン）とも指摘された（Mason and Lu 1988）が，女性就労とりわけ幼児のいる母親の就労増加から，スローダウンが否定されている側面もある（Brewster and Padavic 2000）．
3) 意識の変化をめぐる論議は，その方向（ベクトル）が中心になされてきたが，意識の社会集団への普及という点で，拡散／収斂という視点も本来は必要であろう．近代化論においては，伝統的な分業型から多様化すなわち拡散期をはさんで男女平等型への収斂を想定しているわけだが，拡散への変化が着目されることはあまりないように見受けられる．
4) 「高齢期における社会保障に関する意識等調査」によれば，1983 年から 2000 年までの間に「子供と」「同居したい」という回答が 66.3% から 37.9% に減少し，「元気なうちは別居，病気になったら同居したい」や「配偶者がいなくなったら同居したい」「別居したい」の割合はほぼ変わらず，対して「子供が近くにいれば別

居でもよい」が 7.8% から 25.5% まで増加している（厚生労働省 2012）.
5) 当該調査では，1995 年と 2003 年にそれぞれ調査を行い，「望ましい在宅での介護形態」として誰に介護されたいかを質問している（内閣府 2003）.
6) ただし，調査年次により，必ずしも同じ調査対象・選択肢ではない.
7) 意識の変化をみるためには同一の調査デザインによる反復調査が望ましいが，老親同居意識の変化を検証することが可能な調査データは希少である．その1つである JGSS は，NFRJ 同様，全国レベルの反復調査で親との同居に関する意識を把握している．その時点間比較分析の結果，3 世代同居意識は 2000 年以降明確な低下傾向を示しておらず，むしろ，2006-2008 年にかけては「望ましい」と回答する割合が高まっている年もある．しかしこうした上昇傾向は，調査票設計の変更によって生じたキャリーオーバー効果によるものと解釈されている（宍戸・岩井 2010）. そうした解釈が正しいならば，親との同居に関する意識というものが，伝統的家制度規範とは別の枠組みで認識されている可能性を示唆しているといえるだろう.
8) 同居支持の意識が中年層よりも高年層にあることが認められたが，それらは対象者が高年期を迎えたことによる効果ではなく，コーホートの流入による効果であること，さらに，同一コーホート内での家族ライフステージの進行にともなう同居支持意識の低下は認められないことなどが指摘されている.
9) 類似の傾向は他の調査でも確認することができる．第 2 回全国家庭動向調査では，「年老いた親の介護は家族が担うべきだ」という考えを支持する割合は，20 歳代で高く，40 歳代で低くなっているが，60 歳代では再び支持する割合が高くなっている（国立社会保障・人口問題研究所 2000）.
10) 一般的な規範意識としての老親同居意識とは異なるが，老後における子との同居に対する「希望」の変化を把握した調査では（厚生労働省 2012），1983 年には 68.2% であったのが，2012 年には 27.1% へと減少していた．ただし，90 年代に激減して以降は，2000 年は 33.5%，2006 は年 30%，2012 年は 27.1% と比較的安定した割合を維持している．近年において明確な衰退がみられないという点では，今回の分析結果からみる老親同居意識の趨勢と類似した様相を呈しているといえる.

【文献】

Brewster, Karin L. and Irene Padavic, 2000, "Change in Gender-Ideology, 1977-1996: The Contributions of Intracohort Change and Population Turnover," *Journal of Marriage and the Family*, 62: 477-487.

Firebaugh, Glenn, 1989, "Methods for Estimating Cohort Replacement Effects," *Sociological Methodology*, 19: 243-262.

Hakim, Catherine, 2000, *Work-Lifestyle Choices in the 21st Century: Preference Theory*, Oxford: Oxford University Press.

原純輔・肥和野佳子，1990，「性別役割意識と主婦の地位評価」岡本英雄・直井道子編『現代日本の階層構造 4　女性と社会階層』東京大学出版会，pp. 165-186.

細江容子，1987，「親の老後に対する大学生の扶養意識」『老年社会科学』日本老年社

会科学会, 9: 96-108.
神林博史, 2000,「日本における性役割意識研究の動向と課題」東北社会学研究会『社会学研究』68: 147-168.
吉川徹, 1998,「性別役割分業意識の形成要因――男女比較を中心に」『1995年SSM調査シリーズ14 ジェンダーと階層意識』1995年SSM調査研究会, pp. 49-70.
吉川徹, 2014,『現代日本の「社会の心」――計量社会意識論』有斐閣.
国立社会保障・人口問題研究所, 2000,『第2回家庭動向調査 結果の概要』国立社会保障・人口問題研究所(http://www.ipss.go.jp/ps-katei/j/Nsfj2/NSFJ2_sum.asp).
国立社会保障・人口問題研究所, 2014,『第5回家庭動向調査 結果の概要』国立社会保障・人口問題研究所(http://www.ipss.go.jp/ps-katei/j/NSFJ5/NSFJ5_gaiyo.pdf).
厚生労働省, 2012,『平成24年 高齢期における社会保障に関する意識等調査報告書』厚生労働省政策統括官付政策評価官室(http://www.mhlw.go.jp/file/04-Houdouhappyou-12605000-Seisakutoukatsukan-Seisakuhyoukakanshitsu/h24hou_2.pdf).
熊谷(松田)苑子, 2001,「親子関係に関する家族意識――性別・世代別比較」清水新二編『家族生活についての全国調査(NFR98)報告書No. 2-4――現代日本の家族意識』日本家族社会学会 全国家族調査(NFR)研究会, pp. 9-21.
毎日新聞社人口問題調査会編, 2005,『毎日新聞社全国家族計画世論調査報告書』毎日新聞社人口問題調査会.
Mason, Karen O. and Yu-Hsia Lu, 1988, "Attitudes toward Women's Familial Roles: Changes in the United States, 1977-1985," *Gender and Society*, 2(1): 39-57.
松田茂樹, 2001,「性別役割分業と新・性別役割分業――仕事と家事の二重負担」『哲学』106, 慶應義塾大学三田哲学会: 31-57.
松田茂樹, 2005,「性別役割分業意識の変化――若年女性にみられる保守化のきざし」『Life Design REPORT』2005年9月, 第一生命経済研究所: 24-26.
松成恵, 1991,「戦後日本の家族意識の変化――全国規模の世論調査報告を資料として」『家族社会学研究』3: 85-97.
光吉利之, 1986,「異居親子家族における『家』の変容――親家族と『あとつぎ』家族」『社会学雑誌』神戸大学社会学研究会, 3: 36-55.
森岡清美, 1980,「戦後の家族構成の変化と家意識の崩壊」『歴史公論』50: 122-127.
森岡清美, 1993,『シリーズ・現代社会と家族2 現代家族変動論』ミネルヴァ書房.
内閣府, 2003,『高齢者介護に関する世論調査報告書』内閣府大臣官房政府広報室(http://www.mhlw.go.jp/shingi/2003/10/s1027-6d2.html).
内閣府, 2012,『男女共同参画社会に関する世論調査報告書』内閣府大臣官房政府広報室(http://survey.gov-online.go.jp/h24/h24-danjo/index.html).
中村隆, 2000,「質問項目のコウホート分析――多項ロジット・コウホートモデル」『統計数理』48(1): 93-119.
中村隆, 2005,「コウホート分析における交互作用効果モデル再考」『統計数理』53(1): 103-132.

直井道子,1993,『高齢者と家族——新しいつながりを求めて』サイエンス社.
那須宗一・湯沢雍彦,1970,『老人扶養の研究——老人家族の社会学』垣内出版.
西村純子,2001,「性別役割分業意識の多元性とその規定要因」『年報社会学論集』14: 139-150.
西野理子,2006,「家族意識の変動をめぐって——性別分業意識と親子同居意識にみる変化の分析」西野理子・稲葉昭英・嶋﨑尚子編『第2回家族についての全国調査(NFRJ03)第2次報告書 No.1 夫婦, 世帯, ライフコース』日本家族社会学会全国家族調査委員会, pp. 139-152.
O'Brien, Robert M., Kenneth Hudson and Jean Stockard, 2008, "A Mixed Model Estimation of Age, Period, and Cohort Effects," *Sociological Methods & Research*, 36(3): 402-428.
落合恵美子編,2013,『親密圏と公共圏の再編成——アジア近代からの問い』京都大学学術出版会.
尾嶋史章,1998,「女性の性役割意識の変動とその要因」『1995年SSM調査シリーズ14 ジェンダーと階層意識』1995年SSM調査研究会, pp. 1-22.
Robinson, Robert V. and Elton F. Jackson, 2001, "Is Trust in Others Declining in America? An Age-Period-Cohort Analysis," *Social Science Research*, 30: 117-145.
佐々木尚之,2012,「JGSS累積データ2000-2010にみる日本人の性別役割分業意識の趨勢——Age-Period-Cohort Analysisの適用」大阪商業大学JGSS研究センター編『日本版総合的社会調査共同研究拠点研究論文集』12: 69-80.
宍戸邦章・岩井紀子,2010,「JGSS累積データ2000-2008にみる日本人の意識と行動の変化」大阪商業大学JGSS研究センター編『日本版総合的社会調査共同研究拠点研究論文集』10: 1-22.
田渕六郎,2006,「高齢者扶養と家族責任」武川正吾編『福祉社会の価値意識——社会政策と社会意識の計量分析』東京大学出版会, pp. 113-138.
Thornton, Arland and Deborah Freedman, 1979, "Changes in the Sex Role Attitudes of Women, 1962-1977: Evidence from a Panel Study," *American Sociological Review*, 44(5): 831-842.
Yamaguchi, Kazuo, 2000, "Multinomial Logit Latent-Class Regression Models: An Analysis of the Predictors of Gender-Role Attitudes among Japanese Women," *American Journal of Sociology*, 105(6): 1702-1740.
山根純佳,2010,『なぜ女性はケア労働をするのか——性別分業の再生産を超えて』勁草書房.
山根常男,1974,「日本における核家族化の現在と未来に関する一考察——核家族率との関連において」『社会学評論』25(2): 18-36.
大和礼子,1995,「性別役割分業意識の二つの次元——『性による役割振り分け』と『愛による再生産役割』」『ソシオロジ』40(1): 109-126.
Yang, Yang and Kenneth C. Land, 2006, "A Mixed Models Approach to the Age-Period-Cohort Analysis of Repeated Cross-Section Surveys, with an Application to

Data on Trends in Verbal Test Scores," *Sociological Methodology*, 36(1): 75-97.

4

ネットワークの構造とその変化
「家族的関係」への依存の高まりとその意味

大日義晴・菅野剛

1 はじめに

　近年,「無縁社会」や「孤独死」などの言葉をマスメディアにおいて目にする機会が増えている（NHK「無縁社会プロジェクト」取材班 2010; 橘木 2010）. 近代化・産業化にともなって, 人々は地縁や血縁といった伝統的な共同体から解放され, この結果として選択的な関係が重要となったが, 社会関係は弱体化していると指摘されることもある. その一方で, 身近な家族に頼る傾向が高まっていることを示唆する研究もある. 例えば, 統計数理研究所で実施している国民性調査によると,「あなたにとって一番大切と思うものはなんですか. 1つだけあげてください（なんでもかまいません）」という問いに対して（自由回答）,「家族」をあげる人の割合が1958年には約12%だったが, 1970年代以降大きくなり, 2008年には約46%となっている[1]. また, 石田（2011）は日本版 General Social Surveys 2003 を用いて, 重要な他者4人までのパーソナル・ネットワークにおいて, 悩みを相談する相手を1人もあげていない人を「孤立者」と操作化し, 男性, 高齢者, 離死別経験者が孤立に陥りやすいことを指摘し,「大半の人びとは家族・親族を中心に情緒的サポートの関係を構成している」（石田 2011: 92）ことを指摘している. 片方では「無縁社会」化が進展し, もう片方では家族を大事にするようになっている, という一見相反する知見は, どのように解釈すればいいのだろうか[2].

2　困ったときに誰に頼るのか？

(1)　サポート・ネットワークの測定

　そもそも，われわれは困ったときに誰に頼るのだろうか？　NFRJ では，配偶者，親きょうだい，子どもといった最も身近な家族的関係から始まり，親戚，近隣，友人や同僚，さらに行政や専門機関などを対象に，困ったときに頼れる相手（関係）を尋ねている（石原 2000）．また，困っている内容によっても，頼る相手は変わるだろう．NFRJ では，「問題を抱えて，落ち込んだり，混乱したとき」（相談），「急いでお金（30万円程度）を借りなければならないとき」（経済），「自分や家族の誰かが病気や事故で，どうしても人手が必要なとき」（人手）などの困っている内容について，「援助や相談相手がほしいとき，どのような人や機関を頼りにしますか」と問い，頼れる相手を複数回答の形式で尋ねている．選択肢は，「配偶者」，「親きょうだい」，「子ども」，「友人・同僚」，「専門家・サービス機関」，「その他の親族」，「近所（地域）の人」，「誰もいない」等に該当するカテゴリーとなっており，対象者が保有する社会的な資源の多さや多様性を測定するリソース・ジェネレータといえる．これらの測定は 1999 年，2004 年，2009 年の 3 時点について行われており，日本社会のソーシャル・サポートのネットワークの構造とその変化が把握できる[3]．ソーシャル・サポートは幅広い内容を含む概念であるが，本章では「対人関係から得られる，手段的・表出的援助」（稲葉 1992）とする．また，ソーシャル・サポートは，知覚されたサポートと実際に受けたサポートとで大きく性質が異なるが，本章では，「サポートの利用可能性」，つまり仮想的事態においてサポートが利用可能であるかどうかを取り扱う．

(2)　サポート・ネットワークの全体の特徴

　図 4.1 は，3 時点について，「相談」，「経済」，「人手」の 3 種類の内容について，配偶者，親きょうだい，子ども，友人・同僚，専門家・サービス機関，親族，近隣のそれぞれのサポート・ネットワークを頼れると回答した人の比率と「誰もいない」と回答した人の比率を男女別に示したものである．

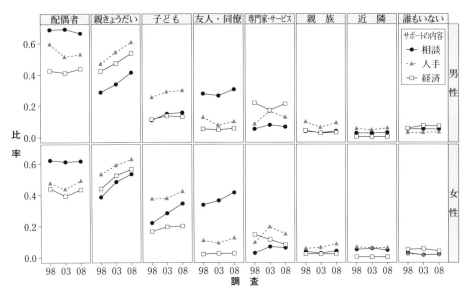

図 4.1 サポートの利用可能性の比率（NFRJ98，NFRJ03，NFRJ08，男女別 28-72 歳）

まず分かることは，頼れる相手としては，配偶者が圧倒的に重要である点である．また，女性よりも男性の方が配偶者を頼る傾向がある．配偶者に対しては，「相談」で頼りにする比率がもっとも高く，男女ともに 0.6 以上である．以下，「人手」において 0.5-0.6，「経済」において 0.4 程度となっている．次いで，親きょうだいを頼りにする比率が高く，「人手」と「経済」では 0.4-0.6，「相談」については 0.3-0.5 程度となる．この後は，子どもを頼りにする比率が高く，友人・同僚，専門家・サービス機関と続く．親族，近隣を頼りにする比率は低い．ただし「相談」については，友人・同僚も重要であり，「経済」や「人手」については，専門家・サービス機関もある程度重要である．

しかし，「相談」で友人・同僚を頼ることや「経済」や「人手」で専門家・サービス機関を頼ることを除くと，結局のところ，何かと身近な家族に頼る傾向が顕著である．家族の外部には，友人・同僚，専門家・サービス機関，親族，近隣といった多様な人間関係のネットワークが広がっているが，サポートという点については，家族が圧倒的に重要であるというのが現状である．

また，社会関係の希薄化や「無縁社会」化については，頼りにする人や機関

が「誰もいない」という選択肢が対応すると考えられる．「誰もいない」という選択肢はいずれの援助においても回答比率が 0.02-0.06 程度であり，さらに，相談，経済，人手の3つ全てにおいて「誰もいない」という回答比率は，約 0.01 となっている．よって，「無縁社会」化の進展については，より慎重で詳細な検討が求められることを本データは示している．

以上をまとめると，男女ともに，回答者にとって頼れる相手は配偶者であり，ついで親きょうだい，子どもである．定位家族か生殖家族かという違いはあるものの，これらをひとくくりにすると，身近な「家族的関係」が重要ということになる．

(3) サポート・ネットワークにおける3時点の変化

図4.1には，サポートの内容ごとに，3時点の変化も示されている．1999年から2009年の10年間に，頼れる関係の構造に大きな変化はない．人々は配偶者，親きょうだい，子どもに何かと頼り，友人・同僚には相談で頼り，その他にはあまり頼っていない．そして，この10年間に，配偶者，友人・同僚，親族，近隣については，あまり明確な傾向をともなう変化は確認できないが，他方で，親きょうだい，子どもといった，身近な「家族的関係」に対しては，近年になるほど，サポートの利用可能性の比率が上昇している．

以上の結果から，人々にとって「家族的関係」が，利用可能比率の点で重要になってきたものと解釈せざるを得ない．特に，親きょうだいについては，もともと利用可能の比率が高かった上に，さらに上昇する傾向が生じており，10年間という短い期間にしては大きな変化と思われる．

(4) 何が変わってきているのか？

この変化は何を意味しているのだろうか．そこで，個人のライフステージとの関連を確認するために，サポートで利用可能比率が高い，配偶者，親きょうだい，子ども，友人・同僚の4つの援助源に注目し，調査年ごとに，年齢と3種類のサポートの関連を確認する（図4.2）．

まず配偶者については，「相談」，「人手」，「経済」のいずれも，若年において低く，中年にかけて高くなり，高齢において再び低くなる逆U字型を描く

曲線となっている．若年における未婚，高齢における配偶者との死別が，若年と高齢における比率の低さを説明する一因と考えられる．実際，有配偶者に限定をすると，ほぼ水平か，若干右下がりのグラフとなることが確認できた．

親きょうだいについては，「相談」，「人手」，「経済」のいずれにおいても，若年において利用可能性の比率が高く，高齢になるにしたがって，比率が低下している．年齢とともに有配偶者が増え，サポートの提供者が定位家族から生殖家族へ移行することが一因と考えられる．また，男性に比べ，女性の方が利用可能性の比率が高い．興味深い点は，3時点での変化であり，近年になるほど，いずれのサポートにおいても，親きょうだいの比率が高まっていることであり，グラフの描く線が上方向へ平行移動しているようなパターンを示している．

子どもについては，「相談」，「人手」，「経済」のいずれにおいても，若年において頼れる比率が低く，高齢になるにしたがって高まる．多くの場合，男性に比べ，女性の方が利用可能性の比率が高い．3時点での変化については，中年から高齢にかけて，親きょうだいで確認できた傾向と同様に，近年になるほど，利用可能性の比率が若干高くなっている．

友人・同僚については，「相談」について頼りにする比率が高く，若年では0.5-0.6程度だが，高齢になるにしたがって，この比率は低下する．「人手」については，若年において頼りにする比率が0.2程度だが，年齢とともに頼りにする比率が低くなっている．「経済」については頼りにする比率が非常に低い．3時点での変化としては近年になるほど，友人・同僚の「相談」の利用可能比率が中高年において高くなっている．

以上をまとめると，「相談」では，どの年齢層の男女においても配偶者へ頼る比率が高い．そして，親きょうだい，友人・同僚，子どもと続く．「人手」「経済」では，若年から中年にかけて，親きょうだいへ頼る比率が高い．そして，配偶者は一定の重要度を維持しつつ，中年から高齢にかけては子どもへ頼る比率が上昇する．つまり困ったときに相談で頼る相手としては，どのような内容であれ，どのような年齢であれ，配偶者がいれば配偶者に頼る．若年では親きょうだいに頼るが加齢にしたがってこの傾向は弱まり，他方で，高齢になるにしたがって子どもに頼るようになる．これらの傾向は，例えば「結婚をす

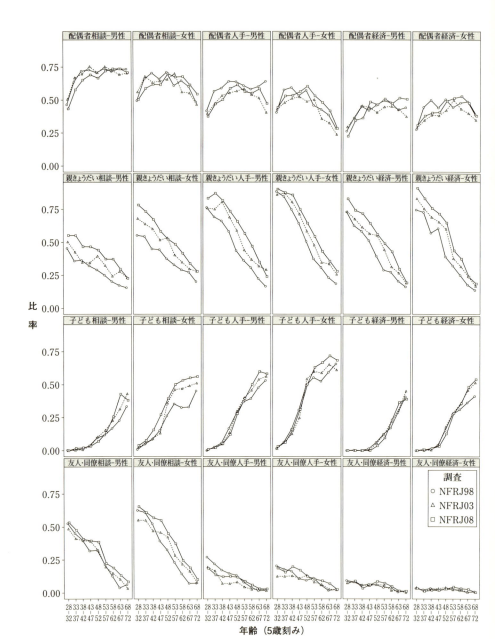

図 4.2 サポート利用可能性の男女・調査・年齢別比率

るまでは親,結婚後は配偶者,結婚が解消された後は子どものサポートが重要」(石田 2011: 112) などのように言及されてきた[4]. 相談については,若年の間は,友人に頼ることもできる[5].

10年間は長い期間ではなく,3時点も多い時点比較ではない.「誰もいない」という比率には大きな変化が見られず,近隣やその他の親族といった,家族外の地縁・血縁のネットワークに頼る比率も小さいままで,変化は確認できなかった.つまり,配偶者と親きょうだいがもっとも頼りとなり,ついで子どもも重要で,友人には相談で頼るという,サポートの構造は総じて安定しているといえる.

しかし,親きょうだいと子どもといった,身近な家族的関係へ頼る比率が高くなっているという変化は確認できる.以下では,変化が顕著である親きょうだいの「相談」に限定して,変化の内実について確認する[6].

(5) コーホート別の,年齢と親きょうだいの相談サポートの関係

以下では,3時点の反復横断調査データからなる NFRJ の特性を生かし,出生コーホートに分けて分析を行う.図 4.3 は,(A)年齢と調査年ごとの相談,(B)年齢とコーホートごとの相談,(C)調査年と年齢別の相談,(D)コーホートと年齢別の相談,というコーホート分析において典型的な 4 つの図を示している.図 4.3(A)は,図 4.2 の 2 行目の 1・2 列目の親きょうだいの「相談」と同じ図である.図 4.3(A)において,年齢と「相談」は強い負の関連を示しており,加齢にともなって親きょうだいの「相談」が急速に減少するように見て取れる(ただし,NFRJ03 の 48-52 歳のみ,男女ともに変則的に高めになっている).

しかし,同じデータを図 4.3(B)のように出生コーホート別に示してみると,「相談」の利用可能性の比率はコーホートによる違いが大きく,年齢と「相談」は単純な負の関係とは言えない.すなわち,加齢にともなって親きょうだいの「相談」の利用可能性の比率が低下しているようには見えないことが分かる.むしろ加齢にともなって利用可能性の比率が上昇しているかのように見える場合も確認できる.また,図 4.3(C)より,同じ年齢であっても,近年ほど親きょうだいの「相談」の利用可能性の比率が高くなっていることが分かる.このことから時代効果が示唆される.また,図 4.3(D)より,同じ年齢層であっても,

コーホートが新しいほど，親きょうだいの「相談」の利用可能性が高くなっていることが分かる（ただし，女性の1951-1955年コーホートの48-52歳において，若干不規則に高めである）．

　ここで注意すべき点は，関係の保有状況の変化の影響である．10年間における関係の保有状況の変化のために，親きょうだいの「相談」の利用可能性の比率が高まったかのように見えてしまう可能性を識別する必要がある．親きょうだいの「相談」は，親きょうだいが存在しなければありえない（構造的ゼロ）．例えば，長寿化にともなう親きょうだいの生存比率の上昇によって，親きょうだいが選択肢として存在する期間は長期化する．あるいは，未婚化・晩婚化にともなって無配偶者比率が増加することによって，配偶者ではなく親きょうだいに頼る人々が増加する可能性がある．また，少子化にともなう子どもやきょうだい数の減少によって，親きょうだいの利用可能性が変化する可能性がある．よって，複数の関係の保有状況を統制したうえであらためて分析をおこなう．

　上記のようなサポートの利用可能性への影響を除外するため，(1)両親のいずれかが生存しているかどうか，(2)有配偶であるかどうか，(3)きょうだいの誰かが生存しているかどうか，という関係の有無に注目し，これらの関係を有する対象者のみに限定して，親きょうだいの「相談」の利用可能性の比率の変化を確認した．「親きょうだい」という関係の保有層は，両親，義理の両親，兄弟姉妹のいずれかが生存していることが考えられる．ただ，いずれの調査年でも，「親きょうだい」保有層の構成比率は0.98と非常に高く，実質的に関係の有無のコントロールにならない．そこで，構成比率が0.6-0.7である，両親のいずれかが生存という条件を用いる．なお，両親のいずれかの生存は，この10年間に小さいながらも変化があり，若いコーホートにおいて親が長寿化していることが確認できる．また，無配偶者の増加の影響を受けないように，分析対象を有配偶者に限定した．分析の結果は図4.4のとおりである．おおむね前掲の図4.3と大きな違いはないことから，親きょうだいの相談サポートの利用可能性の高まりという10年間の変化は，関係保有状況それ自体の変化というよりは，関係保有者の利用可能性の変化とみなせる．比率の値は男性の一部で多少入り乱れており課題が残るが，全体の傾向として，親きょうだいの「相

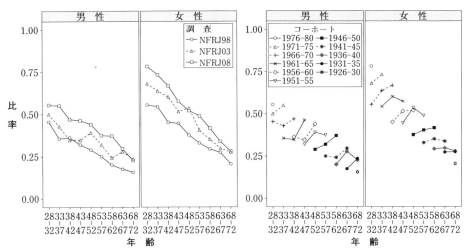

(A) 年齢と親きょうだい「相談」（調査別）

(B) 年齢と親きょうだい「相談」（コーホート別）

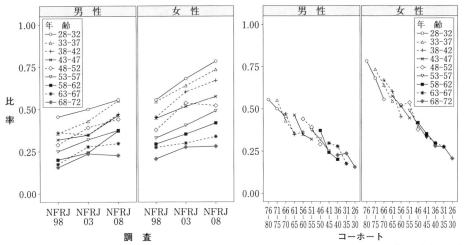

(C) 調査と親きょうだい「相談」（年齢別）

(D) コーホートと親きょうだい「相談」（年齢別）

図 4.3 年齢・コーホートと親きょうだいの「相談」

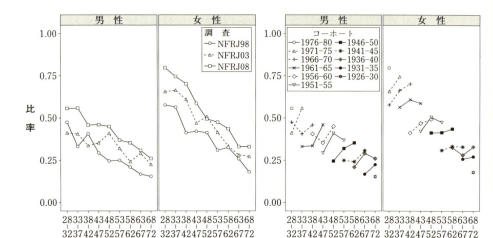
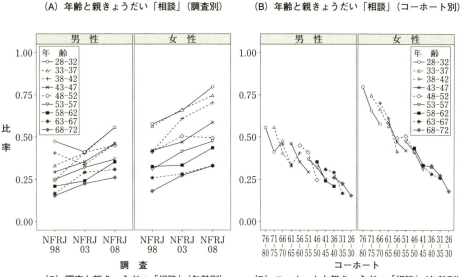

図 4.4 親生存・有配偶者における，年齢・コーホートと親きょうだいの「相談」

78——I 家族の基本構造

談」の利用可能性の比率におけるコーホート間の違いについて再確認ができたといえる．また，多くのコーホートで右上がりの傾向を示していることから時代効果も示唆される．以上より，親きょうだいの「相談」サポートは，近年になるほど利用可能であるが，この差異はコーホート特性による違いである可能性が大きく，新しい世代ほど頼る傾向がある．

(6) サポートの構造と変化

　われわれの社会において，困ったときに最も頼りにされているのは男女ともに配偶者であるといえる．言い換えると，今日の社会は，困ったときには配偶者に頼ることが規範化されている社会であるといえるかもしれない．よって配偶者に頼ることができない場合には，配偶者に対して負のサンクションが下されることが想定されうる．また配偶者のサポートは，男女ともに規範化されており，婚姻状態が持続する限りサポートの利用可能性はおおむね安定的であるといえる．また，3時点間で配偶者のサポートには大きな変化が見られない．よって配偶者が最も主要なサポート源であることについては，変動の兆候が見られない．

　配偶者に次いで利用可能性が高いのは，親きょうだい・子どもである．既述のように3時点で最も顕著に利用可能性が上昇したのは親きょうだいであり，この点は大きな変化と言ってよいだろう．ライフステージの初期においては親きょうだいのサポートの利用可能性が高い．この傾向はとりわけ女性について顕著である．しかしライフステージが進展するにともない，親きょうだいのサポートの利用可能性は次第に低下していく．ライフステージの中期以降，親きょうだいに代わって子どものサポートの利用可能性が次第に高くなってくる．ただし，回答者のコーホートに着目すると，加齢効果よりもむしろコーホート効果および時代効果が示唆された．具体的には親きょうだいの「相談」サポートは，近年になるほど，そして新しい世代ほど利用可能性が高く，定位家族に頼る傾向が強まっているといえる．

　以下では，定位家族に頼る傾向が高まっていることに着目し，成人子が定位家族に頼る文脈とはいかなるものか，なぜこのような変化が起きているのか，3つの仮説に整理し検証を試みる．その上で，個人のサポート構造とその発達

的変化から，現代の家族の構造および変動を理解することを目的とする．

3 なぜ定位家族に頼る傾向が高まっているのか？

(1) 仮説1：未婚化・晩婚化仮説

　成人子と定位家族の関連について検討する上で，まずは個人のライフコースの変化とサポートの構造の関係を理解する必要がある．稲葉（2011）は，未婚化・晩婚化の進展，離婚と再婚の発生率の高まりによって，従来のモデルでは扱い得ないような家族が増加してきたことを指摘している．重要な点は，これらの無配偶者について，これまでの家族研究が築いてきた家族に関する理論やモデルを直ちに適用できるとは限らないという点である．例えば，既存の家族社会学において，未婚期間が長期化する成人が誰に頼って生きていくのか，また離別した成人が誰に頼って生きていくのか，という問いに対して回答しうる体系的な理論は見当たらない．

　さて，結婚に関わる個人の属性は，「婚姻上の地位（marital status）」と呼ばれる．すなわち有配偶・無配偶，未婚・既婚，離婚・再婚などの情報のことを指す．今日，この婚姻上の地位の移行パターンは多様化しつつあるといえるだろう．つまり誰しもが定位家族から生殖家族への移行を経験するとは限らず，また生殖家族の解消可能性も高まっている．よってサポート・ネットワークとの関連で言えば，結婚するまでは親に頼り，結婚後は配偶者に頼り，高齢期には子どもに頼り……といった，従来の家族発達論やライフコース研究で一般的とされていたサポート源の移行を必ずしも想定することができなくなってきていることを意味する．

　今日，未婚化・晩婚化の進展および離婚率の上昇にともない無配偶者が増加傾向にある．その結果として，配偶者を主なサポート源とする層が社会全体に占める比率は小さくなっていくことが予想される．あわせて未婚者は子どもを持たない確率が高いために，壮年期以降において子どもを頼りにできない層も拡大していくだろう．こういった層にとって最も頼りにできる身近な存在は親であると考えられる．

　無配偶の成人子が定位家族に頼る傾向の強まりのメカニズムについては，多

くの先行研究で指摘されている（稲葉 2012; 宮本 2012; 山田 2014）．細かい相違点はあるものの，おおむね長引く経済的不況の影響下において，若いコーホートを中心に経済的に脆弱な層が拡大していることや，無配偶のまま単身世帯を形成できず，親元で長期的に同居を継続せざるをえないことなどが指摘されている点で共通している．これらの研究が含意するのは，近年における無配偶者をめぐる社会的状況の質的な変化にほかならない．既存の研究における「依存」は，親との同居を中心に生活保障の部面を指すことが多いが，おそらくサポートの利用可能性についても同様のメカニズムが考えられるだろう．よって，無配偶者が親に頼る傾向が高まっていることを「未婚化・晩婚化仮説」と呼ぼう．

(2) 仮説2：育児ニーズ拡大仮説

定位家族に頼る傾向が高まった要因について，経済的に脆弱な無配偶者の増加だけではなく，有配偶者において，あるいは有配偶者・無配偶者双方に当てはまる論理も併せて検討される必要がある．

有配偶者が親を頼るニーズが最大化するのは育児期であると考えられる．女性の労働市場参加の進展にともない，共働き家庭が増えつつある．また育児に求められる質も変容しつつあり，少子化も相まって，子ども1人あたりに対しより良いケアの提供を望む傾向は拡大していくことが予想される．もちろん，男性のより積極的な育児へのかかわりやフォーマルな資源利用の拡大も想定されるが，主要な資源として親のサポートを利用することの重要性については多くの研究で指摘されている（松田 2008）．ここでは，育児期において定位家族のサポートを利用する機会が拡大していることを「育児ニーズ拡大仮説」と呼ぶことにしよう．なおこの仮説は有配偶者のみならず離死別無配偶者にも該当しうる．

(3) 仮説3：資源性拡大仮説

ここまで見てきた「未婚化・晩婚化仮説」も「育児ニーズ拡大仮説」も，親に頼る成人子の側の何らかのニーズの変化から説明を試みている点では共通している．一方で頼りにされる親の資源性に着目した説明も考えられる．第1に，

少子化が進展するにつれ，成人子にとってのきょうだい数は減少傾向にある．これによって成人子1人あたりの親の資源性は相対的に大きくなる．この変化によって，今日，従来よりも緊密な親子関係が醸成されつつあるといえるかもしれない．第2に，親世代のうち高等教育を経験し，経済的にも安定した層が拡大したことによって，成人子にとって親はより頼りになる存在になったといえるかもしれない．以上のように，成人子のニーズに対応する親の資源性の高まりによる説明を「資源性拡大仮説」と呼ぶことにする．

以上3つの仮説について，以下で詳しく検討をおこなう．

(4) 方法

以下の分析においては，定位家族のうちとりわけ親のサポート利用可能性について分析を進めるため，回答者が49歳以下で父母いずれかが生存しているケースのみを分析に用いる．選択項目の都合上，NFRJ03, 08データを用いる[7]．なお5年間における変化を検討するため，NFRJ03と08を合併したデータを利用する．

(5) 分析

はじめに3つの仮説に対応した各変数の記述統計量を調査年別に確認する．まず仮説1に関連して婚姻上の地位の分布の変化を確認する（表4.1）．本章では婚姻上の地位を，「初婚継続」，「離死別有配偶」，「離死別無配偶」，「未婚」の4つのカテゴリーに分類した．初婚継続と離死別有配偶は有配偶者で，離死別無配偶と未婚が無配偶者である．まず見て取れるのは男女ともにいずれの調査年においても初婚継続者が最も比率が高い点であり，男性で67.9%，女性で74.9%を占める．次いで多いのは未婚者であり，男性で24.2%，女性で14.4%である．本データにおいては男性の未婚者の方が女性の未婚者よりも10%ほど多い．続いて離死別無配偶，離死別有配偶の順である．また，NFRJ03から08の5年間の変化といえるのは，男女ともに未婚者が約5%増大している点である．一方，初婚継続者は，男女ともに4-7%減少している．

次に仮説2に関連して，育児期にあたる層の比率の変化を確認する（表4.2）．ここでは末子が0-6歳の場合，育児期にあると想定した．男女ともに

表4.1　婚姻上の地位の比率

		初婚継続	離死別有配偶	離死別無配偶	未婚	n
男性	NFRJ03	70.1%	4.0%	4.2%	21.7%	1,159
	NFRJ08	65.5%	3.7%	3.9%	26.9%	1,033
	合計	67.9%	3.8%	4.1%	24.2%	2,192
女性	NFRJ03	78.1%	3.0%	6.8%	12.1%	1,436
	NFRJ08	71.2%	3.7%	8.0%	17.1%	1,235
	合計	74.9%	3.3%	7.3%	14.4%	2,671

表4.2　育児期の比率

		0-6歳子あり	0-6歳子なし	n
男性	NFRJ03	33.5%	66.5%	1,164
	NFRJ08	32.2%	67.8%	1,036
	合計	32.9%	67.1%	2,200
女性	NFRJ03	34.0%	66.0%	1,443
	NFRJ08	29.1%	70.9%	1,242
	合計	31.8%	68.2%	2,685

表4.3　きょうだい数の比率

		0人	1人	2人	3人以上	n
男性	NFRJ03	8.1%	50.7%	30.7%	10.4%	1,161
	NFRJ08	7.1%	52.7%	32.5%	7.8%	1,031
	合計	7.6%	51.6%	31.6%	9.2%	2,192
女性	NFRJ03	8.5%	48.0%	32.0%	11.5%	1,440
	NFRJ08	7.2%	52.1%	32.8%	7.8%	1,233
	合計	7.9%	49.9%	32.4%	9.8%	2,673

約3人に1人が育児期にあたる．5年間の変化は小さく有意差もない．ただし仮説2で想定するのは育児ニーズの質的な変化であり，この5年間で育児期に親の相談サポートをより利用するようになったといえるのか，後ほど検討する．

また仮説3に関連して，2つの変数を用いる．まず，回答者のきょうだい数については，表4.3のとおりである．男女ともに回答者の9割以上にきょうだいがいることが分かる．男女ともに5年間の変化は大きくないが，3人以上きょうだいがいる比率は低下している．

表 4.4 父学歴の比率

		父短大以下	父大卒以上	n
男性	NFRJ03	88.6%	11.4%	1,164
	NFRJ08	83.8%	16.2%	1,036
	合　計	86.3%	13.7%	2,200
女性	NFRJ03	88.6%	11.4%	1,443
	NFRJ08	81.9%	18.1%	1,242
	合　計	85.5%	14.5%	2,685

　つぎに親の資源性（ここでは父学歴をあてる）の比率を確認する（表4.4）．男女ともに父学歴が4年制大学卒業以上であるのは10-20%であり，少数派である．また5年間の変化として，父大卒以上の比率は男女ともに有意に増加している．

　最後にその他の変数を統制した上で，親の相談サポートの利用可能性の変化をもたらした要因について明らかにするために多変量解析をおこなう．表4.5は親の相談サポートの利用可能性の有無を従属変数としたロジットの結果である．モデル1は時点（NFRJ08＝1）と統制変数を投入したモデルであり，モデル2は3つの仮説に関連する各変数を投入したモデルである．モデル1で有意であった時点の効果が，モデル2で有意でなくなった場合，仮説が採択されたと考える．

　まず，男女ともにモデル1においてNFRJ08ダミーは有意な正の効果を示しており，2004年から5年間で親に頼る傾向が高まっていることが分かる．つづいてモデル2で各仮説に対応する変数を投入した．まず男性では，未婚および離死別無配偶である場合に，初婚継続よりも親の相談サポート利用可能性は高くなる．ただし，時点の効果は有意なままであり値も大きく変化しない．つづいて女性について見ると，男性と同様に未婚である場合，また6歳以下の子どもがいる場合，父学歴が大卒以上である場合，きょうだい数が少ない場合に，親の相談サポート利用可能性は高くなる．ただし男性と同様，時点の効果は有意なままである．以上から，2004年から2009年の変化は，各仮説に当てはまる層の増加では説明されないといえる．

　未婚者の増加によって親との同居が増加しており，その結果として，親のサ

表 4.5 親の相談サポート利用可能性を従属変数にした2項ロジット（男女別）

男　性	モデル1		モデル2		モデル3		モデル4	
	Exp(B)	SE	Exp(B)	SE	Exp(B)	SE	Exp(B)	SE
定　数	.920	.217	.604	.254*	.525	.265*	.541	.266*
出生コーホート（基準：1954-60)								
1961-65（=1)	1.096	.146	1.077	.151	1.089	.152	1.088	.152
1966-70（=1)	1.268	.149	1.180	.163	1.224	.164	1.230	.164
1971-75（=1)	1.506	.147**	1.222	.167	1.272	.168	1.274	.169
1976-80（=1)	1.383	.202	1.013	.222	1.033	.225	1.028	.225
本人学歴（基準：4大卒）								
中高卒（=1)	.613	.105***	.672	.114***	.669	.114***	.671	.114***
短大専門卒（=1)	.796	.132	.855	.138	.839	.139	.842	.140
本人年収（千万）	.429	.203***	.832	.222	.854	.224	.852	.224
都市規模	.993	.050	.971	.052	.986	.053	.983	.053
NFRJ08（=1)	1.481	.108***	1.514	.112***	1.533	.112***	1.464	.114**
結婚経歴（基準：初婚継続）								
未婚（=1)			2.969	.137***	2.601	.150***	2.605	.150***
離死別無配偶（=1)			1.972	.235**	1.829	.238**	1.147	.324
離死別有配偶（=1)			.712	.263	.724	.264	.724	.264
6歳以下子あり（=1)			1.035	.120	1.036	.121	1.036	.121
父大卒（=1)			1.128	.141	1.155	.142	1.151	.142
きょうだい数			.920	.054	.932	.054	.932	.054
父母いずれか同居（=1)					1.281	.118*	1.278	.119*
NFRJ08×離死別無配偶							2.978	.486*
−2LL	2784.2		2672.6		2650.0		2644.7	
N	2,115		2,103		2,088		2,088	

女　性	モデル1		モデル2		モデル3		モデル4	
	Exp(B)	SE	Exp(B)	SE	Exp(B)	SE	Exp(B)	SE
定　数	.773	.194	.924	.211	.900	.214	.902	.214
出生コーホート（基準：1954-60)								
1961-65（=1)	1.118	.123	1.018	.127	1.017	.127	1.033	.127
1966-70（=1)	1.707	.126***	1.420	.138*	1.433	.139*	1.482	.139**
1971-75（=1)	2.127	.126***	1.591	.149**	1.581	.150**	1.674	.151**
1976-80（=1)	3.034	.185***	2.176	.209***	2.221	.210***	2.111	.211***
本人学歴（基準：4大卒）								
中高卒（=1)	.727	.124*	.898	.135	.899	.135	.920	.136
短大専門卒（=1)	.916	.123	1.037	.129	1.044	.129	1.053	.130
本人年収（千万）	.706	.222	.670	.235+	.669	.236+	.679	.237
都市規模	1.044	.045	1.021	.046	1.023	.046	1.030	.046
NFRJ08（=1)	1.331	.095**	1.365	.098**	1.372	.099**	1.237	.103*
結婚経歴（基準：初婚継続）								
未婚（=1)			1.393	.142*	1.283	.171	.844	.211
離死別無配偶（=1)			.997	.161	.966	.170	.961	.170
離死別有配偶（=1)			.816	.229	.820	.229	.825	.228
6歳以下子あり（=1)			1.309	.112*	1.299	.113*	1.272	.113*
父大卒（=1)			1.390	.130*	1.395	.130*	1.419	.131**
きょうだい数			.833	.045***	.837	.046***	.836	.046***
父母いずれか同居（=1)					1.136	.135	1.135	.136
NFRJ08×未婚							2.328	.252**
−2LL	3442.9		3380.4		3351.0		3339.5	
N	2,588		2,566		2,546		2,546	

***: $p<.001$, **: $p<.01$, *: $p<.05$, +: $p<.1$.

ポート利用可能性が高まっていることが考えられる．よって，父母いずれかとの同居の有無を追加したのが，モデル3である．まず男性について見ると，親との同居は有意な正の効果を持つことが分かる．このとき未婚および離死別無配偶はモデル2と同様に有意な効果をもつ．つまり男性は親との同居の有無にかかわらず，無配偶であれば親のサポート利用可能性は高いことが分かる．一方女性について見ると，親との同居は有意な効果を持たないが，モデル2で見られた未婚の効果は消失している．

最後に，3つの仮説に対応する各変数と時点（NFRJ08ダミー）との交互作用を検討した．この分析によって，2004年から2009年にかけて各変数に質的な変化が生じたかどうか確認する．男女ともに交互作用が確認できたケースのみ，表中に示したのがモデル4である．まず男性については離死別無配偶ダミーと時点との交互作用が確認された．このとき時点の効果は有意なままであるが，離死別無配偶ダミーは効果が消失している．このことから離死別無配偶者の質的な変化が，2004年から2009年の親のサポート利用可能性の高まりを部分的に説明しているといえる．一方，女性については，未婚ダミーとNFRJ08ダミーとの交互作用が有意であった．男性と同様，時点の効果は若干減少する．このことから，未婚者の質的な変化によって2004年から2009年の親のサポート利用可能性の高まりが部分的に説明されるといえる．

このほか，6歳以下の子どもの有無と時点（NFRJ08ダミー）との交互作用が確認されなかったことから，仮説2の育児ニーズ拡大仮説は支持されないといえる．

仮説との対応を整理すると，女性において仮説1は部分的に支持された．ただし親への依存傾向の高まりは，未婚者の増加では説明されず，2004年と2009年で未婚者が異なる要素をもつこと，すなわち2004年から2009年にかけて未婚女性の性質が変化したために，親に頼るようになったと言えそうだ．未婚女性について具体的にどのような質的な変化が生じたのか，明確な断定はできないが，おそらくは第3節（1）で述べたとおり，長引く経済不況および若年労働市場の構造的変化にともない，経済的に脆弱な未婚女性が親元で同居する傾向が強まり，その結果として親に頼る傾向が強まっていると解釈できるかもしれない[8]．仮説2および仮説3は本データからは支持されなかったが，

親に頼る規定要因としてはそれぞれ説明力を持つことから，今後の動向に注目したい．

4　配偶者中心的なサポート構造と無配偶者への注視

　以上の結果から，現代の家族のあり方を理解する上でいかなる示唆が可能だろうか．まずわれわれの社会においては，配偶者が最も主要なサポート提供者であり，これをもって結婚が主要なサポート源を獲得できる機会であると言って間違いないだろう．幼少期から青年期にかけては親が最大のサポート源であり，結婚を契機に主要なサポート源は親から配偶者に移行する．これはサポートを希求する対象が定位家族から生殖家族に移行することにほかならない．

　結婚後の定位家族との関わりについては性別非対称的な構造が確認できた．男性にとって結婚後，夫婦関係が継続している限りにおいて，定位家族のサポートの必要性は女性に比べて小さい．すなわち男性にとっての主要なサポート提供者は母親から妻に代わることを意味する．一方，女性にとっては結婚後も親のサポートに頼る傾向は高い．結婚後も，生殖家族における家事や育児などのケアを遂行する上で生じるニーズに応えるべく，夫婦間のサポートと同様に世代間のサポートを期待する状況がうかがえる[9]．

　さて，今日的動向として最も着目すべきは，若年層において経済的に脆弱な無配偶者が親に頼る傾向が男女ともに強まっているということだろう．前述のとおり，無配偶の期間が長期化した場合に誰に頼るべきなのか，明示的な規範は存在しない．近年における無配偶者の親への依存は，ライフコース初期における親のサポート利用可能性が，その後も残余的に継続しているからに過ぎない．このとき親の側の資源性が十分でなければ，成人子は頼るべきサポート源を失うことになる[10]．

　最後に重要なポイントとして，無配偶者にとって親のサポートは，配偶者のサポートを実質的に代替しうるサポートなのかという点にも触れておきたい[11]．無配偶者にとっては，少なくとも親が生存している限り，配偶者のサポートが得られなくとも，親のサポートを得ることができれば問題ないと見る向きがあるかもしれない．ただし，配偶者と親のサポートが質的に等価であり，双方と

もに同程度の心理的安寧をもたらすとは限らない．誰もが結婚を経験するとは限らない社会への移行は，結婚の相対的な価値，配偶者のサポートの希少性を増大させる．この事態によって，有配偶者と無配偶者とのあいだの社会的分断が今後拡大していくかもしれない．よって，将来無配偶者が増大することを鑑みて，親のサポート利用可能性が無配偶者の well-being に，実際のところどのような効果を持つといえるのか，今後さらなる検討が必要になるだろう．

1) 平成19年版国民生活白書（全文 HTML），第1章・第2節「家族のつながりの変化による影響」(http://www.ism.ac.jp/~taka/kokuminsei/table/data/html/ss2/2_7/2_7_all.htm).
統計数理研究所 URL (http://www.ism.ac.jp/kokuminsei/table/data/html/ss2/2_7/2_7_all_gc3.htm).
2) アメリカでは1985年から20年の間に，自分にとって重要な事柄を過去半年間に話し合った相手が誰もいない人が3倍近くにも増えている．さらに，親族・非親族サポート・ネットワークが大幅に縮小している．しかしその一方で，配偶者や両親などを中心にネットワークを形成していることが指摘されている（McPherson *et al.* 2006）．
3) 調査時点によって回答選択肢がより細かい場合は，大和・木下（2005）に準じている．本節は，菅野（2011）の分析を男女別に行ったものである．
4) 年齢が高くなるにしたがって親からのサポートの割合が小さくなり，他方で，子どもからのサポートの割合が大きくなる点については，他の調査でも確認できる（菅野 2008）．
5) SSM2005調査でも，年齢が高くなるにしたがい，友人へ相談を行った割合は小さくなる（菅野 2008）．
6) 「親きょうだい」からの相談サポートは，「配偶者の親」「配偶者の兄弟姉妹」を含めるかどうかによらず，調査年による変化が最も明瞭で手堅かった．そこで，以降は「親きょうだい」の相談サポートをとりあげる．
7) NFRJ98では「親きょうだい」のサポートの項目のみしかなく，親のサポートのみを峻別できない．
8) 2004年から2009年の5年間に特化した変化として，このような解釈が妥当であるかどうかについては今後さらなる検討が必要だろう．山田（2014）は，かつては主体的な選択であったパラサイト・シングルという生き方は，雇用が不安定であるために親と同居せざるを得ない非主体的な選択へと1990年代後半以降に「変質」してきていることを指摘している．また，わが国で「ニート」という言説が人口に膾炙したのは2004-2005年ごろであり（本田ほか 2006），ちょうどこの頃から若年無配偶者が親に依存することの意味が変化してきているかもしれない．
9) おそらくはケアは女性がおこなうべきという規範が強固に存在し，ケアの負担が

大きい場合は男性である夫よりも,女性である母親が,ケアをともにおこなったり,ケアラーである娘をケアしたりする担い手として選択される,という性別役割分業の拡張が考えられる.
10) ロジットの結果では,男性において本人が低学歴の場合,親に頼る傾向が低まっているが,これは世帯内の社会経済的地位の相関が高く,親の資源性の低さゆえに,親を頼ることができないと解釈できるかもしれない.
11) サポート関係における代替可能性については大日(2012)を参照されたい.

【文献】

大日義晴,2012,「配偶者サポートの独自性——NFRJ08 データを用いた計量分析」『家族社会学研究』24(2): 189-199.
本田由紀・内藤朝雄・後藤和智,2006,『「ニート」って言うな!』光文社.
稲葉昭英,1992,「ソーシャル・サポート研究の展開と問題」『家族研究年報』17: 67-78.
稲葉昭英,2011,「NFRJ98/03/08 からみた日本の家族の現状と変化」『家族社会学研究』23(1): 43-52.
稲葉昭英,2012,「2000 年以降の家族の変化」『都市社会研究』4: 21-35.
石田光規,2011,『孤立の社会学——無縁社会の処方箋』勁草書房.
石原邦雄,2000,「親族内外の援助関係」日本家族社会学会全国家族調査(NFR)研究会『家族生活についての全国調査(NFR98)報告書 No. 1』日本家族社会学会全国家族調査(NFR)研究会,pp. 93-100.
松田茂樹,2008,『何が育児を支えるのか——中庸なネットワークの強さ』勁草書房.
McPherson, Miller, Lynn Smith-Lovin and Matthew E. Brashears, 2006, "Social Isolation in America: Changes in Core Discussion Networks over Two Decades," *American Sociological Review*, 71(3): 353-375.
宮本みち子,2012,『若者が無縁化する——仕事・福祉・コミュニティでつなぐ』筑摩書房.
NHK「無縁社会プロジェクト」取材班,2010,『無縁社会——"無縁死"三万二千人の衝撃』文藝春秋.
菅野剛,2008,「社会階層と社会的ネットワークについての分析」菅野剛編『2005 年 SSM 調査シリーズ 10 階層と生活格差』2005 年 SSM 調査研究会,pp. 123-144.
菅野剛,2011,「サポート・ネットワークにおける身近な家族の重要性の変化——1998 年—2008 年の比較から」稲葉昭英・保田時男編『第 3 回 家族についての全国調査(NFRJ08)第 2 次報告書第 4 巻 階層・ネットワーク』日本家族社会学会・全国家族調査委員会,pp. 61-82.
橘木俊詔,2010,『無縁社会の正体——血縁・地縁・社縁はいかに崩壊したか』PHP 研究所.
山田昌弘,2014,『「家族」難民——生涯未婚率 25% 社会の衝撃』朝日新聞出版.
大和礼子・木下栄二,2005,「援助ネットワークと介護」日本家族社会学会全国家族

調査(NFRJ)委員会『第2回 家族についての全国調査(NFRJ03)第1次報告書』日本家族社会学会・全国家族調査委員会,pp.157-173.

II

家族構成と家族行動

5

教育達成に対する家族構造の効果
「世代間伝達」と「世代内配分」に着目して

荒牧草平・平沢和司

1 家族構造

(1) 家族構造に着目する意義

　教育達成や職業達成あるいは世代間社会移動に関する研究は，社会学における中心的なテーマのひとつであり，社会調査データを用いた実証研究が長年にわたって積み重ねられてきた．しかしながら，それらの大半は，出身階層や「家族」の影響に関する理論的な検討をじゅうぶんに行わないまま，親の職業や学歴，暮らし向きなどの「家族背景（family background）」に着目するに留まった（近藤 1996）．

　しかし，教育達成に対する家族の影響はこれらに限られるわけではない．日常的な観察からも容易に思いつくのが「きょうだい構成」つまりきょうだい数・出生順位・出生間隔・きょうだいの性別・性別の組み合わせなどの影響である．この点について包括的に検討した Steelman et al.（2002）によれば，他の変数を統制しても，きょうだい数が多い家族の出身者ほど教育達成の低い傾向があり，それはデータや時期を問わず安定している．それに対し出生順位などきょうだい内での差異を表す家族内効果には必ずしも一貫した結果は得られていないが，出生順位の遅いほうが低いとする研究が多い（たとえば Black et al. 2005）．

　さらに，「家族」の範囲をもう少し広げて，祖父母の影響まで含めて考えてみるのも有益かもしれない．後にも見るとおり，現代の日本社会において3世

代同居をしている子育て世帯は少数派であるが，たとえ同居していなくとも，祖父母からの様々な支援や教育に対する考え方などが，孫の教育達成に影響する可能性はじゅうぶんに考えられる．

以上をふまえ，きょうだいや祖父母の影響にまで広げて実証研究を行うことにより，広い範囲から子どもの教育達成に対する「家族」の影響を把握することが本章の目的である．分析の結果，従来考えられてきたような親子2世代間だけでなく，多世代にわたる影響が確認され，子や孫のきょうだい間に不平等が見出されたならば，これまで以上の広がりをもって，家庭内におけるさまざまな資源の「世代間伝達」とそれらの「世代内配分」における有利と不利の促進・阻害要因について関心が向かうことだろう．本章のような試みは，家族研究における「理論的焦点の転換」（Merton 1949=1961）をもたらす可能性がある．

(2) きょうだいの影響に関する先行研究と分析課題

きょうだい構成が教育達成にあたえる影響を説明する理論仮説として，社会学で著名なのは合流モデルを下敷きにした資源稀釈モデルである．子ども数が多いほど，両親が子どもひとりひとりに振り向ける資金・時間・注意が稀釈されること，分割できない家庭内の資源をきょうだい同士で奪い合うこと，家族のなかで大人の占める比率が下がるため大人の語彙や会話に触れる機会が減少することから，教育達成が低くなるという（Blake 1989）．また長子はライバルである弟妹が生まれるまで親の資源を独占できるので有利とされる．このように，資源を分割すればきょうだいひとりひとりの取り分が薄められる点を，資源稀釈仮説は強調する．

それに対して近年注目されている選択的投資モデルは，きょうだい数が多くてもひとりあたりの取り分が一様に減少するとは限らないと考える（Becker 1981）．親が予算制約のもとで子どもの特性に応じて，選択的に教育投資を行うことを想定するからである．ただし有望な投資先かどうかを，子どもが小さいうちに見極めるのは難しいため，子どもの性別や出生順位がその指標になりやすい．労働市場での優位性や生涯賃金に対する高等教育の収益率を考慮すれば，親は娘より息子の教育に投資するのが合理的である（Brinton 1993）．現

実に観察される現象が，親の合理的な選択の結果であるかどうかを見極めるのは困難なものの，高等教育に対する家計負担が重いわが国では検討に値する理論仮説である．

これらのモデルは必ずしも排他的ではなく，どちらも教育達成に対してきょうだい数は負の効果（きょうだい数が多いほど学歴が低い）をもつことを予想させる．実際，わが国の近年の研究でも，近藤（1996）が1985年SSM（「社会階層と社会移動に関する全国調査」）データ，平沢（2004）がNFRJ98データからきょうだい数の負の効果を確認している．ただし尾嶋・近藤（2000）は1961-74年生まれで負の効果の低減を指摘し，2005年SSMデータの1971-80年生まれ男性ではきょうだい数の効果じたいが有意でなくなっている（平沢・片瀬 2008）．したがってこのコーホートを含めて，いつごろきょうだい数の負の効果が強かった（あるいは消滅した）のかを確認するのが第1の課題となる．

他方，出生順位の効果については，理論的に結果を予想するのが難しいとともに，データからも出生年によって異なる傾向が報告されている．きょうだいの規模の効果を除去して出生順位の純粋な効果だけを取り出すのは技術的な困難が伴うものの，近藤（1996）は規模を統制すれば順位の効果は小さいとしている．他方で，平沢・片瀬（2008）が1955年以前生まれの長男では負の，1956年生まれ以降では正の効果を確認している．保田（2009）は，多変量解析ではないものの初めてきょうだいデータ（第3節(1)参照）を用いて，やはり影響の変化を指摘している．そこで出生順位の効果が1955年生まれを境に正（遅いほど高い）から負へ変化したのかを，きょうだいデータを用いてマルチレベル・モデルによる分析を行うことが第2の課題となる．

(3) 祖父母の影響に関する先行研究と分析課題

祖父母までを視野に入れて教育達成や社会移動を扱った研究は限られているが，日本社会の分析を行った尾嶋（1988）と片岡（1990）は，いずれも孫息子に対する祖父の効果を認めている．ただし，1955年SSMと1985年SSMを比較した片岡（1990）では，祖父効果の弱まりも同時に指摘されている．他方，諸外国においても，地位達成に対する祖父母世代の影響を取り上げた事例がいくつか存在する．その代表例といえるのが Warren and Hauser（1997）によ

るアメリカの研究事例だが，親世代の影響を統制すると祖父母世代による孫世代への直接的な影響は認められないと結論づけている．フィンランドを対象とした比較的最近の研究例 Erola and Moisio（2007）も，やはり祖父母世代による孫世代への直接的な影響を認めていない．こうした事情もあり，従来，核家族の枠を超えて階層や家族の影響を考察しようとする試みは，国内でも海外でもわずかにとどまってきた．

　しかしながら，Mare（2011）の問題提起なども影響して，近年，地位達成や教育達成に対する多世代にわたる影響（Multigenerational Effects）に着目する流れが生まれている（荒牧 2013）．確かに，Mare（2011）も指摘するように，上記のような先行研究の知見は，時間的・空間的に不変ではない可能性がある．また，親子間の相関が強力だとしても，親の影響が子の世代で途絶えてしまうと見なす必然性はない．たとえば，非常に大きな資産を持った家族の場合，いくら浪費しても，その資産は少なくとも数世代にわたって影響を及ぼすはずである．他方，社会の底辺層においては，数世代にわたる不利益が継承されていると考えられる．これらの議論から導かれるように，多世代効果は社会制度のあり様に大きく左右される（Mare 2011）．すなわち，資産がどの程度継承されるかは社会制度によって異なり，身分制に類似した制度のある社会では底辺層の地位達成が抑制されるだろう．

　ここで，直系家族制と長男同居に象徴される日本の伝統的な家族制度の影響を考慮すれば，祖父母による孫への教育投資が，孫の出生順位や性別によって異なるという予想も成り立ちうる．また，孫の属性は，祖父母と孫の関係性にも影響しているかもしれない．この点を検討した前原ほか（2000）は，性別によらず孫が長子の場合に祖父母への親密性が増すことを認めている．ここからは，長子である孫が第2子以降の孫と比較して祖父母から強い社会化を受け，それが教育達成の違いにつながるという関連も予想できる．あるいは，そうした親密性の違いが待遇の差異（祖父母から孫への選択的投資）につながるという予想も可能だろう．以上をふまえ，多世代効果すなわち多世代にわたる世代間伝達の有無と，きょうだい構成によるそれらの影響の差異（世代内配分）について検討することを第1の課題としよう．また，祖父母による孫への影響を，資源の世代間伝達という観点から検討することを第2の課題としたい．

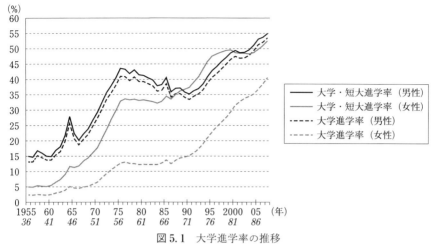

図 5.1　大学進学率の推移

注：下段の数値は19歳で進学したと仮定した場合の出生年を示す．進学率は文部科学省ホームページから．

2　教育達成と家族にかかわる時代背景

　分析へ入る前に，本章のテーマに関わる社会の動きをごく簡単に振り返っておこう．図5.1は大学・短大進学率の推移を，図5.2は当該コーホートの平均きょうだい数の推移を示したものである．進学率の推移から出生コーホートを3つに区分してみると，1941-55年生まれでは高学歴化ときょうだい数の減少が急激かつ同時に進行したこと，1956-70年生まれでは進学率の上昇が一時的に停滞しきょうだい数の減少も鈍化し安定したこと，そして1971-80年生まれではきょうだい数は平均2.5人で1960年以降生まれとほとんど変わらないものの再び高学歴化が生じたことがわかる．

　一方，親との同居状況はどのように変化してきたのだろうか．NFRJ-S01データを用いて親との同居率を調べた施（2008）によれば，妻の出生コーホート（10年きざみ）別にみた長子1歳時における夫の親との同居率は，戦前戦中期に子育てを開始した1920年代生まれから順に45.1％，33.2％，29.8％，27.6％と減少し，もっとも若い1960年代生まれでは18.7％にとどまる．このように

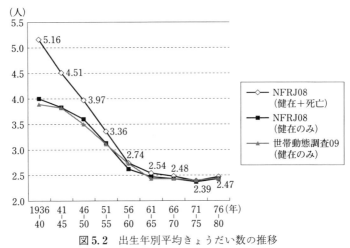

図 5.2　出生年別平均きょうだい数の推移

注：数値は調査対象者本人のきょうだい数（本人を含む）．健在＋死亡には調査時にすでに死亡していたきょうだいを含む．第6回世帯動態調査は 2009 年実施で，年齢区切りが上記より1歳年長にずれて集計されている．詳細は国立社会保障・人口問題研究所編（2011: 12）を参照．

祖父母との同居率はしだいに低下しているため，祖父母の影響が同居に起因するものであるならば，時代とともに関連の低下が確認されるであろう．しかし，時代による低下が認められなかった場合には，同居とは異なる要因が影響していると考えることができる．

3　データと変数

(1)　データと分析対象者

分析には NFRJ08 データを使用する．このデータの最大の特徴は NFRJ03 データと同様に学歴に関していわゆるきょうだいデータを 2 つの世代で構成できる点にある（図 5.3）．きょうだいデータとは，本人や子どものきょうだいそれぞれの年齢・性別・学歴が分かるデータである．従来のデータでは出生順位が学歴に与える効果といっても，異なる家庭に生まれた者を比較していたが，きょうだいデータでは同じ親から生まれたきょうだいの学歴を直接比較できる利点がある．ただし，調査票の設計により，調査対象者のきょうだいおよび子どもについて詳細な情報が得られるのは，上から 3 人までに限られる．

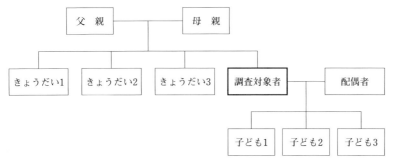

図 5.3　NFRJ08 で学歴情報を把握可能な「家族」の範囲

　第 4 節の分析では，調査対象者とそのきょうだいを基準にしたデータを用いる．図 5.4 の分析対象は 1941（昭和 16）年〜1980（昭和 55）年生まれ（2008 年調査時に 28-67 歳）で父学歴が判明する調査対象者 3785 人である．図 5.5 と表 5.2 での分析対象は，1926-85 年生まれ（23-82 歳）の 4082 の家族，1 万 552 人（独子を含む）である[1]．

　第 5 節の分析では，調査対象者の子どもを基準にしたデータを用いる．したがって第 4 節と第 5 節とでは用いるデータの構造およびケース数が異なる点に注意してほしい．なお現代の日本社会では，ほとんどの者が高校まで進学し，学歴の主たる違いは高等教育を受けるか否かに現れる．したがって第 5 節の分析では 19 歳以上の「子ども」が 1 人でもいるケース（5546 人）のみを分析に用いる[2]．

(2)　変数の構成

分析対象者の学歴　第 4 節の分析対象となる本人ときょうだいの学歴，および第 5 節の対象となる子どもの学歴は，マルチレベル分析で男女込みの分析を行うことに備えて，絶対的な長さをイメージしやすい教育年数に置き換えた．中学は 9，高校は 12，専門学校（高卒後），短大・高専は 14，大学は 16，大学院・大学（6 年制）は 18 とした．なお，NFRJ08 データでは中退と卒業は区別できない．

家族の学歴　第 4 節では父親の学歴も本人と同様の教育年数とした．父親の一部は旧制学歴のはずであるが調査票の限界により正確な特定が難しいため，

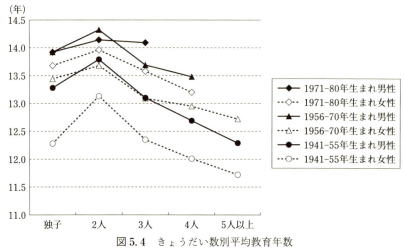

図 5.4 きょうだい数別平均教育年数
注:父学歴が有効な調査対象者本人 3,785 人について出生年ごとに集計.1971-80 年生まれの男性できょうだい数が 4 人以上など少数のケースは表示していない.

新旧の区別はせず先の値を与えた.第 5 節では父母(図 5.3 では調査対象者と配偶者)と祖父母(図 5.3 では父親と母親)の学歴の組み合わせを考慮した分析を行うので,解釈の容易さとケース数確保のため,相対的な上位層と下位層の 2 区分とした.具体的には,それぞれの学歴分布を考慮し,父母の場合は「ともに中等以下/少なくとも一方が短大以上」,祖父母の場合は「ともに義務教育まで/少なくとも一方が中等以上」の 2 つに区分した.

本人のきょうだい数と出生順位 第 4 節で用いる本人のきょうだい数と出生順位は,いずれも本人と調査時にすでに亡くなっていた者を含む値である[3].きょうだい数が 5 人以上の場合は一律に 5 人とした.

4 きょうだい効果の分析

(1) きょうだい数・出生順位と教育年数の関連の変化

きょうだい数別の教育年数は図 5.4 の通り,きょうだいがいる場合は 1971-80 年生まれの男性を除いて負の影響が見て取れる.ここには示していないものの,父教育年数を統制すればきょうだい数は本人の教育年数にすべてのコー

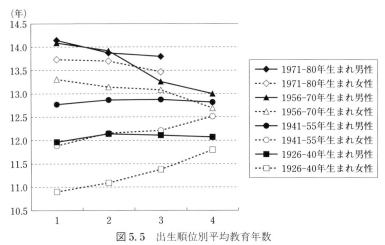

図 5.5　出生順位別平均教育年数

注：1926-85 年生まれの本人ときょうだい 1-3 で父学歴が有効な 10,522 人について．第 2 子（独子の場合は本人）の出生年ごとに集計．きょうだい数は統制していない．1971-80 年生まれで第 4 子は少ないため表示していない．

ホートで負の有意な効果を示す．他方，独子はとくに 1955 年以前の生まれで 2 人きょうだいに比べて学歴の低さが際立っている[4]．

　つぎにきょうだいデータから求めた出生順位別の教育年数は図 5.5 の通り，出生コーホートによって傾向が異なる．ここではきょうだい数を統制していないので順位が遅い者にはきょうだい数の影響が含み込まれているものの，1955 年生まれころを境に正の効果から負の効果（出生順位が早いほど高学歴）へと変化したことがうかがわれる．これは NFRJ03 を用いて同様の分析を行った保田（2009）の結論と一致している．ただし図 5.5 は家族のくくりを考慮せずに集計しているので，試みに第 1 子と第 2 子を取り出してその学歴の異同を示したのが表 5.1 である[5]．学歴の異同は「中学」「高校」「高専・短大・専門学校」「大学・大学院」の 4 区分から求めた．もともと男女間では平均的な学歴が異なるので，同性のきょうだい間での比較（表 5.1 の左半分）に着目すると，過半数のきょうだいでは学歴が等しいものの，1941-55 年生まれでは（とくに姉妹の）第 2 子が，それ以降は第 1 子が若干高い傾向にあり，先の結果と一致している．

表5.1 第1子と第2子の学歴比較

第2子の出生年	第1子＝男, 第2子＝男 (841組)			第1子＝女, 第2子＝女 (1,059組)			第1子＝男, 第2子＝女 (870組)			第1子＝女, 第2子＝男 (916組)		
	1＝2	1＞2	2＞1	1＝2	1＞2	2＞1	1＝2	1＞2	2＞1	1＝2	1＞2	2＞1
1926-40年生まれ	59.8	21.7	18.5	71.9	10.3	17.8	52.7	30.8	16.5	53.0	7.0	40.0
1941-55年生まれ	60.4	18.0	21.6	67.2	12.1	20.7	49.6	35.2	15.2	48.7	10.5	40.8
1956-70年生まれ	56.9	24.0	19.1	55.8	26.8	17.4	44.2	40.5	15.3	46.0	17.8	36.2
1971-85年生まれ	59.7	24.6	15.6	59.4	22.5	18.0	43.0	35.0	22.0	47.1	24.7	28.3

注：第2子が1926-85年生まれで父教育年数が有効なきょうだい3,686組を集計．第1,2子に本人が含まれていないきょうだいを含む．きょうだい数は統制していない．1＝2は第1子と第2子の学歴区分が同じことを，1＞2は第1子が高いことを，1＜2は第2子が高いことを示す．数値はコーホートときょうだい性別の組み合わせごとの比率（％）．

(2) マルチレベル・モデルによる分析の結果

以上の記述的な検討を踏まえて，きょうだいひとりひとりの教育年数を従属変数としたマルチレベル・モデルで分析した結果を示したのが表5.2である．ここでは第2子（独子の場合は本人）の出生コーホートを，きょうだい全体の進学時期を表す変数と考え家族レベルの変数として投入した[6]．他方，父職や進学時の暮らし向きなど定位家族に関わる情報はないので出身階層は父親の学歴で代表させた．

まず切片のみを投入したモデル1のICC（級内相関）は2.58/(2.58＋2.33)＝0.53と高い．つまり家族というくくりを無視してすべての子どもを独立した標本と考えるのは望ましくなく，マルチレベル・モデルによる分析が必要なことを示している．モデル2では家族レベル変数の偏回帰係数から，父親の教育年数が長いほど，きょうだい数が少ないほど，そして出生コーホートが遅いほど平均的には教育年数が長い，という周知の事実が確認できる[7]．注目されるのはこうした家族間効果を統制したうえでの，個人レベル変数による家族内効果である．同じ親のもとに生まれたきょうだいであっても，男性であるほうが，また（有意水準を10％にしたとき）出生順位の早い者のほうが，平均的には教育年数が長いことがわかる．ただし出生順位と出生コーホートの交互作用項が，1971-80年生まれを基準にして1926-55年生まれで正の効果がある点に留意しなければならない．つまりこれらのコーホートに限って，出生順位の遅いほうが教育年数が長くなり，出生順位の負の主効果を相殺していたということ

表5.2 本人ときょうだいの教育年数を従属変数としたマルチレベル分析

独立変数	モデル1	モデル2	モデル3	モデル4	モデル5
固定効果					
切片	13.058**	10.542**	9.241**	10.721**	10.393**
(個人レベル)					
男性ダミー		.620**	.740**	.497**	.619**
出生順位		−.076†	.261**	−.088**	−.089†
(家族レベル)					
父教育年数		.328**	.371**	.302**	.327**
きょうだい数		−.372**	−.411**	−.284**	−.297**
第2子出生年 (1971-85年生まれが基準,ただしモデル3は1941-55年生まれが基準)					
1926-40年生まれ		−1.295**	−.444**		−1.668**
1941-55年生まれ		−.976**			−.513**
1956-70年生まれ		.085		.064	.007
出生順位×第2子出生年 (1971-85年生まれが基準)					
出生順位×1926-40年生まれ		.277**			.289**
出生順位×1941-55年生まれ		.357**			.383**
出生順位×1956-70年生まれ		−.008			−.001
きょうだい数×第2子出生年 (1971-85年生まれが基準)					
きょうだい数×1926-40年生まれ					.043
きょうだい数×1941-55年生まれ					−.170*
きょうだい数×1956-70年生まれ					.033
変量効果					
個人レベルの分散成分	2.328**	2.168**	2.292**	2.038**	2.169**
家族レベルの分散成分	2.581**	1.320**	1.651**	1.020**	1.315**
パラメータ数	3	13	8	8	16
−2LL	44242.280	41920.459	21161.947	20666.997	41917.430
ケース数(個人レベル)	10,552	10,552	5,228	5,324	10,552
ケース数(家族レベル)	4,082	4,082	1,758	2,324	4,082

**$p<.01$, *$p<.05$, †$p<.10$.
注:分析対象者は23-82歳の10,552人(独子を含む).

である.

 この点を明確に把握するため,第2子の出生年が1955年以前であるか否かで分割した結果がモデル3とモデル4になる.ここから明らかなように,きょうだい数などを統制しても,出生順位はモデル3(1955年以前生まれ)では正の,モデル4(1956年以降生まれ)では負の有意な効果を示している[8].藤原(2012)は別のデータから1953-86年生まれでやはり負の効果を確認し,世帯収入が少ないと負の効果が強まるという興味深い指摘をしている.

 モデル5は,きょうだい数の効果がコーホート間で変化したかどうかを確か

めるためのもので，1941-55年生まれのみきょうだい数との交互作用項が負の有意な効果を示している．つまりきょうだい数が多いことによる不利は，きょうだい数が急減するとともに高学歴化が一気に進行したこのコーホートで際立っていたことになる．なお，ここには示されていないものの，このコーホートでは父学歴と子ども数に負の相関があり，いわゆる二重の不利（経済的資源の少ない親は子どもが多い）が認められる．したがってこのころは学歴の高い親ほど子どもへの資源配分を考えていち早く子ども数を減らした可能性がある[9]．

（3） 出生順位効果の背景

ところで出生順位は，なぜ上記のような影響を示すのだろうか[10]．1941-55年生まれで正の効果（遅い方が高い）があるひとつの理由として，彼らが進学を迎えた時期に大学・短大進学率が急激に上昇したことが考えられる（図5.1参照）．親が子どもに世間並みの学歴をつけさせようと考えていたとすれば，進学率の上昇した時期には出生順位の遅い者が有利となる（近藤1996）し，高度経済成長による所得の上昇もそれを後押ししただろう．これを進学率仮説と呼ぼう．紙幅に余裕がないので詳細は省くが，このコーホートに限って出生間隔が4年以上あると，第1子より第2子の学歴が高い傾向にある．

ただし，ふたたび進学率が上昇した1971-80年生まれでは，出生順位は弱いながらも負の効果（遅い方が低い）を示すので，進学率仮説と矛盾する．そこで考えられるのが広義の経済仮説である．つまりとくに1956年以降のコーホートでは大学進学に伴う費用が遥増して，親の当初の予想以上に費用がかかったため，年長のきょうだいが年少のきょうだいの費用を先食いしてしまった可能性である．傍証としてこれらのコーホートでは父親が35歳以降に長子が生まれた（つまり弟妹の進学時期には一般的な定年の年齢となる）場合，第2子は第1子より学歴が低い．

とはいえ両仮説ともアドホックな感は否めない．きょうだい間の出生間隔が広ければ進学費用のかかる時期が分散されるので，経済仮説における順位の効果を打ち消すこともありうる[11]．きょうだいそれぞれの学歴は，出身階層・きょうだい数・出生順位・出生間隔・性別のほかに，ここでは検討していないきょうだい内の性別の組み合わせが影響している可能性もあり，そのメカニズム

表 5.3 祖父母学歴による子どもの教育年数のちがい

	祖父母学歴低	祖父母学歴高	χ^2検定の結果（p値）	γ係数
子どもの出生コーホート別				
1960年代	13.3	14.0	.001	.244
1970年代	13.6	14.2	.000	.229
1980年代	13.7	14.5	.000	.297
親の学歴別				
親学歴　低	13.3	13.5	.147	.069
親学歴　高	14.4	15.0	.000	.242

注：祖父母学歴「低」は祖父母とも義務教育まで，「高」は少なくとも一方が中等教育以上．

は複雑である（Lee 2009）[12]．他方，どのコーホートでも過半数の同性のきょうだいは第1子と第2子の学歴が等しいこともあわせて強調しておいたほうがよいだろう．もちろんそれが親の意志を反映した結果とは言い切れないが，（経済的に恵まれた）家族を平等化の装置とみなす Griliches（1979）の主張を思い起こさせる結果である．

5　祖父母効果の分析

(1)　祖父母学歴の効果

　はじめに，子どもの教育達成と祖父母学歴との関連を確認しよう．表 5.3 の上段は，祖父母学歴の高低と子どもの教育年数との関連を，出生コーホートごとにとらえた結果である．どのコーホートにおいても，祖父母の学歴が高いほど子どもの教育年数も長くなっている．図 5.1 に示したように，1970年代後半以降の出生コーホートが進学した頃には，大学進学率が再上昇しているが，γ係数に示されているように，両者の関連の度合いは近年になるほど弱まることはなく，最も若い 1980 年代コーホートでも，以前と同等以上の関連を示している．つまり，近年ほど祖父母の影響が弱いとはいえない．

　ただし，これらの結果は，祖父母の学歴が高いほど親の学歴が高いことを反映しているにすぎず，祖父母学歴自体の効果を示しているのではない可能性がある．そこで，親の学歴別に祖父母学歴の影響をみたのが表 5.3 の下段であ

る．ここから明らかなように，親の学歴が低い場合には祖父母の影響は認められないが，親の学歴が高い場合に限って，祖父母学歴が独自の効果を持つという興味深い結果が確認できる．このように，祖父母—父母と高学歴が累積した場合に限り，祖父母学歴が影響することを〈累積効果〉と呼ぶことにしよう．

(2) 家族制度の影響に関する検討

〈累積効果〉という分析結果は，Mare（2011）の指摘も考慮するなら，日本の伝統的な家族制度の影響を示唆する．この点をさらに検討するため，子どもの出生順位による影響を調べてみよう．子どもの出生順位とは，文字通り生まれた順位を指す場合もあるが，伝統的な日本の家族制度との関連から関心が高いのは，性別を考慮した順位，とりわけ長男か否かであろう．そこで性別を考慮した出生順位の影響を調べよう．ただし，女子の場合は短大への進学者が一定の割合で存在するため，教育年数を男女で比較すると女子の値は短くなる．したがって，祖父母の影響が子どもの性別によって異なるか否かを検討する際に教育年数を用いると，一般的な男女の進学行動の差異と，祖父母の影響の差異を切り分けることが困難になってしまう．そのため，ここでは大学・短大への進学率でみてみた．

結果は表5.4に示したとおり，祖父母と親がともに低学歴の場合に限って，統計的に有意な性別出生順位の違いが見て取れる．長男の進学率が44.7％ともっとも高く，長女41.3％，次三男35.1％，次三女33.6％と続く．親も祖父母も学歴が低い場合には，社会経済的地位も低い傾向にあるはずなので，この点に着目すれば，経済的資源の相対的に乏しい層で選択的投資の行われている可能性が指摘できる．あるいは，これらの層では長男を重んじる伝統的な規範意識が強く働いているという解釈も可能かもしれない．ただし，その他のケースでは性別出生順位による違いが有意ではない．また，表5.4をよく見ると，長男の進学率だけが突出して高いわけではなく，長女の進学率も高い傾向が認められる．したがって，性別に関わらない子どもの出生順位自体に効果があると解釈した方がよいだろう．紙幅の関係から省略するが，実際に性別を考慮せずに出生順位のみの効果を調べると，表5.4よりも明瞭な関連が確認できる．

改めて興味深いのは，どの出生順位においても，親の学歴が高いケースで祖

表 5.4 子どもの性別出生順位別にみた家族学歴と子どもの大学・短大進学率の関連

				長男	次三男	長女	次三女	χ^2検定の結果(p値)
親学歴	低	祖父母学歴	低	44.7	35.1	41.3	33.6	.004
		祖父母学歴	高	44.9	40.4	43.6	38.0	.656
親学歴	高	祖父母学歴	低	67.0	65.4	67.5	58.6	.497
		祖父母学歴	高	79.8	74.6	80.4	76.6	.506

父母学歴の効果が大きいことが認められる点である．つまり，表5.3下段で確認した〈累積効果〉は，子どもの出生順位とは独立に作用していることが示唆される．

(3) マルチレベル・モデルによる分析結果

　以上をふまえ，最後に，子どもの教育達成に関するマルチレベル・モデルによる分析を行った．表5.5のモデル1より，ICCの値は$2.60/(3.27+2.60)=0.44$であり，個人レベルと家族レベルの影響をともに考慮すべきことがわかる．つぎにモデル2を見ると，子どものきょうだい数が多いほど不利になる一方で，長子であることや男子であることが教育達成を有利にしていることなど，親世代を検討した前節と同様の関連が改めて確認できる．また，表5.3上段から予想されたとおり，出生コーホートによる違いは認められない．注目すべきは祖父母の学歴だが，他の重要な変数をコントロールしても，統計的に有意な〈累積効果〉が確認できる．

　こうした祖父母効果はいかなるメカニズムによってもたらされたのであろうか．1つの可能性として考えられるのが，経済的な資源の継承による効果である．つまり，祖父母の学歴が高い家庭では，経済的な資源も豊富であり，その継承によって子どもの学歴が高くなっているのではないか，ということである．NFRJでは，子どもの親にあたる調査対象者の世帯収入を知ることができるので，その効果から検討しよう．ただし，ここで確認できるのが調査時点の収入である一方，子どもの学歴はすでに達成された過去の情報だという点には注意が必要である．本来ならば子どもの養育期の所得を知ることに意味があるので，

表5.5 子どもの教育年数に関するマルチレベル・モデルの結果

	モデル1	モデル2	モデル3	モデル4
固定効果				
切 片	13.89**	13.94**	14.23**	10.40**
（個人レベル）				
女子ダミー		−0.38**	−0.35**	−0.36**
長子ダミー		0.15**	0.18†	0.19†
出生コーホート（基準：1960年代）				
1970年代生まれ		0.05		
1980年代生まれ		0.12		
（家族レベル）				
きょうだい数		−0.25**	−0.29**	−0.29**
祖父母のみ高学歴		0.19	0.02	−0.07
父母のみ高学歴		1.20**	0.89**	0.70**
祖父母も父母も高学歴		1.72**	1.63**	1.37*
世帯収入（対数変換）				0.60**
変量効果				
個人レベルの分散成分	3.27	3.21	3.24	3.24
家族レベルの分散成分	2.60	2.03	1.55	1.40
パラメータ数	3	11	9	10
−2LL	20114.2	19744.8	6220.8	6169.4
ケース数（個人レベル）	4,486	4,486	1,425	1,425
ケース数（家族レベル）	2,198	2,198	851	851

**$p<.01$, *$p<.05$, †$p<.10$.
注：モデル3と4は1980年代に生まれた者のうち親の年齢が45-59歳のケースに限定している．

特に子どもの年齢が高いケースを含めると意味のある分析結果が得られない．他方，親が高齢で退職している場合には，調査時点の世帯収入を養育期の世帯収入の指標に用いることはできない．また，親の年齢があまりに低い場合も，子どもの養育期後に再婚したケースの含まれる可能性がある．以上を勘案して子どもが1980年代に生まれた者（調査時点で19-28歳）のうち調査時点の本人（子どもの親）の年齢が45歳以上かつ60歳未満のケースに限定して，世帯収入の効果を検討しよう．

表5.5のモデル3は，この制限サンプルに対してモデル2と同様の分析を行った結果，モデル4はそれに世帯収入の効果を加えた結果である．モデル3と4を比べると，個人レベルの変数ときょうだい数は係数に大きな違いがない一方，親学歴や祖父母学歴の効果は若干小さくなっている．つまり，祖父母学

歴や親学歴の効果として観察された結果には，親世代の収入の効果が少しばかり含まれていたことがわかる．しかしながら，残された祖父母学歴の効果は依然として大きなものであり，親世代の世帯収入に還元されない効果について検討すべきことを示唆している．

6 議論

　以上の結果を約言しながら今後の展開を述べておこう．第1に，親の学歴を統制しても，きょうだいがいる場合にはその数が多い家庭出身者ほど学歴が低い傾向がみられる．こうした負の効果は，1971-80年生まれを含めて図5.4に示したいずれのコーホートでも観察されるが，きょうだい数が平均4.5人から3人近くへ劇的に減少した1941-55年生まれでとくに強かった．第2に，1955年頃を境として，それ以前生まれでは出生順位は学歴に対して正の効果（遅い者ほど学歴が高い），それ以降の生まれでは負の効果が認められた．ただし，出生順位の効果はそれほど強いわけではなく，ほぼ半数の家庭はきょうだいが同じ学歴であることに留意する必要がある．第3に，祖父母の学歴は，親が高学歴の場合に限って，統計的に有意な効果を持つこと（累積効果）が示された．また，データ上の制約はあるが，経済的な資源を統制しても祖父母学歴は独自の効果を示していた．ただし本章で十分には検討できなかった経済的資源はもちろん，文化的資源などの効果も含め，さらにデータを収集し検討を加えていく必要がある．

　本章によって明らかになった「家族」の影響は教育達成にとどまらず，生活機会一般の獲得にまで広げられる可能性がある．たとえば，近年では離死別によるひとり親家族や「貧困」家庭の問題が注目を集めているが，そうした家庭における子育ての状況も，親自身の定位家族が同様の状況であったか否かによって，当然のことながら大きく異なることが予想される．たとえば，同じように母子家庭の場合でも，親自身も母子家庭の出身でかつ病気の母親（子どもの祖母）の面倒もみなければならないケース（負の連鎖）と，親自身は恵まれた家庭の出身であり，親の用意してくれた住居に住み経済的な援助も受け子どもの面倒もみてもらえる場合（祖父母による補償的効果）とでは状況が大きく異

なるだろう．このように，広い視野から家族の現状を分析することは，政策的な課題解決へ向けた取り組みにも，大いに示唆を与えるだろう．

1) きょうだいを含めて分析するために，きょうだいデータのほうが分析対象者の年齢が広くなっている．ただし1986年以降生まれは調査時に最終学歴が確定していない可能性があるので含めていない．
2) 1950年代に出生の「子ども」は37ケースと非常に少ないため分析から除外した．
3) 調査時に死亡していたきょうだいの出生年は不明なので，とくに高齢のコーホートでは出生順位の特定が正確でない可能性がある．後の表5.1ではその点に留意する必要があるが，順位じたいが入れ替わることはないので図5.5や表5.2での傾向に影響はないと考えられる．
4) 図5.4は父学歴がわかる者に限定しているが，わからない者を含めると独子の学歴の低さはさらに顕著となる．それには父不在のひとり親のもとで育ったことが影響していると考えられる．ひとり親家庭が教育達成に与える影響に関しては稲葉（2011）を参照．
5) 第4節の分析における第1子とは調査対象者本人とそのきょうだいでもっとも年長の者を指す（対象者の子どもではない）．
6) このほかにすべてのきょうだいの年齢の平均を用いることや，きょうだいひとりひとりの年齢を個人レベル変数として投入することも考えられるが，表5.1・図5.5との対応を考えて本文中のとおりとした．
7) 図5.4に示したとおり，独子の平均教育年数は第2子より低く非線形の影響がうかがわれる．しかし独子の占める比率が低いこともあり，2人きょうだいを基準カテゴリーとするダミー変数をマルチレベル分析に代わりに投入しても，独子は有意な効果を持たない．そこできょうだい数と出生年の交互作用の係数の読み取りやすさなどを勘案して本文中のとおりとした．
8) 表5.2には示していないが，モデル3に父教育年数と出生順位の交互作用項を加えると有意な負の効果が認められる．つまり親の学歴が高いと順位の遅い子どもの有利さはやや相殺されていたことになる．
9) 二重の不利については平沢（2011）を参照．
10) かつての次三男仮説（次三男は家督の継承を長男に譲る代わりに高い学歴を得る）や家族周期仮説（長男は弟妹を養うために早く働きだす）では，順位の遅い者の学歴が高くなるとされた．しかし農家出身の男性を念頭においたこれらの説明を，被雇用者の親が多数派となった高度成長期以降の進学者にそのまま当てはめるのは無理がある．
11) 表5.1に示した4つのコーホートの平均出生間隔は3.0-3.4年である．NFRJ98とNFRJ03データから苦米地（2012）は1950-78年生まれの男女で出生順位が遅いと，また出生間隔が広いと教育達成を低めると報告している．なお経済仮説を検証するには苦米地（2012）がおこなっているように，調査対象者の社会経済的地位

とその子どもの学歴を用いるのが適しているが,そうすると子どもの年齢層が狭くなるため,本章では調査対象者のきょうだいを用いている.

12) 性別の組み合わせの効果については,NFRJ03 データに対して共分散構造分析を行った苫米地・三輪・石田(2012)が詳細に分析している.

【文献】

荒牧草平,2013,「教育達成に対する『家族』効果の再検討――祖父母・オジオバと家族制度に着目して」『季刊 家計経済研究』97: 33-41.

Becker, Gary S., 1981, *A Treatise on the Family*, Harvard University Press.

Black, Sandra E., Paul J. Devereux and Kjell G. Salvanes, 2005, "The More the Merrier? The Effects of Family Size and Birth Order on Children's Education," *The Quarterly Journal of Economics*, 120: 669-700.

Blake, Judith, 1989, *Family Size and Achievement*, University of California Press.

Brinton, Mary C., 1993, *Women and the Economic Miracle: Gender and Work in Postwar Japan*, University of California Press.

Erola, Jani and Pasi Moisio, 2007, "Social Mobility over Three Generations in Finland, 1950-2000," *European Sociological Review*, 23(2): 169-183.

藤原翔,2012,「きょうだい構成と地位達成――きょうだいデータに対するマルチレベル分析による検討」『ソシオロジ』174: 41-57.

Griliches, Zvi, 1979, "Sibling Models and Data in Economics: Beginning of a Survey," *The Journal of Political Economy*, 87(5): S37-S64.

平沢和司,2004,「家族と教育達成――きょうだい数と出生順位を中心に」渡辺秀樹・稲葉昭英・嶋﨑尚子編『現代家族の構造と変容――全国家族調査[NFRJ98]による計量分析』東京大学出版会,pp. 327-346.

平沢和司,2011,「きょうだい構成が教育達成に与える影響について――NFRJ08 本人データときょうだいデータを用いて」稲葉昭英・保田時男編『第3回 家族についての全国調査(NFRJ08)第2次報告書第4巻 階層・ネットワーク』日本家族社会学会・全国家族調査委員会,pp. 21-43.

平沢和司・片瀬一男,2008,「きょうだい構成と教育達成」米澤彰純編『2005年SSM 調査シリーズ5 教育達成の構造』2005 年 SSM 調査研究会,pp. 1-17.

稲葉昭英,2011,「ひとり親家庭出身者の教育達成」佐藤嘉倫・尾嶋史章編『現代の階層社会1 格差と多様性』東京大学出版会,pp. 239-252.

片岡栄美,1990,「三世代間学歴移動の構造と変容」菊池城司編『現代日本の階層構造3 教育と社会移動』東京大学出版会,pp. 57-83.

国立社会保障・人口問題研究所編,2011,『現代日本の世帯変動――第6回世帯動態調査――(2009 年社会保障・人口問題基本調査)』厚生労働統計協会.

近藤博之,1996,「地位達成と家族――キョウダイの教育達成を中心に」『家族社会学研究』8: 19-31.

Lee, K. Schulz, 2009, "Competition for Resources: A Reexamination of Sibship Com-

position Models of Parental Investment," *Journal of Marriage and Family*, 71(2): 263-277.
前原武子・金城育子・稲谷ふみ枝, 2000, 「祖父母に対する孫の親密感に及ぼす影響要因についての分析的研究」『琉球大学教育学部紀要』57: 235-240.
Mare, Robert D., 2011, "A Multigenerational View of Inequality," *Demography*, 48(1): 1-23.
Merton, Robert K., 1949, *Social Theory and Social Structure: Toward the Codification of Theory and Research*, Free Press(森東吾・森好夫・金沢実・中島竜太郎訳, 1961, 『社会理論と社会構造』みすず書房).
尾嶋史章, 1988, 「世代間社会移動の分析」直井優・尾嶋史章編『経験社会学・社会調査法叢書Ⅰ 農村社会の構造と変動——岡山市近郊農村の30年』大阪大学人間科学部経験社会学・社会調査法講座, pp.14-32.
尾嶋史章・近藤博之, 2000, 「教育達成のジェンダー構造」盛山和夫編『日本の階層システム4 ジェンダー・市場・家族』東京大学出版会, pp.27-46.
施利平, 2008, 「戦後日本の親子・親族関係の持続と変化——全国家族調査(NFRJ-S01)を用いた計量分析による双系化説の検討」『家族社会学研究』20(2): 20-33.
Steelman, Lala C., Brian Powell, Regina Werum and Scott Cater, 2002, "Reconsidering the Effects of Sibling Configuration: Recent Advances and Challenges," *Annual Review of Sociology*, 28: 243-269.
苫米地なつ帆, 2012, 「教育達成の規定要因としての家族・きょうだい構成——ジェンダー・出生順位・出生間隔の影響を中心に」『社会学年報』41: 103-114.
苫米地なつ帆・三輪哲・石田賢示, 2012, 「家族内不平等の再検討——きょうだい構成に着目して」『社会学研究』90: 97-118.
Warren, John R. and Robert M. Hauser, 1997, "Social Stratification across Three Generations: New Evidence from the Wisconsin Longitudinal Study," *American Sociological Review*, 62(4): 561-572.
保田時男, 2009, 「きょうだい内での学歴達成」藤見純子・西野理子編『現代日本人の家族——NFRJからみたその姿』有斐閣, pp.36-45.

6
現代日本における子どもの性別選好

福田　亘孝

1　はじめに

　親が子どもの性別について選好をもつことは広く見られる現象である．特に，開発途上国やアジア諸国では男の子どもを強く望む傾向が強い（Cleland, Verrall and Vaessen 1983）．例えば，韓国では男児に対する選好がかなり強く（Arnold 1985; Larsen, Chung and Das Gupta 1998; Park 1983; Park and Cho 1995），1980年代後半から1990年代前半までの出生児の性比は，女児100に対して男児は110を越えており，強い男児選好が見られる（鈴木・菅 2011）．一般的に言って，性別選好が存在するのは，一方の性が他方の性よりも相対的に高い価値を持つからである．例えば，財産が男性の継嗣によってのみ相続される社会では男児に対する選好を親は持つことになる．要するに，子どもの価値が性別によって大きく異なる場合には性別選好が強く，差が小さい場合には性別選好は弱くなる（Raley and Bianchi 2006）．

　こうした点から見ると，現代の日本では子どもの性別に対する親の選好は弱いと予想される．戸主権は戦後の民法改正で廃止され，家族の財産，職業，地位は男性の継嗣による存続，維持ではなくなった．それゆえ，制度的には子どもの価値は男女で差はなく，親が一方の性別の子どもを強く希望する必要性は低い．したがって，現代の日本社会では男児選好は弱まり，親の子どもの性別への選好は中立的である可能性が高いはずである．

　しかしながら，性別選好の弱体化には疑問の余地がある．というのは，社会

のマクロな変化がミクロなレベルにどの程度の影響を与えるかはっきりしないからである．それゆえ，マクロな制度は大きな転換を遂げたにもかかわらず，ミクロな個人や夫婦の行動にはほとんど変化が生じていないことも十分ありうる．実際，同居形態，遺産相続，世代間支援といった家族のミクロな部分では，現在でも男系の直系家族制に則った行動パターンが存在することが指摘されている（田渕・中里 2004; 西岡 2000）．例えば，親の遺産相続では長男が最も多く相続する傾向が強く，戦後の民法が規定する均分相続とは異なることが指摘されている（施 2012）．これらの研究結果を見る限りでは，制度的には男女が等しく扱われていても，実際の行為選択では男女は同じではない．こうした点をふまえるならば，子どもの価値も依然として性別によって異なり，性別選好が残っている可能性も十分ありうる．

本章ではNFRJのデータを用いて親の子どもの性別選好について分析する．以下においては，最初に子どもの性別選好の変動について理論的な考察を行う．次に，本章で用いるデータと分析方法について説明を行う．続いて，子どもの性別選好についての記述的分析を行った後，最後にマルチレベル・イベント・ヒストリー分析（Multilevel Event-History Analysis）を用いて性別選好について吟味する．

2　子どもの性別選好の変動要因

親の子どもの性別に対する選好は，主に3つの要因に影響されることが指摘されている（Williamson 1976）．第1に，親の性別選好は子どもの経済的価値に影響される．すなわち，もたらす経済的便益が大きい性別の子どもを親は選好する．例えば，伝統的な農業社会においては男性が女性よりも労働力としての価値が高い．このため，親は男の子どもを女の子どもより強く選好する傾向がある．また，家産や家業などの経済的資源が男性の継嗣によって独占的に相続されるならば，年老いてからの生活を安定させるために親は男児を持ちたいと考える（Caldwell 1982）．第2番目の要因は子どもの社会的価値である．すなわち，家族が持っている地位，威信，権力などの社会的資源が男児，あるいは女児のどちらか一方によってのみ継承される場合，これらの資源を存続，維

持させるために，親は継承が許可されている性別の子どもを持つことを強く選好する．例えば，家系が男性によって継承される父系制の社会においては男児を持つことが強く望まれる傾向がある（Arnold 1997）．第3番目は子どもの心理的価値である．親は子どもと日常生活の様々な側面で心理的な関わりを持つ．すなわち，遊び，会話，同伴行動などによって親は子どもと心理的な紐帯を形成し，精神的な喜びや情緒的な満足を得る．しかし，親のコミットメントの水準は男児と女児とでは必ずしも等しくはなく，より強いコミットメントがある性別の子どもをより好む傾向がある（Pollard and Morgan 2002）．例えば，家族で性別役割がはっきりと区別されている場合，父親は息子のロール・モデルとして，母親は娘のロール・モデルとして，同じ性の子どもとの心理的なコミットメントが強くなる（Arnold and Kuo 1984）．この結果，父親は男児に対して，母親は女児に対して強い選好を持つことになる（Morgan, Lye and Condran 1988）．

こうした点から見ると，社会が産業化すると子どもの性別は男児と女児を少なくとも1人は持とうとするバランス型選好になると考えられる（Bongaarts 1998; Hank and Kohler 2003）．なぜならば，第1に高度に産業化された社会においては，子どもは親にとって労働力としての価値をほとんど持っていない．さらに，社会保障制度の発達によって，年老いた親の生活が子どもの経済力に依存する程度も低下する．また，財産などの経済的資源が一方の性別によって排他的に相続されるのも例外的になっている．この結果，経済的価値から見ると，特定の性別の子どもを持とうとする動機は極めて低下している．第2に，産業社会では地位や職業は性別を基準として継承されるものではなく，個人の業績によって獲得されることを原則としている．この結果，社会的価値から見ても男児，あるいは，女児のいずれか一方を持ちたいと思う意識も弱くなる．一方，産業社会でも子どもは親に対して楽しみや喜びを与える存在であり，依然として心理的な価値を持っている（Hoffman and Hoffman 1973; Thomson 2001）．したがって，親の性別選好に影響を与える重要な要因は子どもの心理的価値だけになる．しかし，ロール・モデルとして父親が男児に対して，母親が女児に対して強い心理的コミットメントを持つならば，夫婦は少なくともそれぞれの性別の子どもを最低1人は持つことを望むであろう．また，ジェンダ

ー間の平等性が高まると伝統的な男性役割と女性役割の区別も曖昧になる．この結果，父親と男の子ども，母親と女の子どもという伝統的なロール・モデルの構造が変容し，父親が男児と強い心理的コミットメントを持ち，母親と女児との強いコミットメントという関係は必ずしも成立しなくなる．それゆえ，親が男児，あるいは女児のいずれかの性別の子どもを好む傾向は弱くなり，男子と女子の両方を持とうとするバランス型の性別選好が強くなると考えられる (Pollard and Morgan 2002)．

しかしながら，実証研究の結果を見る限り，現代社会でバランス型選好が支配的になっているとは必ずしも言えない．例えば，米国，イギリス，カナダでは明確な性別選好は観察されていない（Marleau and Saucier 2002）．さらに，1990年代初頭に実施された国際比較分析では，西ヨーロッパはバランス型の選好の国が多いが，チェコ，リトアニア，ポルトガルでは女児選好が強い（Hank and Kohler 2000）．他方，北欧諸国のデンマーク，スウェーデン，ノルウェーでは1970年代はバランス型選好が強かったが，1980年代後半以降，女児選好が支配的になっている（Andersson, Hank, Rønsen and Vikat 2006; Andersson, Hank and Vikat 2007）．これらの研究結果をふまえて，Brockmann（2001）は女性の就業率が高く，高齢化の進行する社会ではバランス型選好よりも女児選好の方が強まる可能性があることを指摘している．すなわち，こうした社会では，女性は就業率の上昇による賃金稼得者だけでなく，高齢者に対するケアの供給者としての役割も期待される傾向がある．この結果，高い女性就業率と高齢化が併存すると女児選好が強まることになる．

一方，日本を見てみると男児選好が弱まりバランス型選好に向かう制度的要因は存在している．戦前期の家族制度は男系の直系家族制であり，親にとって男児を持つ必要性は極めて高かった．しかし，男児選好を存続させる制度的基盤は戦後の改革によってほとんど失われ，「直系制家族」から「夫婦制家族」へと変化したと言われている（森岡 1976；森岡・望月 1997）．であるならば，現代日本では男児選好よりもバランス型選好が支配的になる可能性は十分ある．しかし他方で，女児選好が強まる背景も存在している．高等教育への進学率が上昇し，就業率が増加した結果，女性の賃金稼得力は増大しつつある．さらに，高齢化の伸展によってケアの供給者としてのニーズも高くなっている．例えば，

内閣府が2003年に実施した「高齢者介護に関する世論調査」によれば，回答者の44.7％が自宅での高齢者介護を望んでおり，施設による介護を希望している割合は33.3％に過ぎない．さらに，介護を行ってもらいたい人として「配偶者」をあげる回答者が60.7％で最も多く，次いで多いのが「娘」の17.3％になっている．これらの結果は配偶者や娘による家族介護を望む人がかなり多いことを示唆している．また，介護で困る点として経済的負担が大きいことを回答した人は50.3％にも達しており，なるべく経済的負担のないケアへの需要が高いことも見て取れる．こうした点を考え合わせると，心理的にも経済的にも，高齢者のケアの担当者として女児に対するニーズは高いと推測される．であるならば，現代の日本社会において女児選好が強まっている可能性も否定できない．

　しかしながら，これまで日本における子どもの性別選好については十分な研究は行われてきてはいない．例えば，坂井（1992）は既婚女性では男児を好む意識が1970年代までは強かったが，1980年代になると弱まり，反対に女児を選好する意識が強まったことを発見している．同様な意識の変化は1980年代から2000年代の既婚女性のデータの分析でも認められており，女児選好の意識が強い傾向が指摘されている（守泉 2008）．しかし，ここで注意しなければならないのは，これらの分析が既婚女性の「理想の子どもの性別」や「希望する子どもの性別」を性別選好の指標に使用している点である．言うまでもなく，既婚女性の希望や理想は妻個人の意識に過ぎず，夫婦の性別選好とは必ずしも一致しない（Coombs and Fernandez 1978）．実際，小島（2002）の分析では男性では60％は男児を欲しているが，女児を欲しているのは35％に過ぎない．他方，女性では70％が女児を望んでいるが，男児を望んでいるのは26％に過ぎない．つまり，日本全体が女児選好になっているのではなく，男性は男児を，女性は女児を選好する意識が強いに過ぎない．同様に，Fuse（2013）の分析でも未婚の男性では女児を望んでいるのは6％に過ぎないが，未婚の女性では女児を欲しているのが15％に達している．したがって，妻の意識だけから子どもの性別選好を判断するのは早計すぎる．換言するならば，個人の意識を指標とした分析では不十分であり，現代の日本社会における親の子どもに対する性別選好を適切に解明してはいない．

3 データと分析方法

　本章では第1回から第3回までのNFRJのデータを分析に用いる．具体的には3つの調査の回答者で子どもを1人以上持っている60歳（調査時点）以下の有配偶女性を分析対象とした．離別，死別，再婚を経験した人については婚姻歴についての詳細な情報を得ることができないため分析から除いた．さらに，NFRJ08の高齢者サンプルは出産を契機とした就業状態の変化について情報が得られないため分析から除いた．この結果，NFRJ98から2000サンプル，NFRJ03からは2626サンプル，NFRJ08からは2158サンプルが分析対象として選ばれた．

　分析では第2子と第3子の出生ハザード率を従属変数として用いた．すでに述べたように，性別選好を測定する方法としては子どもの性別に対する希望や理想を用いる「態度（意識）指標」と子どもの出生性比や性別ごとのパリティ拡大率を用いる「行動指標」がある（McClelland 1983; 坂井 1987, 1989）．しかし，態度指標は個人の選好であり夫婦の選好ではない．このため，実際の夫婦の選好と必ずしも一致しない．それゆえ，態度指標より行動指標の方が親の子どもに対する性別選好をより適切に反映している．この点をふまえ，本分析では行動指標である第2子と第3子の出生ハザード率を用いて親の性別選好を吟味する．さらに，本分析ではランダム切片モデル（Random-intercept Model）によるマルチレベル・イベント・ヒストリー分析（Goldstein 1995）を使用した．また，イベント発生時間の起点は第2子の分析では第1子を持った時点，第3子の分析では第2子を持った時点とした．

　モデルには5つの変数を1次レベルの独立変数として用いた．まず，夫婦の性別選好を測る変数として既往出生児の性別を独立変数に含めた．具体的には第2子出生ハザードが従属変数の場合は第1子の性別を，第3子出生ハザードが従属変数の場合は第1子と第2子の性別の組み合わせを変数にした．次に，人口学変数として出生コーホートを用いた．具体的には分析対象者の出生コーホートを，(1)1945年以前，(2)1946-1955年，(3)1956-1965年，(4)1966年以降，の4つに分け，独立変数に含めた．さらに分析では，妻の第1子出産年齢と第

2子出産年齢も変数として使用した．この理由は，追加出生を行うかどうかは母親が最後の子どもを産んだ年齢の影響を強く受けるからである．したがって，この影響をコントロールするために妻の第1子出産年齢と第2子出産年齢をモデルに含めた．

社会経済的変数として，第1に夫の学歴を用いた．すなわち，学歴は個人が持っている人的資本の指標であり，学歴の高いほど夫の所得水準は高くなる傾向がある．他方，子どもを育てるには費用がかかるので，子どもを持つかどうかは所得水準の影響を受けるはずである．この効果を吟味するために夫の学歴を独立変数としてモデルに含めた．第2番目の社会経済的変数として妻の就業パターンをモデルに含めた．よく知られているように，仕事と子育ての両立は夫婦の出生行動を決定する重要な要因である．特に，家事や育児を女性が遂行する割合の高い日本社会にあっては妻の就業は極めて強い影響を与えると考えられる．この点を考慮して，分析では妻が出産や育児を契機に退職や転職をした経験がある場合に0，経験がなく就業を継続している場合に1をとるダミー変数を独立変数として使用した．

すでに述べたように，本章の分析では第1回から第3回までのNFRJのデータを合併して使用する．NFRJは繰り返し横断調査（Repeated Cross-sectional Survey）であり，実施年次ごとに母集団も回収率も異なっている．それゆえ，3回分のデータを合わせて分析する場合には，各回の調査データが持っている特異性の影響をコントロールする必要がある．このため，本分析ではNFRJの実施回数を2次レベルの変数としてモデルに含めた．

4 性別選好の特徴と変化

本節ではカプラン・マイヤー法による分析を用いて，既往出生児の性別と第2子と第3子の出生パターンの関係を検討する．表6.1は既往出生児の性別ごとの第2子と第3子の出産経験率を示している．

まず，パネル(a)で第2子について見てみると第1子の性別によって第2子の出産経験率はほとんど変わらない．最初の子どもが男児の場合でも，女児の場合でも第1子出産から6年後までにほぼ85%の夫婦が第2子を持っており，

表 6.1　子どもの性別と第 2 子・第 3 子出産経験率

(a)第 2 子出産経験率			(b)第 3 子出産経験率			
第 1 子の出生からの期間	第 1 子の性別		第 2 子の出生からの期間	第 1 子と第 2 子の性別の組み合わせ		
	男 児	女 児		男児×男児	男児×女児	女児×女児
1 年	0.01	0.01	1 年	0.01	0.01	0.02
2 年	0.04	0.04	2 年	0.08	0.06	0.08
3 年	0.32	0.35	3 年	0.11	0.10	0.11
4 年	0.53	0.54	4 年	0.17	0.14	0.18
5 年	0.75	0.77	5 年	0.21	0.18	0.21
6 年	0.85	0.86	6 年	0.24	0.20	0.23
N	3,536	3,248	N	1,733	3,218	1,493

　第 1 子の性別は第 2 子の出生行動に差をもたらしてはいない．次に，第 3 子の出産経験率をパネル(b)で見てみると，第 2 子までの性別の組み合わせが「男児と女児」の場合で第 3 子を持つ確率が最も低く，次いで「女児と女児」，「男児と男児」の順で確率が高くなっている．例えば，6 年後の第 3 子出産経験率を比べると，「男児と女児」では 20%，「女児と女児」では 23%，「男児と男児」では 24% の夫婦が 3 人目の子どもを産んでいる．したがって，両方の性別の子どもを少なくとも 1 人を持つ傾向が強く，これが第 2 子までに実現された場合は第 3 子を産む確率は相対的に低い．しかし，この組み合わせが実現されずに子どもの性別が偏っている場合には 3 人目の子どもを持つ確率が高くなる．

　既往出生児の性別と出生行動の関係をさらに詳しく見るために，表 6.2 は前の子どもが生まれてから 6 年後の第 2 子と第 3 子の出産経験率を出生コーホートごとに示したものである．最初に，パネル(a)で第 2 子の出生確率について見てみると，出生コーホート間でほとんど差はない．第 1 子が男児でも女児でも 90% 前後の夫婦が第 1 子出産から 6 年後までに第 2 子を産んでおり，この傾向は若いコーホートでも古いコーホートでも変わらない．したがって，第 1 子の性別と第 2 子の出産パターンには出生コーホート間でほとんど違いはない．一方，第 3 子についてはコーホート間でかなりの変化が見られる．すなわち，1945 年までの出生コーホートでは，既往児の性別によって第 3 子出生確率に明確な違いが見られず，6 年目までに 20% ぐらいの夫婦が 3 人目の子どもを持っている．しかし，1946 年から 1965 年の出生コーホートでは，2 人の子ど

表6.2 出生コーホートごとの第2子と第3子の出産経験率（出産から6年後）

出生コーホート	(a)第2子出産経験率			(b)第3子出産経験率			
	第1子の性別			第1子と第2子の性別の組み合わせ			
	男児	女児	N	男児×男児	男児×女児	女児×女児	N
-1945年出生コーホート	0.86	0.87	837	0.20	0.18	0.20	768
1946-55年出生コーホート	0.90	0.91	2,494	0.23	0.19	0.22	2,395
1956-65年出生コーホート	0.90	0.92	2,168	0.23	0.21	0.25	2,062
1966-年出生コーホート	0.90	0.93	1,285	0.27	0.22	0.25	1,219

もが両方とも男あるいは女であると第3子の出生確率が高くなり，両方の性別の子どもを少なくとも1人は持つバランス型のパターンが目立っている．他方，1966年以降のコーホートでは「女児と女児」では第3子を持つ確率が25%であるのに対し，「男児と男児」の場合は27%で若干高くなっている．

次に，社会経済的要因と性別選好の関係を見るために，表6.3では前の子どもが生まれてから6年後の第2子と第3子の出産経験率を夫の学歴ごとに示している．まず，第2子の出産確率と第1子の性別の関係をパネル(a)で見てみると，学歴によってはっきりした違いはみられない．最初の子どもが男でも女でも約90%の夫婦が第1子出産から6年目までに2番目の子どもをもっており，この値は夫の学歴が高くても低くてもほとんど同じである．したがって，第1子の性別と第2子出生の関係は夫の学歴に左右されない．反対に，パネル(b)の第3子出産経験率は夫の学歴でかなり異なっている．夫の学歴が中学校では，第2子までの性別の組み合わせが「男児と男児」の場合で第3子を持つ確率が大きく，30%に達している．しかし，夫の学歴が高校，専門・短大・高専，大学・大学院の場合，「男児と女児」で出産経験率が相対的に低く，「男児と男児」と「女児と女児」の両方で高くなる傾向が見られる．要するに，高校以上の学歴層ではバランス型の選好パターン，中学校卒では女児選好のパターンが見られる．

5 マルチレベル・イベント・ヒストリー分析

本節ではマルチレベル・イベント・ヒストリー分析を用いて，既往児の性別が第2子と第3子の出生パターンに与える影響を詳細に吟味する．表6.4は

表6.3 夫の学歴ごとの第2子と第3子の出産経験率（出産から6年後）

夫の学歴	(a)第2子出産経験率			(b)第3子出産経験率			
	第1子の性別			第1子と第2子の性別の組み合わせ			
	男児	女児	N	男児×男児	男児×女児	女児×女児	N
中学校	0.87	0.86	657	0.30	0.22	0.16	609
高校	0.89	0.91	3,110	0.23	0.21	0.25	2,971
専門・短大・高専	0.92	0.91	1,322	0.24	0.16	0.24	1,280
大学・大学院	0.90	0.92	1,695	0.23	0.21	0.22	1,584

第2子出生と第3子出生の分析結果を示している．まず，第2子について見てみると，回帰係数は第1子が男児の場合と比べて女児ではプラスになっているが統計的には有意でない（モデル1）．したがって，第2子出生リスクは第1子の性別に影響されない．これは日本において「二児規範（Two-child Norm）」が根強いことの影響と考えられる．すなわち，二児規範が強い社会では夫婦は子どもの性別より子どもの数を優先させるため，既往児の性別にかかわらず2人までは子どもを持つ傾向が強くなる．実際，「第14回出生動向基本調査」では57.1%の夫婦が予定子ども数を2人と回答しており，日本では「二児規範」が依然として強い（国立社会保障・人口問題研究所 2012）．おそらく，この意識が強いために第1子の性別が第2子の出生ハザードに影響を与えなかったと考えられる．

他の変数の効果については，第1に母親の第1子出産年齢の上昇に伴って第2子出生リスクは低下する．第2に，夫の学歴は第2子の出生リスクに有意な影響を与えていない．第3に，妻が就業を継続している場合は第2子を持つ確率が有意に低くなり，仕事と育児の両立は出生行動に影響を与えている．

次に，第3子について**表6.4**のモデル2を見ると，第1子と第2子の性別の組み合わせは第3子出生ハザードに有意な効果を与えている．具体的には，第3子を持つリスクは，子どもの性別の組み合わせが「男児・女児」の場合と比べて「男児・男児」では1.23倍（$=e^{0.21}$），有意に高くなっている．しかし，「男児・女児」と「女児・女児」では出生確率に有意な差はない．つまり，女の子どもがいない場合に3人目の子どもを産む可能性が相対的に高い．この結果は意識指標による性別選好のパターンとも整合的である．実際，理想の性別の組み合わせは子どもが2人の場合を見ると，「女児・女児」が10.2%に対し

表6.4 第2子出生と第3子出生のマルチレベル・イベント・ヒストリー分析

モデル1（第2子出生ハザード）		モデル2（第3子出生ハザード）	
	回帰係数		回帰係数
第1子出生後の時間		第2子出生後の時間	
（2年未満）		（2年未満）	
3年	−0.51***	3年	−0.38***
4年	−1.27***	4年	−0.86***
5年	−1.97***	5年	−1.35***
6年以上	−4.65***	6年以上	−3.97***
第1子出産年齢		第2子出産年齢	
24歳以下	0.04***	27歳以下	0.69***
（25-26歳）		（28-29歳）	
27-28歳	−0.52***	30-31歳	−0.39***
29-30歳	−0.69***	32-33歳	−0.78***
31歳以上	−1.87***	34歳以上	−1.60***
出生コーホート		出生コーホート	
1945年以前	−0.14	1945年以前	0.69***
（1946-55年）		（1946-55年）	
1956-65年	−0.08	1956-65年	0.12
1965年以降	−0.69***	1965年以降	−0.06*
第1子の性別		第1子と第2子の性別	
（男児）		男児×男児	0.21***
女児	0.10	（男児×女児）	
		女児×女児	0.11
夫学歴		夫学歴	
中学校	−0.10	中学校	−0.25***
（高校）		（高校）	
専門・短大・高専	−0.19	専門・短大・高専	0.09
大学・大学院	0.08	大学・大学院	0.22***
妻就業継続ダミー	−0.31***	妻就業継続ダミー	0.06
定数項	4.59***	定数項	−1.92**
Log-likelihood	−4516.27	Log-Likelihood	−8562.90
N	6,784	N	6,444

*$p<0.10$, **$p<0.05$, ***$p<0.01$.
注：（ ）はレファレンス・カテゴリー．

「男児・男児」は1.9%であり，男児のみを回避する意識がより強い．同様に子どもが3人の場合でも，3児とも女子を望む妻は3.1%であるが3児とも男子を望む妻は0.9%に過ぎない（国立社会保障・人口問題研究所 2012）．これらの結果をふまえると，「男児・男児」の場合で第3子出生確率が高いのは「女児選好」の影響と言えよう．

他の変数については，母親の第2子出産年齢の上昇に伴って第3子出生リスクは有意に低下する．しかし，妻の就業パターンは有意な効果を示しておらず，第3子を持つ確率に影響を与えていない．一方，夫の学歴は第3子出生ハザードに有意な影響があり，中学校では0.78倍（$=e^{-0.25}$），大学・大学院では1.25倍（$=e^{0.22}$）になっている．これは，おそらく所得効果の結果であり，夫が高学歴で賃金稼得力が高いと第3子を持つ確率が大きく，低学歴で賃金稼得力が低いと第3子を持つ確率が低いことを示唆している．

子どもの性別選好をさらに検討するために，表6.4のモデル2に「子ども性別×出生コーホート」の相互作用項を独立変数として加えて，第3子出生の相対リスクを推定した結果を表6.5のパネル(a)は示している．まず，1945年以前の出生コーホートでは女児選好よりも男児選好が強く，子どもの性別の組み合わせが「女児×女児」よりも「男児×男児」では第3子の出生ハザードが18%低い．しかし，1946年から1965年代までの2つのコーホートでは，反対に男児選好よりも女児選好が有意に強くなっている．そして，1966年以降の出生コーホートでは性別選好が不明瞭になっている．要するに，戦前の出生コーホートに色濃く存在していた男児選好は戦後コーホートで一旦，女児選好に変化し，その後，性別選好は弱くなっている．続いて，表6.5のパネル(b)は「子ども性別×夫の学歴」の相互作用項をモデル2の独立変数に加えて推定した相対リスクを示している．興味深いことに，夫の学歴が高校卒よりも高い場合は明確な性別選好が認められず，「女児×女児」と「男児×男児」で第3子出生リスクに有意な差はない．しかし，夫の学歴が中学校では「女児×女児」の場合，第3子を持つ確率は「男児×男児」の場合の50%に低下してしまう．さらに，この学歴層では「男児×女児」が「男児×男児」の組み合わせより第3子出生リスクがやや低い．こうした結果をふまえると，夫の学歴が高校卒よりも高い場合では，「女児×女児」と「男児×男児」で第3子の出生リスクがほぼ同一であるのに対して，中学校卒では「女児×女児」で第3子の出生リスクが有意に低く，低学歴層は女児を選好する傾向があると言えよう．すでに述べたように，日本では高齢者のケアに関する不安として，約50%の人が経済的負担の高さを指摘している．当然，経済的負担に対する不安は高所得層よりも低所得層で大きい．それゆえ，所得が低い低学歴層は負担を軽くするために

表 6.5 第 3 子出生の交互作用

(a)第 3 子出生の相対リスク（出生コーホート×性別）

性別の組み合わせ	出生コーホート			
	1945 年以前	1946-55 年	1956-65 年	1966 年以降
男児×男児	0.82*	1.39***	1.03**	1.01
男児×女児	0.79*	1.07	0.75**	0.77
(女児×女児)	1.00	1.00	1.00	1.00

(b)第 3 子出生の相対リスク（夫の学歴×性別）

性別の組み合わせ	夫の学歴			
	中学校	高校	専門・短大・高専	大学・大学院
(男児×男児)	1.00	1.00	1.00	1.00
男児×女児	0.95*	0.85***	0.59**	1.27
女児×女児	0.50***	0.98	0.87	0.88

*$p<0.10$, **$p<0.05$, ***$p<0.01$.
注：( ) はレファレンス・カテゴリー．

家族による介護により強く依存すると推測される．このため，低学歴層では女児選好が強いのではないだろうか．

6 結 論

本章では第1回から第3回までのNFRJのデータを使って，子どもの性別選好について分析した．本分析の結果をまとめると以下のようになる．第1に，第1子の性別は第2子の出生ハザードに影響を与えない．したがって，第2子については明確な性別選好は存在しない．これは，日本において「二児規範」が強く，性別よりも子どもの数が優先されるため，第1子の性別にかかわらず第2子を産むためと考えられる．第2に，第1子と第2子の性別は第3子の出生リスクに有意な影響を与える．具体的には，第2子までの性別の組み合わせが「女児・女児」よりも「男児・男児」の方が第3子を持つ確率が高く，女児選好が強い．第3に，子どもの性別選好を出生コーホートごとに見てみると戦前のコーホートでは男児選好が強かったが，戦後のコーホートでは女児選好が強くなり，最近の出生コーホートでは性別選好自体が弱まる傾向が見られる．

第4に，夫の学歴が低い層では女児を選好する傾向があり，高い層では特定の性別の子どもへの有意な選好は見られない．これは，経済力が弱い層で女の子どもによるケアへのニーズが相対的に高いからではないかと考えられる．

　これらの結果をふまえると親の女児選好は，低い社会階層では強まることはあっても弱まる可能性は低いと言える．なぜならば，現在，日本では高齢化が進行する一方で，社会保障制度は脆弱化しつつある．このため，高齢者に対する公的ケアは十分な水準ではない．こうした状況では家族によるケアへのニーズは高く，ケアの供給者としての女の子どもに対する需要も強いであろう．したがって，経済力が弱い層では女児選好が存在し続けると予想される．

【文献】

Andersson, Gunnar, Karsten Hank, Marit Rønsen and Andres Vikat, 2006, "Gendering Family Composition: Sex Preferences for Children and Childbearing Behavior in the Nordic Countries," *Demography*, 43(2): 255-267.

Andersson, Gunnar, Karsten Hank and Andres Vikat, 2007, "Understanding Parental Gender Preferences in Advanced Societies: Lessons from Sweden and Finland," *Demographic Research*, 17: 135-156.

Arnold, Fred, 1985, "Measuring the Effect of Sex Preference on Fertility: The Case of Korea," *Demography*, 22(2): 280-288.

Arnold, Fred, 1997, *Gender Preferences for Children*, Calverton: Macro International Inc.

Arnold, Fred and Eddie C. Kuo, 1984, "The Value of Daughters and Sons: A Comparative Study of the Gender Preferences of Parents," *Journal of Comparative Family Studies*, 15(2): 299-318.

Bongaarts, John, 1998, *Fertility and Reproductive Preferences in Post-Transitional Societies*, New York: The Population Council.

Brockmann, Hilke, 2001, "Girls Preferred? Changing Patterns of Sex Preferences in the Two German States," *European Sociological Review*, 17(2): 189-202.

Caldwell, John C., 1982, *Theory of Fertility Decline*, New York: Academic Press.

Cleland, John, Jane Verrall and Martin Vaessen, 1983, "Preferences for the Sex of Children and their Influence on Reproductive Behaviour," *Comparative Studies Cross-National Summaries*, 27: 1-46.

Coombs, Lolagene C. and Dorothy Fernandez, 1978, "Husband-Wife Agreement about Reproductive Goals," *Demography*, 15(1): 57-73.

Fuse, Kana, 2013, "Daughter Preference in Japan: A Reflection on Gender Role Attitudes?" *Demographic Research*, 28: 1021-1052.

Goldstein, Harvey, 1995, *Multilevel Statistical Models (Second Edition)*, London: Edward Arnold.

Hank, Karsten and Hans-Peter Kohler, 2000, "Gender Preferences for Children in Europe: Empirical Results from 17 FFS Countries," *Demographic Research*, 2: 1-21.

Hank, Karsten and Hans-Peter Kohler, 2003, "Sex Preferences for Children Revisited: New Evidence from Germany," *Population English Edition*, 58(1): 133-144.

Hoffman, Lois Wladis and Martin L. Hoffman, 1973, "The Value of Children to Parents," James T. Fawcett, ed., *Psychological Perspectives on Population*, New York: Basic Books, pp. 19-76.

小島宏, 2002, 「理想の子ども数・女児選好」岩井紀子・佐藤博樹編『日本人の姿——JGSSにみる意識と行動』有斐閣, pp. 50-55.

国立社会保障・人口問題研究所, 2012, 『わが国夫婦の結婚過程と出生力——第14回出生動向基本調査』厚生労働統計協会.

Larsen, Ulla, Woojin Chung and Monica Das Gupta, 1998, "Fertility and Son Preference in Korea," *Population Studies*, 52(3): 317-325.

Marleau, Jacques D. and Jean-François Saucier, 2002, "Preference for a First-Born Boy in Western Societies," *Journal of Biosocial Science*, 34(1): 13-27.

McClelland, Gary H., 1983, "Measuring Sex Preference and Their Effects on Fertility," Neil G. Bennet, ed., *Sex Selection of Children*, New York: Academic Press, pp. 13-45.

Morgan, S. Philip, Diane N. Lye and Gretchen A. Condran, 1988, "Sons, Daughters, and the Risk f Marital Disruption," *American Journa of Sociology*, 94(1): 110-129.

守泉理恵, 2008, 「日本における子どもの性別選好——その推移と出生意欲との関連」『人口問題研究』64(1): 1-20.

森岡清美, 1976, 「社会学からの接近」森岡清美・山根常男編『家と現代家族』培風館, pp. 2-22.

森岡清美・望月崇, 1997, 『新しい家族社会学』培風館.

内閣府大臣官房政府広報室, 2003, 『高齢者介護に関する世論調査』.

西岡八郎, 2000, 「日本における成人子と親との関係——成人子と老親の居住関係を中心に」『人口問題研究』56(3): 34-55.

Park, Chai Bin, 1983, "Preference for Sons, Family Size, and Sex Ratio: An Empirical Study in Korea," *Demography*, 20(3): 333-352.

Park, Chai Bin and Nam-Hoon Cho, 1995, "Consequences of Son Preference in a Low-Fertility Society: Imbalance of the Sex Ratio at Birth in Korea," *Population and Development Review*, 21(1): 59-84.

Pollard, Michael S. and S. Philip Morgan, 2002, "Emerging Parental Gender Indifference? Sex Composition of Children and the Third Birth," *American Sociological Review*, 67(4): 600-613.

Raley, Sara and Suzanne M. Bianchi, 2006, "Sons, Daughters, and Family Processes: Does Gender of Children Matter?" *Annual Review of Sociology*, 32: 401-421.

坂井博通,1987,「日本人の子どもの性別選好について」『人口問題研究』182: 51-55.

坂井博通,1989,「現代日本人の性別選好について——2子の性別パタンと3子出生の関係から」『社会心理学研究』4(2): 117-125.

坂井博通,1992,「近年における子どもの性別選好の動向とその社会経済的差異」『社会心理学研究』7(2): 75-84.

施利平,2012,『戦後日本の親族関係——核家族化と双系化の検証』勁草書房.

鈴木透・菅桂太,2011,「東アジア低出生力国の主要人口学的指標の時系列データ」『人口問題研究』67(1): 88-97.

田渕六郎・中里英樹,2004,「老親と成人子との居住関係」渡辺秀樹・稲葉昭英・嶋﨑尚子編『現代家族の構造と変容——全国家族調査［NFRJ98］による計量分析』東京大学出版会,pp. 121-148.

Thomson, Elizabeth, 2001, "Value of Children," Neil J. Smelser and Paul B. Baltes, eds., *International Encyclopedia of the Social & Behavioral Sciences*, Amsterdam: Elsevier, pp. 1725-1729.

Williamson, Nancy E., 1976, *Sons or Daughters: A Cross-Cultural Survey of Parental Preferences*, Beverly Hills: Sage.

7
離婚と子ども

稲葉　昭英

1　離婚と子どもへの視点

　貧困・低所得と家族構造の不安定性は密接に関連し，とくに離婚は貧困・低所得の結果でありまた原因でもあることが指摘されている（McLanahan and Percheski 2008）．近年，わが国でも貧困・低所得の世代的再生産の問題について社会的な注目が集まっているが，貧困・低所得の原因としての離婚という問題について計量的に接近する試みはほとんど見られない．NFRJ データにおいて測定されている離婚情報も必ずしも十分なものではないが，本章では離婚が子の人的資本と社会関係資本，具体的には教育達成と親子関係に及ぼす影響を明らかにすることを通じて，貧困・低所得の「原因としての」離婚の問題を考えてみたい．

2　ひとり親世帯と子ども

（1）　離婚と貧困・低所得

　わが国において貧困・低所得の「結果」としての離婚の発生について検討した研究としては，国勢調査データを用いた Raymo, Iwasawa and Bumpass (2004)，NFRJS-01 データを用いた加藤（2005），JGSS（日本版総合的社会調査）データを用いた Ono（2009），出生動向基本調査データおよび消費生活に関するパネル調査データを用いた Raymo, Fukuda and Iwasawa (2013) など

があげられる.いずれも夫または妻の学歴が低い層で離婚発生率が高いことを報告しており,低い学歴と強く関連する貧困・低所得層で離婚が発生しやすいことはほぼ間違いないようだ.厚生労働省による21世紀出生児縦断調査データを用いて出生から9年後の母子世帯の発生のパターンを検討した稲葉(2013)およびInaba and Yoshida(2014)では,パネルデータの脱落傾向を考慮しても子出生時に低所得,低学歴,若年の夫婦が9年後に母子世帯を形成しやすい傾向が明らかにされている.

次に,貧困・低所得の「原因」としての離婚についてはどうだろうか.近年の家族研究は,ひとり親世帯出身者と2人親世帯出身者にみられるライフコース上の格差を明らかにしている.ひとり親の形成因の主成分は離婚であるから,これらの研究は離婚が子に及ぼす人生上の不利な側面を明らかにしたものといえる.SSM(社会階層と社会移動全国調査)2005Jを用いた稲葉(2008, 2011a)やJGSS累積データを用いた余田(2012)では,とくに短大以上の高等教育への進学率についてひとり親世帯出身者が2人親世帯出身者に比して著しく低いこと,そうした格差は近年になっても必ずしも縮小しておらず,女子においてはむしろ拡大していること,などが明らかにされている.同時に,遡及的な方法ながら中学3年生の時点で教育アスピレーション(理想学歴)に両群間で大きな格差がみられることが報告されている(稲葉 2008, 2011a).

さらに,中学3年生の子とその親を対象とした内閣府「親と子の生活意識に関する調査」(2011年)からは,中学3年生の時点ですでにひとり親世帯の子に教育アスピレーションが低く,勉強時間が少なく,成績が悪い傾向が顕著に示された(稲葉 2012a).ただし,そこでは母子世帯よりも父子世帯により大きな格差が示された.

こうした「ひとり親世帯」が不利になるメカニズムは,とくに母子世帯の場合貧困・低所得の問題と大きくかかわることが指摘されており,実際に「親と子の生活意識に関する調査」に見られる母子世帯—2人親世帯間の格差はほぼ貧困・低所得の効果で説明されている(稲葉 2012a).一方で,父子世帯に見られる格差は必ずしも貧困・低所得によっては説明されえない.むしろ,父子世帯は後述の親子関係の希薄性という問題を有しており,このことが教育達成と関連している可能性がある.

以上のように，親の離婚は子の人的資本形成を媒介として貧困・低所得の「原因」になることがわかる．なお，離婚の影響を考えるときに必ず問題になるのがセレクション効果（真の効果は離婚ではなく，離婚する人の傾向性の効果だとする主張）であるが，パネルデータを用いたアメリカの研究は離婚が子の教育達成やメンタルヘルスに及ぼす長期的な影響を明らかにしている（McLanahan and Percheski 2008; McLanahan, Tach and Schneider 2013）．

（2）　離婚と親子関係

　親の離婚と子の貧困・低所得の関連を媒介する要因は，子の教育達成のみに限定されない．親の離婚は，親子関係のあり方に大きな影響を与え，この結果が子のさまざまな不利に結びつくことが考えられる．周知のように家族関係は個人にとってもっとも重要な社会関係資本（あるいはソーシャル・サポート）の1つであるから，家族関係上にコンフリクトが存在する場合や，家族関係が疎遠な場合には個人はライフコース上のさまざまな局面で不利な立場に立たされることを意味する．さらに，親族関係は親を媒介として維持される側面があるため，親子関係の不調は親子をこえた親族の利用可能性をも限定すると考えられる．ほとんどの子は親の離婚後に一方の親とは別居するため，面会交流のような機会がなければ別居している親と子の関係は希薄化しやすく，その延長上にある親族との関係も希薄化すると考えられる．

　一方，父子世帯における親子関係は概して希薄であり，とくに子が男子である場合にこの傾向が顕著であることが報告されている．父子世帯では，親子の会話時間が他に比して少なく，また親子関係の良好度も低いが，こうした傾向は子が男子の場合に顕著になる．これに対して母子世帯は2人親世帯と比較して母子関係の良好度にほとんど差異が示されない（稲葉 2012a）．この意味では親の離婚は父子関係を悪化・希薄化させる可能性があるが，母子関係については必ずしもそうとはいえない．ただし，これらは中学校3年生の子と親から得られたデータによる知見であり，成人後の親子関係の実態は不明である．

　以上のように，親の離婚が子の人的資本・社会関係資本双方の形成に不利に働く可能性が示唆される．こうした不利は子の成人後の貧困・低所得の原因となりうるだろう．また，先行研究に基づけば，教育達成は女子で，親子関係は

男子でより大きな格差が示されることが想定されるため，子の性別による差異についても留意する必要がある．

3 方　　法

(1) データと研究のデザイン

　　データは，NFRJ03 と NFRJ08 を合併し，分析にはレベル 1 を個人，レベル 2 を世帯とするマルチレベルモデル（ランダム切片モデル）を用いる[1]．

　　NFRJ データは SSM や JGSS のように回答者の 15 歳時点の家族構造の測定は行っていない．このため，扱えるのは回答者の過去の離婚情報と調査時点での子の学歴達成や子との関係の質などとの関連に限られる．つまり，「離婚」は回答者についての情報であり，「子の教育達成」「親子関係の状態」はこの回答者から得た子の情報に基づく．子については年長子から順に 3 人まで回答が求められており，すべてが対象となる（4 人以上のきょうだいの場合には全員が測定されているわけではない）．なお，子の所得は測定されていないため，所得階層の世代的再生産それ自体を直接に検討することはできない．

　　さらに大きな制約は，回答者の離婚時期が測定されていないために，親が離別無配偶の場合に，離婚が子の最終学歴形成前のイベントであるのかどうかがわからない点である．ただし Raymo, Iwasawa and Bumpass (2004) の推計によれば，離婚の 7 割強は結婚後 10 年以内に発生し，20 年をすぎると発生は極めて少ない．このため，子の年齢をほぼ最終学歴が確定できる 20-39 歳の範囲に限定し，その親である回答者が調査時点で離別無配偶の場合，子の学歴確定前に離婚が生じたという仮定を置く．この仮定はそれほど無理なものではないだろう[2]．なお，子の年齢の上限を 39 歳にするのは，40 歳以上になると高齢の親（回答者）が含まれるようになり，親の死亡によるセレクション効果が働くことを回避するためである．

　　また，さらに大きな制約は，子が親の離婚後に誰と同居していたのかがわからない点である．つまり，子が育ったのは母子世帯なのか，父子世帯なのか，それ以外の世帯なのかを識別することはできない．このため，父子世帯や母子世帯といったいわゆる家族構造を独立変数とした分析を行うことはできない[3]．

(2) 仮　説

まず教育達成については先行研究から「親の離婚を経験している者ほど，教育達成が低い」（H_1）と予測できる．離婚が世帯所得の大幅な低下を引き起こすなら，離婚が子の教育達成に及ぼす効果はとくに階層的地位の低い層で大きいと考えられる．子の出身階層の指標は親の学歴しかないため，これを用いて「親の離婚は学歴の高い階層よりも，低い階層において，子の教育達成を低める」（H_2）という仮説とする．

また，親の離婚はとくに女子の教育達成を低めることが示唆されているため，「親の離婚の経験は男子よりも女子の教育達成を低める」（H_3）という仮説を設定しよう．

H_1 は離婚の主効果を，H_2，H_3 は，離婚と親の学歴，および子の性別との交互作用効果を検討することで検証が可能になる．

ついで，親子関係については「親の離婚を経験している者ほど，親子関係が良くない」（H_4）と予測できる．先行研究は父子より母子の関係が，男子より女子との関係が良好であることを明らかにしているため，「親の離婚は母子関係よりも父子関係を悪化させる」（H_5）「親の離婚は女子よりも男子の親子関係を悪化させる」（H_6）の2つの仮説が導かれる．また，階層再生産という視点に立った時には，離婚が階層的地位の低い層でより家族関係を悪化させるかどうかが問題となる．このため，「親の離婚は親の学歴が高い階層より，低い階層で親子関係を悪化させる」（H_7）「親の離婚は子の教育達成が高い階層より，低い階層で親子関係を悪化させる」（H_8）とする仮説を設定しよう．H_4 は離婚の主効果，H_5，H_6，H_7，H_8 は離婚と親の性別・子の性別・親の学歴・子の教育達成の交互作用効果を検討することで検証を行う．

(3) 変数の操作化

本研究においてやっかいなのは，子の経験する「親の離婚」の測定である．調査票に回答しているのは子にとって父親・母親のどちらかであるが，子は回答者（父，母）の離婚を経験していなくとも，回答者の配偶者の離婚を経験している場合がある．離別母子が初婚の男性と再婚し，この結婚が存続し，この男性が父として回答者になっている場合，父の結婚経歴に離婚経験はないが，

子は母の離婚を経験していることになる．つまり，「離婚」に回答者と配偶者の両方を含めるか，回答者のみに限定するかで操作化の方法は異なったものとなる．自分の親の離婚を経験した「子」に着目するなら前者に，「離婚した親」と子に着目するなら後者の操作化の方法が適している．ここでは子のライフコース上への影響を考えるために，前者の方法でダミー変数によって測定した（後者の方法での分析も別途おこなった（稲葉 2011b））．

これ以外に親の婚姻情報から親（回答者の配偶者）の死別経験[4]，親の再婚経験（回答者が有配偶で，回答者もしくは配偶者に離別経験があり，再婚が子の誕生以降である場合）の2つのダミー変数を作成した．

このほか，統制変数としてデータ種別（NFRJ08＝1，NFRJ03＝0），都市規模（人口10万以上の都市＝1，それ以下の人口＝0），親の性別（男性＝1，女性＝0）の3つのダミー変数と，親出生年（解釈を容易にするために西暦年から1900を引いた値を使用），親教育年数，世帯年収（カテゴリーの中間値によって得点化，単位は100万），きょうだい数を世帯レベル（レベル2）変数として設定した．個人レベル変数としては子年齢，子の性別（男性を1とするダミー），きょうだい順位の各変数を設定した．主要な独立変数は上述の（子による）親の離婚経験である．

従属変数は，子の教育達成として短大以上への進学ダミー（進学＝1，非進学＝0），親子関係としては関係良好度（教示は「この方との関係はいかがですか」，回答は「良好」「どちらかといえば良好」「どちらかといえば悪い」「悪い」の4件法，得点は逆転）および「話らしい話をする頻度」（以下「会話頻度」，教示は「この1年間にこの方と『話らしい話』をどのくらいしましたか．電話なども含みます」，回答は「ほぼ毎日（週5-7日）」「週3-4日」「週1-2日」「月1-2日」「年数回」「まったくなし」の6件法，それぞれ西野（2009）にならい，年間日数（312, 182, 78, 18, 5, 0）に変換）の2変数を用いた．分析においては使用する変数に欠損値のあるデータを除外した．教育達成と関係良好度については4565の親回答から$n=8505$のダイアドデータ（NFRJ03は4611，NFRJ08は3894），会話頻度については同様に4300の親回答から$n=8149$（同 4432, 3717）の標本が確保できた．なお，以下では，親は回答者，子は回答者によって回答された子のことを意味する．

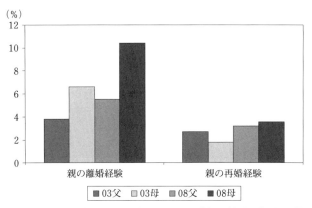

図7.1 データ別・親（回答者）の性別にみた子の「親の離婚」経験と「再婚」経験

4 親の離婚と子どもの教育達成

(1) 子からみた親の離婚経験・再婚経験

子の「親の離婚経験」「再婚経験」の分布をデータ別（03, 08はそれぞれNFRJのデータ名称）・親（回答者）の性別に図7.1に示す（子の年齢は20-39歳）．離婚，再婚ともにNFRJ08のほうが経験率は高く，またいずれの調査時点でも父（男性回答者）より母（女性回答者）のほうが子の「親の離婚経験率」が高い．この理由は正確にはわからないが，離別無配偶の男性からの回収率が低いというセレクション効果，もしくは子と別居するに至った男性回答者が子の情報を回答していない，といった要因に起因する可能性がある．もっとも離婚経験率が高いのはNFRJ08の女性回答者の子であり，子の10.4%が親の離婚を経験していた（同時期の男性回答者の子は5.5%）．2010年国勢調査を用いて当時10-15歳の子のひとり親世帯居住率を推計した稲葉（2012b）では，1995年時点で約11%と推計しており，女性回答者の子の数値自体は大きくずれてはいない．

一方，再婚は離婚と比較すると性差は一貫していない．NFRJ08の女性回答者の子に再婚経験率が高い（3.6%）がNFRJ03では女性回答者の方が低く，総じて2-3%前後と低い数値にとどまっている．近年ほど親の離婚を経験する

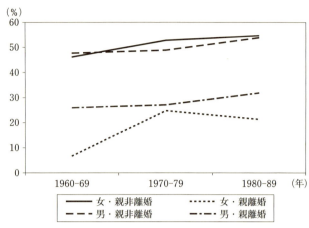

図7.2 子の性別・出生コーホート別・親の離婚経験の有無別 短大以上への進学率

子は増加しているが，再婚の経験はそれに比較すると変化は小さいようだ．

(2) 子どもの学歴達成の状況

子の出生コーホート別・子の性別・（子の）親の離婚の経験の有無別に見た短大以上への進学率を示したものが図7.2である．親の離婚経験群と非経験群の間には子の性別にかかわらず大きな格差が一貫して示されており，格差は女性により大きい．格差の縮小傾向はほとんど見られず，親の離婚を経験した子たちの不利は一貫して存続している．先行研究が指摘する「ひとり親の不利は女性に大きい」傾向はここでも確認できたようだ．

(3) 親の離婚と子どもの教育達成

それでは，親の離婚が子の学歴達成に及ぼす影響について検討してみよう．表7.1は次節での分析で用いる変数も含めた，使用する変数の記述統計量を全体，および父母（回答者）別に示したものである．子の短大以上への進学を従属変数としたマルチレベル二項ロジットの結果を表7.2に示す．

model1は親の離婚の経験のもつ主効果を検討したものであるが，離婚経験のオッズ比は0.280と強力な負の効果を示している．親の離婚を経験している場合には，そうでない場合に比して子の大学進学率は顕著に低くなる．死別経

表7.1 使用する変数の記述統計量

独立変数	全標本			父親の回答		母親の回答	
	Range	Mean	SD	Mean	SD	Mean	SD
NFRJ08（＝1）	0-1	0.46	0.5	0.45	0.5	0.47	0.5
人口10万人以上（＝1）	0-1	0.59	0.49	0.56***	0.5	0.61	0.49
親出生年－1900	28-73	47.64	6.92	46.01***	6.79	49.1	6.71
親男性（＝1）	0-1	0.48	0.5				
親教育年数	9-18	12.23	2.15	12.49***	2.5	12	1.75
世帯年収（100万）	0-16.5	6.77	4.06	6.90**	4.06	6.66	4.06
きょうだい数	1-9	2.44	0.75	2.42	7.49	2.45	0.74
子男性（＝1）	0-1	0.52	0.5	0.52	0.5	0.52	0.5
子年齢	20-39	29.58	5.58	29.61	5.55	29.54	5.61
子出生順位	1-3	1.66	0.69	1.66	0.69	1.67	0.7
親の死別経験（＝1）	0-1	0.06	0.24	0.04***	0.18	0.08	0.27
親の離婚経験（＝1）	0-1	0.07	0.26	0.05***	0.23	0.09	0.29
親の再婚経験（＝1）	0-1	0.03	0.16	0.03	0.17	0.03	0.16
子大学進学（＝1）	0-1	0.49	0.5	0.5	0.5	0.49	0.5
関係良好度	1-4	3.69	0.57	3.67***	0.6	3.71	0.54
会話頻度	0-312	138.8	127.85	120.30***	122.8	156.2	130.08

$p<.01$，*$p<.001$（父母間の平均値の差の検定結果）．

験も同様に有意な効果を示しているが，効果は離婚経験により大きい．一方，再婚経験は有意な効果を示さなかった．親が再婚を経験している場合，子の教育達成は低くなることが記述的な分析からは示されているが（稲葉 2011a），ここでの分析からはその効果は再婚前に発生した離婚の効果であると考えられる．

model2では子の性別と離婚経験の交互作用に有意な効果が示された．子が女性の場合に離婚が教育達成に及ぼす負の影響がより大きくなる，というこれまでのパターンが改めて確認された．なお，親の学歴と離婚経験の交互作用は有意な効果を示さず（$\exp(\beta)=0.897$, $SE=0.076$），子の性別や親の性別でデータを分割してもこの傾向は変わらなかった．

以上のように，教育達成についてはH_1（離婚の主効果），H_3（離婚と子の性別の交互作用効果）が支持され，H_2（離婚と親の学歴の交互作用効果）は支持されなかった．離婚は親の学歴の高低にかかわらず，子の教育達成に強い負の効果を有している．

表 7.2　子の大学進学を従属変数としたマルチレベル二項ロジットの結果

独立変数		オッズ比	
		model1	model2
NFRJ08（＝1）	（基準：NFRJ03）	2.048***	2.050***
人口10万人以上（＝1）	（基準：10万未満）	1.401***	1.400***
親出生年－1900		0.894***	0.894***
親男性（＝1）	（基準：親女性）	0.603***	0.602***
親教育年数		1.557***	1.557***
世帯年収（100万）		1.109***	1.109***
きょうだい数		0.801***	0.800***
子男性（＝1）	（基準：子女性）	0.971	0.935
子年齢		0.927***	0.927***
子出生順位		0.641***	0.641***
親の死別経験（＝1）	（基準：経験なし）	0.443***	0.444***
親の離婚経験（＝1）	（基準：経験なし）	0.280***	0.203***
親の再婚経験（＝1）	（基準：経験なし）	0.738	0.726
子男性×親離婚			1.889*
切　片		13.044**	13.622**
ランダム切片 SD		1.639***	1.636***
ICC		0.45	0.449
－2LL		－4973.504	－4970.761

$*p<.05$, $**p<.01$, $***p<.001$, すべて group ＝ 4,565, n ＝ 8,505.

（4）親子関係についての状況

　ついで親子関係についての分析に移ろう．親子関係の満足度や良好度は親と子の性別によって規定されることがすでに知られているため，ここではまず関係良好度・会話頻度について父母別（回答者の性別）に離婚経験の有無別・子の性別の平均値を図 7.3，図 7.4 に示した．なお，ここでいう離婚経験は子による「親の離婚経験」であり，「経験あり」の場合には，回答者である親は自身が離婚している場合と，離婚経験のある配偶者と再婚している場合のいずれかである点をあらためて確認しておきたい[5]．

　良好度は，離婚なしの場合には父母間に大きな差異は示されないが，離婚ありでは子の性別にかかわらず父子関係に低い．子の性別による差異は父子関係では示されないが，母子関係については女子の方が良い．

　会話頻度については，総じて母子が多く父子は少ないが，母子関係には子の性差の影響が示され，離婚の有無にかかわらず女子で多く，男子で少ない．父

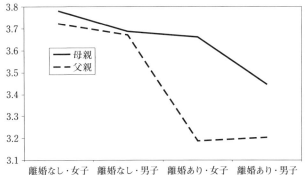

図 7.3 父母別・離婚経験の有無別・子の性別にみた親子関係の良好度の平均値

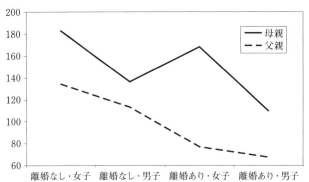

図 7.4 父母別・離婚経験の有無別・子の性別にみた親子の会話頻度の平均値

子関係は子の性差による差異は小さく，逆に離婚の有無による差異が大きい．

　なお，会話頻度について補足的に 15-19 歳の子について分析をおこなったところ，離婚経験がない場合には会話が「年数回」「まったくなし」は父親 7.7%，母親 1.1% であったのに対して離婚経験がある場合には同 27.0%，7.7% であった．親の離婚経験と父子関係の希薄化は大きく関連しているが，この結果は子との同居が媒介しており，離婚かつ子が父と同居している場合は「まったくなし」「年数回」は 0% だが，別居している場合はこの数字は 66.6% にまで達する．後者の数字は母子の場合でも 40% に達し，離婚後の親との同別居が子

7　離婚と子ども —— 139

表 7.3 親子関係を従属変数としたマルチレベル順序ロジットの結果(オッズ比)

独立変数		関係良好度		会話頻度	
		model1	model2	model3	model4
NFRJ08(=1)	(基準:NFRJ03)	0.888	0.886	0.983	0.985
人口10万人以上(=1)	(基準:10万未満)	0.932	0.942	1.136⁻	1.142*
親出生年-1900		1.006	1.006	0.979*	0.979*
親男性(=1)	(基準:女性)	0.587***	0.667	0.479***	0.506***
親教育年数		1.107**	1.109**	0.923***	0.924***
世帯年収(100万)		1.052*	1.052*	1.087***	1.087***
きょうだい数		1.371**	1.384***	0.779***	0.781***
子男性(=1)	(基準:女性)	0.462***	0.461***	0.503***	0.503***
子年齢		1.061**	1.062**	0.934***	0.933***
子出生順位		1.648***	1.651***	1.051	1.05
親の死別経験(=1)	(基準:なし)	0.761	0.766	1.337*	1.337*
親の離婚経験(=1)	(基準:なし)	0.246***	0.329**	0.732*	0.888
親の再婚経験(=1)	(基準:なし)	0.461	0.557	0.280***	0.299***
子大学進学(=1)		2.206***	2.080***	0.650***	0.632***
親男性×親離婚			0.230**		0.343***
子大学進学×親離婚			2.431**		1.617*
切片1		-4.379**	-4.301*	-9.806***	-9.842***
切片2		-2.307	-2.217	-7.043***	-7.060***
切片3		2.16	2.256	-5.498***	-5.512***
切片4				-4.512***	-4.526***
切片5				-3.825***	-3.838***
ICC		0.767	0.767	0.257	0.257
-2LL		-4996.392	-4989.398	-12541.39	-12528.36

*$p<.05$, **$p<.01$, ***$p<.001$, 関係良好度:group=4,565, n=8,505, 会話頻度:group=4,300, n=8,149

との交流を大きく左右することがわかる.

(5) 親の離婚と親子関係の良好度

それでは,上記の分析をより詳細に検討しよう.表7.3は2つの従属変数に対するマルチレベル順序ロジットモデルの結果である.結論から先に言えば,2つの従属変数ともに独立変数の効果はほぼ同じ結果となった.

model1 と model3 は離婚の主効果を検討したもので,離婚を経験している者ほど親子関係の良好度,会話頻度ともに有意に低い.続いて,子の性別によって離婚の効果が異なるというモデルを検討したがどちらについてもこれは支持されなかった(交互作用項のパラメータ推定値は順に $\exp(\beta)=0.785$, $SE=$

0.250, $\exp(\beta) = 0.818$, $SE = 0.157$),父親・母親でデータを分割してもこの傾向は変わらなかった.

親の性別によって離婚の効果が異なるというモデルについてはいずれも支持された.関係良好度や会話頻度は父子において子が親の離婚を経験している場合に極端に低い値をとる.親の学歴によって離婚の効果が異なるというモデルは両従属変数ともに支持されなかった(交互作用項は順に $\exp(\beta) = 1.060$, $SE = 0.134$, $\exp(\beta) = 1.016$, $SE = 0.154$).親の学歴が高ければ離婚が親子関係に及ぼす効果は小さい,とは言えないようだ.一方,子の学歴によって離婚の効果が異なるというモデルについては,いずれも支持される結果が得られた.子が大学に進学している場合に離婚が親子関係の良好度や会話頻度に及ぼす負の効果は緩和されていた.有意な2つの交互作用を同時に投入したのが model2 と model4 であるが,関係良好度,会話頻度ともに前出の有意な交互作用効果は維持されていた(交互作用項のオッズ比はほぼ前出の分析と同じであったため,このモデルで代表させる).

以上のように,H_4(離婚の主効果)は支持,H_5(離婚と親の性別の交互作用効果)は支持,H_6(離婚と子の性別の交互作用効果)は不支持,H_7(離婚と親の学歴の交互作用効果)は不支持,H_8(離婚と子の大学進学の交互作用効果)は支持,という結果が得られた.

5 考察と議論

分析の結果,親の離婚は子の教育達成とその後の親子関係に大きな負の影響を与えていることが確認された.これらの影響は,親の学歴や子の性別にかかわらず成立しており,親の離婚が子の人的資本・社会関係資本に不利な状況を作り出していることを示している.このことは,親の離婚を媒介として子の社会移動機会が制約される可能性を意味している.離婚は低所得層で発生率が高く,このことが子の人的資本・社会関係資本の形成に不利に働き,結果として階層の再生産が引き起こされるというメカニズムの存在が示唆される.

さらに,親の離婚が子の教育達成に及ぼす効果はとくに女子において大きいことが改めて確認された.管見では,親の「大変さ」を女子の方が敏感に認識

し，大学に進学しないという選択を自らしている結果であるように思われるが，今後の検討を待ちたい．

親子関係については，良好度・会話頻度ともに親の離別経験ありの場合に低い数値を示したが，特に父子関係にこの傾向は顕著であった．この結果は離婚後の別居を媒介としている可能性が高い．現状では離婚後の別居は子との交流の希薄化につながる．また，子の学歴が高い時には離婚が親子関係に及ぼす影響は大きく緩和されていた．親の離婚を経験している子は大学進学に関して不利な状態に置かれているが，そうした中で大学進学を遂げた子は親との関係が良い．これらは大学進学の効果というよりは，大学進学に至るまでの親子の生活歴などの効果であると考えるべきだろう．なお，親子関係はとくに男子の場合に悪化すると予測したが，結果はこれを支持するものではなかった．

6 結　論

親の離婚が子に及ぼす負の効果を，教育達成と親子関係の2点について確認することができた．親の離婚は子のライフコース上に不利に働いていたが，子の教育達成が高い場合には親子関係に対する負の効果は緩和されていた．

離婚は実質的に増加しており，結婚したカップルの約3分の1が離婚するとされ（Raymo, Iwasawa and Bumpass 2004），2010年時点で10-14歳の子のうち18％強がひとり親世帯に暮らしていると推計されている（稲葉 2012b）．もし今後も離婚が増大していくのであれば，教育達成や社会関係資本において不利な子たちが増加することになる．とくに，親子関係という重要な社会関係資本が損なわれることは，進学，就職，転職，結婚，出産などの青年期・成人期のライフイベントへの対処の際に子が非常に不利な状態に置かれることを意味する．

親の離婚を経験した子たちの多くは，低い教育達成と限られた親子関係資源のもとに生きていかざるを得ない．教育達成の低い人々ほど，経済的問題や転職・失業，夫婦関係を含めた対人関係上の問題を多く経験しやすい（松本編 2013）．頼れる親子関係が限定されていることは，そうしたライフイベントに対する脆弱性の高さを帰結し，その結果としてのメンタルヘルスの悪化や，貧

困・低所得の深刻化が懸念される．本研究ではデータの制約ゆえに，そうした人たちの家族外の社会関係資本については検討しえなかった．今後は家族外の関係もふくめた対人関係について，分析を進めていく必要があるだろう．

1) NFRJ98 は回答者の配偶者の結婚経歴についての情報がないため使用しない．
2) 親が再婚（離別有配偶）の場合には結婚期間が測定されているので，再婚以前の状態が学歴形成前かどうかが判断できるため，この問題は生じない．
3) 国勢調査の結果からは 1970-1989 年の時期の離婚後の子の親権は，過半数から 7 割近くが母親であるので，実際は母子世帯で育った子の方が多いと考えられる．
4) 回答者の配偶者の死亡時期は測定されていない．回答者が離別無配偶である場合，子は片親の死別を経験しているとみなしたが，死別が学歴達成後に生じている可能性もあり，この変数から親の死別の効果を論じるには慎重であるべきである．ここでは早期死別を含んだ親の死亡の効果を統計的に統制する目的で用いている．
5) 離婚経験の対象となった離婚は，回答者が父親の場合は 84%，母親の場合は 93% が回答者の離婚であり，回答者の配偶者の離婚が占める比率は低く，離婚の対象を回答者のみに限定してもほとんど分析結果は変わらない．

【文献】
稲葉昭英，2008，「『父のいない』子どもたちの学歴達成 —— 父早期不在者・早期死別者のライフコース」中井美樹・杉野勇編『2005 年 SSM 調査シリーズ 9　ライフコース・ライフスタイルから見た社会階層』2005 年 SSM 調査研究会，pp. 1-19.
稲葉昭英，2011a，「ひとり親家庭出身者の教育達成」佐藤嘉倫・尾嶋史章編『現代の階層社会 1　格差と多様性』東京大学出版会，pp. 239-252.
稲葉昭英，2011b，「親との死別／離婚・再婚と子どもの教育達成」稲葉昭英・保田時男編『階層・ネットワーク』日本家族社会学会全国家族調査委員会，pp. 131-157.
稲葉昭英，2012a，「ひとり親世帯と子どもの進学期待・学習状況」内閣府子ども若者・子育て施策総合推進室編『親と子の生活意識に関する調査報告書』内閣府子ども若者・子育て施策総合推進室，pp. 191-198.
稲葉昭英，2012b，「家族の変動と社会階層移動」『三田社会学』17: 28-42.
稲葉昭英，2013，「社会階層と母子世帯の発生についてのパネルデータ分析」吉田崇編『縦断調査を用いた生活の質向上に資する少子化対策の研究』厚生労働科学研究費補助金政策科学推進研究事業平成 24 年度総括報告書，pp. 97-106.
Inaba, Akihide and Takashi Yoshida, 2014, "Social stratification and the formation of single parent household in Japan," Paper presented at *18th International Sociological Association annual meeting*.
加藤彰彦，2005，「離婚の要因 —— 家族構造・社会階層・経済成長」熊谷苑子・大久保孝治編『コーホート比較による戦後日本の家族変動の研究』日本家族社会学会全国家族調査委員会，pp. 77-90.

松本伊智郎編，2013，『子ども虐待と家族――「重なり合う不利」と社会的支援』明石書店．

McLanahan, Sara and Christine Percheski, 2008, "Family structure and the reproduction of inequalities," *Annual Review of Sociology*, 34: 257-276.

McLanahan, Sara, Laura Tach and Daniel Schneider, 2013, "The causal effects of father absence," *Annual Review of Sociology*, 39: 399-427.

西野理子，2009，「兄弟姉妹とのつながり」藤見純子・西野理子編『現代日本人の家族――NFRJからみたその姿』有斐閣，pp. 187-198．

Ono, Hiromi, 2009, "Husbands' and wives' education and divorce in the United States and Japan 1946-2000," *Journal of Family History*, 34(3): 292-322.

Raymo, James M., Miho Iwasawa and Larry Bumpass, 2004, "Marital dissolution in Japan: recent trends and patterns," *Demographic Research*, 11: 395-419.

Raymo, James M., Setsuya Fukuda and Miho Iwasawa, 2013, "Educational differences in divorce in Japan," *Demographic Research*, 28: 177-206.

余田翔平，2012，「子ども期の家族構造と教育達成格差――二人親世帯／母子世帯／父子世帯の比較」『家族社会学研究』24(1): 60-71．

III

育児期の家族

8
父親の育児参加の変容

松田　茂樹

1　問題設定

　本章では，NFRJ98, 03, 08 を用いて，6歳以下の子どもをもつ世帯における父親の育児参加の頻度及びその規定要因の変化を述べる．

　いま父親の育児参加に対する社会的関心が高まっている．育児をする男性のことを指すイクメンという造語ができ，マスコミをにぎわすようになった．父親の育児参加は政治的な関心事でもあり，政府は女性の社会進出や少子化対策のために父親の育児参加を促進しようとしている．2010年に閣議決定された「子ども・子育てビジョン」では，目指すべき社会像の1つに「男性も女性も仕事と生活が調和する社会」をあげて，6歳未満の子どもをもつ男性の1日あたりの育児・家事関連時間を現状の60分から2014年には2時間30分まで伸ばすという目標を掲げている．父親の育児参加は学術的関心事でもある．わが国は父親が仕事をし，母親が家事・育児を行うという性別役割分業が強い国であるといわれてきたが，父親の育児への関わりが増えれば，夫婦の役割関係が変容することになる．

　本章で解明する課題は次の2点である．第1に，父親の育児参加の時系列変化を明らかにする．従来からわが国の父親の育児参加の水準は低い．2000年前後における未就学児をもつ父親の育児時間を比較した松田（2005）によると，欧米の男性の1日あたりの育児時間の平均が0.9時間であるのに対して，日本は0.4時間と半分以下であった．これに対して，欧米諸国においては徐々に父

親の育児参加が増えてきている（石井 2009）．父親の育児参加に関するイデオロギーである父親文化は広まったものの，父親の実際の育児行動はそれほど増えてはいないという指摘（LaRossa 1988）もなされているが，母親が就労している間に父親が単独で育児をすることや，父親が日常的に子どもの身体的な世話をすることが増えているという報告もなされている（Raley *et al.* 2012）．

社会生活基本調査によると，日本の 6 歳未満の子どもをもつ父親の 1 日の育児時間は，2001 年の 25 分から 2011 年の 39 分へと増加している．この間，母親の育児時間も 3 時間 3 分から 3 時間 22 分へと増加している．すなわち，父母とも育児時間が長くなっている．ただし，調査によっては，近年の父親の育児参加の変化については変わっていないまたは減っているという結果も出されている（牧野ほか編 2010; ベネッセ次世代育成研究所 2011）．

第 2 の課題は，父親の育児参加を規定する要因の変化を解明することである．既存研究ではわが国の父親の育児参加の規定要因として，主として時間的余裕仮説，性別役割分業意識（ジェンダー・イデオロギー）仮説，行うべき家事・育児の量仮説，相対的資源仮説が提示され，分析がなされてきた（Nishioka 1998; 稲葉 1998; 松田 2004; 永井 2004; Tsuya and Bumpass 2004; 石井 2009）[1]．これまでの研究によると，総じて家事・育児の量仮説や時間的余裕仮説を支持する結果が多い．こうした規定要因の研究は，わが国の男性の育児参加が少ない背景を解明することにつながる．

2　仮　説

父親の育児参加の規定要因に関する仮説として，時間的余裕仮説，性別役割分業意識仮説，行うべき家事・育児の量仮説，相対的資源仮説の 4 つをとりあげる[2]．以下，松田（2006, 2008）をもとに，各仮説の概要と日本における主な分析結果を説明する．時間的余裕仮説は，わが国の多くの既存研究において支持されてきたものである．一方，性別役割分業意識仮説については，世の中では意識が保守的な父親ほど育児をしないといわれているものの，NFRJ の過去の研究では支持されておらず，また他の既存研究でも明瞭には支持されない．

（1） 時間的余裕仮説

　父親・母親は，自分が育児に費やす時間的余裕があれば，育児参加が多くなると想定される．その時間的余裕を制約する大きな要因は，労働時間である．労働時間が長ければ，その分家事に費やすことができる時間は少なくなるため，育児参加も少なくなる．日本における既存研究では，一致してこの仮説は支持されている（石井 2009）．

（2） 性別役割分業意識仮説

　性別役割分業意識とは，「父親が仕事をし，母親が家事・育児を行う」という役割分業を支持する規範意識であり，性別役割分業が強い社会ではこの意識を内面化している者は多い．ただし，こうした規範意識は教育等によって変わるものであり，社会の中にはこの規範意識の強い者から弱い者まで存在する．この仮説では，性別役割分業に否定的な考えを持つ夫の方が，性別役割分業に伝統的な考えを持つ夫よりも，育児により参加すると想定する．この仮説は，一般常識的にはあてはまるように思われるが，日本ではこの仮説を支持しない研究結果が少なくない（永井 2004; Ishii-Kuntz et al. 2004; 松田 2008）．

（3） 行うべき家事・育児の量仮説

　幼い子どもがいることや子ども数が多ければ，当然親が行うべき育児の量は増え，父親の育児参加は増える．祖父母が同居していなければ，行うべき家事・育児の量が増えるため，父親の育児参加は増えると想定される．子どもの年齢や祖父母の同居については，この仮説を支持する既存研究は多い（例えば，Ishii-Kuntz et al. 2004; Tsuya and Bumpass 2004; 松田 2008）．子ども数の影響については既存研究において支持されるものと支持されないものがある．

（4） 相対的資源仮説

　相対的資源仮説の起源は，Blood and Wolfe（1960）にさかのぼる．家庭内における夫婦の家事・育児の分担は，家庭外において男女が保有している資源の格差を反映して決まると想定される．このとき家事・育児は男女とも避けたい労働であるため，彼らはできるだけ自分の分担を減らそうとする．収入，教

育等の資源を多く保有している者は，交渉において優位に立ち，その分担を回避することができる．具体的には，父親の方が母親よりも収入や学歴が高い場合，父親の育児参加は少なくなると想定される．幸いなことにというべきか，日本の父親研究ではこの仮説はあまり支持されていない（例えば，Nishioka 1998; 松田 2008）．

(5) 規定要因の変容可能性

　以上にあげた実証研究の結果は，NFRJ08以前のデータを用いてなされたものであるため，その後の社会の変化によって父親の育児参加の規定要因は変容してきている可能性がある．NFRJ08はリーマンショックの翌年1月に行われている．リーマンショック後に企業は大幅な減産を行ったため，労働者の労働時間も短くなっているはずである．労働時間の短縮は，性別役割分業意識仮説の分析に影響を与える．従来，世界的にみて労働時間が長いことから，意識がリベラルな父親も育児に関わることができないことが，性別役割分業意識仮説が支持されない結果であると考えられた．しかし，労働時間が短くなれば，リベラルな父親の育児参加は増えて，性別役割分業意識を支持しない者ほど育児参加が多くなるというこの仮説に合致する状態になると考えられる．

3　データ・変数・方法

(1) データ

　NFRJ98・03・08のうち，6歳以下の自分の子どもがいる有配偶（配偶者同居）の男性のデータを使用する．年齢は60歳未満，職業は正規雇用者に限定した[3]．1日の労働時間（通勤時間を含む）が17時間以上と極端に長い者も，分析対象から除外した．サンプルサイズは，NFRJ98が332人，NFRJ03が278人，NFRJ08が256人である．

(2) 変　数

　父親の育児参加度　NFRJ98では「育児や孫・子どもの世話（世話）」を行う頻度を，NFRJ03と08は「子どもの身の回りの世話（世話）」と「子どもと

遊ぶこと（遊び）」の頻度を尋ねている．「ほぼ毎日（週6-7日）」を6.5日，「1週間に4-5回」を4.5回，「1週間に2-3回」を2.5回，「週に1回くらい」を1回，「ほとんど行なわない」を0回として，平均回数を算出した．

NFRJ98とNFRJ03・08では質問文が異なるため，「世話」の時系列変化の解釈の仕方について以下のAとBの立場がありうる．Aは，NFRJ98もそれ以降も「世話」という表現で尋ねているため，そのままで比較可能とみる立場である．Bは，NFRJ98の「子どもの世話」においては，それ以降に加わった「遊び」の要素が含まれて回答されていると解釈する立場である．Bの立場をとる場合でも，世話と遊びの頻度を足して，2で割った合成変数をつくることによって，NFRJ98とそれ以降を比較することは可能になる．

家事・育児の量　末子年齢，子ども数，祖母同居を表すダミー変数を用いる．

時間的余裕　父親の時間的余裕を表す変数としては，1日の労働時間（「労働時間」＋往復の「通勤時間」）を用いた．NFRJ03, 08では質問文に「お昼休みなどの休憩時間を含めてください．」という文が追加されたため，同じ就労者が同時点において両調査に回答した場合，NFRJ98よりもNFRJ03, 08において長い時間を回答する可能性がある．また，労働日数の質問をもとに，週休2日（以上を含む）か否かを表すダミー変数を作成した[4]．

母親の時間的余裕を表す変数としては，就労形態（正規雇用者／非正規雇用者／無職）を用いた[5]．

母親の収入割合　経済面の相対的資源の差を表す変数として，年収のカテゴリーの中央値から作成した，父母合わせた収入に占める母親の収入の割合を用いる．

性別役割分業意識　「男性は外で働き，女性は家庭を守るべきである」という考え方について「そう思う」から「そう思わない」までの回答にそれぞれ4-1点を与え，得点が高くなるほど性別役割分業意識が高い価値観を表す尺度とした．

多変量解析の統制変数として，父親の年齢，学歴，年収を用いる．

4 分析結果

(1) 育児参加の水準の変化

分析に使用した変数の基本統計量が表 8.1,父親の育児参加の度数分布の推移が図 8.1 である.

世話の頻度をみると,NFRJ98 では 3.08 回,NFRJ03 では 2.41 回,NFRJ08 では 2.57 回である.NFRJ98 と NFRJ03・NFRJ08 の間には有意差があるが,NFRJ03 と NFRJ08 の間には有意差はない.度数分布をみると,NFRJ98 よりもそれ以降の調査の方が「ほぼ毎日」が減り,「ほとんど行なわない」が増えている.NFRJ03 と NFRJ08 についてみると,「ほとんど行なわない」が減少し,「1 週間に 2-3 回」が増えている.週末の 2 日間に世話を行うような父親が増えたとみられる.

遊びの頻度をみると,NFRJ03 では 3.63 回であるのに対して,NFRJ08 では 3.47 回と微減だが,両者の間に有意差はない.度数分布をみると,「ほぼ毎日」が NFRJ03 では 29.4% であったものが,NFRJ08 では 23.5% へと約 6 ポイント減少している.世話同様,「1 週間に 2-3 回」が NFRJ03 では 29.4% であったが,NFRJ08 では 37.5% へと約 8 ポイント増加している.

既存研究では,アジア諸国のうち日本(東京)の父親は,平日は子どもと一緒に過ごす時間が短いが,休日はそれが長いという報告もなされている(ベネッセ次世代育成研究所 2011).NFRJ08 において「1 週間に 2-3 回」世話を行う父親が多いという結果は,既存研究の結果と一致する.

世話の時系列変化の解釈の仕方については先述した 2 つの立場がありうるが,世話のみを比較可能とする A の立場でみると,NFRJ98 よりも NFRJ03・08 の方が世話の頻度が有意に減少したといえる.NFRJ98 では「子どもの世話」に「遊び」も含まれて回答されていたと考える B の立場では,NFRJ98 の世話と NFRJ03・08 の世話と遊びの合成変数の値を比較することになる.合成変数の値は,NFRJ03 では 3.01 回,NFRJ08 では 3.03 回であり,いずれも NFRJ98 の世話と同水準である.A の立場にせよ B の立場にせよ,近年父親の育児参加の頻度が増えたとはいえない.

表 8.1 分析に使用した変数の基本統計量

変 数	NFRJ98 平均値	NFRJ98 標準偏差	NFRJ03 平均値	NFRJ03 標準偏差	NFRJ08 平均値	NFRJ08 標準偏差	有意差 98対03	98対08	03対08
父・育児参加度(世話)	3.08	2.65	2.41	2.43	2.57	2.30	**	+	
父・育児参加度(遊び)			3.63	2.45	3.47	2.27			
父・育児参加度(合成尺度)			3.01	2.15	3.03	2.04			
末子年齢	2.55	1.95	2.51	2.04	2.71	2.08			
子ども数	2.01	.81	1.85	.71	1.94	.71	*		
祖母同居	.25		.15		.18		**	+	
父・労働時間	10.79	1.94	11.60	1.98	11.39	1.99	**	**	
週休2日	.44		.49		.55				*
母・無職	.65		.69		.61				
非正規雇用者	.17		.17		.24			*	
正規雇用者	.19		.14		.14				
母収入割合	10.27	16.24	10.93	17.25	11.24	16.58			
性別役割分業意識	2.50	1.03	2.28	.93	2.48	.94	*		
父・年齢	35.29	4.59	36.13	4.77	35.88	4.59	**	*	
父・中卒	.03		.01		.02				
高卒	.41		.37		.38				
高専・専門学校卒	.17		.13		.18				
大卒	.39		.48		.43		+		
父・年収	5.53	1.98	5.53	2.10	5.52	2.10			
N	332		278		256				

$^+p<.10$, $^*p<.05$, $^{**}p<.01$.
注:サンプル数は,表8.2の世話の分析で用いた変数のもの.

(2) 各変数の変化

育児参加以外の変数の変化をみよう.祖母と同居の割合は,NFRJ98 では 25% であったが,NFRJ03 では 15%,NFRJ08 では 18% といずれも NFRJ98 よりも低下した.

父親の労働時間は,NFRJ98 では 10.8 時間であったが,NFRJ03・NFRJ08 の方が長い.質問文の変更の影響もあるが,この間に労働時間が大きくは短縮しなかったといえる.週休2日の割合は,NFRJ98 では 44%,NFRJ08 では 55% である.

母親の就労形態をみると,無職の割合が NFRJ98 の 65% から,NFRJ08 の 61% までほとんど変化していない.目立つ変化は,非正規雇用者の割合が NFRJ98 の 17% から NFRJ08 の 24% まで増加したことである.以上のような母親の就労形態の変化は,母親の収入割合の変化につながっていない.

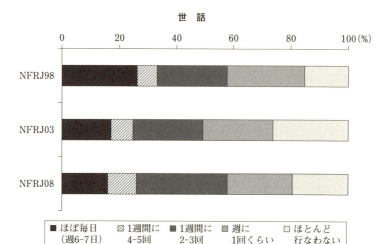

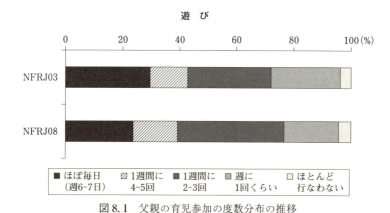

図 8.1　父親の育児参加の度数分布の推移

　注目されるのは性別役割分業意識の変化である．この意識は，NFRJ98 から NFRJ03 にかけて一旦低下した後，NFRJ08 では再び 10 年前の水準に戻っている．

(3) 各規定要因の変数と父親の育児参加の関係

　既存研究をふまえて，父親の育児参加の規定要因としてポイントとなる父親の労働時間，母親の就労形態，父親の性別役割分業意識の 3 変数と父親の育児

参加度との2変量の関係をみよう（**図8.2**）．

(a) **父親の労働時間** NFRJ98から08までのいずれにおいても，父親の労働時間が長いほど，世話や遊びを行う頻度が低いという明瞭な関係がある．NFRJ08の具体的な数値をみると，労働時間が「11時間未満」の者は世話の頻度が3.1回であるが，「13時間以上」の者は同1.8回と少ない．

(b) **母親の就労形態** 母親が無職や非正規雇用者であるよりも，正規雇用者である方が，父親の遊び及び世話の頻度は高い．母親が無職の者では，NFRJ98からNFRJ03にかけて育児参加が一旦少なくなったが，その後微増している．母親が正規雇用者の者では，NFRJ98以降，世話の頻度が減少している．

(c) **父親の性別役割分業意識** NFRJ98においては，父親の性別役割分業意識と世話の間に明瞭な関係はみられなかった．NFRJ03においては，父親の性別役割分業意識と遊びの間に明瞭な関係はないが，性別役割分業意識が弱いほど世話の頻度が高いという関係がみられるようになった．NFRJ08においては，さらに性別役割分業意識が強いほど，遊び，世話とも少ないという関係がみられる．性別役割分業意識が弱いカテゴリーの父親の場合，NFRJ98と03よりもNFRJ08の方が世話の頻度は高まっている．一方，性別役割分業意識が強いカテゴリーの父親においては，世話の頻度はむしろ低下している．

一方，遊びについては，そのような変化はみられない．

5　多変量解析

2変量の分析をふまえた上で，世話または遊びを被説明変数とする重回帰分析を実施した結果が**表8.2**，**表8.3**である．母親の就労形態と収入割合は関連が強いため，どちらか一方を用いるモデルにした．これらは，先述したAの立場にもとづく分析である．

家事・育児の量にかかわる変数の効果をみると，NFRJ08の世話を除き，末子年齢が高くなるほど世話及び遊びの頻度は総じて少ない．しかし，想定と逆に，子ども数が多いほど世話や遊びの頻度は少なくなる．祖母同居は，いずれの時点においても父親の育児参加の頻度を有意に規定しているとはいえない．

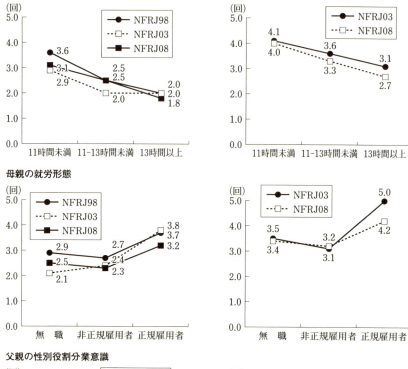

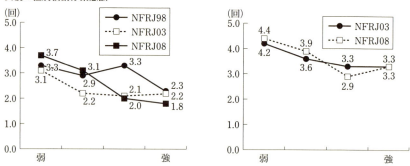

図 8.2 父親の労働時間，母親の就労形態，父親の性別役割分業意識別にみた父親の育児参加度

注：左図が世話，右図が遊び相手．

表8.2 父親の世話と遊びの規定要因についての重回帰分析の結果（母就労形態を用いた分析）

独立変数	世話			遊び	
	NFRJ98	NFRJ03	NFRJ08	NFRJ03	NFRJ08
定　数	11.678***	3.421*	9.367***	7.567***	10.456***
末子年齢	−.268**	−.455***	−.110	−.296***	−.202**
子ども数	−.437*	−.362⁺	−.424*	−.736***	−.746***
祖母同居	−.371	.395	−.088	.076	−.221
父労働時間	−.442***	−.124⁺	−.194**	−.194**	−.210**
父週休2日	.978***	−.210	.259	−.206	−.050
母就労形態（基準：無職）					
非正規雇用者	−.120	.719⁺	−.229	−.156	−.125
正規雇用者	.736⁺	1.752***	.010	1.591***	.510
性別役割分業意識	−.169	−.237	−.525**	−.106	−.277⁺
父・年齢	−.061⁺	.081*	−.040	.029	−.025
父学歴・中　卒	.234	−.660	−1.284	.938	.468
（基準：高卒）					
高専・専門学校卒	.177	.404	−.224	.178	−.438
大　卒	.367	.098	−.347	−.150	−.377
父年収	−.057	−.104	−.105	−.073	−.134⁺
F	7.390***	5.875***	4.778**	5.550***	6.807***
R^2	.232	.224	.204	.215	.267
Adj-R^2	.201	.186	.162	.176	.228
N	332	278	256	278	257

⁺$p<0.10$, *$p<0.05$, **$p<0.01$, ***$p<0.001$.

表8.3 父親の世話と遊びの規定要因についての重回帰分析の結果（母収入割合を用いた分析）

独立変数	世話			遊び	
	NFRJ98	NFRJ03	NFRJ08	NFRJ03	NFRJ08
母親収入割合	.014	.021*	−.002	.027**	.015⁺
N	321	271	249	271	250

⁺$p<0.10$, *$p<0.05$, **$p<0.01$.
注：母親の就労形態以外の変数の効果は統制（表記割愛）．

以上の結果をみると，家事・育児の量仮説は，それほど支持されるものではない．

　父親の労働時間は，一貫して世話と遊びの頻度を規定する要因であり続けている．労働時間が長い者は，世話及び遊びの頻度が少ない．ただし，係数の大きさをみると，NFRJ98 よりもそれ以降の方が，労働時間が育児の頻度を下げる効果は小さい．週休 2 日であると，NFRJ98 において世話の頻度が有意に多くなっていたが，NFRJ03 以降はそのような傾向はみられない．

　母親の就労形態の効果は，2 変量の分析結果とは違い，NFRJ03 の世話を除き，父親の育児参加を規定する要因にはなっていない．父親の育児参加の頻度を規定しているものは，母親の就労形態ではなく，父親の労働時間である．

　規定要因の大きな変化がみられるのは，性別役割分業意識である．世話をみると，近年ほど性別役割分業意識の係数は負に大きくなっている．前掲の 2 変量の分析結果をふまえると，これは性別役割分業意識が革新的な父親がより子どもの世話をするように変化したことと，保守的な父親がより世話をしなくなるように変化したためである．

　その他をみると，父親の年齢が世話の頻度に与える効果は，NFRJ98 と 03 には有意であったが，NFRJ08 では有意ではなくなっている．すなわち，10 年前は，若い父親ほど世話をしていたが，現在は父親の年齢によるそのような行動の違いはなくなった．父親の年収は，NFRJ08 の遊びのみ有意差がみられ，その方向は年収が高いほど遊びの頻度が少なくなるというものである．

　母親の就労形態に代えて母親の収入割合を投入した結果が**表 8.3** である．母親の収入割合は相対的資源にあたる変数である．この変数は，NFRJ03 のみ世話に対しても遊びに対しても有意な効果があるが，NFRJ98 および 08 では有意な効果はみられない．

　以上をみると，父親の育児参加の規定要因の基本的な構造は，過去 10 年間ほぼ変わっていない．本章で注目する時間的余裕仮説は依然として支持される．家事・育児の量仮説は，末子年齢についてのみ当てはまる限定的なものである．母親の収入割合を用いて検証した相対的資源仮説は，NFRJ03 のみ支持されたが，NFRJ98 と 08 では支持されない．

　性別役割分業意識は，従来は育児参加を規定しなかったが，近年ほど規定す

表 8.4 父親の育児参加の合成尺度についての重回帰分析の結果（母就労形態を用いた分析）

独立変数	合成尺度 NFRJ03	合成尺度 NFRJ08
定　数	5.494***	9.921***
末子年齢	−.376***	−.155*
子ども数	−.549**	−.585***
祖母同居	.235	−.150
父労働時間	−.159*	−.202**
父週休2日	−.208	.106
母就労形態（基準：無職）		
非正規雇用者	.282	−.180
正規雇用者	1.672***	.258
性別役割分業意識	−.171	−.400**
父・年齢	.055⁺	−.033
父・学歴（基準：高卒）		
中　卒	.139	−.408
高専・専門学校卒	.291	−.326
大　卒	−.026	−.360
父年収	−.089	−.120⁺
F	7.305***	7.353***
R^2	.265	.283
Adj-R^2	.228	.245
N	278	256

⁺$p<0.10$, *$p<0.05$, **$p<0.01$, ***$p<0.001$.

表 8.5 父親の育児参加の合成尺度についての重回帰分析の結果（母収入割合を用いた分析）

独立変数	合成尺度 NFRJ03	合成尺度 NFRJ08
母収入割合	.024**	.007
N	271	249

⁺$p<0.10$, *$p<0.05$, **$p<0.01$.
注：母親の就労形態以外の変数の効果は統制（表記割愛）.

るようになるという変化が起きている．ただし，先述したように世話の質問は NFRJ98 と以降で若干異なるため，立場Bの分析もみることが必要である．表8.2 の分析の被説明変数をこの合成尺度に代えて，重回帰分析を実施した（表8.4）．表8.2 と表8.4 の結果を比較すると，性別役割分業意識以外の各説明変数の効果の有無及びその方向はおおむね同じである．問題の性別役割分業意識の係数をみると，NFRJ03 では負の方向だが有意ではなく，NFRJ08 では負の方向に大きくなり，有意でもある．そして先述のとおり，NFRJ98 においては，性別役割分業意識の効果は有意ではない．ちなみに，合成尺度の分析においても，NFRJ03 では母親の収入割合が高いほど父親の育児の頻度が高いが，NFRJ08 ではそのような関係はみられない（表8.5）．

以上の分析を総合すると，10年前には父親の育児参加を規定していなかっ

た性別役割分業意識が，近年になるほど規定するようになってきたことがうかがえる．この点は，仮説としてあげた規定要因の変容可能性に一致するものだろうか．残念ながら，想定とは異なる．現在生じている変化は，性別役割分業意識がリベラルな父親の育児参加が増えることで性別役割分業意識を支持しない者ほど育児参加が多くなったことだけではなく，保守的な父親の育児参加が減ったことによってももたらされたものだからである．

6 結論

分析結果をふまえると，10年間におけるわが国における父親の育児参加の変化について次の点を指摘できる．

第1に，イクメンなどの話題はあるものの，過去10年間において父親の育児参加の頻度が増えたとは，世話の質問文の変更がNFRJ03以降の頻度を下げることに寄与したと考えたとしても，いえない．

第2に，父親の育児参加が増えないのは，依然として労働時間が長いためである．90年代後半以降も，男性の労働時間が依然長時間である．注目されることに，リーマンショック後の2009年1月に調査を行ったNFRJ08においても，父親の労働時間はほとんど短くなっていない．

加えて，父親の育児参加が増えない理由として，近年ほど父親の性別役割分業意識と育児参加の関連が明瞭になってきていることがあげられる．性別役割分業意識は，NFRJ98からNFRJ03にかけて一旦弱まったが，NFRJ08では10年前と同水準まで戻っている．また，近年は，性別役割分業意識の弱い父親は子どもを世話する頻度が高まる傾向がある一方，性別役割分業意識の強い父親はその頻度が低下している．このため，性別役割分業意識の強い父親では，労働時間が短くても，育児参加する頻度が低くなっている．

第3に，父親の育児参加の規定要因が一部変化してきている．父親の労働時間が育児参加を強く規定していることに変わりはないが，加えて，性別役割分業意識も育児参加を規定するようになってきている．NFRJ98においては父親の性別役割分業意識は育児参加を規定してはいなかった（永井 2004；松田 2006）が，近年父親の性別役割分業意識と育児参加の間に有意な関連がみられ

るようになった．その方向は，性別役割分業意識が弱い父親においては世話の頻度は高まり，性別役割分業意識が強い父親においては世話の頻度は低下している．近年の父親たちほど，性別役割分業意識を率直に行動で示すようになったともいえる．性別役割分業意識が強い父親と弱い父親において，育児参加の頻度が相反する方向に動いたことにより，育児参加の全体平均は変化が少なくなっている．日本の父親の育児参加の行方は，労働時間の適正化と変化する性別役割分業意識に依存している．

1) （夫婦の）情緒関係仮説，父親のアイデンティティ，職場の環境・慣行などがある（稲葉 1998；石井 2009）が，日本において中心的に分析されてきたものはここにあげた4つの仮説である．
2) ここにあげた仮説は，家事労働全般についての夫婦の分担を説明するものである．この4仮説は，父親の育児参加の規定要因を分析する際にも有効なものとして用いられている．
3) 60歳未満に限定したのは，分析対象である父親たちの平均年齢よりも極端に高い者を除外したためである．正規雇用者に限定したのは，一般的なサラリーマン家庭を分析対象にしたからである．なお，非正規雇用である者は，十分な分析ができるほどのサンプル数がない．
4) 週あたりの労働日数をみると，週休2日に相当する値に約半数の者が集中しているため，労働日数の連続変数ではなく，週休2日であるか否かという2値変数にした．
5) 自営業・家族従業者は，長時間自宅外で拘束される正規雇用者よりも時間的余裕があること及び非正規雇用者のように家庭の事情等に応じて柔軟に休暇を取得して育児に携わることができることなどを考慮して，「非正規雇用」に含めている．

【文献】
ベネッセ次世代育成研究所，2011，『第2回 乳幼児の父親についての調査報告書』．
Blood, Robert O. and Donald M. Wolfe, 1960, *Husbands and Wives: The Dynamics of Married Living*, Glencoe, Ill: Free Press.
稲葉昭英，1998，「どんな男性が家事・育児をするのか？——社会階層と男性の家事・育児参加」渡辺秀樹・志田基与師編『1995年SSM調査シリーズ15 階層と結婚・家族』1995年SSM調査研究会，pp. 1-42．
Ishii-Kuntz, Masako, Katsuko Makino, Kuniko Kato and Michiko Tsuchiya, 2004, "Japanese Fathers of Preschoolers and Their Involvement in Child Care," *Journal of Marriage and Family*, 66: 779-791.
石井クンツ昌子，2009，「父親の役割と子育て——その現状と規定要因，家族への影響について」『季刊家計経済研究』81: 16-23.

LaRossa, Ralph, 1988, "Fatherhood and Social Change," *Family Relations*, October 1988: 451-457.
牧野カツコ・渡辺秀樹・舩橋惠子・中野洋恵編，2010，『国際比較にみる世界の家族と子育て』ミネルヴァ書房．
松田茂樹，2004,「男性の家事参加——家事参加を規定する要因」渡辺秀樹・稲葉昭英・嶋﨑尚子編『現代家族の構造と変容——全国家族調査［NFRJ98］による計量分析』東京大学出版会，pp. 175-189.
松田茂樹，2005,「男性の家事・育児参加と女性の就業促進」橘木俊詔編『現代女性の労働・結婚・子育て——少子化時代の女性活用政策』ミネルヴァ書房，pp. 127-146.
松田茂樹，2006,「近年における父親の家事・育児参加の水準と規定要因の変化」『季刊家計経済研究』71: 45-54.
松田茂樹，2008,『何が育児を支えるのか——中庸なネットワークの強さ』勁草書房．
永井暁子，2004,「男性の育児参加」渡辺秀樹・稲葉昭英・嶋﨑尚子編『現代家族の構造と変容——全国家族調査［NFRJ98］による計量分析』東京大学出版会，pp. 190-200.
Nishioka, Hachiro, 1998, "Men's Domestic Role and the Gender System: Determinants of Husband's Household Labor in Japan,"『人口問題研究』54(3): 56-71.
Raley, Sara, Suzanne M. Bianchi, Wendy Wang, 2012, "When Do Fathers Care? Mothers' Economic Contribution and Fathers' Involvement in Child Care," *American Journal of Sociology*, 117(5): 1422-1459.
Tsuya, Noriko O. and Larry L. Bumpass, 2004, *Marriage, Work, and Family in Comparative Perspective: Japan, South Korea and the United States*, University of Hawaii Press.

9

育児期の女性の就業とサポート関係

西村純子・松井真一

1 はじめに

　1990年代終わりから2000年代にかけての時期，日本経済はゆるやかな景気回復期にあった．大手都市銀行の破綻による金融危機は峠を越え，失業率は2002年をピークに低下した．しかし2000年代の景気回復は，「実感なき景気回復」（内閣府 2007）といわれたように，多くの人々の生活のなかでは，景気回復を実感できる要素は少なかった．賃金も物価も上がらず，非正規雇用も増加した．『不平等社会日本』（佐藤 2000），『日本の不平等』（大竹 2005）などが出版され，「格差拡大」が指摘されるようになった．

　こうした厳しい経済状況のなか，育児期の女性の就業率は増加傾向にある．就業構造基本調査によると，有配偶の世帯における末子3歳未満の妻の就業率は，2002年では27.9％であったのが2007年では33.3％になり，末子3-5歳の世帯の妻の就業率は，2002年45.7％であったのが2007年では51.5％に達している[1]．

　育児期の女性の多くが就業するようになっているとするなら，それはどのような条件のもとで可能になっているのだろうか．そして，その条件は，1990年代終わりから2000年代にかけての10年で何らかの変化がみられるのだろうか．それが本章の第1の問いである．

　女性の就業率の増加，そして1990年の1.57ショックを経て少子化が問題として語られるようになるなか，2000年代は社会的な保育基盤整備の必要性が

議論された10年であった.ただし保育制度変更の方向性は,保育への新規参入における行政裁量を限定したり,株式会社にも補助を認めて参入を容易にすることで量的拡大を図ろうとするものであり,その帰結に対する評価は定まっているとはいえない.そうしたなか,育児期の女性たちは,親族とりわけ親と,どのような援助関係をむすんでいるのだろうか.育児期の女性たちは,親からの支援を受けない傾向を強めているのか,あるいは,より支援を受ける傾向にあるのか,また親からの支援を受ける／受けないはどのような要因に左右されるのか.それが本章の第2の問いである.

すなわち,本章では,NFRJ98,NFRJ03,NFRJ08を用いて,1990年代終わりから2000年代にかけての,育児期の女性の就業の規定要因と親からの非経済的支援の規定要因,またその変化を明らかにする.

本章の構成は以下の通りである.第2節では,育児期の女性の就業状況と親からの非経済的支援の状況について3時点間の傾向を確認する.続く第3節から第5節において,育児期の女性の就業の規定要因について分析・考察をおこない,第6節,第7節において,親からの非経済的支援の規定要因について分析および考察し,最後の第8節において,2000年代の育児と親族サポートとの関係について論じる[2].

2 育児期の女性の就業と親からの非経済的支援の状況

本節では,NFRJ98,NFRJ03,NFRJ08において,育児期の女性の就業状況と親からの非経済的支援の状況にどのような傾向がみられるかを確認すると同時に,育児期の女性の基本的な属性についての傾向も確認する.なお,本章では育児期を末子0-6歳の時期ととらえ,育児期の有配偶女性の就業や親からの非経済的支援について分析する.該当ケース数は,NFRJ98：420名,NFRJ03：501名,NFRJ08：368名である[3].

表9.1は,NFRJ98,NFRJ03,NFRJ08の育児期の有配偶女性の基本的属性および就業状況,親からの非経済的支援の状況を示している.年齢,夫年収については平均値を示し,学歴・就業形態,女性自身の母／夫の母との居住距離,女性自身の親／夫の親からの非経済的支援については,カテゴリーごとのパー

表 9.1 育児期の女性の基本属性および就業状況・親からの非経済的支援の状況

変 数		NFRJ98 $n=420$	NFRJ03 $n=501$	NFRJ08 $n=368$
年 齢		33.8 歳	34.4 歳	34.9 歳
夫年収		554 万円	520 万円	510 万円
学 歴	中学・高校	44.0%	37.6%	55.7%
	短大・高専, 専門学校	44.5%	47.0%	26.5%
	大学以上	11.5%	15.5%	17.8%
妻就業形態	正規雇用	13.6%	12.4%	17.4%
	非正規雇用	19.5%	17.8%	28.0%
	自営業等	12.4%	6.6%	5.2%
	非就業	54.5%	63.3%	49.5%
妻の母との	同 居	6.4%	4.4%	7.2%
居住距離	近居（15 分未満）	12.2%	10.8%	23.1%
	15 分〜1 時間未満	46.8%	42.4%	33.1%
	1 時間以上	29.1%	35.6%	31.4%
	死 亡	5.5%	6.8%	5.2%
夫の母との	同 居	20.0%	15.0%	15.1%
居住距離	近居（15 分未満）	14.7%	16.8%	22.0%
	15 分〜1 時間未満	27.2%	33.8%	21.2%
	1 時間以上	28.1%	28.6%	34.6%
	死 亡	10.1%	5.8%	7.1%
妻親からの	支援あり	58.7%	65.7%	88.4%
非経済的支援	支援なし	41.3%	34.3%	11.6%
夫親からの	支援あり	41.2%	44.7%	60.6%
非経済的支援	支援なし	58.8%	55.3%	39.4%

センテージを示している．

　年齢については 3 時点間で大きな変動はみられていない．夫の収入は，「収入はなかった」＝0，「100 万円未満」＝50，「100-129 万円台」＝115，「130-199 万円台」＝165，「200-299 万円台」＝250……のようにカテゴリーの中間値をあてはめ，「1200 万円以上」は 1350 の値を与えた．後に結果を示す多項ロジスティック回帰分析においては，先のようにあてはめたカテゴリー中間値を，さらに 100 で割った値を用いた．表 9.1 に示した各時点ごとの夫年収をみると，近年のデータになるほど低下している．

　学歴は，中退・在学中の者も含め，中学・高校，短大・高専，専門学校（短期大学・高等専門学校，専門学校（高卒後）），大学以上（大学 4 年制，大学院・大学（6 年制））の 3 カテゴリーに分けた．本章で分析対象となる女性に

おいては中学以下の学歴をもつ人は少数であったため，高校までの学歴を保有する人と統合した．NFRJ98，NFRJ03，NFRJ08 と近年になるにつれて，「大学以上」の割合は増加している．NFRJ08 では，NFRJ98，NFRJ03 に比べて「短大・高専，専門学校」の割合が小さいことも見てとれる．

女性の就業形態は，「正規雇用」，「非正規雇用（パート・アルバイト，派遣等）」，「自営業等（自営業主，自由業者，家族従業者）」，「非就業」に分けた．NFRJ08 において非正規雇用割合が高まり，自営業等および非就業割合は低下している．

女性自身および夫の母親との居住距離については，調査年度によってワーディングが異なるため，各調査年度間で比較できるように次の5カテゴリーに分けた．すなわち，同居（同居，同じ家屋，同じ建物内），近居（となり・同じ敷地内，歩いていけるところ，同じ敷地内のはなれ・別棟，15分未満），15分～1時間未満（片道1時間未満，15-30分未満，30-60分未満），1時間以上（片道3時間未満，片道3時間以上，1-3時間未満，3時間以上），親死亡である．女性自身の母親との居住距離については，NFRJ08 において 15 分以内の近居割合が増加している．夫の母親との居住距離についても，NFRJ08 において近居割合が増加しているが，その増分は女性自身の母親ほどではない．また，NFRJ98，NFRJ03，NFRJ08 のいずれにおいても，女性自身の母と同居している割合より夫の母と同居している割合のほうが高い．

親からの非経済的支援については，「経済的以外の援助」（NFRJ98），「金銭以外の援助」（NFRJ03），「相談にのってもらう／看病や家事・育児などの手伝いをしてもらう」（NFRJ08）と調査によって多少のワーディングの差異はあるが，父親・母親いずれかから（または両方から）それらの非経済的支援を受けたか受けなかったか，によってカテゴライズした．なお，親が死亡しているケースは「支援なし」とした．最近のデータになるほど，女性自身および夫の親から支援を受けている割合が増加している．また，NFRJ98，NFRJ03，NFRJ08 のいずれにおいても，女性自身の親から支援を受けている割合のほうが，夫の親から支援を受けている割合よりも大きい．

本章で分析の焦点となる，女性の就業状況と親からの非経済的支援についていえば，近年になるほど女性の就業割合が増加するとともに，親から非経済的

支援を受ける割合も高まっていることが確認できる.

3 育児期の女性の就業の規定要因に関する先行研究

　第3節から第5節においては，育児期の女性の就業の規定要因について検討する．育児期の女性の働き方は，主に①女性自身の人的資本，②収入の必要性，③家事・育児を支えるサポート資源，という3つの要因によって左右されると考えられる．①については，女性自身の人的資本が高いとき（つまり労働市場で自分をより「高く」売ることができるとき），女性はその人的資本を最大限に生かすべく，働くという選択をしやすくなるだろう．②については，家計において収入の必要性が高い場合（つまり，もうひとつの収入源である夫の収入が低い場合）には，女性は働くという選択をしやすくなると予想される．③については，家事や育児を支えるサポート資源が豊富にある場合，女性は働くという選択をしやすくなると考えられる．

　これまでの日本における，育児期の女性の就業の規定要因に関する先行研究では，女性の就業は，女性自身の人的資本よりは，むしろ収入の必要性や家事・育児を支えるサポート資源によって影響されると議論されてきた.

　例えば，女性自身の人的資本として代表的な学歴の効果については，1990年代までのデータセットを用いた分析では，女性が高学歴を取得することが女性のフルタイム就業を促進するかどうかについて，一貫した結果は得られていない．例えば Brinton（1993）の子どもをもつ有配偶女性についての分析では，女性の学歴は女性の就業形態に対して有意な効果をもっていない．また大沢（1993）では，夫が有業の60歳未満の女性についての分析において女性の雇用就業と学歴との間に有意な関連を見出してはいるものの，その傾向は育児期間を除いた傾向であることを指摘している．さらに田中（1998）においても，大学卒の学歴は末子が誕生した時点でのフルタイム就業継続率に有意な効果をもたないことが示されている．こうした傾向は，2000年代以降変化している可能性もある．白波瀬（2009）では，育児期の女性に限定した分析ではないが，2005年SSM調査を用いた分析で，59歳以下の有配偶女性のフルタイム就業に大学卒の学歴がプラスの効果をもつことを指摘している．しかしその一方で

2004年の全国調査データを分析した岩間（2008）では有配偶女性の就業に対して女性の学歴は有意な効果を示しておらず，女性の学歴と就業との関連は，諸外国とは異なっている（白波瀬 2009; Nishimura 2010）．

　一方で世帯の収入の必要性を測定するのに代表的に用いられてきた夫の収入の効果は，ほぼ一貫して女性の就業を抑制することが確認されてきた．夫の収入が女性の就業に負の効果をもつことは，高山・有田（1992），大沢（1993），永瀬（1994），小島（1995），平田（2008）などで繰り返し確認されている．またその効果は，女性の正規就業とパート等の非正規就業の双方に見られることが指摘されている（大沢 1993; 永瀬 1994; 小島 1995）．

　家事・育児を支えるサポート資源としては，親との同居が女性の就業を促進する効果をもつことが指摘されてきた．小島（1995）では第1子が乳幼児期にあるケースについて，女性自身と夫のいずれかの親との同居，女性自身の親との近居が女性の就業を促進することを示している．また永瀬（1994）は，母親（女性自身と夫の両方の母親を含んでいると思われる）との同居は，女性のフルタイム就業を促進する一方で，パート等での就業には母親との同居は関連しないことを指摘している．ただし，親との同居の，女性の就業に対するサポート効果が弱まっていることを指摘する研究もある．大沢・鈴木（2000）では1990年代半ばのデータ分析において，末子が3歳未満の女性の就業に親との同居は効果をもっていないことを示している．また今田・池田（2006）では，第1子出産1年前から出産時までの雇用就業確率に対して，1950-60年出生コーホートでは，親族援助と，育児休業制度や保育所の組み合わせが，雇用就業確率を高めていたのに対して，1961-75年出生コーホートでは育児休業制度と保育所の組み合わせ（あるいはそれらと親族援助の組み合わせ）が雇用就業確率を高めるようになり，雇用継続に効果のある支援が，親族援助中心から社会的援助中心へと移行しつつあると論じている．

　こうした先行研究の動向を踏まえて本節では，育児期の女性の就業について以下の点に注目し分析を行なう．

(1) 女性の学歴（＝人的資本）が女性の（とりわけ正規での）就業を促進する効果はみられるか．またそうした効果は，新しいデータでよりはっきり

と見出されるか.
(2) 夫の収入（＝収入の必要性）は，NFRJ98，NFRJ03，NFRJ08 で一貫して女性の就業と関連がみられるか.
(3) 女性自身および夫の母親との同居や近居は，女性の就業を促進する効果をもつか，それらの効果は近年薄れる傾向がみられるか．また，女性が正規就業の場合と非正規就業の場合，女性自身／夫の母親との同居や近居とでは，異なる効果をもつか．

4 育児期の女性の就業の規定要因に関する分析

(1) 分析対象と用いる変数

本節では NFRJ98，NFRJ03，NFRJ08 を用いて，育児期の女性の就業の規定要因が，10 年間でいかに変化したのか／しなかったのかを検討する．分析の対象とするのは，それぞれの調査時点で有配偶であり，かつ末子の年齢が 0 歳から 6 歳の女性である．

従属変数は，女性の就業形態である．「正規雇用」「非正規雇用」「非就業」の 3 カテゴリーを用いる．自営業従事者および家族従業者は，就業を規定する要因が，おそらく雇用者とは異なると想定されるため，分析から除外した．

独立変数は，人的資本を測定するものとして学歴，収入の必要性を測定する変数として，夫の収入を用いた．サポート資源を測定するものとして，女性自身の母親との居住距離および夫の母親との居住距離を設定した．

(2) クロス集計による分析

まずクロス表によって，学歴・女性自身の母親および夫の母親との居住距離と就業形態との関連を概観する．また夫の収入と女性の就業形態との関連については，就業形態カテゴリーごとの夫収入の平均値を比較する．

表 9.2 は，学歴と就業形態とのクロス表である．正規雇用者の割合は，NFRJ03・NFRJ08 においては「大学以上」の学歴をもつ女性に高い傾向がみられる．非正規雇用者は，「中学・高校」の女性に多く，その傾向は NFRJ03・NFRJ08 において，より顕著である．非就業者の割合は，NFRJ98

表 9.2　調査年・学歴別にみた妻の就業形態の分布　(%)

妻学歴	調査年	N	正規	非正規	非就業	計
中学・高校	NFRJ98	137	10.9	24.1	65.0	100
	NFRJ03	161	9.3	26.7	64.0	100
	NFRJ08	182	15.9	35.7	48.4	100
短大・高専,専門学校	NFRJ98	157	20.4	21.7	58.0	100
	NFRJ03	204	13.2	17.2	69.6	100
	NFRJ08	90	17.8	27.8	54.4	100
大学以上	NFRJ98	39	17.9	17.9	64.1	100
	NFRJ03	67	23.9	11.9	64.2	100
	NFRJ08	61	23.0	18.0	59.0	100

注：各調査年ごとに各学歴の合計を 100％とする．

表 9.3　調査年・妻の母との居住距離別にみた妻の就業形態の分布　(%)

妻母居住距離	調査年	N	正規	非正規	非就業	計
同居	NFRJ98	22	22.7	22.7	54.5	100
	NFRJ03	17	11.8	41.2	47.1	100
	NFRJ08	23	30.4	39.1	30.4	100
近居（15分未満）	NFRJ98	43	25.6	16.3	58.1	100
	NFRJ03	48	16.7	18.8	64.6	100
	NFRJ08	78	21.8	35.9	42.3	100
15分～1時間未満	NFRJ98	150	16.7	23.3	60.0	100
	NFRJ03	183	13.1	18.0	68.9	100
	NFRJ08	113	16.8	31.0	52.2	100
1時間以上	NFRJ98	98	11.2	21.4	67.3	100
	NFRJ03	155	12.3	19.4	68.4	100
	NFRJ08	101	13.9	20.8	65.3	100
母死亡	NFRJ98	20	10.0	30.0	60.0	100
	NFRJ03	29	17.2	24.1	58.6	100
	NFRJ08	18	11.1	44.4	44.4	100

注：各調査年ごとに各居住距離カテゴリーの合計を 100％とする．

およびNFRJ03 においては学歴によってそれほど大きな差異はみられない．しかしNFRJ08 においては，学歴の高い女性ほど非就業割合が高い傾向がみられる．

　次の表 9.3 は，女性自身の母親との居住距離と就業形態とのクロス表である．NFRJ98・NFRJ08 においては，女性自身の母親と同居しているとき，あるいは母親が 15 分未満の近くに住んでいる場合には，そうでない場合に比べ

表9.4 調査年・夫の母との居住距離別にみた妻の就業形態の分布 (%)

夫母居住距離	調査年	N	正規	非正規	非就業	計
同 居	NFRJ98	57	26.3	21.1	52.6	100
	NFRJ03	60	18.3	31.7	50.0	100
	NFRJ08	50	18.0	28.0	54.0	100
近居（15分未満）	NFRJ98	50	8.0	10.0	82.0	100
	NFRJ03	72	18.0	16.7	65.3	100
	NFRJ08	71	8.5	33.8	57.7	100
15分〜1時間未満	NFRJ98	93	17.2	23.7	59.1	100
	NFRJ03	149	12.1	14.8	73.2	100
	NFRJ08	72	25.0	40.3	34.7	100
1時間以上	NFRJ98	100	14.0	24.0	62.0	100
	NFRJ03	129	11.6	21.7	66.7	100
	NFRJ08	117	18.8	21.4	59.8	100
母死亡	NFRJ98	33	15.2	33.3	51.5	100
	NFRJ03	22	4.5	22.7	72.7	100
	NFRJ08	23	17.4	39.1	43.5	100

注：各調査年ごとに各居住距離カテゴリーの合計を100%とする．

て正規就業割合が高い傾向がみられるが，NFRJ03においてはそうした傾向はみられない．また，NFRJ98・NFRJ08では（母親が死亡している場合を除いて）女性自身の母親との居住距離が近いほど，非就業割合が低い傾向が読みとれるが，NFRJ03においてはそうした関連は，それほど明確にはみられない．

続く表9.4は，夫の母親との居住距離と就業形態とのクロス表である．NFRJ98では，夫の母親と同居している場合には，他の場合に比べて正規就業割合が高い傾向がみられるが，NFRJ03・NFRJ08では，そうした傾向を読みとることはできない．NFRJ03では，夫の母親と同居している場合には，そうでない場合に比べて非正規就業割合が高く，非就業割合が低い傾向が読みとれるが，NFRJ98・NFRJ08では，そうした関連は明確ではない．

また，就業形態カテゴリーごとの，夫の収入の平均値の比較をおこなった．NFRJ98では，正規雇用者の夫収入の平均値は，480.8万円，非正規雇用者では529.3万円，非就業者で577.4万円であった．NFRJ03では，正規雇用者で488.2万円，非正規雇用者で467.3万円，非就業者で540.4万円であった．NFRJ08では，正規雇用者で479.1万円，非正規雇用者で456.5万円，非就業

者で542.0万円であった．非正規雇用者の夫の収入は，NFRJ98では正規雇用者の夫収入より多かったが，NFRJ03, NFRJ08では，正規雇用者の夫収入より少なくなっている．またNFRJ98, NFRJ03, NFRJ08を通して，非就業者の夫収入が最も多いという共通の傾向がみられる．

(3) 女性の就業の規定要因に関する多項ロジスティック回帰分析の結果

次に，育児期の女性の就業の規定要因に関する多項ロジスティック回帰分析をおこなう．従属変数は女性の就業形態であり，「非就業」を参照カテゴリーとして，女性が「正規雇用」および「非正規雇用」で就業している確率についての分析結果を示す．独立変数は，女性の学歴，夫の収入，女性自身および夫の母親との居住距離である．コントロール変数として年齢を投入した．表9.5にNFRJ98, NFRJ03, NFRJ08それぞれのデータを用いた分析結果を示す．

まずNFRJ98の分析結果についてみると，女性の学歴が高いほど，正規就業確率が有意に高まることがわかる．オッズ比でみると，中学・高校レベルに比べて短大・高専，専門学校レベルの学歴をもつ女性の正規就業確率のオッズは2.69倍となり，大学レベルでは3.09倍となっている．夫の収入が高いほど，女性の正規就業確率は有意に低くなる．また，夫の母親が15分未満の近くに居住している場合には，1時間以上の距離に住んでいる場合に比べて女性の非正規就業確率が有意に低下する．

次にNFRJ03の分析結果をみると，学歴が大学以上の場合には，中学・高校の場合に比べて，女性の正規就業確率が有意に高まる．短大・高専，専門学校レベルの学歴の正規就業確率に対する効果は，統計的に有意ではない．夫の収入が高いほど，女性の正規および非正規就業確率は有意に低くなる．また夫の母親が15分〜1時間未満の距離に居住している場合には，1時間以上の距離に居住している場合に比べて，非正規就業確率が有意に低くなる．

さらにNFRJ08の分析結果を確認する．NFRJ98, NFRJ03の分析結果と異なり，学歴は女性の正規就業確率に有意な効果を示していない．夫の収入が高いほど，女性の非正規就業確率は有意に低くなり，また正規就業確率も低くなる傾向が読みとれる．女性自身の母親との居住距離については，母親が1時間以上の距離に居住している場合に比べて，母親と同居しているときには，ある

表9.5 女性の就業に関する多項ロジスティック回帰分析の結果（NFRJ98, NFRJ03, NFRJ08，従属変数の基準カテゴリーは非就業）

独立変数	NFRJ98 (Exp(β))		NFRJ03 (Exp(β))		NFRJ08 (Exp(β))	
	正規	非正規	正規	非正規	正規	非正規
妻年齢	1.071	1.089	1.100*	1.044	.982	1.042
妻学歴（基準：中学・高校）						
短大・高専，専門学校	2.694**	1.125	1.340	.649	1.173	.838
大学以上	3.093*	.954	4.287**	.494	1.870	.644
夫収入	.790**	.888	.837*	.856*	.859	.840*
妻母との居住距離（基準：1時間以上）						
同　居	3.350	1.160	1.252	2.658	5.157*	2.815
近居（15分未満）	2.578	.860	1.997	.836	2.609*	2.352*
15分〜1時間未満	1.530	1.287	1.262	.782	1.575	1.595
母死亡	.914	1.379	1.532	1.189	1.382	2.279
夫母との居住距離（基準：1時間以上）						
同　居	2.360	.947	2.227	1.544	1.062	1.176
近居（15分未満）	.380	.300*	1.640	.695	.418	1.419
15分〜1時間未満	1.069	.956	.915	.506*	1.865	2.546*
母死亡	.786	1.222	.234	.791	1.121	2.017
$-2LL$	545.543		664.376		612.592	
χ^2	45.048**		53.145***		48.098***	
Cox & Snell R^2	.127		.116		.134	
Nagelkerke R^2	.150		.141		.155	
N	333		432		333	

*$p<.05$, **$p<.01$, ***$p<.001$.

いは15分未満の近所に住んでいる場合には，女性の正規就業確率が有意に高くなり，15分未満の近所に住んでいる場合には，非正規就業確率も有意に高くなる．夫の母親との居住距離については，夫の母親が1時間以上の距離に居住している場合に比べて，15分〜1時間未満の距離に住んでいる場合には，非正規就業確率が有意に高くなる．

5　育児期の女性の就業の規定要因に関する考察
　　——NFRJ98，NFRJ03，NFRJ08の比較から

　まず，NFRJ98，NFRJ03，NFRJ08の分析結果にみられる差異と共通性を確認しよう．人的資本，すなわち学歴の効果は，この10年間で変化がみられた．

NFRJ98 および NFRJ03 においては，大学以上の学歴取得が女性の正規就業を促進する効果がみられたが，NFRJ08 ではそうした効果は確認されなかった．また，短大・高専および専門学校の学歴取得は，NFRJ98 でのみ女性の正規就業を促進する効果を示していた．

収入の必要性，すなわち夫の収入については，10年間ほぼ一貫して，女性の就業確率に効果をもっていた．夫が高い収入を得ている場合には，女性の正規就業・非正規就業ともに抑制され，その効果は10年間でほとんど変化していない．

サポート資源の効果として，本節では女性自身および夫の母親との居住距離の効果を検討した．女性自身の母親との居住距離が，育児期の女性の就業に与える効果は，この10年間で弱まっているというよりは，むしろ近年において，よりはっきりと確認されるようになった．もっとも最近のデータであるNFRJ08 では，女性自身の母親との「同居」が女性の正規就業を促進するばかりでなく，「近居」が正規就業および非正規就業を促進する効果も確認された．先行研究においては，母親との同居が育児期の女性の就業に与える効果はみられないことを指摘するものもある（大沢・鈴木 2000）．しかしそれは，「夫の母も含めた」「同居」の効果が主に検討されてきたこと，また「女性自身の母親」に限定した場合には，同居率および近年になるまでは近居率も低かったため，効果があっても有意性が認められにくかったことによると推察される．本節の分析でも，NFRJ98 において，女性自身の母親の同居および近居は，女性の正規就業を促進する傾向はみられるが，統計的に有意ではない．そこには，同居率および近居率そのものの低さが関係しているのかもしれない．NFRJ08 では NFRJ98, NFRJ03 に比べて，女性自身の母親の同居率は，やや増加し，近居率は大きく増加している．そのため，自身の母親と近接居住することによって就業を可能にしている女性が層として増加し，分析結果においても女性自身の母親との同居や近居の，就業に対する効果が，よりはっきりと確認されるようになったと考えられる．いずれにしても女性の就業に対する，女性自身の母親の居住距離の効果が近年になるほど弱まっていることを示す証拠はない．

一方，夫の母親との居住距離が育児期の女性の就業に与える効果は，10年間を通してあまり明確ではない．少なくとも夫の母親との同居や近居が，女性

の正規および非正規就業を促進する効果は，はっきりとは確認されなかった．先行研究において，親との居住距離と女性の就業との関連が検討される際には，夫の母親と女性自身の母親とを区別せずに，その効果が検討されることが多かった．しかし本節の分析結果が示しているのは，「女性自身の母親」と「夫の母親」では，育児期の女性の就業に対するサポート効果が異なるということである．それが「なぜ」異なるのかについては今後の研究を待たねばならないが，親からの育児援助を検討する際には，自身の母親からの援助と夫の母親からの援助では，その意味合いが異なるという点に留意する必要があることを，本節の分析結果は示している．

では，以上のような育児期の女性の就業の規定要因の10年間の動向は，女性の就業をめぐる社会的諸条件の，どのような変化を示しているのだろうか．

まず，女性が大学レベルの学歴を取得することが正規就業を促進する効果が，もっとも最近のNFRJ08ではみられなくなっていることの背景には，2000年代において経済状況の回復の実感が得られないなかでの，低学歴層も含めた育児期の女性全体の就業率の高まりがあると推察される．再度，表9.2の学歴と就業形態のクロス表をみてみると，10年間で「非就業」割合が最も大きく低下しているのは，中学・高校学歴の女性である．そしてNFRJ08の中学・高校学歴の女性のなかには，（割合としては大学レベルの学歴の女性に比べて低いけれども）正規就業する女性が一定程度存在する．おそらく従来であれば育児期には就業していなかった低学歴層が，正規であれ非正規であれ，就業するようになったことが，学歴の効果の変化の背景にあるのではないか．人的資本論の観点から考えると，比較的低学歴の女性は，労働市場における見返りが小さいと想定されるため，就業を選択しにくい．とりわけ育児期においては育児の機会費用が高いため，その費用を負担してまで就業することは「割に合わない」選択となる．しかし2000年代における経済状況の厳しさは，多少「割が合わず」とも女性たちを労働市場に押し出したのではないだろうか．

次に，育児期の女性の就業が親族に大きく依存するという構造には，10年間で大きな変化はみられていない．先行研究においては，第1子出産1年前から出産時までの雇用継続に限った場合には「雇用継続に効果のある支援が，親族援助中心から社会的支援中心へと移行しつつある」（今田・池田 2006）と指

摘するものもある．しかし本節の分析結果では，育児期の女性の就業が，とりわけ女性自身の母親からのサポートに依存しているという構造は，強まりこそすれ，弱まってはいないことが示されている．このことは，近年育児に関する社会的支援体制が変化するなかで，その支援が及んでいない範囲（最長でも1年半の育児休業期間を終えた後の時期／保育園の保育時間外や子どもが病気のときなど）において，親族（とりわけ女性自身の母親）が果たしている役割が小さくないことを示している．

　さらに，育児期の女性の就業と，女性自身の母親からのサポートとの関連は，女性の学歴と自身の母親との居住距離との関連を考慮に入れたとき，少し違った側面が見えてくる．すなわち，NFRJ98，NFRJ03，NFRJ08のすべてのデータにおいて，大学レベルの学歴をもつ女性は，中学・高校レベルの学歴の女性と比べて，自分自身の母親と同居あるいは近居している割合が低い（表は省略）．例えばNFRJ08においては，中学・高校学歴の女性の34.1%が自分自身の母親と同居あるいは近居しているが，大学レベルの学歴をもつ女性では，その割合は18.1%でしかない．また自分の母親と「1時間以上」の距離に居住している，中学・高校学歴の女性は25.8%であるのに対して，大学レベルの学歴をもつ女性では47.5%である．

　こうした関連を考慮すると，先に述べた，NFRJ08データで就業する傾向を高めた比較的低学歴層の女性たちは，厳しい経済状況のなか，近くに住む（あるいは同居する）自身の母親からのサポートを受けながら，何とか就業を果たしていると考えることができる．一方で，自身の母親から遠くに居住しがちな大学レベルの学歴をもつ女性たちは，依然として育児期に「働くか／働かないか」の二者択一の選択を迫られているといえるだろう．

　すなわち，女性の就業への親族（とりわけ女性自身の母親）依存の構造は，2000年代の厳しい経済状況のもとで，異なるグループの女性たちに，異なる種類の困難を生み出している．ひとつには，比較的低学歴層のグループがある．かつては育児期には就業を選択しなかった彼女たちが，家計の必要性のために就業を迫られるようになっている．そして彼女たちは，比較的近くに住む自身の母親からの援助を得ながら，「何とか」就業を果たしている状況にある．別のグループとして，比較的高学歴層の女性たちは，進学や就職などの理由で自

身の母親から遠くに居住しがちなため，最も「頼りにできる」自身の母親からの育児援助を望むことが難しい．そのため育児期の彼女たちは相変わらず「働くか／働かないか」の二者択一の難しい選択をせねばならない．

　しかし，いうまでもなく，親族からのサポートは「誰でも利用可能な」サポートではない．親族サポートが利用可能でないために就業を断念する場合だけではなく，親族サポートによって何とか就業しえている場合においても，親族サポートは「ずっと」利用可能なものではないからだ．親族からのサポートは，援助してくれる親族（多くの場合母親）の健康状態や，その親族との関係性に大きく依存する．育児期の女性の多くが就業の可能性を高めているなかで，育児が相変わらず親族（しかも母親という限定された親族）に依存しておこなわれていることに，いま一度注目し，育児期の家族を支える社会的なしくみを検討していくべきだろう．

6　育児期の女性に対する親からの非経済的支援の規定要因

　第6節および第7節では，就業形態と親との居住距離の関係を詳細に明らかにするために，就業形態および親との居住距離がサポートの受益といかに関連しているのかについて次の2点から検討する．

(1) 育児期の女性の就業形態と親（女性自身の親／夫の親）からの非経済的支援に関連はみられるのか．
(2) 親（女性自身の親／夫の親）との居住距離と非経済的支援の有無に関連はみられるのか．

　なお，サポートのうち居住距離と関係するのは物理的な制約を伴う非経済的支援であるため，ここではサポートを非経済的支援に限定して分析を進める．

(1)　分析対象と用いる変数

　本分析の従属変数は，女性自身および夫の父親・母親のそれぞれから過去1年間に受けた非経済的支援の有無である．非経済的支援は，身の回りの世話，

家庭の家事や留守番，看病や介護，相談や愚痴の相手を含み，これらの支援を受けた者と受けなかった者の 2 カテゴリーを用いる．なお，自営業者および家族従業者は，非経済的支援の需要が被雇用者とは異なることが想定されるため，分析から除外した．

独立変数は，女性自身の就業形態，女性自身および夫の親との居住距離を設定した．居住距離は，親死亡を対象から除き，同居・近居，1時間未満，1時間以上の 3 カテゴリーとした．

(2) クロス表による分析

表 9.6 は，就業形態と女性自身および夫の親からの非経済的支援（支援あり）の関連を示したクロス表である．女性自身の親からの非経済的支援をみると，正規就業者は非正規および非就業の者に比べて親からの非経済的支援を受けている割合が高い．また，NFRJ08 ではいずれの就業形態においても約 9 割の者が支援を受けており，今日ではほとんどの者が自分の親からの非経済的支援を受けていることがわかる．夫の親からの非経済的支援では，NFRJ03，NFRJ08 において，非正規就業者の方が正規就業者よりも支援を受けている割合が高く，女性自身の親からの支援とは異なる傾向にある．

表 9.7 は，女性自身および夫の親との居住距離とそれぞれの親からの非経済的支援（支援有り）との関連を示したクロス表である．表 9.7 からは，女性自身の親が同居・近居の場合に最も非経済的支援を受けている割合が高く，自分の親との近接性が非経済的支援と関連していることを確認できる．さらに，NFRJ98 に比べて NFRJ03，NFRJ08 では，同居・近居であることと親からの非経済的支援を受けることの関連が強まっている．夫の親の場合も，親の居住距離が非経済的支援と関連がみられること，近年ほど同居・近居であることと親からの非経済的支援を受けることの関連が強まる傾向にあることを確認できる．

(3) 非経済的支援の規定要因に関するロジスティック回帰分析の結果

ここでは過去 1 年間の非経済的支援の有無について，「なかった」を参照カテゴリーとして，非経済的支援を受ける確率についての分析結果を示している．

表9.6 就業形態別にみた親からの非経済的支援を受けている割合(親別) (%)

		正規	非正規	非就業
妻親からの 非経済的支援	NFRJ98	60.7	55.8	60.1
	NFRJ03	77.2	65.1	67.4
	NFRJ08	93.8	90.1	87.0
夫親からの 非経済的支援	NFRJ98	48.1	29.1	43.8
	NFRJ03	47.5	50.0	43.7
	NFRJ08	60.0	67.7	59.7

表9.7 親との居住距離別にみた非経済的支援を受けている割合(親別) (%)

		同居・近居	15分～1時間未満	1時間以上
妻親からの 非経済的支援	NFRJ98	66.7	63.5	56.3
	NFRJ03	75.8	70.8	60.7
	NFRJ08	97.8	95.1	81.1
夫親からの 非経済的支援	NFRJ98	54.1	43.5	38.0
	NFRJ03	62.8	45.3	43.1
	NFRJ08	87.7	57.1	48.5

　表9.8は女性自身の親からの非経済的支援についての分析結果である．はじめに就業形態との関連に注目したモデル1をみると，就業形態は親からのサポートと有意な関連をもたないことを確認できる．モデル1で親からの支援と有意な関連をもつのは，NFRJ98, NFRJ03における，中学・高校レベルと比較した場合の大学レベルの学歴の効果のみである．当該の調査においては，大学レベルの学歴をもつ者は中学・高校レベルの学歴をもつ者よりも親からの非経済的支援を受けやすい傾向にある．

　次に親との居住距離に注目したモデル2をみると，NFRJ98, NFRJ03, NFRJ08のいずれにおいても，女性自身の親が15分～1時間未満の距離に居住する者は，1時間以上の場所に居住する者に比べて，非経済的支援を受けやすい傾向にあることを確認できる．さらに，NFRJ08では，女性自身の親と同居・近居する者は，1時間以上の場所に住む者よりも，女性自身の親からの非経済的支援を受けやすい．一方で，NFRJ03では，夫の親と同居している場合に，女性自身の親からの非経済的支援を受ける確率が低下している．

表 9.8 妻の親からの非経済的支援に関するロジスティック回帰分析の結果

独立変数	NFRJ98 (Exp(β))		NFRJ03 (Exp(β))		NFRJ08 (Exp(β))	
	モデル1	モデル2	モデル1	モデル2	モデル1	モデル2
妻年齢	.931	.938	.957	.965	.991	.982
妻学歴（基準：中学・高校）						
短大・高専，専門学校	1.101	1.137	1.321	1.313	.529	.548
大学以上	8.289**	9.841**	2.982*	3.283*	1.521	2.483
妻就業形態（基準：非就業）						
正規就業	.880	.830	1.653	1.929	5.297	3.763
非正規就業	.600	.561	.980	.865	1.765	1.239
夫収入	.970	.990	1.016	.986	.857	.828
妻親との居住距離（基準：1時間以上）						
同居・近居（15分未満）		2.078		2.096		8.950**
15分〜1時間未満		2.749*		2.437*		5.648**
夫親との居住距離（基準：1時間以上）						
同居・近居（15分未満）		.544		.322**		.358
15分〜1時間未満		.674		.540		1.195
−2LL	236.487	228.408	294.245	281.798	120.435	104.455
χ^2	16.610**	24.689**	9.218	21.665*	8.961**	24.941**
Cox & Snell R^2	.083	.121	.038	.086	.044	.119
Nagelkerke R^2	.113	.165	.052	.120	.092	.247
N	191	191	241	241	197	197

*$p<.05$, **$p<.01$.

表 9.9 は夫の親からの非経済的支援についての分析結果である．就業形態との関連に注目したモデル1をみると，就業形態が夫の親からの非経済的支援と有意な関連をもたないことを確認できる．モデル1で有意な関連が認められたのは，NFRJ98における大学レベルの学歴と，NFRJ03における年齢の効果のみである．

次にモデル2をみると，NFRJ03において，女性自身の親との居住距離が同居・近居の場合に，1時間以上の場合と比較して，夫の親から非経済的支援を受ける確率が低下している．一方で，NFRJ03，NFRJ08の分析結果からは，夫の親との同居・近居は，1時間以上の距離に居住している場合よりも，親からの非経済的支援を受ける確率を高めている．

表 9.9　夫の親からの非経済的支援に関するロジスティック回帰分析の結果

独立変数	NFRJ98 (Exp(β))		NFRJ03 (Exp(β))		NFRJ08 (Exp(β))	
	モデル1	モデル2	モデル1	モデル2	モデル1	モデル2
妻年齢	.922	.925	.919*	.916	.848	.833
妻学歴（基準：中学・高校）						
短大・高専，専門学校	.785	.676	1.213	1.236	.926	1.070
大学以上	4.292**	4.805**	1.354	1.480	.767	.954
妻就業形態（基準：非就業）						
正規就業	1.669	1.676	1.357	1.227	.848	1.204
非正規就業	.537	.495	1.675	1.922	1.104	1.227
夫収入	1.052	1.078	1.001	1.010	1.067	1.088
妻親との居住距離（基準：1時間以上）						
同居・近居(15分未満)		.724		.271**		.588
15分～1時間未満		1.874		.617		1.032
夫親との居住距離（基準：1時間以上）						
同居・近居(15分未満)		1.475		2.710*		8.737***
15分～1時間未満		1.363		1.682		1.391
−2LL	240.922	233.076	326.359	310.238	238.217	205.691
χ^2	19.556**	27.403**	7.037	23.163**	18.425*	50.951***
Cox & Snell R^2	.098	.135	.029	.092	.090	.229
Nagelkerke R^2	.131	.180	.038	.122	.123	.314
N	189	189	241	241	196	196

*$p<.05$,　**$p<.01$,　***$p<.001$.

7　親からの非経済的支援の規定要因に関する考察

　NFRJ98，NFRJ03，NFRJ08 のそれぞれの分析結果から，就業形態および親との居住距離，親からの非経済的支援の関連を確認すると，いずれの調査時点においても，就業形態と女性自身および夫の親からの非経済的支援との間に有意な違いは認められなかった．

　一方で，それぞれの親との居住距離については，女性自身の親と夫の親のどちらの近くに居住しているかによって，それぞれの親から非経済的支援を受ける確率が異なる．すなわち，女性自身の親からの非経済的支援では，全ての調査時点において女性自身の親が15分～1時間未満の距離に居住している者は，1時間以上の場所に居住している者と比較して，非経済的支援を受ける確率が高まることが確認された．また NFRJ08 では，同居・近居の際にも，非経済

的支援を受ける確率は高まる．さらに，NFRJ03 の時点では，夫の親と同居・近居している者は，夫の親が1時間以上の距離に居住している者よりも，女性自身の親からの非経済的支援を受けない傾向にあることが示された．

夫の親からの非経済的支援では，NFRJ03 の時点で，女性自身の親と同居・近居であることが夫の親からの非経済支援を受ける確率を低下させていた．一方で，夫の親との同居・近居は，NFRJ03，NFRJ08 の調査時点において，夫の親から非経済的支援を受ける確率を高めている．

女性自身および夫の親からの非経済的支援の受益に関する分析結果から，親からの非経済的支援の10年間の動向を考察すれば次のようなことが考えられる．

2000年代を通して就業形態そのものは親からの非経済的支援と関連していない．就業形態と親からの非経済的支援のクロス表からは両者の間に関連があるように見えるが，その後に行った規定要因の分析結果では就業形態の効果は認められなかった．第3節から第5節の結果も考慮すれば，クロス表で関連があるように見えたのは大学レベルの学歴の者に正規就業者が多いことによるものと推察できる．第6節の結果（表9.8，表9.9）でも2000年代初期には大学レベルの学歴の者が支援されやすい傾向を確認できた．

居住距離との関連は，この10年間で大きく変化している．女性自身の親からの非経済的支援は，15分〜1時間未満の間に居住している場合に一貫して非経済的支援を受けやすい傾向にあるが，この傾向は，1時間以上の距離に居住している場合に比べて，NFRJ98 では，約2.75倍，NFRJ03 では約2.44倍であるのに対して，NFRJ08 では同居・近居が約9.00倍，15分〜1時間未満が約5.65倍になっている．NFRJ98，NFRJ03 では，1時間以上の距離と15分〜1時間の差異は3倍未満であったのに比べて，NFRJ08 では距離による差異が大きくなっている．また，夫の親からの非経済的支援においても夫の親との居住距離が近いほど，支援を受ける確率が高まっている．これらの結果は，親からの非経済的支援を受けている比率から見れば大きな変化はないが，近年ほど支援を受ける確率が親との居住距離によって左右されやすくなっていることを示唆している．このような傾向が生じるのは，近年ほど近距離に居住している場合に親に頼ることが多くなったこと，または親の支援を得るために近距離に

居住することが多くなったことの両面の可能性が考えられる．

本節では女性自身と夫の親からの非経済的支援の変化について検証を行った．その結果，近年になるにつれて親との居住距離と非経済的支援の関連は強まっていることが明らかになった．第5節において女性自身の親と同居または近居している者は低学歴層で多いことが指摘されたが，今後の課題は，親の近くに居住しているのは誰か，とくに出生順位やきょうだい人数といった支援を受ける側のきょうだい構成の側面から明らかにすることである．この課題の解明は，親からの育児支援を期待できる者／期待できない者が誰であるのかを明らかにすることを通して，親による育児支援の有効性と限界を明らかにし，社会的な育児支援制度の整備を改めて検討することに繋がるものとなるだろう．

8　おわりに

本章では，育児期の女性の就業と親からの非経済的支援に関して，NFRJ98，NFRJ03，NFRJ08の3時点のデータを用いて，10年間の傾向と規定要因の比較分析をおこなった．10年間の変化に注目して分析結果を再度要約しよう．育児期の女性の就業については，①女性たちは近年になるほど，学歴にかかわらず就業する傾向を高めている，②近年になるほど，女性自身の母親との同居や近居が，女性の就業を左右する傾向が強まっていることが明らかになった．また親からの非経済的援助に関する分析からは，①夫の親より女性自身の親からの支援を受ける傾向が強い点を維持しつつ，近年になるほど，親からの非経済的支援を受ける傾向が高まっていること，②近年になるほど，親との居住距離が，支援を受けるかどうかを左右する傾向を強めていることが明らかになった．

こうした分析結果からは，2000年代において女性たちが，乳幼児をもつライフステージにおいても，非正規雇用を中心に就業する傾向を強めるなか，親族，とりわけ親（しかも女性自身の母親）という限定された親族からの援助に頼って，育児期を乗り切る傾向を高めていることが示唆される．育児における親族の果たす機能は，近年むしろ，その重要性を高めているといえるだろう．本章の分析はむろん，親族以外のサポート源には及んでいない．今後の研究で

は，育児期の女性たちが「頼れる親は頼る」傾向を強めていることが，2000年代の保育基盤整備の方向性，育児期の親がとりむすんでいる社会的ネットワークや，育児をめぐる規範的言説と，どのように関連しているかを明らかにしていく作業が必要だろう．

1) 総務省統計局政府統計の総合窓口（e-Stat）(http://e-stat.go.jp/SG1/estat/eStatTopPortal.do?method=init) にて公表されている数値から算出した．
2) 本章は，著者2人のあいだで分析枠組みや変数構成について議論したうえで，第1節，第3節から第5節，第8節を西村が，第6節，第7節を松井が執筆し，第2節は西村と松井の共同で執筆した．
3) ただし，第4節，第6節の分析では，欠損値を含むケースを除外したうえで利用できるケースを最大限に活用するため，分析に用いられるケース数は各節で異なる．第6節では，父母の両者もしくは義父母の両者がすでに亡くなっているケースについては分析対象から除外したため，第4節に比べて分析対象者が少なくなっている．

【文献】
Brinton, Mary C., 1993, *Women and the Economic Miracle: Gender and Work in Postwar Japan*, Berkeley: University of California Press.
平田周一，2008，「女性の職業経歴とライフコース――女性の就業はどのように変わったのか」中井美樹・杉野勇編『2005年SSM調査シリーズ9 ライフコース・ライフスタイルから見た社会階層』2005年SSM調査研究会，pp. 137-156.
今田幸子・池田心豪，2006，「出産女性の雇用継続における育児休業制度の効果と両立支援の課題」『日本労働研究雑誌』48(8): 34-44.
岩間暁子，2008，『女性の就業と家族のゆくえ――格差社会のなかの変容』東京大学出版会．
小島宏，1995，「結婚，出産，育児および就業」人口・世帯研究会監修，大淵寛編『女性のライフサイクルと就業行動』大蔵省印刷局，pp. 61-87.
永瀬伸子，1994，「既婚女子の雇用就業形態の選択に関する実証分析――パートと正社員」『日本労働研究雑誌』418: 31-42.
内閣府，2007，『平成19年度 年次経済財政報告』内閣府．
Nishimura, Junko, 2010, "What Determines Employment of Women with Infants?: Comparisons between Japan and US," 『明星大学社会学研究紀要』30: 17-26.
大沢真知子，1993，『経済変化と女子労働――日米の比較研究』日本経済評論社．
大沢真知子・鈴木春子，2000，「女性の結婚・出産および人的資本の形成に関するパネルデータ分析――出産退職は若い世代で本当に増えているのか」『季刊家計経済研究』48: 45-53.
大竹文雄，2005，『日本の不平等――格差社会の幻想と未来』日本経済新聞社．
佐藤俊樹，2000，『不平等社会日本――さよなら総中流』中央公論新社．

白波瀬佐和子, 2009, 『日本の不平等を考える——少子高齢社会の国際比較』東京大学出版会.
高山憲之・有田富美子, 1992, 「共稼ぎ世帯の家計実態と妻の就業選択」『日本経済研究』22: 19-45.
田中重人, 1998, 「高学歴化と性別分業——女性のフルタイム継続就業に対する学校教育の効果」盛山和夫・今田幸子編『1995年SSM調査シリーズ12 女性のキャリア構造とその変化』1995年SSM調査研究会, pp. 1-16.

10

育児期のワーク・ライフ・バランス

鈴木　富美子

1　問題設定

(1)　「ワーク・ライフ・バランス論」の登場がもたらしたもの

　「ワーク・ライフ・バランス」（以下，WLBと略す）という概念が日本にもたらされたのは 2000 年代に入ってからである[1]．そもそも日本における WLB論は，仕事と家庭の両立支援策や少子化対策を出発点とし，基本的には「正規で継続就業する女性」の「仕事と家庭の両立」を支援することが主なねらいであった．それから 10 年ほどの間にこの概念は急速に広まってきた．2007 年には「仕事と生活の調和（ワーク・ライフ・バランス）憲章」および「仕事と生活の調和推進のための行動指針」が策定された（内閣府 2009）．また，「カエル！　ジャパン」や「イクメン」などの省庁主導のキャンペーンや広報活動によって，男性の WLB を後押しする動きもみられるようになった．

　このような動きに呼応するように，WLB の概念を使った学術的な調査研究が社会学をはじめ，経済学，経営学，心理学などのさまざまな分野で数多く行われるようになってきた．これらの研究は，WLB の概念を両立支援策や少子化対策に限定せず，仕事と家庭をめぐるより広い問題に目を向けてきた．例えば就業状態や職場環境などの仕事の状況，夫婦の過ごし方，会話時間，夫の家事・育児参加などの家庭の状況，その両者の関連について検証したものに加え，幸福度，生活満足度，家庭生活負担感，ディストレス，仕事と家庭の葛藤などの主観的な指標を用いたものなど多岐にわたる（御船 2008; 佐藤編 2008; 山

口 2009; 白石・白石 2010; 樋口・府川編 2011; 鈴木 2011).

　WLB の概念には必ずしも統一した定義はなく，研究の焦点や方法に違いがみられる（松田 2012）．それは見方を変えると，従来から行われてきた仕事と家庭に関する問題を WLB という新たな概念で捉え直すようになったということである．学術的には古くから取り組まれてきたこの問題は，WLB という概念と結びつくことにより，2000 年代以降，ようやく男性もその対象に巻き込みながら，政府の施策や企業の雇用戦略にも浸透し始めたといえる．

(2)　妻の仕事と家庭のバランスに効果をもたない夫の家事・育児参加

　WLB 研究の代表的な分野の 1 つに，男性の家事・育児研究がある．この分野で数多くの研究が蓄積されてきたのは，男性の家事・育児参加が男女平等や男女共同参画の指標とみなされてきたことに加え，妻の主観的意識に影響を及ぼすと考えられてきたからである．

　西村（2009）によれば，米国では夫の育児援助が妻の就業によるディストレスを中和したり，仕事と家庭の二重負担による心理的な負担を解消するのに効果があるといった知見が蓄積されている．

　日本においても仕事と家庭という複数のシステム間の関連を考えるのに有効な方法としてストレス論アプローチが提唱され（石原 1999），1990 年代以降はストレス研究の枠組みで実証研究が積み重ねられてきた（稲葉 1999, 2005; 松岡 1999; 西村 2009）．妻の主観的状況を家族生活負担感（以下，「負担感」）やディストレスで測定し，それに関連する要因──本人の就業形態，本人や夫の階層的な要因，夫のサポート，親のサポート，家族の状況など──を検討した結果，2 つの点が明らかにされてきた．

　1 つは，幼い子どもを抱えながらフルタイムで働く女性の負担感が必ずしも大きいわけではないという点である．ここから，育児期に就業する女性たちについては，親と同近居しているなど，働く条件が整っている女性は働き，そうでない女性は就業を断念しているという「社会的選択効果」（稲葉 1999）や「個人的対処仮説」（西村 2009）が支持されてきた．

　もう 1 つは，夫のサポートの中で妻の負担感に効果があったのは夫の情緒的なサポートのみであり，夫の家事・育児関与などの実質的なサポートについて

はほとんど関連がみられていない点である．男性の家事・育児研究が盛んに行われてきたにもかかわらず，皮肉なことに，その夫の実質的なサポートはこと育児期においては妻の負担感を軽減するのに役に立っているわけではない．

つまり，育児期の女性たちは親族（主として妻方）のサポートネットワークを用いることにより，夫婦内（あるいは家族内）における性別役割分業を温存したまま，労働市場に出ていったことになる（稲葉 2005）．

このようにみてくると，夫の家事・育児参加のもつ影響力について，仕事と家庭のバランスに関する研究で得られた知見は，夫婦関係満足度研究で蓄積されてきた知見と大きく異なる．夫の家事・育児への関与は，情緒的サポートに比べると必ずしもそのインパクトが大きいとは言えないが，少なくとも妻の夫婦関係満足度に効果をもつのに対し（末盛 1999；大和 2001），妻の家庭生活負担感にはほとんど効果をもたない．つまり，妻の仕事と家庭のバランスという文脈において，夫はいわば「土俵外」であることを意味している．

(3) 2つの論点

こうした知見が導きだされた調査が行われたのは 1990 年代のことである．しかし，1990 年代後半以降，世界的不況の深刻化，産業構造の変化や経済のグローバル化を背景とした非正規化の進展など，雇用環境は急速に変化してきた．また，正規労働者とフルタイム型非正規雇用者（派遣社員や契約社員など）の長時間労働化と，パート・アルバイトの短時間労働化の進展も指摘されるなど（森 2010），労働をめぐる状況は，単に正規か非正規かということだけでなく，その内部においても複雑化している．その一方，先に見たように，この間に WLB という概念も浸透してきた．

こうした状況を踏まえると，以下の2つの点について検討する必要がある．

1点目は，この 10 年において，育児期に就業する女性たちをとりまく社会的，経済的な状況は変化してきたのだろうか．もしそうであれば，今でも育児期の女性たちには「社会的選択効果」や「個人的対処仮説」が成り立っているのだろうか．また，妻の負担感の軽減に効果があるのは夫の情緒的サポートだけで，夫の家事・育児参加の効果はみられないのかどうかを改めて問う必要がある．

2点目は，その際に，増加する非正規雇用者のWLBの問題に着目することである．前述したように，WLBの実現に向けた国や企業の施策や取り組みは，実際に両立に直面している人々の間でも，主として一部の正規雇用者に向けられてきた．近年の労働状況の変化を受け，非正規雇用者のWLBを検討する必要性が指摘され始めたのはつい最近のことである（松田 2010；鈴木 2010；永瀬 2013）．女性の非正規雇用化が進むなか，パートを仕事と家庭のバランスを「自己調整できる存在」とみなすのではなく，正規雇用者と同様にWLBの議論にのせ，彼女たちのおかれた状況や直面している問題をあぶり出していくことが不可欠となる．

幸いNFRJの3時点の調査時期は，就業や家族が変化してきたポイントと重なる．98は就業をめぐる状況の変化のスタート地点，03はWLB論のスタート地点である．このため，NFRJの3時点の調査は10年間の変化をみるための格好のデータとなる．

本研究では，この10年間における育児期の女性のWLBについて，主として女性たちの家庭役割負担感およびそれに影響を及ぼす要因の変化を，増大していくパート層にも目配りをしながらみていく．

2 分析に使用する変数

対象は末子0-6歳の子どもをもつ育児期の女性とし，「経営者・役員」と「自営・自由」を除き，雇用者に絞った．

主たる従属変数は「家庭役割負担感」である．98では「家庭内で自分の負担が大きすぎると感じたこと」，03と08では「家事・育児・介護などでの負担が大きすぎると感じたこと」を用いて3時点比較を行う．回答選択肢は負担感が高いほど数値が高くなるように反転し，「何度もあった」（4点）〜「まったくなかった」（1点）とした．

独立変数は就業形態，夫のサポート，親のサポート，子ども数である．

就業形態については，常勤，パート，専業主婦の3カテゴリーを用いた．

夫のサポートは家事・育児参加などの実質的サポート，精神面で妻を支える情緒的サポートがある．家事参加については，3時点で共通して尋ねた「食事

の用意」と「洗濯」を用いて,夫が1週間に行う頻度を5件法で尋ねたものを,「ほぼ毎日」に6.5,「4-5回」に4.5,「2-3回」に2.5,「1回くらい」に1,「ほとんど行わない」に0を与えて日数に換算し,平均値を求めた.その際,「ほとんど行わない」割合がどの時点においても7割程度と多数を占めたため,「家事をしない」(=0)と「家事をする」(=1)という変数を作成した.

夫の育児参加については,98では「育児や孫・子どもの世話」,03と08では「子どもの身の回りの世話」に関して夫が1週間に行う頻度を尋ねたものを,家事参加と同じく,1週間の日数に換算し,連続変数として用いた.

夫の情緒的サポートについては,「私の心配ごとや悩みを聞いてくれる」「私の能力や努力を高く評価してくれる」「私に助言やアドバイスをしてくれる」の3項目について,サポートが多いほど数値が高くなるように反転し(「あてはまる」(=4点)～「あてはまらない」(=1点)),合算して平均値を求めた[2].

親のサポートの利用可能性は母親(実母と義母)との居住距離によって指標化し,「同居ダミー」と「同近居ダミー」を作成した[3].

子ども数は「1人」(=1),「2人」(=2),「3人以上」(=3)に分けた.

統制変数として妻教育年数,夫年収,末子年齢を用いた.夫年収はカテゴリー(単位:万円)の中間値を収入とする連続変数に変換した.その際,最高値である「1200万円以上」には「1250万円」を割り振った.末子年齢は「末子0-3歳」(=0)と「末子4-6歳」(=1)の2段階に分けたものを用いた.

3 育児期の女性たちを取り巻く状況
—— 「ワーク」と「ライフ」の側面から

(1) 育児期における女性の就業状況

全体の傾向として,この10年間に有配偶女性(末子0-19歳)の中で「パート」の割合は10ポイント程度上昇してきた(表10.1).

育児期の女性たちもこうした流れと無縁ではない.「末子0-6歳」のライフステージでは「専業主婦」が半数を占めているとはいえ,「パート」は10年間で19.6%→27.7%と10ポイント近く上昇している.特にその傾向は「末子

表 10.1　妻の就業パターンの3時点の推移（全体とライフステージ別）　　（％）

	常　勤	パート	自営・自由	専業主婦	合計（人）
〈全体〉	16.6→13.2→14.8	22.2→24.0→31.8	15.3→10.9→9.8	46.0→51.8→43.7	2,807→2,595→2,072
〈ライフステージ別〉					
末子 0-6 歳	12.9→11.7→16.9	19.6→17.6→27.7	12.4→6.8→5.3	55.1→63.9→50.1	419→488→361
（末子 0-3 歳）	(14.1→10.6→15.7	13.7→11.9→20.2	12.2→6.1→4.5	60.1→71.4→56.9	263→311→223)
（末子 4-6 歳）	(10.9→13.6→18.8	29.5→27.7→39.9	12.8→7.9→6.5	46.8→50.8→34.8	156→177→138)
末子 7-12 歳	21.8→15.9→19.0	34.5→40.3→47.2	14.4→8.1→6.9	29.4→35.6→27.0	354→320→248
末子 13-19 歳	23.9→19.1→21.6	38.4→41.4→47.1	15.0→15.8→11.0	22.7→23.7→20.3	406→367→291

注：数値は 98→03→08 の順に示す．

4-6 歳」で目立ち，08 時点ではついに「パート」（39.9％）が「専業主婦」（34.8％）を上回った．「常勤」については，98 と比べて上昇しているのは「末子 0-6 歳」のライフステージだけである（12.9％→16.9％）．

　育児期の女性の働き方にも変化がみられる（図は省略）．1 日の労働時間の変化をみると[4]，常勤の場合，98 では「8 時間」が最も多かったのに対し，03 と 08 ではピークは「9 時間」に移行し，長時間化の傾向がみられる．パートでは，08 では「4 時間」以下が増える一方，「9 時間」以上が 1 割を超える．

　就業する女性の増加だけでなく，常勤の長時間化，パートの労働時間の多様化など，育児期に働く女性の働き方が複雑化している様子がうかがえる．

(2)　経済的状況

　本人収入についてはこの 10 年間に常勤では 310 万円→342 万円→364 万円と上昇傾向なのに対し，パートは 3 時点でそれほど変化はなく（85 万円→70 万円→78 万円），どの時点においてもほぼ 9 割が扶養控除を受けられる範囲内（130 万円未満）の年収となっている．

　夫年収については 3 時点ともに妻の就業形態による差がみられ，専業主婦の夫年収が最も高い．多重比較を行ったところ，専業主婦の夫（98：577 万円，03：539 万円，08：539 万円）と有意な差があったのは，98 では常勤の夫（465 万円）のみだったが，03 では常勤の夫（468 万円）とパートの夫（468 万円），08 ではパートの夫（446 万円）であった．

　1990 年代後半から始まった世界的な不況の中で，育児期に女性がパートで

仕事をすることについて，家計補助の意味合いが強まってきたことが示唆される．

(3) 家族のサポート——「親のサポート」と「夫のサポート」

　親のサポートについては，実母または義母との「同居」の割合はこの10年間でほとんど変わらないのに対し（33%→27%→30%），歩いていける距離も含めた「同近居」の割合は増加傾向にある（51%→47%→59%）．特に「実母との同近居」については，98と03では就業形態にかかわらず，2割前後に留まっていたが，08ではいずれの就業形態でも増加した．常勤とパートでは「実母との同近居」の割合が4割に達し，常勤では「義母との同近居」の割合を上回った（図10.1）．

　妻の親族を中心としたサポート力は常勤では一層顕著となり，パートにも及んでいる様子がうかがえる．

　夫のサポートについては，妻の就業形態によって夫の家事参加や育児参加に違いがみられるのかどうかを一元配置の分散分析で確認したところ，3時点ともに有意な関連がみられた（図10.2）．

　家事参加については，3時点ともに「専業主婦」の夫と「パート」の夫はほとんど行っておらず，かろうじて「常勤」の夫が週1回行うかどうかというレベルである．こうした低関与の家事に比べれば，妻の就業形態による差はあるものの，夫たちは育児には関与している．平均値をみると，「専業主婦」の夫と「パート」の夫で週2-3回，「常勤」の夫の場合には週3-4回というところである．3時点を通じて，家事・育児ともに常勤の夫の関与量が多く，専業主婦とパートの夫ではほぼ同程度で少ない．

　夫の情緒的サポートについては，3時点通じて妻の就業形態による有意な差はみられず，サポートの量についても3時点でほとんど変化はなかった．

　以上をまとめると，この10年で有配偶女性の就業や経済的状況，親との居住関係などは大きく変化してきた．その一方，夫のサポートについては実質的および情緒的サポートともにそれほどかわらず，現時点では，基本的な構造は変化していないといえそうだ．WLBという言葉は急速に広まってきたとはいえ，変わりにくい夫たちの姿が垣間見られる結果となった．

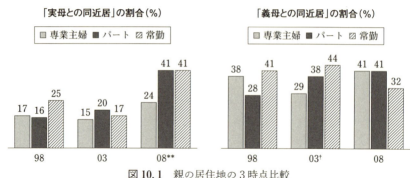

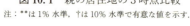

図 10.1 親の居住地の 3 時点比較
注：**は 1％ 水準，†は 10％ 水準で有意な値を示す．

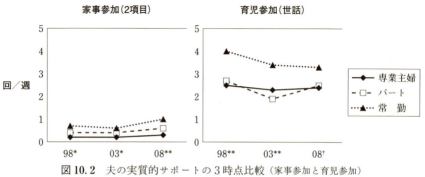

図 10.2 夫の実質的サポートの 3 時点比較（家事参加と育児参加）
注：1) **は 1％ 水準，*は 5％ 水準，†は 10％ 水準で有意な値を示す．
2) それぞれのイータの 2 乗は次の通り（数値は 98→03→08 の順）．「家事参加」：.036→.067→.071，「育児参加」：.050→.028→.022．

4　育児期のワーク・ライフ・バランス

(1)　家庭役割負担感とサポートの関連

　まず，従属変数となる家庭役割負担感は就業形態によって違いがあるのかどうかをクロス表分析で確認したところ，08 において 10％ 水準で有意な傾向がみられた（図 10.3，98 と 08 のみ）．

　「何度も」と「ときどき」を合わせた割合は，98 ではどの就業形態においても 4 割に満たない状況だった．しかし 08 では「専業主婦」と「パート」は 98 と同程度の 4 割未満に留まったのに対し，「常勤」では半数近くを占めた．常

図 10.3 妻の就業形態別 妻の家庭役割の負担感（98 と 08 のクロス表）
注：†は 10% 水準で有意な値を示す.

勤で負担感が増している様子がうかがえる.

次に主たる独立変数となる夫のサポートと負担感の関係を相関係数でみると，いずれのサポートについても 3 時点ともに両者間に有意な負の相関関係がみられ，その値も 08 で最も大きくなった（夫の育児参加：$-.135^{*}→-.116^{*}→-.226^{**}$，夫の情緒的サポート：$-.227^{**}→-.207^{**}→-.361^{**}$）．夫の育児参加が多いほど，夫の情緒的サポートが多いほど，妻の負担感は低いことが読み取れる．

こうした関連は他の変数をコントロールしたときもみられるのかどうかを重回帰分析によって確認していく．

（2） 分析の方法

分析は，従属変数として家庭役割負担感，独立変数として妻の就業形態，親のサポート（「実母・義母との同近居」），夫のサポート（育児参加，家事参加，情緒的サポート），子どもの数，統制変数として妻教育年数，配偶者年収，末子年齢を投入した．ここで親のサポートについては，08 で「実母との同近居」が増加していること，特にその傾向は就業女性に顕著であることから，08 のみ「実母との同近居」を投入したモデルについても分析を行う．

本研究では，妻の負担感の軽減は夫や親の「サポート」によってなされるのか，妻本人が働き方を変えるという「就業調整」によってなされるのかの 2 つの側面に着目してみていく．

分析については，基本モデルとして独立変数と統制変数を投入した後，妻の

就業形態と家族のサポートの交互作用の効果をみる．具体的には，専業主婦を基準とし（＝0），常勤ダミー（＝1）とパートダミー（＝1）とし，親の居住地，夫の育児参加，夫の家事参加，夫の情緒的サポートとの交互作用を投入する．妻の就業形態とサポートの交互作用が有意になれば，そのサポートはある特定の就業形態の妻の負担感軽減に効果をもつ．サポートが単独で有意になれば，就業形態にかかわらず，そのサポートは負担感を軽減することになる．また，妻の就業形態が有意になれば，その就業形態の妻たちが役割過重に陥っていることが考えられるし，有意にならなければ就業形態によって負担感に差があるとはいえず，妻たちが働き方を調整することによって負担感の発生を抑えている可能性が示唆される．

　表10.2には各時点における基本モデルの結果を示す．交互作用を投入したモデルについては交互作用が有意になったもののみ記載した．

(3) 分析の結果

　結果をみていこう．98の結果をみると，基本モデルでは妻の就業形態は有意になっておらず，常勤だからといって特に負担感が高いというわけではない．サポートについては，「夫の情緒的サポート」が1％水準，「実母・義母との同近居」が5％水準で有意になっており，夫の情緒的サポートが多いほど，実母または義母と同近居しているほど負担感が低く，こうした効果は就業形態を問わずにみられる[5]．

　次に03をみると，基本モデルでは98と同様に妻の就業形態は有意にならず，常勤で負担感が高いわけではない．サポートについては夫の情緒的サポートが1％水準で有意になった．交互作用を投入すると，パートと「実母・義母との同近居」の交互作用が10％水準で有意な傾向がみられ，親と同近居の効果は専業主婦よりもパートで大きいことが読み取れる．

　最後に08をみた．まず「実母・義母との同近居」を入れた基本モデルをみると，これまでと同様に就業形態は有意ではない．またここで注目すべき点は，「夫の情緒的サポート」とともに「夫の育児参加」が1％水準で有意になったことである．98と03では妻の負担感に効果があるのは「夫の情緒的サポート」のみで，育児参加や家事参加については有意にならなかったが，08で初

表10.2 3時点における「家庭の負担感」の規定要因（β標準偏回帰係数）

独立変数	98		03		08			08（実母の居住地）
	基本モデル	交互作用モデル	基本モデル	交互作用モデル	基本モデル	交互作用モデル1	交互作用モデル2	基本モデル
本人教育年数	0.046	0.049	0.112*	0.122*	0.007	0.004	−0.010	0.014
夫年収	−0.018	−0.019	−0.075	−0.079	−0.075	−0.093	−0.068	−0.086
末子年齢	−0.067	−0.070	−0.089	−0.085	−0.111†	−0.112†	−0.116†	−0.098†
妻就業形態（基準：専業主婦）								
常勤	−0.009	−0.006	−0.064	−0.068	0.096	0.112†	0.091	0.116*
パート	0.046	−0.062	−0.038	−0.032†	0.086	0.083	0.079	0.072
夫育児参加	−0.065	−0.074	−0.067	−0.073	−0.181**	−0.189**	−0.178**	−0.185**
夫家事参加	−0.054	−0.063	0.002	0.004	0.045	0.053	0.047	0.058
夫の情緒的サポート	−0.209**	−0.225**	−0.229**	−0.229**	−0.282**	−0.308**	−0.290**	−0.301**
親の居住場所（基準：同近居なし）								
実母・義母との同近居あり	−0.122*	−0.114†	−0.070	−0.065	0.011	0.008	0.010	
実母との同近居あり								−0.096†
子ども数		0.053	0.068	0.067		0.041	0.046	0.060
常勤×夫の情緒的サポート		0.054				−0.157**		
パート×夫の情緒的サポート		0.124†				−0.148*		
常勤×同近居あり				−0.016				
パート×同近居あり				−0.088†				
常勤×夫育児参加							−0.010	
パート×夫育児参加							−0.108†	
R^2	0.084*	0.098*	0.091**	0.098**	0.159**	0.192**	0.169**	0.183**
Adj R^2	0.048*	0.042*	0.066**	0.068**	0.126**	0.155**	0.131**	0.154**
n	265	265	367	367	273	273	273	273

注：**は1%水準，*は5%水準，†は10%水準で有意な値を示す．

めて夫の情緒的サポートに加え実質的サポート——夫の育児参加——の効果がみられた．交互作用については，「夫の情緒的サポート」で常勤とパート，「夫の育児参加」でパートとの交互作用が有意になった．常勤の場合には情緒的サポートが多いほど，パートでは情緒的サポートや実質的な育児参加があると負担感は小さい．逆にそうした夫の情緒的・実質的なサポートがないと，負担感が大きくなってしまうということだ．

さらに08では同近居の親を「実母」に限定した場合についても分析を行っ

た．その結果，基本モデルにおいて「常勤」の主効果が5％水準で有意になり，常勤で負担感が高い様子がみられた．また，「夫の育児参加」と「夫の情緒的サポート」も1％水準で有意になったことに加え，交互作用についても常勤とパートについて夫の情緒的サポートの効果がみられた．「実母との同近居」についても10％水準で有意な傾向がみられた．

このように，08では親や夫のサポートの主効果だけでなく，就業形態と夫の情緒的サポートの交互作用の効果もみられた．また，「実母との同近居」を投入したモデルでは就業形態の主効果も常勤で有意になった．このことから，女性たちの中で，就業形態や家族からのサポートの有無によって負担感の差が開きつつあること，特に就業している女性にとっては，夫のサポートの重要性が示唆される結果となった．

5　まとめと考察

（1）　08における3つの変化

以上，育児期の女性たちについて，この10年間における仕事や家庭の状況の変化と負担感との関連などについてみてきた．

98や03の時点では，妻の就業形態によって負担感に差があるとはいえなかった．常勤であれ，パートであれ，就業する女性たちが専業主婦と比べて高い負担感に苦しんでいるわけではないのは，夫の情緒的サポートや親のサポートを使い，またそうした状況がなくても就業を調節することで負担感が高まるのを抑えていた．98や03でみられたような妻たちの姿は，これまでの研究が示してきた妻の就業状況による調整という「社会的選択効果」や「個人的対処仮説」を支持するものである．

これに対し，08ではこれまでとは異なる状況がいくつかみられた．

まず1つ目は「実母との同近居」を投入した基本モデルにおいて，常勤の負担感が有意に高くなった点である．この効果は「実母・義親との同近居」を投入した基本モデルにはみられなかったことから，限定的ではあるが，「社会的選択効果」や「個人的対処仮説」は成り立たなくなり，常勤の女性たちが役割過重に陥っている危険性がみられた．

2つ目は，妻の負担感に対する夫の情緒的サポートの重要性が高まった点である．情緒的サポートについては3時点を通じて妻の負担感と有意な関連があっただけでなく，その影響力が強まる傾向がみられたこと，しかも08において，妻の就業形態との交互作用が常勤とパートのいずれにおいても有意な効果がみられたことである．女性が就業しているほど夫との情緒的関係が大きな意味を持つようになってきたといえるだろう．

　3つ目は，妻の就業形態にかかわらず，妻の負担感に対し，08で初めて夫の育児参加が有意な効果をもった点である．これまで妻の負担感に効果があるのは夫の家事参加や育児参加といった実質的なサポートというよりも，情緒的サポートであった．「ケアを分担することよりも，ケアをする妻のケアをすることのほうが，少なくとも妻にとって有効」（稲葉 2005: 51）という状況が「後方支援」としての夫のサポートのありようを示しているとすれば，夫の育児参加が妻の負担感に効果をもつようになったことは，もはや「後方」――「土俵外」――からの支援だけでは済まされなくなりつつあるということだ．

(2) 「家族レベル」から「妻」，そして「妻と夫の双方にとって」のWLBへ

　こうした状況が示唆しているのは，「子育て」という場に，よりいっそう夫の関与が求められてきたということだ．特にパートの負担感の軽減に対し，夫の情緒的サポートだけでなく夫の実質的サポートの効果がみられたことは，仕事と家庭を「自己調整できる存在」としてみなされてきた従来のパート像が実情にそぐわなくなってきた可能性を示唆している．

　一方，親のサポートが負担感に重要な意味をもつという点は基本的に08でもみられた．特に08では就業している女性の4割が実母と同近居するなど，実母のもつ影響力が強まる様子がうかがえた．実母との同近居は就業するための「資源」あるいは「対処」なのか，別の理由――例えば経済的事情など――による結果的な同近居なのかは今回の調査では区別することはできない．しかし，妻がパートのときに夫年収が低かったことを考えると，経済的に厳しい状況におかれている層では，実母の近くに住みながら子育てをするというライフスタイルを選択する女性が増えている可能性もあるのかもしれない．

　このようにみてくると，育児期の女性たちは，親のサポートをこれまで以上

に必要とする一方,そうした親のサポートを用いることで「夫婦内における性別役割分業を変革することなく温存」してきた状況,その夫婦関係のありように対し,異議申し立てをし始めたといえよう.

山口は,伝統的な性別役割分業とはWLBを「個人でなく家族のレベルで図ろうとしたシステム」(山口 2009: 14)であるとし,WLBを「個人のレベル」で実現することの重要性を強調する.しかし,このWLBの達成主体が「個人のレベル」へ移ったとしても,夫が家庭に生じる家事や育児といった実質的な負担の調整を「妻任せ」にするのであれば,妻ひとりが「仕事」と「家庭」のバランスを取るという妻だけの「孤独な」WLBになってしまう.

今回の分析において,妻の負担感に対し,夫のサポートは情緒的のみならず実質的にも意味をもつこと,特にその傾向は妻が就業しているほど大きかった.この背景には,この10年間に夫の育児参加はそれほど増えなかったものの,WLB論の登場とその広がりによって夫の育児参加が期待されるようになったため,「育児をしないこと」がよりいっそうネガティブに評価されるようになったという事情もあるかもしれない.

しかし別の見方をすれば,夫は妻を情緒的に支えるという「土俵外」からの応援者としてだけではなく,ともに子育てを担い,分かち合う存在として,ようやく妻のWLBの「土俵上」に姿を現したといえるのではないか.「家族レベルのワーク・ライフ・バランス」から「妻のワーク・ライフ・バランス」へ,そしてさらに「妻と夫の双方にとってのワーク・ライフ・バランス」へ,WLBの主体がシフトする兆しが見えたことは,WLBを考えていく上で大きな転換点となるだろう.夫と妻の双方がともにWLBの当事者として,お互いの「ワーク・ライフ・バランス」をどのように実現させていくのか,就労状況も含めたより広い視点からその手立てを考えていくことが今後の課題となる.

1) WLBという用語は米国企業における取り組みや英国・ブレア政権下でのWLBキャンペーンが紹介されたことをきっかけに知られるようになった(権丈 2010).その取り組みも大きく2つのアプローチがあり,企業経営上のメリットという観点からの企業主導のアメリカ型と,公共政策として国・地方自治体が中心となって進めていくヨーロッパ型に分けられる(権丈 2008).
2) 3項目の α 係数の値についてはいずれも0.8を超えていたため,合成しても問題はないと判断した(α 係数 98:.864, 03:.875, 08:.877).

3) ただし，3回の調査で全て尋ね方が異なっているため，「同居」の範囲については，98では「2. 隣・同じ敷地内」まで，03では「3. となり」まで，08では「3. 同じ敷地内の別棟」までとし，「同居なし」（＝0），「同居あり」（＝1）とした．また「同近居」の範囲については，98では「3. 歩いていけるところ」まで，03では「4. 歩いていけるところ」まで，08では「4. 15分未満」とし，「同近居なし」（＝0），「同近居あり」（＝1）とした．
4) 労働時間は分単位で尋ねている．今回は，例えば，7時間より多く8時間以下の場合を「8時間」としてまとめた．
5) 交互作用を投入したところ，妻パートと夫の情緒的サポートの交互作用が10%水準で有意な傾向がみられた．ただし，交互作用の関連の方向をみると，専業主婦と比較するとパートでは情緒的サポートが多いほど負担感は高いことを示す結果となった．夫の情緒的サポートと負担感の相関係数ではパートのみ有意な相関がみられなかったことを鑑みると（専業主婦：－.259**，常勤：－.288*，パート－.089），98の時点において，パートでは情緒的サポートが負担感を軽減する手段となっていないということなのかもしれない．

【文献】
樋口美雄・府川哲夫編，2011，『ワーク・ライフ・バランスと家族形成──少子社会を変える働き方』東京大学出版会．
稲葉昭英，1999，「家庭生活・職業生活・育児──育児と役割ストレーンの構造」石原邦雄編『妻たちのストレスとサポート関係──家族・職業・ネットワーク』東京都立大学都市研究所，pp. 29-51．
稲葉昭英，2005，「家族と少子化」『社会学評論』56(1): 38-54．
石原邦雄，1999，「妻たちの状況とストレス──問題の所在と分析視角」石原邦雄編『妻たちのストレスとサポート関係──家族・職業・ネットワーク』東京都立大学都市研究所，pp. 9-26．
権丈英子，2008，「ワーク・ライフ・バランス──経済学発想の功罪」山口一男・樋口美雄編『論争 日本のワーク・ライフ・バランス』日本経済新聞出版社，pp. 166-186．
権丈英子，2010，「オランダにおけるワーク・ライフ・バランス──オランダのアプローチとは何か」『亜細亜大学経済学紀要』34(1/2): 31-53．
松田茂樹，2010，「非正規雇用者のワーク・ライフ・バランス」『Life Design Report』(193): 28-35．
松田智子，2012，「新たなワーク・ファミリー・バランス論に向けて──センの〈潜在能力〉アプローチの有効性」『佛教大学社会学部論集』54: 85-100．
松岡英子，1999，「妻たちが抱える生活ストレッサー──地方都市の分析」石原邦雄編『妻たちのストレスとサポート関係──家族・職業・ネットワーク』東京都立大学都市研究所，pp. 121-150．
御船美智子，2008，「ジェンダーセンシティブなワーク・ライフ・バランス論を目指

して」山口一男・樋口美雄編『論争 日本のワーク・ライフ・バランス』日本経済新聞出版社, pp. 82-105..

森ます美, 2010, 「労働市場の非正規雇用化と女性の賃金」昭和女子大学女性文化研究所編『女性と仕事』御茶の水書房, pp. 5-31.

永瀬伸子, 2013, 「正社員, 非正規を含めたワークライフバランス」『第二段階に入ったワークライフバランスの課題について』日本学術会議主催・近未来事業共催シンポジウムにおける報告, 2013年1月29日.

内閣府, 2009, 『平成21年版 少子化社会白書』.

西村純子, 2009, 『ポスト育児期の女性と働き方——ワーク・ファミリー・バランスとストレス』慶應義塾大学出版会.

佐藤博樹編, 2008, 『ワーク・ライフ・バランス——仕事と子育ての両立支援』ぎょうせい.

白石小百合・白石賢, 2010, 「ワーク・ライフ・バランスと女性の幸福度」大竹文雄・白石小百合・筒井義郎編『日本の幸福度——格差・労働・家族』日本評論社, pp. 237-261.

末盛慶, 1999, 「夫の家事遂行および情緒的サポートと妻の夫婦関係満足感——妻の性別役割分業意識による交互作用」『家族社会学研究』11: 71-82.

鈴木富美子, 2010, 「既婚パート女性とワーク・ライフ・バランス——多様性に配慮した支援策のための一考察」『雇用システムの現状と課題』SSJ Data Archive Research Paper Series 44, pp. 41-60.

鈴木富美子, 2011, 「既婚女性の就業パターンとワーク・ライフ・バランス——NFRJの10年間の変化とライフステージに着目して」田中重人・永井暁子編『第3回家族についての全国調査 (NFRJ08) 第2次報告書第1巻 家族と仕事』日本家族社会学会・全国家族調査委員会, pp. 89-109.

山口一男, 2009, 『ワークライフバランス——実証と政策提言』日本経済新聞出版社.

大和礼子, 2001, 「夫の家事参加は妻の結婚満足度を高めるか?——妻の世帯収入貢献度による比較」『ソシオロジ』46(1): 3-20.

11
子どもへの母親のかかわり

品田　知美

1　子育ての担い手としての母親

　現代でも家族という集団には「子どもの社会化」の担い手としての機能が期待され続けている．とりわけ母親に対しては，ジェンダーの非対称性をフェミニストが指摘し続けようとも，世間からは女性に対して強固な母親役割の期待が規範として課せられたままで，15歳未満の子どものいる日本女性の就業率はOECDの38カ国中下から4番目の52.5％と低位にとどまっている（OECD 2012）．

　ところで，実際に母親たちが子どもを育てるためにどのような役割を果たしているのかという点からみると，日本の親が特に子育てに熱心であるという証拠は明確に示されているとはいえない．むしろ，生活時間の国際比較によれば日本の母親は，3歳を過ぎると子どもに手をかける時間が相対的に少ないという結果もみられる（品田 2007）．子育てにかける時間は先進国一般で増加傾向にあることが知られているように（Gauthier *et al.* 2004），産業化が進展した近代社会では子どもを養育するという行為の重要性はむしろ増大しており，日本も例外ではない．幼い頃からの家庭教育に加え，初等・中等教育の期間を通じて，母親は近代的な社会での，子どもの能力を引き出す教育の担い手として期待は高まっている．このような子育ての持つ意味合いや状況の変化が少子化へとつながっている可能性もあるだろう．

　実際に，日本の母親たちはより積極的に子どもへのかかわりを増やし，担い

手となる傾向を強めているようだ．社会生活基本調査データによると子どもを持つ母親の育児時間は，夫婦が持つ子ども数が減少傾向にあるにもかかわらず，1976年から2011年にかけて増加している．

　一方，15歳以下の子どもを持つ母親のかかわりの頻度でみると1999年から2009年にかけて総量でみるとあまり変化はみられなかったものの，遊ぶという行為は増えて，教えるという行為は減った（品田 2011）．だからといって，単純に教育熱心な親が減ったとは限らない．一般的に遊びを通じた体験こそが教育上重要な役割を果たすということが知られているように，子どもの養育という面で2つのかかわりはいずれも子どもの発達をうながすという観点からは重要なものである．このように子育ての担い手としての母親の存在感は低下していない．

2　子どもへの親のかかわりと階層の再生産

　子育ては次世代の社会の担い手を育てる極めて社会的な行為でありながら，その大半が私的な営みとして行われている．沢山は，戦前の日本の親たちに強烈な「わが子主義」を見いだしたうえで，「家庭という小宇宙のなかでの私的な子ども観の克服と社会的な子どもの発見」がいまなお日本社会の課題であり続けていることを指摘した（沢山 2013）．子どもへの親のかかわりは，人的資本や社会階層の点からもあらためて問題化されなければならないだろう．

　2009年には不平等社会化論や格差社会論などの広がりを受け「子育ての二極化をめぐって」という特集が『家族社会学研究』でも組まれた．けれども，主に注目されていたのは経済的な側面であり，意外なほど親が直接手をかける時間や手間ひまのことが語られていない．吉川はこの点にふれ，社会学者もが経済力に視点を定めることの危険性を「拝金主義的」と呼び，高学歴の母親が増えた現在，直接的な教育の担い手としての存在感が高まっており，教育格差の増大にもつながっていることを指摘した（吉川 2009）．

　一方，1999年から2009年にかけてNFRJのデータを分析した結果から，母親の就業状況や年収など階層との関連性が強まった可能性が示唆されている（品田 2011）．また，次世代の育ちについて不平等を再生産しないために親に

求められるのは，経済的資源よりも親子関係という資源[1]であるかもしれないという点に関しては，1つの証左が白川の研究から示唆された．日米に共通の特徴として，母不在の子どもの学力がとくに低いという結果が得られたからである（白川 2010）．よく知られているようにひとり親家族については，父子世帯よりも母子世帯が経済的には貧しく，支援の必要性が理解されやすいが，子どもの学力という観点からみると父子世帯の方が問題化されうる．このように，子どもに対するかかわりの頻度という親子の関係性を表す側面からも，次世代における階層の再生産を考察する意味は大きいと考えられる．

3　子どもへの親のかかわりと関連する因子

ところで，これまで子どもへの親のかかわりを分析する研究のなかで取り上げられてきた因子として，最も主要なものは母親の就業であろう．母親の就業について，末盛は子どもの独立心を高めるという点でポジティブな効果を持つことを指摘した（末盛 2002）．また，子どもの学歴獲得に向けた家族の教育戦略と母親の就業のやや複雑な側面に注目した平尾によれば，進学塾という教育の外部化にあたるサービスを利用しているのは，意外にも専門職フルタイム女性ではなく専業主婦であった（平尾 2004）．つまり，この進学塾による教育サービスは単に丸投げすれば事足りるようなものでなく，母親の十分なコミットメントを必要とするのではないかと推察されている．母親は「手配する親」になったといわれることもあるが（広田 1999），やはり自ら「教育する親」でもありつづけているのである．

一方，心理学的な立場から中学生に対する親の養育態度を，道徳性，自尊心，理解関心という3つのスキルという尺度により把握し，関連する因子を分析した渡邉によると，就業や家族形態などの影響は見られなかった（渡邉 2013）．また，親の子どもへのコミットメントを高める要因を分析した加藤によると，母親の労働量は関係しておらず，子どもの数はマイナスの影響を示していた．ディストレスは低いほどコミットメントが良好で，子どもと遊ぶこととコミットメントには正の相関がみられた（加藤 2007）．

4　分析の方法

　本研究では，親の子どもに対するかかわりについて2つの側面からとらえる．1つめの側面は，子どもと遊ぶこと（趣味，スポーツ，ゲームなど）はどのくらいの頻度であるかを尋ねたものであり，これを，「友好的かかわり」とした．2つめは，知識や技能（勉強や料理など）を教える頻度を尋ねるもので，これを「教育的かかわり」とする．いずれも，頻度は1週間あたりの回数である．

　2つのかかわりごとに頻度を従属変数とし，影響する因子を独立変数とおき関連性を調べるにあたり，家族単位でとらえられる属性水準と，複数の子どもがいる場合に個々の子どもの属性におけるダイアド水準の違いを踏まえて理解するため，マルチレベルのモデルを用いて回帰分析を行う．複数のモデルによる回帰分析を行うことを通じて，相対的に影響を与えやすい因子はどれか，また，「友好的かかわり」と「教育的かかわり」にはどのような関連構造の違いがあるのかを理解する．

　これまでの研究によれば，一般的に親の子どもへのかかわりかたの頻度に影響をおよぼす可能性があると考えられてきた変数として，家族の水準であげられるものには，子どもの人数，配偶者の有無，親との同居の有無などの家族の形態がある．また，母親のかかわりを行う可能性を限定するという点から直接影響すると考えられる労働時間，健康状態，本人年齢などの変数がある．また，ダイアド水準では子どもの出生順位や子どもの年齢があげられる．たとえば，子どもの年齢が同じでも，下の子どもになるほど親がかかわる頻度は低下することが知られている（藤見・西野編 2009）．

　これらを潜在的にコントロールすべき変数とみなした上で，世帯年収や学歴，居住地など社会階層に関連する因子の影響を確認することができるであろう．

5　親子のかかわりを理解するための枠組み

　ところで，「友好的かかわり」「教育的かかわり」の内容やその意味づけは，子どもの年齢によって大きく変化する．単純に子どもの年齢のみでその変化を

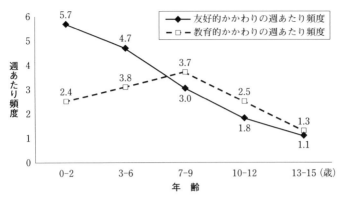

図11.1 子どもの年齢による母親のかかわりの週あたり頻度

みた結果が図11.1に示されている[2]．「友好的かかわり」は，年齢とともに単調に減少するのに対し，「教育的かかわり」は，小学校低学年にあたる7-9歳ごろにピークがやってくるという特徴がある．いいかえれば母親はごく幼い頃は，ほぼ毎日子どもと「遊ぶ」．ただし，「遊ぶ」のか「教える」かは内容によって厳密に区分されるとはいえず，母親の捉え方が「遊ぶ」であっても，結果として「教える」となることも十分ありうることに留意する必要がある．幼い頃には，遊びを通じて「教えて」いるともいえよう．中学生ごろになると週に1回程度しか遊ばないし，教えない．

0歳から2歳までの親の友好的かかわりの週あたり頻度はおよそ6で，13歳から15歳では1回程度の平均値付近に集中しており分散が小さすぎる．2つのかかわりともに分析頻度の差異が統計的に検出されうる子ども年齢は，週あたり頻度がおよそ2-4回程度となる中間的な年齢，すなわち3歳から12歳頃となる．したがって，本研究の分析はこの年齢の子どもを対象としたい．

つぎに，子どもの発達段階に応じて，親と子のかかわりかたの意味づけは大きく変わることを考慮する必要がある．幼稚園から小学校の低学年にかけては，まだ子ども1人での行動が制約され，親が子どもの送迎をする必要性も高いなど，かかわりかたが密な時期が続く．その文脈の中で子どもと遊んだり教えたりする親のかかわりは，頻度が多いことが好ましいものとして受け止めてよいだろう．

一方，小学校高学年になると思春期前期の開始にあたり，親から離れて行動することも可能な年齢となり，親がかかわりを多く保っているからよいと，一概に解釈できる状況とはいえなくなる．

以上を踏まえ，親の子どもへのかかわりかたを分析する上では，幼児期後期から児童期の前半にあたる 3-8 歳と，児童期の後半にあたる 9-12 歳の年齢区分ごとにグループ化しモデル分析を行うことが望ましい．

6 対象としたデータおよび分析モデル

分析に用いたのは NFRJ08 データである．本研究で対象とした変数は若年票のみに含まれているものであるため，あらかじめ対象者の年齢は 28 歳から 47 歳に限定されている．同様に，子どもとのかかわりについての質問は 3 人までの子どもについて聞いているため，対象者は子ども数が 3 人以下の者に限定した[3]．また，分析対象は 3-12 歳の子どもが 1 人以上いる母親である．対象となった女性のデータから，独立変数として用いる変数に欠損値のあるケースをのぞいた結果[4]，マルチレベル分析で使用するデータのケース数は，子ども 3-8 歳が 463，子ども 9-12 歳が 327 となった．

表 11.1 および表 11.2 に，分析対象としたデータの記述統計量など概要を示す．

表 11.1 の子どもの人数が 3 人となっている割合が，33.7％と高くなっている理由は，マルチレベルの分析を行うにあたって，3 人子どものいる家族のケースが 3 倍に積み上げられているからである．したがって，ここでの概要を，直ちに子どものいる世間一般の家族データと比較することはできないので留意されたい．表 11.1 のカテゴリカル変数は，子どもの人数をのぞき，回帰モデルへの利用にあたり，すべて 1 か 0 のダミー変数に変換されている．表 11.2 の教育年数は高等学校卒で標準 12 年であるので，母親は平均で 1.5 年ほど卒業後に高等教育を受けている．労働時間は 20 時間程度であることから，短時間勤務程度が標準とみなせる．

モデルの構築にあたって数多くの変数の組み合わせからなる分析を行ったが，ここでは各独立変数に対し，全ての変数を同時投入したモデル 1 と，居住地域

表 11.1　カテゴリー変数に関する度数分布　　　　　　　　　　(%)

	子どもの人数		就業あり	ひとり親	親と同居	健康状態良好	DID居住	大都市居住
子ども 3-8歳 n = 463	1人 2人 3人	14.7 51.6 33.7	57.7	4.1	28.1	78.0	65.7	24.6
子ども 9-12歳 n = 327	1人 2人 3人	9.5 59.9 30.6	74.9	9.8	9.8	74.0	68.5	25.4

表 11.2　量的変数についての平均値と標準偏差

		友好的かかわりの週あたり頻度	教育的かかわりの週あたり頻度	子どもの年齢	妻年齢	世帯年収（万円）	妻学歴（教育年数）	妻労働時間（週あたり）
子ども 3-8歳 n = 463	平均 標準偏差	4.1 2.2	3.4 2.2	5.7 1.7	36.0 4.2	680 310	13.5 1.6	17.4 18.2
子ども 9-12歳 n = 327	平均 標準偏差	2.1 1.9	2.8 2.2	10.4 1.1	39.6 3.9	697 359	13.4 1.7	22.5 17.5

にかかわる2つの変数をのぞいたモデル2のみを示すこととした．

7　分析結果その1——幼児期後期から児童期の子どもへのかかわり

　表 11.3 によると，友好的かかわりには，子どもの出生順位と年齢が，いずれも大きい頻度削減効果があった．これはいずれもダイアド水準の変数である．ただし，全体としては家族水準の効果が上回っていた．子どもの出生順位あたりの遊ぶ頻度の減少が 0.5 程度であることから 3 人目の子どもは，週あたり平均で 1 回程度親と遊んでもらえる回数は少なくなるといえる．逆に言えばきょうだいと遊んでもらうことで，親はラクをしているともいえる．また，年齢が1歳上がると，0.4 回ほど親は遊ばなくなる．子どもが幼い頃の労働時間は友好的かかわりに影響を与えているが，その程度は教育的かかわりに比べると半分にとどまる．仕事を持っていない母親と週 40 時間働く母親の違いは 0.6 回程度となり，およそきょうだい順位や子どもの年齢に相当する違いがある．

表11.3 親のかかわり頻度のマルチレベル分析結果(子ども3-8歳)

独立変数 固定効果	友好的かかわり				教育的かかわり			
	モデル1		モデル2		モデル1		モデル2	
	係数	p値	係数	p値	係数	p値	係数	p値
切片	7.777	0.000	7.586	0.000	4.982	0.002	4.720	0.003
子どもの出生順位	−0.538	0.000	−0.528	0.000	−0.309	0.088	−0.296	0.102
子どもの年齢	−0.441	0.000	−0.438	0.000	0.208	0.001	0.212	0.001
子どもの人数	0.194	0.321	0.199	0.310	−0.298	0.161	−0.299	0.162
妻年齢	0.007	0.811	0.005	0.879	0.042	0.179	0.041	0.198
配偶者あり(ダミー)	−0.511	0.384	−0.415	0.476	−0.502	0.420	−0.452	0.463
親と同居(ダミー)	−0.347	0.183	−0.289	0.257	−0.138	0.612	−0.087	0.742
健康状態良好(ダミー)	0.360	0.172	0.362	0.170	0.331	0.232	0.341	0.218
DID地区居住(ダミー)	−0.171	0.514			−0.285	0.300		
18大都市居住(ダミー)	−0.159	0.556			0.140	0.621		
世帯年収(100万円)	−0.036	0.371	−0.041	0.302	0.002	0.964	0.000	0.997
妻学歴(教育年数)	0.006	0.939	0.004	0.957	−0.158	0.047	−0.154	0.052
妻労働時間(時間/週)	−0.015	0.021	−0.014	0.032	−0.034	0.000	−0.032	0.000
ランダム効果 分散								
ダイアド水準	0.637	0.000	0.637	0.000	1.620	0.000	1.625	0.000
家族水準	3.131	0.000	3.144	0.000	2.680	0.000	2.687	0.000
ICC	0.831		0.832		0.623		0.623	
モデル適合								
パラメータ数	15		13		15		13	
−2LL	1,574		1,575		1,695		1,696	

n(ダイアド水準)=463, n(家族水準)=199.

一方,教育的かかわりについては,友好的かかわりとはかなり異なる結果となった.子どもの年齢は増大効果を持ち,子どもの出生順位は明瞭には有意でない水準で,減少幅も友好的かかわりの半分を超える程度にすぎない.すなわち,母親は遊びに関してはきょうだいにおまかせしても,教育に関しては1人1人に対応をしているのだ.さらに,本人の労働時間はどのモデルでもはっきりと有意に影響をもたらしている.無職の母親はフルタイムの母親よりも,週に1.3回程度は多く子どもに教育的なかかわりをしている.因果関係としてはむしろ逆であるのかもしれない.教育的役割を果たすことを重要と考える母親が仕事を持たないという選択をする傾向が,これまでも示唆されてきたからである.労働時間との関係が教育的かかわりでとりわけ明確である事実は,「仕

事よりも子どもの教育」という選択のありかたを示しているといえるだろう．また，教育的かかわりは学歴とも弱いながら相関し，4年制大卒であれば高卒に比べて週あたり0.6回ほど教える回数が少ない．つまり，幼い頃の教育に熱心なのはむしろ学歴が低い親なのである．

8　分析結果その2——児童期（思春期前期以降）のかかわり

　つぎに，小学校の中・高学年の子どもに対して，母親のかかわりはどう変化するのか，あるいはしないのであろうか（**表11.4**）．友好的かかわりについていえば，子どもの年齢と出生順位の影響は3-8歳と比べて弱まっている．また，切片の効果が相対的に下がっていることから，ここでモデルに用いた構造的な変数で説明される割合がやや下がって，教育的かかわりとの差が小さくなっている．気になるのは，健康という変数がモデルによっては有意となったことだ．本人の年齢とは無相関で独立であるので，気力体力を必要とする小学生の子どもと遊ぶという行為には，健康状態が影響するという事実を反映したものといえよう．

　また，出生順位の影響は教育的かかわりにおいては強まっている．母親は児童期になると，とりわけ下の子ほど教育熱心ではなくなるようである．子どもの年齢の影響が3-8歳のころとは逆に負となるのは，8歳頃が教育的かかわりのピークである事実を反映している．モデルによっては，世帯年収などが教育的かかわりを増やすという傾向も有意性があった．また，本人の学歴は，p値の水準からみて明確とはいえないが正の効果へと反転する．例えば，教育的かかわりのモデル2では本人学歴が4年制大学卒であると，高卒よりも0.6回教える頻度は増える．3-8歳の頃は負であった学歴の効果が，9-12歳では逆転して正となる．つまり，子どもが小学校高学年で教育的かかわりの多い親は，低学年と逆に高学歴なのである．また，DID地区居住という変数が，親の教育的かかわりを減らしていることから，子どもが送り迎えを要せず活動しやすい都市部で，親は教育を地域の資源に頼ることができるとも考えられる．

表11.4 親のかかわり頻度のマルチレベル分析結果(子ども9-12歳)

独立変数	友好的かかわり				教育的かかわり			
	モデル1		モデル2		モデル1		モデル2	
固定効果	係数	p値	係数	p値	係数	p値	係数	p値
切片	5.249	0.003	5.254	0.002	4.430	0.020	3.889	0.039
子どもの出生順位	−0.370	0.028	−0.370	0.027	−0.536	0.005	−0.578	0.003
子どもの年齢	−0.310	0.000	−0.310	0.000	−0.362	0.000	−0.379	0.000
子どもの人数	−0.248	0.250	−0.248	0.246	−0.307	0.188	−0.259	0.265
妻年齢	0.004	0.918	0.004	0.920	0.068	0.095	0.074	0.070
配偶者あり(ダミー)	−0.301	0.513	−0.301	0.507	−0.394	0.424	−0.288	0.555
親と同居(ダミー)	0.058	0.823	0.058	0.818	−0.238	0.389	−0.202	0.459
健康状態良好(ダミー)	0.444	0.097	0.444	0.096	0.020	0.944	0.032	0.911
DID地区居住(ダミー)	0.003	0.990			−0.501	0.084		
18大都市居住(ダミー)	−0.008	0.978			0.391	0.213		
世帯年収(100万円)	0.020	0.625	0.020	0.621	0.056	0.199	0.049	0.260
妻学歴(教育年数)	0.068	0.399	0.068	0.396	0.129	0.135	0.138	0.108
妻労働時間(時間/週)	−0.001	0.862	−0.001	0.862	−0.023	0.003	−0.022	0.004
ランダム効果 分散								
ダイアド水準	0.536	0.000	0.536	0.000	0.932	0.000	0.940	0.000
家族水準	2.793	0.000	2.793	0.000	2.906	0.000	2.948	0.000
ICC	0.839		0.839		0.757		0.758	
モデル適合								
パラメータ数	15		13		15		13	
−2LL	1,129		1,129		1,186		1,189	

n(ダイアド水準)=327, n(家族水準)=172.

9 結論および考察

　親の子どもへのかかわりかたは,子どもの出生順位や年齢というダイアド水準に大きく影響されるが,その水準がトータルとして家族の影響を上回ることはないようだ.つまり,子どもへの母親のかかわりかたはその家族にかかわる属性などの構造的な変数にかなりの制約を受ける.ただし,ひとり親かどうかや3世代同居かどうかなど,家族形態にかかわる変数は影響を与えていなかったことからもいえるとおり,母親は子どもへのかかわりを身近な他者に任せられるかどうかと関係なく自ら行っているといえるのではないか.この点は,渡

邉が見いだした結果と整合がよい（渡邉 2013）．しかも，父親が子どもと遊んだり世話したりする頻度との関連はおおむね正相関であった．つまり，母が子どもとかかわる家族では父も子どもにかかわるのである．とくに，友好的かかわりとの相関はやや強かったことから，母が子どもと遊ぶ家族は父とも共に遊ぶようだ．同様に，3世代同居であれば祖父母によるかかわりが加わる．子どもたちの側から見ると，属している家族によってかかわりの頻度による差異はここで分析対象となった母のみによる結果以上に広がっている可能性が高い．

　それでもなお，子どもへのかかわりを自らの問題として強力に引き受け続ける母親像は健在である．例えば，母親の労働時間は限られた生活時間の中でかかわりの頻度に影響を与えて当然ともいえる変数であるが，小学校高学年の友好的かかわりにはその影響がみられない．先行研究で母親の就業が子どもの育ちに負の影響を与えていない理由は，実際にかかわりをあまり減らしていないことと関係していると思われる．

　例えば母親の学歴の影響は，高学年の教育的かかわりを増大させる効果としてみられたが，低学年では削減効果となっていた．高学年では，教育を手配する母親というよりは，より高度かつ直接的に自ら教育する母親が少なからず存在しているという実態が示されている．子どもが高学年になった時に，労働時間を少なくし母親が教育的かかわりをより多く持つためには，それを可能にする収入を世帯が得ている必要がある．階層の世代的な再生産という意味合いからはあまり望ましくない事態ともいえる．そもそも，3歳から15歳までの子どもを持つ母親の学歴と仕事の有無についてクロス集計をとると，就業者は高卒で71%，短大・専門卒で61%，4年制大卒で49%と高学歴の母親ほど仕事を持っていない．つまり高学歴専業主婦は，自ら「教育する親」となっているのである．

　子どもが幼い頃には教育的かかわりが多かった学歴の低い母親の世帯年収は相対的に低いため，仕事に戻らねば生活が立ちゆかない．若年齢ほど高学歴であることを考慮したとしても，子どもを持つ4年制大卒の母親で職を持っている人が半数以下の日本社会は特異的である．進学して学んだことを，わが子のために直接生かすということになっているなら「人的資本」の合理性という観点からみて懸念が残る．

母親の学歴はまた子どもの数を有意に少なくしていた．高学歴の母親は少なく生んで，子どもが育つまで長期間にわたって教育的かかわりを続けている．まさに，「よりよい子育て」のために少子化がもたらされているともいえよう（稲葉 2005）．因果関係を直接に検証することはできないが，これらの事実を合わせて解釈するならば，教育的かかわりを十分にする必要性を感じているからこそ，高学歴の母親は家に留まりやすいとも考えられる．

　21世紀をすぎて10年ほどになろうとしても，日本の女性たちは子どものよき母であることを社会活動よりも優先しているようにみえる．現に子を持っている女性のみならず，自らが子どもへのかかわりを十分に保ち続けられるよき母であらねばならないという価値観に，子どもがいない女性たちも縛られているとするなら，仕事を持つ高学歴女性が子どもを持つことをためらうという心性は今後も根強く残るだろう．少子社会の前途はいまだ厳しいと言わざるを得ない．

　しかし，親たちのかかわりは教育的なものから友好的なものへと変化する兆しも見えている（品田 2011）．子どもと友好的なかかわりを多くする親は，子どもをもう1人もちたいとする意識が，教育的なかかわりを多くする親よりも高かった．子どもを教育することに熱意を傾けるのではなく，子どもと遊ぶことを楽しむ意識が親たちに浸透し，それを支える社会制度が整えられたとき，私たちが少子社会から抜け出す第一歩を踏み出すことになるのだろう．

1) 白川が用いた関係的資源は会話頻度である．
2) マルチレベルの分析に用いたデータセットと同一ではない．
3) 調査時点で子どもの人数が4人以上と回答した人は，28-47歳の女性全体の2.6％にとどまる．
4) 学歴に関しては，欠損値がやや多かったため，削除することによる分析力の低下を考慮して，あらかじめ削除することは避けた．

【文献】

藤見純子・西野理子編，2009，『現代日本人の家族——NFRJからみたその姿』有斐閣．
Gauthier, Anne H., Timoty M. Smeeding and Frank F. Furstenberg Jr., 2004, "Are Parents Investing Less Time in Children?: Trends in Selected Industrialized Countries," *Population and Development Review*, 30(4): 647-671.

平尾桂子，2004，「家族の教育戦略と母親の就労——進学塾通塾時間を中心に」本田由紀編『女性の就業と親子関係——母親たちの階層戦略』勁草書房，pp. 97-113．
広田照幸，1999，『日本人のしつけは衰退したか——「教育する家族」のゆくえ』講談社．
稲葉昭英，2005，「家族と少子化」『社会学評論』56(1): 38-54．
加藤邦子，2007，「父親，母親が子どもへのコミットメントを維持する要因」『家族社会学研究』19(2): 7-19．
吉川徹，2009，「『教育格差』と母親学歴」『家族社会学研究』21(1): 61-64．
OECD, 2012, OECD family database（Retrieved June 1, 2013, http://www.oecd.org/els/family/oecdfamilydatabase.htm）．
沢山美果子，2013，『近代家族と子育て』吉川弘文館．
品田知美，2007，『家事と家族の日常生活——主婦はなぜ暇にならなかったのか』学文社．
品田知美，2011，「母親の子どもに対するかかわり方はどう変化したか」福田亘孝・西野理子編『第3回 家族についての全国調査（NFRJ08）第2次報告書3 家族形成と育児』日本家族社会学会全国家族調査委員会，pp. 29-46．
白川俊之，2010，「家族構成と子どもの読解力形成——ひとり親家族の影響に関する日米比較」『理論と方法』25(2): 249-265．
末盛慶，2002，「母親の就業は子どもに影響を及ぼすのか——職業経歴による差異」『家族社会学研究』13(2): 103-112．
渡邉賢二，2013，『思春期の母親の養育態度と子育て支援——母親の養育スキルとは』ナカニシヤ出版．

IV

成人期・脱親期の家族

12

中期親子関係の良好度
発達的過程と相互援助

田中慶子・嶋﨑尚子

1　中期親子関係への接近

(1)　中期親子関係の長期化と母娘関係

　本章では，中期親子関係における良好度の規定要因を検討する．中期親子関係への関心は，子どもの発達過程を中心とした前期親子関係，高齢親の介護に着目した後期親子関係への関心からは遅れて，1980年代から活発化した．具体的には2つの流れで進行した．すなわち，20世紀に生じた人口変動を前提に，マクロな視角から生涯時間上での家族・親族関係の構造的変動をとらえる方向と，ライフコース・ダイナミクスの視角から親子関係の発達的過程をとらえる方向である．両方向の研究から，中期親子関係の長期化，世代間の架け橋としての「サンドイッチ世代」の重要化，親族関係の要に位置する女性の役割の固定化，子どもの成人期への移行タイミングと関係変容の共時化といった現象への接近が開始されたのである（嶋﨑 1995）．

　マクロな視角では，主には3点の人口学的変化——①平均余命の伸びと，死亡率の低下による生存曲線の「長方形」化（Hagestad 1982），②子どもが成人まで生き延びる確率の上昇，③②にともなう産むべき子ども数の減少——を前提に，人生軌道の時代的趨勢が検討された．たとえば，Hagestad（1990）は，「成人の時間バジェットの変化」として5点を指摘したが，そのなかで中期親子関係においては，①個人が「20歳未満の幼い子どもの親」として過ごす時間が減少する一方で，自らが「子ども」として過ごす時間が増大すること，

②その結果，中年期の女性が世代間の架け橋の位置を占める持続期間が拡大し，さらにその位置の重要度が増したことを指摘している．

この指摘は，親族関係の中心（kin keeper）が女性であることと，女性が世代間の架け橋の位置を占めることの2点に区分できる．前者については，産業構造の転換をコンテクストとした親族関係の変容に関する知見と結びつくことで，親族関係の内部構造に生じた変動として説得力をもつ．古典的社会学研究をひもとけば，都市社会の親族が，伝統的な社会のそれとは異なる固有の機能をもつことが指摘されている．とくにノースカロライナにおける都市白人既婚者の親族研究を行った Adams（1968）は，女性既婚者の特徴として，結婚後の親族ネットワークが自らの親やきょうだいなどの定位家族親族を中心に形成され，独自の相互援助機能を持っている点などを都市の親族機能として明らかにしている．

他方で，後者すなわち世代間の架け橋としての位置づけは，いうまでもなく個人が成人期の長い期間を，親であると同時に子どもでありつづけることで生じた．この点を親族の中核としての女性の重要性と関連づけると，長期間にわたって世代間の架け橋に位置する中年期女性の姿が浮かび上がってくる（嶋﨑 1995）．Hagestad（1986）は，興味深い予測をしている．中年期の女性が世代間の架け橋の位置を占める持続期間が拡大し，さらにその位置の重要度が増す状況が，親族内での「女性軸 female axis」の強化を惹起し，21世紀初めに新たな社会的変化の現象——具体的には，高い教育レベルを有し，小規模な家族で，連続的な職歴をもつ新しい女性の役割パターンの台頭であり，このパターンを母と娘が共有するという現象——として出現するという．彼の予測では，1950年出生コーホート女性が中年の娘をもつ初老の母親になる時点，すなわち21世紀はじめに登場するとされている．

日本については，正岡（1993）が，1914-58年出生男女について，子ども役割の保有期間を「親の死」経験の一定年齢までの累積普及率から考察している．その結果，1934-38年出生コーホート以降から50歳時点での「親の死」経験普及率がきわめて低くなっている．すなわち1934年以降出生者からは，少なくとも子どもとしての位置が50年以上にわたって継続する状態が成立した．さらに，夫婦がもつ子ども数の減少によって，「子育て期間」あるいは「親期」

が短縮された．その結果，親としての位置も「幼い子ども」の親ではなく，「成人した子ども」の親へと時間配分が劇的に変化したのである．

(2) 成人期への移行と親子関係の変容

以上でみた生涯時間の構造的変動に呼応して，ライフコースの視点からは，個々の親子関係の時間的経過を軸にした発達論的枠組みが提示され，そこから，中期親子関係については，前期親子関係からの連続性と変容，そして中期親子関係のありようが後期親子関係へもたらす累積的効果への着目が開始された．

さて，親子関係の発達的変化は親子の役割移行に呼応して進行する．前期から中期への移行は，子どもの成人期への移行（学卒，就職，結婚，親なり，定位家族からの離家，親からの経済的独立）を契機とすると考えられる．これらのライフイベントの経験は，近代社会においては，スケジュール化が強化され（Buchmann 1989; 嶋﨑 2010），みなが同じように経験する傾向，標準化が進展した．とくに戦後日本ではその傾向が顕著であり，1940年出生コーホート以降，学卒に連動して就職し，その後結婚するという「高度成長期型移行モデル」（安藤 2010）ともいえる標準化へ収束してきた．しかしNFRJ98からは，近年，移行開始局面での標準化（たとえば学卒と連動した就職）が進展する一方で，移行終了局面の拡散傾向（たとえば晩婚化）といった脱標準化の傾向も現出している（澤口・嶋﨑 2004; 安藤 2010）．とはいえ，現在でも「高度成長期型移行モデル」は，子どもの自立の基準として，とりわけ親の側からみた場合には有効であると仮定できる（田中 2010）．

(3) 成人後の援助授受と親子関係

本章では，子どもが成人した後の親子間での援助授受と親子関係の質の関連を検討する．Rileyは，生涯時間の拡大を背景に，他の親族関係と同様に親子関係が潜在的資源として重要性を増していることを確認したうえで，特定の関係が情緒的支持や社会化を促進する点を指摘している（Riley 1983）．親子関係の相対的重要性が米国以上に高い日本においては，この点の妥当性は容易に予測できる．実際，中期親子関係の研究では，親子双方が互いに自立した対等な関係において，互酬的な援助がおこなわれるというモデルが抽出されている

（春日井 1997 など）．また NFRJ03, NFRJ08 では，親子関係での相談や情緒的なサポートのやりとりが関係評価を高めていることが明らかになっている（嶋﨑 2011）．

さらに，すでにみた親族における中年期女性の位置を前提とすれば，母親が祖父母として，娘の子育てに関与することが想定される．実際，有職女性を中心に，自分の親を育児サポートの重要な提供者として期待する傾向，また母親を中心に，成人子への家事・育児援助，経済的援助や情緒的援助を提供するという新たな役割期待も生じている．

2　親子関係の測定

(1)　関係良好度の構成次元

親子間の関係性の測定は，これまでに種々の方法が試みられてきた．

ここでは，家族内の関係性やその測定に関するレビューをもとに（代表的なものとして，Touliatos et al. 2001; Treas and Lawton 1999），2つの分類軸を設定し，整理する．第1の分類軸は関係評価であり，これは「適応」と「満足」の2次元に区分できる（Sabatelli 1988）．まず「適応（adjustment）」面での評価は，積極的なコミュニケーション，夫婦の問題解決志向，葛藤の少なさなど，「よい関係」に必要なプロセスとされる機能や相互作用をさす．自己評価という点で主観的であるが，事実認識を問う客観的な側面をもつ．たとえば結婚の幸福度や，トラブルの有無，離婚の危機などが該当する（Acock and Demo 1994）．他方，「満足（satisfaction）」面での評価は，関係内の対象者（たとえば親子関係であれば，対象となる子）や対象者との関係性に対する本人の態度，対象者に対する主観的な印象を問うものである．「適応」と比して「満足」は，対象者との関係での願望・欲求水準や社会的比較という要素も含んだ判定結果と考えられる．

第2の分類軸は，関係評価において焦点をあてる側面を「構造的測度」と「機能的測度」に区分する（橋本 2005）．前者は，対人関係の特徴，具体的には本人と対象者の布置状況に注目する．後者は，本人と対象者との相互作用の内容に注目する．以上の2軸から4象限が設定可能である．

本章では，NFRJ08での「この方との関係はいかがですか」との設問に対する回答「良好」から「悪い」までの4段階評価を用いた関係良好度を，主要変数として利用する．前述の整理に従えば，この関係良好度とは「適応」次元から，「構造的測度」の認知を捉えている変数と整理できる．すなわち，関係の強度（心理的結びつきの強さ）や耐久性（結びつきの安定性）についての総合的な評価を測定していると考えられる．なお，複数の質問ではなく，単一の質問で，全体的な関係の「適応」の現状を回答者に評価させる方法は多くなく，ユニークであるといえる[1]．

(2) 作業仮説

　ここで先行研究をもとに，本章の作業仮説を提示しておこう．本章の従属変数である中期親子の関係性については，中年期女性を対象に，サンドイッチとなる（本人の）親と（本人の）子との関係についての調査結果が参考になる．久和・梁（2008）は，親子関係尺度を検討し，14項目からなる質問から「尊重」「サポート提供意向」「サポート受領要望」の3次元を検出し，親との関係と子との関係を，相手の性別で比較している．その結果，親との関係よりも子との関係の方が，いずれの次元でも高い値を示し，とりわけ娘との関係で最も高い．また，相手となる子の性別でみると「尊重」は男女で変わらないが，「サポート受領要望」は息子よりも娘でわずかに高いという程度である．しかし「サポート提供意向」については著しい違いがみられ，娘に対しては高い．次に，親子関係尺度の3次元それぞれを従属変数とした重回帰分析を行い，基本的属性（配偶状態や学歴，職業など）や親子の交流等の影響を確認したところ，子どもとの関係では同別居と子の性別が，母親との関係では介護の必要性と交流頻度で有意な効果があった．

　本章では，残念ながらサンドイッチ世代での上世代（親）との関係については，データの制約上考察できない．そこで，本人が親の立場での子との関係に限定して，①ライフコース・発達的要素，②親子の性別組み合わせ，③当該子との相互作用の3領域に関する作業仮説を設定する．

① **ライフコース・発達的要素**　子どもの成人期への移行によって親子関係が

中期へ移行する場合，子どもの移行が順調な場合ほど関係が良好だと考える．ここでは中期への移行を，操作的に当該子が有配偶であること，子ども全員が結婚していることの2点で測定し，移行が完了している方が子との関係は良好であると仮定する．さらに，当該子が離家していることも関係良好度を高めると仮定する．

② **親子の性別組み合わせ** 親族関係の中心が女性にあることを前提に，関係良好度は性別ダイアド間で差異があり，母―娘関係で高く，父―息子関係で低いと仮定する．

③ **相互作用** 中期親子関係においては，互酬的な親子関係を想定し，援助の授受が多いほど，関係良好度を高めると仮定する．さらに，中期親子関係から後期親子関係への移行を前提に考えると，親から子への援助よりも，子から親への援助に重点が移動することが規範的に考えられる．そこで，親から子への援助よりも，子からの援助の受領量が多い場合に，良好度が高まると仮定する．

3 データと分析方法

(1) 分析対象

本章では，関係良好度の規定要因に関する3仮説を，NFRJ08における親子ダイアドデータのマルチレベル分析を行い検討する．NFRJ08のみを利用する理由は，このデータのみが援助など相互作用の状況を詳細に尋ねているためである．分析対象とするダイアドは，①本人（親）年齢：48-73歳，②子ども年齢：19-49歳，③親と子どもの年齢差：16歳以上，④子どもの配偶状態：有配偶もしくは未婚（離死別は除外）である．独立変数に欠損値（無回答）がある場合は除外する．NFRJ08では，回答者につき第1子から第3子までダイアドを特定できる．対象ダイアドの総数は4097であり，対象者（親）の総数は2212人である（表12.1）．

(2) 変数

関係良好度は，前述のように「この方との関係は，いかがですか」という質問に対し，良好，どちらかといえば良好，どちらかといえば悪い，悪いの4段

表 12.1 分析対象とするダイアド数

	父―息子	父―娘	母―息子	母―娘
NFRJ08	1,050	742	1,326	921
うち当該子有配偶	551	330	726	440
(参考)				
NFRJ03	1,397	1,238	1,572	1,395
NFRJ98	1,528	1,481	1,817	1,562

階で尋ねている．ここでは，1点＝悪い～4点＝良好に変換し，得点が高いほど，その子どもとの関係が良いと評価しているものとした．仮説ごとの独立変数は以下のとおりである．

① **ライフコース・発達的要素** 有配偶子の人数，当該子の婚姻上の地位（有配偶か否か），居住距離（レファレンスを遠居とする同居ダミー（同一敷地内まで）と，近居ダミー（1時間未満まで）の2変数）
② **親子の性別組み合わせ** 親（回答者本人）の性別，当該子の性別，子どものきょうだい構成（当該子と異性の子の有無）
③ **相互作用** 当該子からのサポート受領，受領と提供の交互作用[2]

このほかに統制変数として，当該子の学歴と親の学歴（それぞれ，短大以上卒か否かのダミー変数），親子の年齢差を投入する．

(3) 基本統計量

分析対象ダイアド単位の基本統計量は，表 12.2 のとおりである．分析対象となる親子は，親の平均年齢は 60.4 歳，当該子の平均年齢は 31.5 歳，子ども数は 2.5 人である．

4 結 果

(1) 親からみた子との関係良好度――子どもの結婚による影響

はじめに子の配偶状態別の関係良好度を確認し，第1の仮説を検討する（図

表12.2 分析対象ダイアドの基本統計量

		父—息子	父—娘	母—息子	母—娘
n		1,050	742	1,326	921
関係良好度	悪い	1.4	0.5	0.8	0.4
	やや悪い	3.2	3.2	2.4	2.3
	まあ良好	25.1	24.1	25.0	16.3
	良好	70.2	72.1	71.8	81.0
回答者（親）の年齢	平均（歳）	61.6	60.2	60.1	59.4
当該子の年齢	平均（歳）	31.2	29.7	32.6	31.6
子ども数	平均（人）	2.4	2.5	2.5	2.5
当該子の婚姻状態	有配偶	52.5	44.5	54.8	47.8
	無配偶	47.5	55.5	45.2	52.2
親の学歴	小学校・中学校	21.0	16.6	21.6	20.1
	高校	45.6	47.2	51.1	48.9
	専門学校	4.8	5.4	8.0	9.4
	短大・高専	2.6	2.6	14.0	13.9
	大学	23.2	26.3	5.1	7.4
	大学院・6年制大学	2.8	2.0	0.2	0.3
当該子の学歴	小学校・中学校	1.5	0.7	2.7	0.8
	高校	33.8	25.7	35.4	30.8
	専門学校	13.7	19.3	13.2	18.3
	短大・高専	5.0	22.9	3.8	22.6
	大学	39.8	29.9	39.6	25.0
	大学院・6年制大学	6.2	1.5	5.2	2.5
居住	同じ建物内（玄関も同じ）	34.6	41.5	35.1	39.0
	同じ建物内（玄関は別）	0.7	0.3	1.2	0.0
	同じ敷地内の別棟	3.1	1.5	2.9	1.2
	15分未満	8.7	9.7	9.7	10.3
	15-30分未満	7.7	9.6	9.5	11.0
	30-60分未満	8.9	8.5	7.1	10.4
	1-3時間未満	17.0	14.4	15.6	14.5
	3時間以上	19.3	14.6	19.0	13.6
サポート受領（3項目のうち「あり」の数）	0項目	66.8	56.7	50.6	41.3
	1項目	23.3	27.1	28.7	26.8
	2項目	7.8	12.7	16.1	22.6
	3項目	2.1	3.5	4.5	9.3
サポート提供（3項目のうち「あり」の数）	0項目	39.0	32.7	37.6	26.3
	1項目	32.8	33.3	29.6	32.7
	2項目	24.5	26.4	24.5	30.3
	3項目	3.7	7.5	8.3	10.7
（有配偶子のみ）異性子あり		55.5	63.3	56.9	63.4

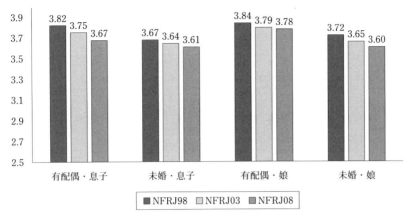

図 12.1　父親による子との関係良好度の評価（平均点）

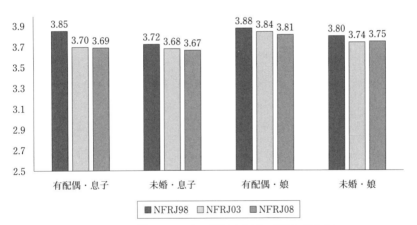

図 12.2　母親による子との関係良好度の評価（平均点）

12.1，図 12.2）．あわせて性別ダイアドごとの良好度の特性を把握する．その際，NFRJ98 と 03 の結果を併記し，3 時点（10 年間）間の趨勢も確認する．

　想定どおり，いずれのダイアドでも子どもが有配偶の場合の方が未婚の場合よりも良好度は高い．また性別ダイアドごとの特性は，父親，母親とも息子との関係よりも娘との関係での良好度が高い．さらに，父親よりも母親で良好度が高い．以上から，有配偶子との関係では，良好度は，母―娘，父―娘，母―息子，父―息子の順で高い．

なお，NFRJ98, 03と比較すると，いずれのダイアドにおいてもNFRJ98でもっとも高く，NFRJ08で低い趨勢を確認できる．

(2) 子との援助授受と親子関係——マルチレベル分析の結果

つづいて，子との関係良好度の規定要因を検討する．具体的には，関係良好度を従属変数としたマルチレベル分析（ランダム切片モデル）を行う．表12.3は，未婚子を含む全てのダイアドを対象とした結果である．

親子の属性要因についてみると，おおむね，子どもの性別，学歴，子どもの配偶状態，有配偶子の人数，親の性別，親子の年齢差による影響がみられた．子どもの性別では娘との関係が良く，先行研究と同様「母娘関係」で良いことを確認できる．学歴は子どもも親も「短大卒以上」で良い．一方，子どもの配偶状態では，当該子が有配偶の場合に高く，子どもの中に有配偶の子どもがいると高い傾向がみられる．親子の年齢差では年齢が離れている方が関係は良い．

親子でのサポート授受では，親が子からのサポートを受領していると良好度は高い．また，受領と提供の交互作用では，親が「受領」よりも「提供」の方が多い場合に良好度が低い．

以上の全体像をふまえて，以下では仮説2と3を検討すべく，有配偶子に限定した性別ダイアド別のマルチレベル分析を行う．なお，性別ダイアドに注目するため，親としての状況は有配偶子数ではなく，当該子と異性の子どもの有無を投入した．

表12.4のモデル1は父─息子の結果である．息子の学歴が「短大卒以上」の場合に良好である．またサポート授受では，息子からのサポートを「受領」している場合に良好度は高く，授受のバランスが「提供」の方が多い時に低い．

父─娘（表12.4, モデル2）では，親子の年齢差のみが有意で，年齢差が大きいほど良好である．息子との関係とは異なりサポート授受は良好度に影響がない．

母親からみた評価をみてみよう．母─息子（表12.4, モデル3）では，「同居」の場合に良好度が低い．またサポート授受では母親が「受領」している場合に良好度が高く，授受のバランスが提供の方が多い時には低い．

母─娘（表12.4, モデル4）では，いずれの要因も有意ではなく，母─娘

表12.3 子との関係良好度についてのマルチレベル分析（ランダム切片モデル）

独立変数		モデル1 子＋親の属性	モデル2 属性＋受領・提供
固定効果			
切　片		3.500***	3.409***
子の性別	（基準：女性）		
	男性（＝1）	−0.084***	−0.064***
子の学歴	基準：高卒以下		
	短大卒以上（＝1）	0.066***	0.059**
居　住	（基準：遠居）		
	同居（＝1）	−0.030	−0.090***
	近居ダミー（＝1）	0.000	−0.016
子の婚姻上の地位	（基準：無配偶）		
	有配偶（＝1）	0.062**	0.061*
有配偶子の人数		0.025	0.031*
親の性別	（基準：母親）		
	父親（＝1）	−0.095***	−0.058*
親の学歴	（基準：高卒以下）		
	短大卒以上（＝1）	0.076**	0.067*
親子の年齢差		0.006**	0.006*
サポート受領			0.341***
サポート受領−提供			−0.070**
ランダム効果　分散			
ダイアド水準		0.121	0.117
家族水準		0.197	0.195
ICC		0.619	0.626
モデル適合			
パラメーター数		12	15
−2LL		5890.1	5783.1

***$p<.001$, **$p<.01$, *$p<.05$.

関係は，他ダイアドとくらべICCが低く，説明力は低い．

　以上を整理すると，まず，息子と娘では関係良好度の規定要因は異なる構造があることを確認できる．息子との関係ではサポート授受が有意な効果をもち，父親・母親いずれであっても，息子からのサポートを受領していると良好度は高く，サポート授受のバランスで提供の方が多いと良好度は低い．また，いずれのダイアドにおいても，「同居」子との良好度は低い傾向があることが共通していることを確認できる．ちなみに，当該子との同居率は，父―息子19.4％，母―息子20.0％，父―娘15.8％，母―娘16.4％である．この点に関しては，

表12.4　性別ダイアド別・有配偶の子との関係良好度についてのマルチレベル分析

			モデル1 【父親―有配偶 の息子 $n=551$】	モデル2 【父親―有配偶 の娘 $n=330$】	モデル3 【母親―有配偶 の息子 $n=726$】	モデル4 【母親―有配偶 の娘 $n=440$】
固定効果						
切　片			3.242***	3.217***	3.337***	3.704***
子学歴	基準：高卒未満					
	短大卒以上（＝1）		0.108*	0.034	0.015	0.023
居　住	基準：遠居					
	同居（＝1）		−0.006	−0.087	−0.130**	−0.101
	近居（＝1）		0.009	0.099	−0.006	0.057
親の学歴	基準：高卒未満					
	短大卒以上（＝1）		0.042	−0.009	0.026	0.086
親子の年齢差			0.010	0.017*	0.009	0.001
異性子の有無	基準：なし					
	異性子あり（＝1）		−0.034	−0.061	0.064	0.008
サポート受領			0.406***	0.167	0.361***	0.119
サポート受領―提供			−0.208*	−0.009	−0.107*	−0.037
ランダム効果　分散						
ダイアド水準			0.094	0.114	0.082	0.113
家族水準			0.263	0.138	0.217	0.067
ICC			0.736	0.546	0.725	0.370
モデル適合						
パラメーター数			11	11	11	11
−2LL			905.905	459.527	1064.537	484.272

***$p<.001$, **$p<.01$, *$p<.05$

　成人同士の中期ステージで同居している理由・背景等を検討する必要があろう．他方，ダイアド別の特徴としては，父―娘では当該子との「年齢差が大きい」と良好度が高い点が注目できる．すなわち，遅くに父親になった，あるいは，きょうだいの中で上の子よりも下の子どもとの方が，良好度は高い傾向がある．

　また興味深い点として，「異性子の有無」の効果をみると，父親の場合にはマイナスの効果を，対照的に母の場合にはプラスの効果を示している．父親の場合，当該子と異性の子がいる場合には，良好度が低下する傾向がある．

　さらに，各モデルのICCは，父―息子，母―息子とも70％を超える水準であるのに対し，娘との関係では低く，とりわけ母―娘では40％に満たない．母―娘での関係良好度においてはより個別的な規定要因を検討する必要がある．

5 結論

　本章では，親子が互いに自立した中期親子関係における親からみた子どもとの関係良好度の規定要因について，3つの作業仮説を設けて，マルチレベル分析を用いて検討した．第1に，親子関係が子どもの成人期への移行によって中期へ移行する場合，移行が順調なダイアドほど関係が良好だとする仮説は，当該子が有配偶であること，かつ離家（別居）していることが関係良好度を高めていたことから，支持された．全体として同居の場合に良好度は低い結果であった．この背景には，有配偶子との同居は，親の希望や選好よりも，「長男同居規範」による同居や，経済的必要性からの同居が想定され，親子に葛藤が生じやすいと考えられる．また，第2の仮説（性別ダイアドでは親族関係の中心が女性にあることを前提とすると，関係良好度は，母─娘関係で高く，父─息子関係で低い）も支持された．
　さて，第3の仮説（中期親子関係では，互酬的な親子関係を想定し，援助関係が多いほど，関係良好度を高める）については，息子との関係では援助のやりとりについてあてはまったが，娘との関係にはあてはまらなかった．とくに母娘関係では，援助の授受とは独立に非常に親密な関係性が維持されているようだ．
　さらに，親から子への援助よりも，子から親への援助に重点が移動することを想定し，サポートの受領，および受領と提供のバランスをみると，子どもからのサポートを受領している場合，しかもその量が「提供」よりも多い場合には良好度が高い．
　近年，子育ての援助者としての親，あるいは親子相互に経済的・情緒的サポートを行う親子関係が注目を集めている．少なくともNFRJ08の対象ダイアドにおいては，息子との関係においては親の「持ち出し」になっていないことが関係の良好度を高める要素となっているが，有配偶の娘との関係ではサポート授受の状況とは関連がない．親からみてサポートを受領しているダイアドは約半数であり，理念的には互いに独立した中期親子関係においても（親の認識からは）親から子への提供が多い．しかし，娘との関係ではサポート授受の有

無やその非対称性は息子ほど関係性に差異をもたらすものではなく，先行研究が示すように kin keeper としての母親を介して情緒的な親密性が生まれることを示唆している．

冒頭でもみたように，個々の親子関係における発達的変化（親の加齢や老後，子どもの生殖家族の発達）に呼応して，サポート資源として親子関係が重要性を増していくと考えられる．さらに，ひとりっ子や，未婚，子どもを持たない者の増加といった人口学的変動にともなう親子の関係性の動向についても，時系列に検討を続けることが必要である．

1) 一方，関係良好度は，「良好」～「悪い」の4段階で尋ねたとき，どの間柄（親・子・きょうだい）であっても回答が8割以上が「良好」に集中してしまう．このことは，同時に家族についての調査に協力してくれる人は，家族関係が良好な人である可能性がありバイアスにも注意が必要である．
2) サポートは3項目，具体的には金銭的な援助（年間30万円以上＝2, 30万円未満＝1，なし＝0），相談（あり＝1，なし＝0），看病や家事など（あり＝1，なし＝0）の合計点を算出し，ここでは受領の得点と，［受領の合計点－提供の合計点］を交互作用として用いる．

【文献】

Acock, Alan C. and David H. Demo, 1994, *Family Diversity and Well-Being*, Thousand Oaks: Sage.
Adams, Bert N., 1968, *Kinship in an Urban Setting*, Chicago: Markham.
安藤由美，2010,「戦後日本の成人期への移行の変容」岩上真珠編『〈若者と親〉の社会学——未婚期の自立を考える』青弓社，pp. 22-44.
Buchmann, Marlis, 1989, *The Script of Life in Modern Society: Entry into Adulthood in a Changing World*, Chicago: University of Chicago Press.
Hagestad, Gunhild O., 1982, "Parent and Child: Generations in the Family," Tiffany M. Field, Aletha Huston, Herbert C. Quay, Lillian Troll and Gordon E. Finley, eds., *Review of Human Development*, New York: John Wiley & Sons, pp. 485-499.
Hagestad, Gunhild O., 1986, "The family: Women and Grandparents as Kin-Keepers," Alan J. Pifer and Lydia Bronte, eds., *Our Aging Society: Paradox and Promise*, New York: WW Norton, pp. 141-160（黒田俊夫監訳，1987,「家族——親族のつなぎ役としての女性と祖父母」黒田俊夫監訳『高齢化社会・選択と挑戦』文眞堂，pp. 130-148）．
Hagestad, Gunhild O., 1990, "Social Perspectives on the Life Course," Robert H. Binstock and Linda K. George, eds., *Handbook of Aging and the Social Sciences*, Third

ed., New York: Academic Press, pp. 151-168.

橋本剛，2005，『ストレスと対人関係』ナカニシヤ出版．

春日井典子，1997，『ライフコースと親子関係』行路社．

久和佐枝子・梁明玉，2008，「サンドイッチ世代の親子関係」藤崎宏子・平岡公一・三輪建二編『ミドル期の危機と発達──人生の最終章までのウェルビーイング』金子書房，pp. 111-127.

正岡寛司，1993，「ライフコースにおける親子関係の発達的変化」森岡清美監修『家族社会学の展開』培風館，pp. 65-79.

Riley, Matilda W., 1983, "The Family in an Aging Society: A Matrix of Latent Relationships," *Journal of Family Issues*, 4(3): 439-454.

Sabatelli, Ronald M., 1988, "Measurement Issues in Marital Research: A Review and Critique of Contemporary Survey Instruments," *Journal of Marriage and the Family*, 50: 891-915.

澤口恵一・嶋﨑尚子，2004，「成人期への移行過程の変動──学校・職業・家族の共時性」渡辺秀樹・稲葉昭英・嶋﨑尚子編『現代家族の構造と変容──全国家族調査［NFRJ98］による計量分析』東京大学出版会，pp. 99-120.

嶋﨑尚子，1995，「人生の軌道と移行の社会変動──20世紀に生きるコーホートのライフコース」『放送大学研究年報』13: 1-15.

嶋﨑尚子，2010，「移行期における空間的距離と親子関係──近代的親子関係の再考」岩上真珠編『〈若者と親〉の社会学──未婚期の自立を考える』青弓社，pp. 105-124.

嶋﨑尚子，2011，「『相談のやりとり』からみた中期親子関係」田渕六郎・嶋﨑尚子編『第3回家族についての全国調査（NFRJ08）第2次報告書第2巻　世代間関係の動態』日本家族社会学会・全国家族調査委員会，pp. 83-102.

田中慶子，2010，「未婚者のサポート・ネットワークと自立」岩上真珠編『〈若者と親〉の社会学──未婚期の自立を考える』青弓社，pp. 65-82.

Touliatos, John, Barry F. Perlmutter and Murray Arnold Straus, 2001, *Handbook of Family Measurement Techniques*, vol. 1, Newbury Park: Sage.

Treas, Judith and Leora Lawton, 1999, "Family Relations in Adulthood," Marvin B. Sussman, Suzanne K. Steinmetz and Gary W. Peterson, eds., *Handbook of Marriage and the Family*, 2nd edition, New York: Plenum Press, pp. 425-438.

13

親への援助のパターンとその変化

施利平・金貞任・稲葉昭英・保田時男

1 目的と背景

　日本の家族研究は早くから世代間関係を重要な研究対象としてきた．それは，伝統的な家族のあり方を直系家族制としてとらえ，その変化をもって家族の変動をとらえようとしてきたからであった．このため，高齢者（親）の有配偶子との同居率の変化や同居の規定要因に関する研究は，日本の家族変動論の基礎を構成し，数多くの研究がおこなわれてきた（森岡 1972；廣嶋 1991；清水 1992；西岡 2000 など）．その内容を要約することは簡単ではないが，諸外国に比して 65 歳以上の高齢者の子との同居率は依然として高いものの，この数値は一貫して低下しており（国民生活基礎調査では 1989 年には 60.0% であったが 2010 年には 42.2%），有配偶子との同居率も大きく低下している（同 1989 年には 42.2%，2010 年には 17.5%）．地域差は無視できないとはいえ，少なくとも直系制的な規範は薄れてきているとみなせるだろう．

　直系家族制下では家の系譜につらなる関係は多くの場合父方であり，したがって同居の世代的な連鎖は男子によってなされることが多かった．このため父系の親族関係が強いことが想定しうるが，喜多野清一・正岡寛司らはそうした社会でも母方の親族関係が重要な機能を有していたことを指摘する（喜多野・正岡編 1975）．そこでは，父方が家産や家系に関連した手段的な機能を大きく果たしていたのに対して，母方は表出的な機能を大きく有していたとされる．この立場からすれば，雇用労働の一般化によって，家族（家）の経営体的な要

素が消失し，有配偶子と親との同居が減少するにつれ，母方親族の果たす機能はより大きくなると予測できる（以上を理論的に整理したものとして施（2012）など）．

こうした変化には制度的な要因も関連していることが考えられる．年金制度が確立されることによって高齢期の所得保障が一定程度実現されるようになると，高齢の親は子世代に経済的に依存する必要は小さくなる．また，2000年に施行された介護保険も，実態はともかくとして理念的には家族介護への依存を減らすことを目的として作られた制度であり，この点でも子世代への依存は従来よりも小さくなっていると考えられる．

一方，子世代の側は未婚化・晩婚化の進展によって親元に長期的に同居を続ける無配偶子が増加しており，雇用の不安定化や失業率の増加によって親世代に経済的に依存する傾向は高まっている．また，有配偶子については育児期間中の女性の労働市場への参加が進んだ結果として，親世代に家事・育児への援助を期待するニーズが増加していると考えられる．結果として世代間関係からは，子世代による親世代の扶養という側面が後退し，親世代による子世代の支援という側面が混入してきたとみなすことができるだろう．

世代間関係をとらえる次元はさまざまであるが（森岡・望月 1983），ここでは援助関係に視点をあて，とくに子世代から親への援助を対象に検討を行う．これは子世代からの援助が親に対する子どもの扶養責任と密接に関連し，家族の変化を反映すると考えられること，もうひとつは伝統的な規範の拘束力は親世代側に強いと考えられるため，変化をとらえるには子世代側の行動に視点をあてることが戦略的に有効と考えられるためである（岩井・保田 2008）．

これまでの家族研究は，伝統的な家族は地域的な差異を示しつつも，おおよそ世代間関係の強さは父方に傾斜し，母方はそれを補完するような存在であり，子世代からの援助も父方への扶養責任に対応して非対称的なものになると考えてきた．伝統的な規範が緩むほど，世代間関係は父方への傾斜が後退し，対称的または母方に傾斜することが予想される．

2 親への援助の非対称性をめぐる実証研究

　世代間の援助関係に注目した研究は少なくないが，ここでは子から親への援助についての非対称性を扱った研究のみをとりあげる．親への援助の対称性に関する最初の本格的な計量的研究として，札幌市内から得られたデータを用いた三谷・盛山（1985）をあげることができる．この研究は世代間関係を訪問・通信（電話）・余暇・贈答・援助（経済，看護・手伝い，相談）の5領域20項目によって測定し，対称性を検討している．集計結果を加工しなおすと，親への援助を測定する13項目のうち，夫方傾斜が7，ほぼ同等が6であり，妻方傾斜のものは見られない．夫方に傾斜するのは訪問・経済的援助など，対称であるのは贈答・相談・看護などという結果であったが，夫方への傾斜は主として距離的な近接や家規範の影響から解釈されている．

　さらに西岡（2000）は第1回全国家庭動向調査（1993年）データを用いて，子から親への援助のパターンについて検討を行っている．そこでは同別居別に夫方父／母・妻方父／母それぞれに対する「日常の買い物」「炊事・洗濯」「病気時の世話」「悩み事の相談相手」「生活費支援」「病院・施設等への入所費用」などの支援の結果が比較されており，総じて別居より同居の場合に支援が多くなること，西岡自身はあまり言及してはいないが，支援は同別居に限らず妻方に傾斜していること（ただし，回答者は女性），別居の場合にこの傾向が強まることが明らかにされている．

　世代間の援助の非対称性・対称性およびその規定要因を明示的に扱ったのが岩井・保田（2008）である．この論文はJGSS（Japanese General Social Surveys）2006データを用いて，親と別居する子を回答者とし，親への／親からの経済的援助，実践的援助（家事や介護，育児），の4つの指標について夫親―妻親間の差をもとめ，これを援助バランス指標とし，その態様と規定要因を明らかにすることを目的としている．この結果，親への経済的援助は夫方に偏るが，実践的援助はほぼ対称であること，子からの援助よりも親からの援助のほうが対称性が高く，いずれも妻方に偏ること，夫の親に同居子がいる場合に夫親への援助は減るが，妻親への援助にはこうした効果が見られないことなど

が明らかにされている．

また田渕（2009）はNFRJ03データを用いて，有配偶の子による実親・義理の親への金銭的援助・非金銭的援助の頻度とパターンを検討し，金銭的援助については男性は妻親より夫親に多くを援助しているが，この傾向は女性には見られないこと，非金銭的援助についてもほぼ同様の傾向が示されることを指摘した．回答者が男性の場合には夫方に傾斜した非対称な結果が示されるが，女性の場合には対称に近い結果が得られるということになる．田渕はさらに実親に対する援助・義理の親に対する援助の関連が正・負それぞれの場合を想定し，これをバランス仮説，競合仮説と名付け，バランス仮説（夫方に援助するなら妻方にも援助を提供する，という関係）が支持されること，夫方・妻方それぞれの親への援助は相互に独立ではないこと，こうした傾向は女性回答者に顕著であることを指摘している．以上から，先行研究では総じて子から親への援助は父方に傾斜する伝統的なパターンから，対称もしくは母方に傾斜するものに変化していることが示されているといえる．

3　親への援助の規定要因

非対称性の変化を考える場合，まずはライフステージの展開にともなう援助の増減のパターンを把握することが必要とされる．この問題を扱った研究として保田（2004）がある．

保田はNFRJ98データを用いて親から子，子から親への援助それぞれについて，子の年齢別に集計を行い，経済的援助については男子の場合40歳代後半，女子は50歳代前半で子からの援助が親からの援助を上回ること，非経済的援助については男子・女子ともに30歳代で子からの援助が親からの援助を上回ること，以上の結果から親子関係は互酬的なものから一方的なものへと変化していくことを明らかにしている．また，こうした変化はもっぱら親からの援助の減少によって生じ，子からの援助が増加することで生じているわけではないと指摘する．

理論上は，親への援助は親側のニーズに規定される側面が大きいと考えられる．保田の研究において子からの援助が子の年齢に対応した変化を示さなかっ

たのは，子の年齢が必ずしも親側のニーズと対応していなかったとも考えられる．親が配偶者をなくしている場合には夫方の母への経済的援助が高くなる（白波瀬 2005），親の健康状態が悪い場合に実践的援助が増加する（岩井・保田 2008）などの指摘もあり，親側のニーズの影響力は無視できないだろう．なかでも配偶者の死亡は高齢者の心身に最も大きな影響を与えるできごとであると思われ，親側のニーズを把握するための最適な指標のひとつと考えられる．ここから，親が無配偶の場合，子からの援助が促進されると考えられる（ニーズ仮説）．

もちろん，保田（2004）が見出したように，子側が育児期など繁忙な時期には親への援助は簡単ではないと考えられ，子側のライフサイクルが援助の提供に影響を与えると考えられる（ライフサイクル仮説）．また金（2013）や塚原（2007）が見出したように，世帯収入の低さや職業的な不安定性は金銭的援助をはじめとした援助を抑制するだろう（階層的要因仮説）．また，三谷・盛山（1985），岩井・保田（2008）などが指摘するように，親との距離は親への援助を抑制すると考えられる（居住距離仮説）．また，世代間の交換関係という視点を導入すれば，親からの相続が期待される場合（村上 2006）に，あるいは親から長期的な援助を受けてきた場合に子から親への援助は促進されると考えられる（世代間交換仮説）．

また，親への援助は親の扶養などについての意識と大きく関連すると予想される（岩井・保田 2008）．ここでは伝統的な扶養規範を支持しているほど援助が促進されると考えよう（伝統的意識仮説）．さらに，きょうだい構造やその中での位置も親への援助に影響を与えると考えられる．伝統的な規範下では親の経済的な扶養は長男に大きく期待されたと考えられる．後述のように以下での分析は女性回答者に限定しているため，他に男きょうだいがいる場合，きょうだい数が多い場合には，親への援助はあまり期待されない可能性が高い（きょうだい構造仮説）．本章では親への援助について以上の7つの仮説を想定する．

4　NFRJ における世代間援助の測定

　NFRJ データでは世代間援助を測定する項目がデータによって若干異なっている．NFRJ98 では親への経済的な援助については「あなたはこの 1 年間に次の方との間に，経済的援助（小遣い，仕送り，贈与，貸金など）のやりとりがありましたか．それぞれについて教えてください（同居していない場合を含みます）」という教示の下，「お父さん・お母さん」「お義父さん・お義母さん」それぞれについて[1]，「援助したことも，援助を受けたこともあった」「自分が援助したことがあった」「援助をうけたことがあった」「援助のやりとりはなかった」「該当者はいない」の選択肢によって測定が行われている．また非経済的援助については，同じ教示を用いて「経済的以外の援助（身の回りの世話，家庭の家事や留守番，看病や介護，相談や愚痴の相手など，自分や相手の役に立つこと）のやりとり」について，同様に測定が行われている．

　これに対して NFRJ03 では「お父さん」「お母さん」「お義父さん」「お義母さん」それぞれについて，「この 1 年間に，この方に金銭的な援助（小遣い，仕送り，贈与など）をしましたか」（回答は「した（年間 30 万円以上）」「した（年間 30 万円未満）」「しなかった」の 3 件法），「この 1 年間に，この方に金銭以外の援助（相談相手になったり，看病や手伝いをするなど）をしましたか」（回答は「した」「しなかった」の 2 件法），によって測定がなされている．

　NFRJ08 では経済的援助については NFRJ03 とまったく同一の測定がなされているが，非経済的援助については「この 1 年の間に，この方の相談相手になることはありましたか」，「この方の看病や家事の手伝いなどをしたことはありましたか」（いずれも回答は「あった」「なかった」の 2 件法）の 2 項目にわけて測定がなされている．

　3 つのデータの比較可能性について述べるならば，NFRJ98 についてはその後の 2 つのデータとの間にやや回答選択肢の非連続性が大きい．とはいえ，「援助したことも，援助を受けたこともあった」「自分が援助したことがあった」を援助の提供「あり」，それ以外を「なし」とコードすれば形式的には比較可能になる．また，NFRJ03，NFRJ08 は経済的援助についてはそのまま比

較可能だが，非経済的援助については NFRJ08 においてのみ 2 項目が設定されている．これについては 2 項目を合算するのではなく，分布などを検討した結果「看病や家事の手伝い」の 1 項目のみで代表させる方法をとった．

以下では最初に経済的援助，ついで非経済的援助について分析をおこなう．どちらの分析においても子から親への援助の非対称性・対称性を検討するために，対象者は女性有配偶者とし，父方・母方の親がそれぞれ最低 1 名は存在する者に限定する．対象者を女性に限定する理由は，先行研究から回答者の性別の影響が報告されているからである．

また，以下では自分の親を実親，配偶者の親（義理の親）を義親と表記する．同様に夫方の親を夫親，妻方の親を妻親と表記する．夫方・妻方はそれぞれ父方・母方と同じ意味で，互換的に使用する．

5 親に対する経済的援助

(1) 年齢別・ライフステージ別の経済的援助

ここでは有配偶女性，かつ実親と義親の双方が少なくとも 1 人ずつ生存している，という条件に加えて対象者の年齢を 28-62 歳に設定する．この理由は，63 歳以上の者は親が生存しているケースが少なく，信頼性が低い（保田 2004）ためである．以上の条件を満たした対象者は，NFRJ98 では 1283 名，NFRJ03 では 1306 名，NFRJ08 では 1102 名である．

まず，義親，つまり夫方の親への経済的援助は，NFRJ98 の 28.1％ から，03 の 27.6％，08 の 23.7％ と変化しており，また実親，つまり妻方の親への経済的援助は，同 27.7％，27.8％，24.5％ と変化し，双方の親への経済的援助は 08 では若干減少している．そして，それぞれ 3 時点で夫方と妻方への経済的援助はほぼ同様な比率で行われており，どちらかへの偏りは確認されない．

つぎに，親への経済的援助は対象者の年齢とライフステージによりいかに異なるのか，さらにこれらの傾向に 3 時点で差異が示されるのかを検討する．対象者の年齢と親への経済的援助との関連に関しては，かつては親が老いてから子がその面倒を見るという伝統的な家族ライフサイクルの前提があったが，今日ではその有効性が失われつつあるという見方がある（保田 2004）．また，子

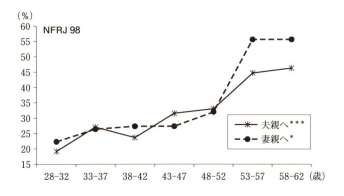

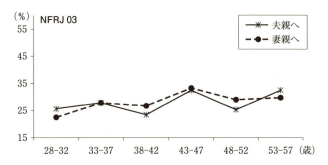

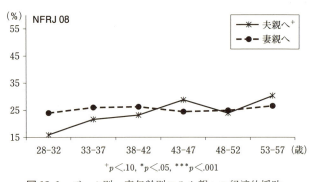

$^+p<.10, \ ^*p<.05, \ ^{***}p<.001$

図13.1 データ別・妻年齢別にみた親への経済的援助

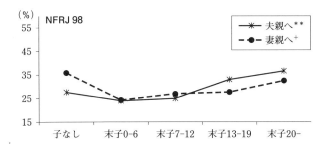

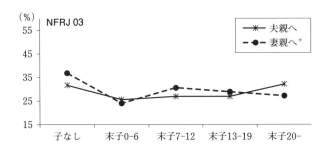

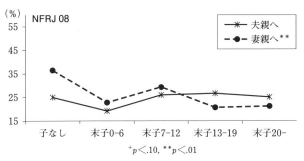

$^+p<.10, ^{**}p<.01$

図 13.2 データ別・ライフステージ別にみた親への経済的援助

のライフステージは親への経済的援助に有意な効果をもち，子ども側が経済的に余裕のあるライフステージにあるほど，親に対する経済的援助が行われる傾向が高い（保田 2004; 施 2012）．

　図13.1は対象者の年齢別にみた親への経済的援助である．NFRJ98では，対象者の年齢の上昇に伴い双方の親への経済的援助は増加する傾向がみられる．これらの関連はいずれも統計的に有意である．これに対してNFRJ03と08では，対象者の年齢と親への経済的援助は有意な関連を示さない．

　図13.2は末子年齢を用いた対象者のライフステージ別の親への経済的援助である．NFRJ98では，夫親への経済的援助は末子0-6歳のライフステージを底にして，その後増加する傾向が確認される．このライフステージによる差異は統計的に有意である．しかし，この効果は03と08では確認できなくなっている．他方，妻親への経済的援助については，98と03では統計的に有意な効果を持たなかったライフステージが，08では有意な効果をもつようになっている．子どものいない者で妻親への経済的援助が多いようである．

(2)　親への経済的援助の規定要因

　親への経済的援助に対して年齢とライフステージのもつ効果はこの10年間で変化しており，NFRJ98で示された対象者年齢の上昇とライフステージの推移に伴う親への経済的援助の増加が，08では確認できなくなっていた．

　以下ではこの10年間の親への経済的援助の規定要因がいかに変化しているのかを明らかにするため，ライフサイクル要因とともに，親側のニーズ要因，居住距離要因，きょうだい構造要因，階層的要因，世代間交換的要因および統制変数を導入してロジスティック回帰分析を行う．ライフサイクル要因を表す変数として，対象者の年齢とライフステージ，親側のニーズを示す変数としてどちらかの親の死亡，親の就業の有無[2]を用いる．居住距離要因としてそれぞれの親との居住距離[3]を，きょうだい構造要因として男きょうだいの有無ときょうだい数を，階層的要因として世帯年収，妻学歴，夫学歴と妻の就業形態を，世代間交換的要因として親からの非経済的援助の有無と親からの経済的援助の有無を，統制変数として都市規模を用いる．また，親への経済的援助を行うにあたり，対象者のもつ老親扶養規範が重要な要因と考えられるが，3つのデー

表 13.1　親への経済的援助に関するロジスティック回帰分析の結果

独立変数	NFRJ98 (Exp(β))		NFRJ03 (Exp(β))		NFRJ08 (Exp(β))	
	夫親	妻親	夫親	妻親	夫親	妻親
ライフサイクル的要因						
年齢	1.06**	1.03	1.00	1.03+	1.02	1.00
ライフステージ						
子どもなし	1.12	2.31*	1.55	2.07*	1.30	2.08*
[末子 0-6 歳]						
末子 7-12 歳	0.79	0.89	0.86	1.10	1.12	1.20
末子 13-19 歳	0.76	0.69	0.79	0.78	0.97	0.82
末子 20 歳以上	0.82	0.85	1.13	0.72	0.95	0.82
親側のニーズ要因						
親の生死						
[両親生存]						
片親死亡	1.17	1.29	1.50*	1.29	1.24	1.76**
親の就業の有無						
[有職]						
無職	1.24	1.38	1.36+	1.11	1.31	0.90
居住距離要因						
親との居住距離						
[遠居]						
近居	0.61*	0.92	0.90	0.97	1.03	0.93
同居	0.51**	0.48	1.03	1.17	1.37	1.85+
きょうだい構造要因						
男きょうだいの有無						
[なし]						
あり	1.31	0.92	0.91	0.90	1.05	1.16
きょうだい数	1.03	1.07	1.03	1.07	0.89	1.00
階層的要因						
世帯年収						
[−399 万]						
400-599 万	2.49*	2.10*	0.80	1.10	1.38	0.89
600-799 万	2.02*	1.51	1.09	1.03	1.52	1.29
800-999 万	2.75**	2.31*	1.11	1.12	1.02	1.35
1000 万以上	4.75***	4.61***	2.11**	1.67*	2.62**	1.97*
妻学歴						
中学校	1.30	1.66	0.76	1.71	0.91	0.60
[高校]						
専門学校・短大	1.05	0.95	1.01	0.82	1.21	0.88
大学・大学院	0.74	0.51+	1.27	0.91	1.45	0.68
夫学歴						
中学校	0.99	0.73	0.55	0.94	2.18+	2.32+
[高校]						
専門学校・短大	1.53	1.20	0.94	1.16	0.98	1.17
大学・大学院	0.92	0.94	0.81	1.05	0.88	1.06
妻就業形態						
[無職]						
非正規雇用	1.50+	1.13	1.16	1.19	1.09	1.13
正規雇用	1.31	0.88	1.25	1.37	1.85**	1.96**
世代間交換的要因						
親からの非経済的援助						
[なし]						
あり	1.82**	1.68*	1.74***	1.90***	1.27	1.58*
親からの経済的援助						
[なし]						
あり	5.35***	4.51***	2.43***	1.81***	2.66***	2.36***
統制変数						
都市規模						
[10 万人以下]						
10 万人以上	0.96	1.07	1.25	0.97	0.88	1.11
定数	0.00***	0.02***	0.11***	0.04***	0.04***	0.08***
−2LL	783.33	768.46	1236.56	1196.00	926.34	940.47
Model χ²	151.66***	132.44***	109.92***	69.41***	82.77***	81.33***
n	762	756	1,124	1,050	923	925

+p<.10, *p<.05, **p<.01, ***p<.001.

タセットで共通する質問項目が存在しないため，今回の分析では除外した．なお，親に関する変数は，夫親を従属変数にした分析では夫親の情報を，妻親を従属変数とした分析では妻親の情報を「親」の情報として投入している．

分析結果は表13.1の通りである．まず，ライフサイクル要因に関しては，対象者の年齢はNFRJ98では夫親への経済的援助に対して統計的に有意であり，年齢の高い者は夫親への経済的援助を行う確率が高いが，03と08ではどちらの親に対する援助についても統計的に有意な効果は示されない．また，子世代の末子年齢によるライフステージは3時点ともに，妻親への経済的援助に有意な効果をもち，子どものいない者は0-6歳の子をもつ者より，妻親に対して経済的援助を行う確率が高い（他方，子どものいる者については，ライフステージ間で統計的な有意差は確認されなかった）．さらに親側のニーズについては，どちらか一方の親の死亡は，03で夫親への援助に，08では妻親への援助について統計的に有意であり，無配偶の親に援助を与える確率が高いことがわかった．

階層要因については，世帯年収は3つのデータセットいずれにおいても双方の親への援助に，また妻の就業は08では双方の親への援助に統計的に有意な効果をもつ．世帯収入のもつ効果は近年ほど弱まる傾向があるが，3時点で一貫して，世帯年収の高い者は双方の親へ経済的援助を行う確率が高い．他方，98と03では有意な効果をもたなかった妻の就業形態は，08では有意な効果をもつようになり，正規雇用の女性が夫親にも妻親にも経済的援助を行う傾向が高いことが確認される．

つぎに，世代間交換的要因は08の夫親を除けば，3つのデータセットで双方の親への経済的援助に対して有意であり，親から経済的または非経済的援助を受けた経験のある者は，夫親にも妻親にも経済的援助を行う傾向がほぼ一貫して見出せる．ただし，その効果は徐々に弱まっているようである．

さらに，居住距離要因に関して，98では夫親については居住距離は経済的援助に有意な効果をもち，同居や近居の夫親に対して経済的援助を与える確率が低いことが確認された．これは同居親に対して経済的援助がなされるとする先行研究（白波瀬 2005；西岡 2000）とは異なった傾向を示している．最後にきょうだい構造要因や都市規模は，親への経済的援助に対して統計的に有意な

効果は確認されなかった.

(3) 考 察

まず,全体的傾向として,1999年から2009年までの10年間,親への経済的援助が若干減少する傾向が確認された.これが,この10年間の国内外の経済状況の悪化の影響(リクルート 2004; 小川 2012)であるのかどうかは,今後さらなる研究を待たなければならない.他方では女性はこの10年間に一貫して世帯を代表して,夫親と妻親に対してほぼ同様な比率で経済的援助を行っており,双方の親との関係にバランスを志向していることが改めて確認される(田渕 2009; 施 2012).

つぎに親への経済的援助の規定要因に関しては,年齢が親への経済的援助に対してもつ効果が近年ではみられなくなったことが明らかになった.NFRJ98を分析した保田(2004)(ただし,対象者と実親との関係を分析対象とし,また未婚子も分析対象に含まれる点で,本節とは厳密な比較はできない)は,子の年齢の上昇にもかかわらず,子から親への経済的援助が増加しないという結果に基づき,年老いた親の面倒を子どもが見るという伝統的なライフサイクルの前提が現在の世代間関係を捉える上で有効性を失っているとみているが,本節の分析結果に照らし合わせると,むしろ保田の考察は,NFRJ03と08に当てはまると考えたい.つまり,NFRJ98では老いた親を援助するという「老親扶養モデル」が機能していたが,それが03と08ではもう確認されなくなっているとみなすことができる.

年齢のもつ効果が消失したのとは対照的に,世帯年収,ライフステージと親からの経済的・非経済的援助は一貫して有意な効果を示した.これらの分析結果は親への経済的援助が,年老いた親への義務ではなく,子ども側の懐具合や子育て負担の有無,また親子間の日常的なやりとりによって決まる側面が大きくなったことを物語っている.つまり親への経済的援助が義務的なものから状況依存的なものへと変化しつつあることを示唆しているのである.

さらに,妻の就業形態がもつ効果が変化しており,NFRJ08では妻が正規雇用の場合,双方の親へ経済的援助を与える確率が高いことが確認された.これまで妻の正規雇用は妻の経済的裁量度を高めて,実親への経済的支援を促進す

るとされてきた（白波瀬 2005）が，本節の分析では妻の正規雇用は妻方のみに限らず，双方の親への経済的援助を高めていることが明らかになった．妻の正規雇用は世帯収入を増やし，親への経済的援助を与えやすくするという効果以外に，妻が仕事をするにあたって双方の親から子育て支援を受けた反対給付として，双方の親へ経済的援助を提供している可能性もある．そして，妻親のみに限らず，双方の親へ経済的援助を提供することは，女性（妻）が世代間関係の結節点として義親と実親との関係のバランスを志向していることとも関連しているのかもしれない[4]．

以上から見出された子から親への経済的援助の特徴をまとめると，以下のように整理できる．(1) 1999 年から 2009 年までの 10 年間，親への経済的援助が若干減少している．(2)女性は世帯を代表し，双方の親に対してほぼ同様な比率で経済的援助を行っており，双方の親との関係にバランスをはかっている．(3)親への経済的援助の規定要因は義務から状況依存的なものに変わり，子世代の年齢の効果がなくなったが，世帯年収，子育て負担の有無と親子間の日常的やりとりの有無が有意に援助を規定している．3時点で一貫して示された効果は，子どものいないライフステージで妻親への援助が高まること，高所得層で双方の親への援助が多くなること，親からの経済的・非経済的援助がある場合に親への援助が多くなること，であった．少なくとも，ライフサイクル仮説，階層的要因仮説，世代間交換仮説が支持されたといえる．

最後に親への経済的援助という指標の特徴について簡単に触れておく．本節での分析の結果，親への経済的援助には同居や継承・相続にみるような夫方優位，特定の一子優先のパターン，または同居親に優先的に経済的援助を行うような傾向が確認されなかった．これは親への経済的援助は同居や継承・相続などの家族・親族の制度的側面を表す指標とは異なり，交際や非経済的援助とともに家族・親族関係の情緒的・関係的側面を表す指標であるからだ，と考えれば，妥当な結果であるように思われる．となると，今日日本の世代間関係には制度的側面と情緒的・関係的側面が相互に補完し合いながら，共存しているといえよう．すなわち，一方では特定の一子（主として長男）が親と同居し，継承や相続を受けている傾向が依然として一部に示される（加藤 2003; 施 2012）のに対し，他方では，女性が世帯を代表して，双方の親との関係にバラ

ンスをとりながら，経済的援助を行っている側面もまた存在するのである．

6 親への非経済的援助

(1) 夫親と妻親への非経済的援助の構成比

　続いて子から親への看病や家事の手伝いなどの，非経済的援助について検討を行う．

　図13.3のグラフは，夫親および妻親への非経済的援助のパターンの時点別構成比を示したものである．「双方あり」は夫親・妻親両方に援助を提供，「夫親のみ」「妻親のみ」はそれぞれの親のみに援助を提供しているパターンである．3時点いずれにおいても「双方なし」の割合が高く，次に「双方あり」，「妻親のみあり」，「夫親のみあり」の順になっている．他方で，NFRJ98と比較すると近年ほど「双方あり」と「双方なし」の割合がそれぞれ減少し，「夫親のみ」と「妻親のみ」の割合がそれぞれ増加している．予想とは異なり，近年ほど双系化している傾向は示されず，むしろどちらか一方の側の親のみという非対称性パターンが増加していた．NFRJ08と03のパターンは類似しているため，煩雑さを避けるために以下ではデータはNFRJ98と08の2つを使用することにする．

　表13.2では，仮説で取り上げた諸変数を用いて，2つのデータ別に親への非経済的援助のパターンの構成比とχ^2検定の結果を示した．なお，使用する変数は年齢，妻学歴，妻就業形態，夫学歴，世帯収入[5]，妻親／夫親の生存状況，妻親／夫親居住距離，妻親／夫親からの非経済的援助，同経済的援助，老親扶養意識，性別役割分業意識，都市規模，である．

　学歴との関連では，NFRJ98では妻の学歴が専門・短大の場合，夫の学歴が大学以上の場合に「双方あり」が多かったが，NFRJ08ではこの傾向は見られない．妻の就業形態との関連では，NFRJ98は自営で「双方あり」が多いが，NFRJ08ではこうした傾向は見られない．世帯収入との関連では，NFRJ98においては収入が低いほど「双方なし」の割合が高いが，NFRJ08ではこうした差異は小さくなっている．

　親の生存状況との関連では，NFRJ98では差異は見られなかったのに対して，

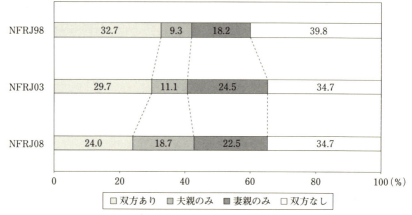

図 13.3 NFRJ データ別にみた親への非経済的援助のパターンの構成比

NFRJ08 では夫親・妻親ともに両親のどちらか一方が死亡している場合に「双方なし」が少なく,両親健在の場合に「双方あり」が少ない傾向がみられる.親との居住距離[6]については,NFRJ98 では妻方・夫方ともに親と同居・歩ける距離(以下,同居・近居と略)の場合にそれぞれ「妻親のみ」「夫親のみ」の比率がやや高く,この傾向は NFRJ08 でも示されている.

親からの非経済的援助・経済的援助の受領については,NFRJ98 では夫方・妻方の親からの援助がある場合に「双方あり」が多く,ない場合に「双方なし」が多いが,NFRJ08 ではこの傾向はやや弱まり,援助をもらった親のみに対して援助を提供する傾向が示されている.

老親扶養意識と性別役割分業意識[7]については有意な関連は示されなかった.居住地域との関連では,NFRJ98 では人口 10 万人以上の都市居住の場合に「双方あり」が多い傾向が示されたが,NFRJ08 ではこうした関連は示されなかった.全般的には,NFRJ08 のほうが子どもの属性の影響力が弱まり,援助の受領を中心として援助のパターンが個別化・多様化していることがうかがえる.

(2) 親への非経済的援助における対称型・非対称型の規定要因

親への非経済的援助のパターンを規定する要因を明らかにするため,

表 13.2　諸変数と親への援助のパターンとのクロス集計結果

		NFRJ98					NFRJ08				
		双方あり	夫親のみ	妻親のみ	双方なし	n	双方あり	夫親のみ	妻親のみ	双方なし	n
年　齢	28-32 歳	27.1	4.3	22.4	46.2	210**	23.5	14.1	26.2	36.2	149*
	33-42 歳	33.3	9.5	17.7	39.5	549	20.6	17.5	23.6	38.3	423
	43-52 歳	37.0	9.7	17.5	35.8	411	23.8	21.8	21.8	32.6	386
	53 歳以上	24.8	15.9	15.0	44.2	113	34.4	19.1	17.8	28.7	157
妻学歴	中・高校	28.5	10.6	17.2	43.7	709**	21.5	21.3	21.7	35.4	497
	専門・短大	42.2	7.0	21.1	29.7	128	25.1	17.7	33.3	33.3	435
	大学以上	37.0	8.1	18.9	36.0	433	28.7	14.9	20.7	35.6	174
妻就業形態	正規雇用	32.1	5.9	20.3	41.7	290**	22.3	21.8	21.8	34.0	238
	非正規雇用	30.7	8.3	17.8	43.1	348	22.5	17.8	21.7	38.0	405
	自　営	41.3	15.3	13.8	29.6	189	26.4	27.5	15.4	30.8	91
	無　職	31.4	9.9	18.1	40.6	443	26.2	15.8	25.3	32.7	367
夫学歴	中・高校	29.0	9.5	18.0	43.4	682***	23.2	18.4	22.3	36.1	462*
	専門・短大	27.0	11.8	18.0	43.3	178	16.7	22.4	29.9	31.0	174
	大学以上	41.3	7.6	18.4	32.7	419	27.2	17.8	20.2	34.8	471
世帯収入	400 万円未満	20.4	11.2	15.8	52.6	152***	23.4	17.0	24.1	36.0	141
	400-800 万円未満	31.5	7.3	19.2	41.9	546	22.4	21.0	21.3	35.9	474
	800 万円以上	38.1	10.9	20.0	31.1	441	25.9	18.3	22.0	34.3	382
妻親生存	片　親	33.8	10.0	19.4	36.8	468	29.6	18.7	22.1	29.6	385**
	両　親	32.4	8.8	17.2	41.6	806	21.4	18.8	22.4	37.4	714
夫親生存	片　親	32.7	8.9	18.7	39.8	563	26.2	22.9	19.0	31.9	432**
	両　親	33.1	9.6	17.5	39.7	707	22.5	16.1	24.6	36.8	671
妻親居住地	同居・歩ける距離	33.0	4.8	28.1	35.0	243***	28.9	11.9	34.0	27.0	343***
	1 時間未満	33.0	10.0	18.3	38.6	623	24.3	24.0	17.0	34.6	382
	1 時間以上	32.2	10.8	12.3	44.7	396	19.7	19.9	18.4	42.0	381
夫親居住地	同居・歩く距離	39.1	14.9	8.9	37.0	523***	31.0	32.2	11.7	25.1	495***
	1 時間未満	28.7	7.4	21.3	42.6	364	24.4	10.0	30.0	36.0	259
	1 時間以上	28.5	3.7	27.7	40.2	370	14.2	6.3	31.0	49.0	354
非経済的援助	夫方親からあり	67.5	9.9	6.1	17.0	394***	35.5	30.0	12.6	21.8	380
	夫方親からなし	17.3	9.0	23.5	50.2	889	18.1	12.9	27.7	41.3	734***
	妻方親からあり	53.8	6.2	24.6	15.3	541***	29.2	11.1	29.4	30.3	469
	妻方親からなし	17.4	12.0	14.0	57.7	742	20.0	24.4	17.5	38.0	644***
経済的援助	夫方親からあり	50.3	10.2	12.9	26.6	433***	32.1	23.8	19.4	24.8	315
	夫方親からなし	23.7	8.8	20.9	46.7	844	20.9	16.8	23.8	38.5	799***
	妻方親からあり	44.2	7.4	22.3	26.1	525***	28.7	13.2	28.4	29.6	348
	妻方親からなし	25.0	10.4	15.4	49.3	749	21.8	21.3	19.8	37.1	766***
老親扶養意識	強　い	33.0	9.0	16.0	42.0	506	25.4	18.2	24.1	32.3	655
	弱　い	33.0	10.0	19.0	39.0	769	22.0	19.6	20.2	38.2	450
性別分業意識	強　い	33.0	11.0	17.0	39.0	522	23.1	19.1	23.3	34.5	467
	弱　い	32.0	8.0	19.0	41.0	754	24.6	18.2	22.1	35.0	642
都市規模	人口 10 万未満	30.4	11.7	16.4	42.0	562**	25.2	22.9	20.9	31.0	345
	人口 10 万以上	34.5	7.4	19.6	38.6	721	23.5	16.9	23.2	36.4	770

*$p<.05$, **$p<.01$, ***$p<.001$.
注：数値は行合計を 100% とした時の各援助パターンの%を示す．

表 13.3 夫親と妻親への非経済的援助のパターンを従属変数とした多項ロジットモデルの結果

	NFRJ98（exp(β)）			NFRJ08（exp(β)）		
	双方あり	夫親のみ	妻親のみ	双方あり	夫親のみ	妻親のみ
妻年齢	1.062***	1.045*	.996	1.091***	1.037*	1.047**
妻学歴（基準：専門・短大）						
中学校・高校（=1）	.823	1.088	.936	.660	.891	.937
大学以上（=1）	.766	.900	1.123	1.103	.936	.871
妻就業形態（基準：自営業）						
正規雇用（=1）	1.094	.455	1.341	1.031	1.235	1.348
非正規雇用（=1）	1.424	.893	1.057	1.004	.730	1.368
無職（=1）	1.832*	1.884	1.521	1.387	.984	1.835
夫学歴（基準：専門・短大）						
中学校・高校（=1）	1.146	.740	1.066	.806	.527*	.479**
大学以上（=1）	1.226	.626	.757	1.082	.628	.478*
世帯収入	1.001***	1.001*	1.001***	1.000	1.000	1.000
夫親ひとり親（=1） （基準：2人親）	1.136	.778	1.020	1.432	1.789*	.784
妻親ひとり親（=1） （基準：2人親）	1.863**	1.242	1.591*	1.381	1.073	1.392
妻親との居住距離 （基準：1時間以上）						
同居・歩ける距離（=1）	1.444	.629	3.252***	2.185**	.816	2.328**
1時間未満（=1）	1.038	.753	2.792***	1.155	.897	1.136
夫親との居住距離 （基準：1時間以上）						
同居・歩ける距離（=1）	1.257	3.628***	.325***	3.168***	7.054***	.616*
1時間未満（=1）	1.133	2.304*	.601*	2.881***	2.900**	1.075
夫親からの非経済的援助 （=1）（基準：なし）	5.840***	2.693**	.346***	3.542***	3.442***	.927
妻親からの非経済的援助（=1） （基準：なし）	8.113***	1.604	9.400***	1.903**	.524**	1.952**
夫親からの経済的援助（=1） （基準：なし）	1.663*	1.429	.748	2.386***	2.940***	1.045
妻親からの経済的援助（=1） （基準：なし）	1.416	1.164	1.864*	1.296	.641	1.919**
老親扶養意識	1.051	1.014	1.054	.801	.927	.786
性別役割分業意識	.994	.909	1.014	.947	.871	1.080
人口10万以上都市（=1） （基準：10万未満）	1.299	.884	1.176	.860	.799	.809
－2LL	2711.818***			2116.643***		
Model χ^2	664.558			423.029		
N	1,069			936		

*p＜.05，**p＜.01，***p＜.001．
注：従属変数の基準カテゴリーは「双方なし」．

NFRJ98, NFRJ08 それぞれについて非経済的援助のパターンを既述の4つ（「双方あり」「夫親のみ」「妻親のみ」「双方なし」）に区分して，「双方なし」を基準カテゴリーとする従属変数を設定し，多項ロジットモデルによって各パターンの規定要因を検討した（表 13.3）．

　夫親と妻親からの非経済的援助は，NFRJ98 においては「双方あり」を高めていたが，この傾向は NFRJ08 ではやや弱まり，援助を提供してくれる親に対してのみへの援助のパターンを増している．親からの援助がその親への援助を増加させる傾向が徐々に強くなっているということだろうか．

　以上の傾向は，親からの経済的援助についてもほぼあてはまる．NFRJ98, NFRJ08 いずれにおいても夫親からの経済的援助は「双方あり」と関連していたが，NFRJ08 では「夫親のみ」との関連が生じている．妻親からの経済的援助は，NFRJ98, NFRJ08 いずれにおいても「妻親のみ」と関連していた．このように，NFRJ08 では援助を提供してくれる親に対して子が援助をする，という交換関係がよりはっきりしてきているようである．

　夫親と妻親との居住距離は，いずれのデータにおいても親と同居・近居の場合に当該の親のみへの非経済的援助と関連していた．総じて近い親との関係が濃くなり，遠い親との関係が希薄になる傾向がうかがえる．

　親の生存状況に関しては，夫親のどちらか一方の死亡は，NFRJ98 では効果を有さなかったが NFRJ08 では「夫親のみ」を高め，妻親のどちらか一方の死亡は，NFRJ98 では「双方あり」と関連を有していたものの，NFRJ08 では特定のパターンとの関連を示さない．

　世帯収入については，NFRJ98 では所得の高さが，「双方あり」「夫親のみ」「妻親のみ」の3つのパターンと関連していたが，NFRJ08 ではこうしたパターンが消失している．女性の就業形態も，NFRJ98 で見られた，無職と「双方あり」の関連が NFRJ08 では消失している．他方で，夫の学歴は，NFRJ98 では特定のパターンと関連しなかったのに対して，NFRJ08 では夫が中・高卒，および大卒以上の場合に「妻親のみ」の低さと関連する．

(3) 考　察

　以上のように，仮説で取り上げた諸変数と夫親・妻親への非経済的援助のパ

ターンとの関連の検討を行った．親への非経済的援助のパターンは，NFRJ98よりも NFRJ08 において対称型の割合が少なくなり，「夫親のみ」と「妻親のみ」の割合がそれぞれ増加し，4つのパターンの構成比が同程度に近づいている．近年ほど援助のパターンは多様化しており，対称型が大幅に増加しているというわけでもないようだ．

分析の結果から得られた結果を要約しよう．双方の親に対して非経済的援助をするというパターンは，NFRJ98, NFRJ08 いずれにおいてもおおむね夫親・妻親それぞれからの非経済的援助および経済的援助と関連していた．しかし，NFRJ08 では援助を提供してくれる親に対して，子側も援助をする，という傾向が顕著になっているように思われる．このことは，老親と既婚子が相互依存しながら親子関係を構築している（Parke and Buriel 1998）ことを意味する（世代間交換仮説の支持）．

親との居住距離は，いずれのデータにおいても同居・近居している親に多くの援助というパターンと関連しており，先行研究（白波瀬 2005；岩井・保田 2008）の知見とも整合的である（居住距離仮説の支持）．近居・同居の親から援助をもらい，子も親に援助を提供する，という関係が強く成立することで，近年ほど「夫親のみ」「妻親のみ」が増加しているように思われる．この点では遠距離に居住する老親は，居住地域内で子ども家族に代わるサポート・ネットワークを構築する必要があることが示唆される．

親の生存状況の効果はあまり一貫せず，NFRJ98 においては妻親のどちらかが死亡している場合に「双方あり」が高まり，NFRJ08 においては夫親のどちらかが死亡している場合に「夫親のみ」への援助が高まるという結果であり，ひとり親に対して子はより多くの援助を提供している，とは必ずしも言えない．このため，ニーズ仮説についての判断は保留せざるを得ない．

階層的要因が及ぼす効果は，近年ほど弱まっており，とくに NFRJ98 と NFRJ03 で示された世帯収入と妻の就業形態の効果（金 2013）は，NFRJ08 では消失している．これらの効果が一時的なものであるのかどうかについては，今後の推移を見守る必要があるが，階層的要因仮説は NFRJ98 においてのみ支持，NFRJ08 については支持されないということになる．

老親扶養意識と性別役割分業意識は，いずれのデータにおいても援助への有

意な効果は示されない．この点に関しては岩井・保田（2008）とは異なった結果となった（伝統的意識仮説は不支持）．有配偶女性は，老親扶養や性別役割に関する意見や態度とは独立に親に非経済的援助をしている可能性がある．結局，規範的な拘束が弱まり，個々の家族が距離的にアクセスが容易なほうの親と経済的・非経済的な援助の交換を行い，結果として援助のパターンが多様化しているようである．あるいは，親との関係を前提に子側が居住場所を設定している可能性もあるだろう．以上の傾向が，近年ほど大きくなっていると考えられる．ただし，本節で扱った親への非経済的援助は，2つの調査において測定項目の内容が異なっており，今後の動向を慎重に見極めていく必要がある．

7　結　論

　以上の親への経済的援助，非経済的援助についての分析は，従属変数の設定などを含めて同じではないため，結果を比較することは簡単ではない．経済的援助については対称化の傾向が観察され，全般的に伝統的な規範的要素が後退し，世代間の交換関係と，どちらかの親に偏らないようにバランスをとる，という傾向が示された．金銭の贈与を意味する経済的援助は空間的な近接性はそれほど援助の提供に影響を与えておらず，また労働を提供しないという点でバランスをとることも比較的容易であると考えられるが，一方で経済的に互恵的な関係にあるかどうかがとくに親への援助を規定していた．

　非経済的援助に関する分析は「どちらの親にも援助をしない」というパターンと比較して他の3つのパターンの出現のしやすさを分析するものであるが，ここでは対称化というよりは多様化の傾向が示された．ここでも伝統的な規範的要素の影響力が後退している傾向が示され，世代間の交換関係のほか，居住距離の近接などの効果が強力に示された．看病や家事は地理的な移動を行ったうえで労働を提供するという性格をもつために空間的な近接性の影響が大きく，居住距離の結果はその結果と考えられるが，ここでも親との経済的・非経済的な互恵性が大きな影響を有していた．

　結局，伝統的な規範の拘束から比較的自由な状態が実現し，日常的な親子相互のニーズや距離的な近接などの個別的な事情の中で子から親への経済的・非

経済的援助がなされていると結論づけられるようだ．

［付記］本章は第1節〜第4節を稲葉・保田・施・金，第5節を施，第6節を金，第7節を稲葉・保田が執筆した．

1) 他に「18歳以上のお子さん」「あなたの兄弟姉妹」についても測定されている．
2) どちらか1人の親が就業している場合，「有職」とみなす．
3) 自分と同居している，自分と同じ家屋，または同じ建物内（玄関も同じか別かを問わない）を「同居」，片道1時間未満までを「近居」，それ以外を「遠居」とみなす．
4) ただし，妻の正規雇用率はNFRJ98の23.1％，03の18.1％，08の21.1％と大きく変化していないにもかかわらず，98と03では有意な効果を確認できなかった．08では女性の正規雇用は双方の親への経済的援助に有意な効果を示しているが，この理由はわからない．これを今後の課題としたい．
5) 世帯収入はカテゴリーの中間値（単位は100万円）に変換し，クロス集計においては400万円未満，400-800万円未満，800万円以上，の3カテゴリーに区分した．
6) 居住距離については，父・母，義父・義母間で居住距離が異なる場合には，近いほうを居住距離とした．回答は徒歩圏内（同居，隣，歩いていける距離），1時間未満，1時間以上，の3カテゴリーに区分した．
7) 老親扶養意識はNFRJ98では2項目（「親の面倒を見るのは長男の義務」「親が年をとったら子どもは親と同居すべき」），NFRJ08は3項目（「親が年をとって，自分たちだけでは暮らしていけなくなったら子どもは親と同居すべきだ」「年をとって収入がなくなった親を扶養するのは，子どもの責任だ」「親が寝たきりなどになった時，子どもが介護するのは当たり前のことだ」）からなる．NFRJ98の「親の面倒」は，NFRJ08の「扶養」と「介護」に相当するものと見なした．それぞれ回答は4件法（「そう思う」から「そう思わない」まで）で求められており，2項目の平均値を指標とした．得点が高いほど老親扶養意識は弱い．性別役割分業意識は「男性は外で働き，女性は家庭を守るべきである」1項目を使用し，同様に得点が高いほど分業意識が低いことを意味する．なお，クロス集計の分析では1.0-2.5点を支持が高い群，2.6-4.0点を低い群とした．

【文献】

廣嶋清志，1991，「近年における親との同居と結婚」『人口問題研究』47(3): 53-70.
岩井紀子・保田時男，2008，「世代間援助における夫側と妻側のバランスについての分析――世代間関係の双系化論に対する実証的アプローチ」『家族社会学研究』20(2): 34-47.
加藤彰彦，2003，『家族変動の社会学的研究――現代日本家族の持続と変容』早稲田大学大学院文学研究科博士論文．
金貞任，2013，「親子の援助関係(2) 子から親へ」石原邦雄・青柳涼子・田渕六郎編

『現代中国家族の多面性』弘文堂,pp. 108-118.
喜多野清一・正岡寛司編,1975,『「家」と親族組織』早稲田大学出版部.
三谷鉄夫・盛山和夫,1985,「都市家族の世代間関係における非対称性の問題」『社会学評論』36(3): 51-65.
森岡清美,1972,「家族の変動」森岡清美編『社会学講座3 家族社会学』東京大学出版会,pp. 205-228.
森岡清美・望月嵩,1983,『新しい家族社会学』培風館.
村上あかね,2006,「相続期待と援助意向,家計からみた世代間関係」『季刊家計経済研究』72: 12-20.
西岡八郎,2000,「日本における成人子と親との関係――成人子と老親の居住関係を中心に」『人口問題研究』56(3): 34-55.
小川直宏,2012,「人口減社会を考える(下) 高齢者の『重荷』軽減が急務」『日本経済新聞』2012年12月9日第27版.
Parke, Ross D. and Raymond Buriel, 1998, "Socialization in the Family: Ethnic and Ecological Perspectives," N. Eisenberg, ed., *The Handbook of Child Psychology: Vol. 3, Social, Emotional, and Personality Development*, Fifth Edition, New York: Wiley, pp. 463-552.
リクルート,2004,『ゼクシィ 結婚トレンド調査』リクルート.
施利平,2008,「戦後日本の親子・親族関係の持続と変化――全国家族調査(NFRJ-S01)を用いた計量分析による双系化説の検討」『家族社会学研究』20(2): 20-33.
施利平,2012,『戦後日本の親族関係――核家族化と双系化の検証』勁草書房.
清水浩昭,1992,『高齢化社会と家族構造の地域性――人口変動と文化伝統をめぐって』時潮社.
白波瀬佐和子,2005,『少子高齢社会のみえない格差――ジェンダー・世代・階層のゆくえ』東京大学出版会.
田渕六郎,2009,「結婚した子と実親・義理の親とのつながり――子からみた親子関係」藤見純子・西野理子編『現代日本人の家族――NFRJからみたその姿』有斐閣,pp. 166-185.
塚原一郎,2007,「所得・資産を通じた世代間移転」樋口美雄・瀬古美喜・慶應義塾大学経商連携21世紀COE編著『日本の家計行動のダイナミズム3 経済格差変動の実態・要因・影響』慶應義塾大学出版会,pp. 263-283.
保田時男,2004,「親子のライフステージと世代間の援助関係」渡辺秀樹・稲葉昭英・嶋﨑尚子編『現代家族の構造と変容――全国家族調査[NFRJ98]による計量分析』東京大学出版会,pp. 347-365.

14

成人期のきょうだい関係
交流頻度のマルチレベル分析

保田　時男

1　成人期のきょうだい関係への注目

　本章では，成人期のきょうだい関係に注目し，きょうだいの交流が他の家族（配偶者，子ども，親）がいない場合の代替として機能しているのかどうかを検討する．NFRJ が持つ豊富なきょうだいデータを十分に活用するために，きょうだい間の交流頻度に対してマルチレベル分析を適用している．結果を先取りすると，配偶者の存在や，成長した子どもの存在は，きょうだいの交流を減少させる効果があり，逆の言い方をすれば，これらの家族がいない人々にとって，きょうだいとの交流は代替的な役割を果たしていることが示された．この結果は，晩婚化や非婚化，子どもを持たない夫婦の増加により，将来的に成人期のきょうだい関係の社会的重要性が増す可能性を示している．

　日本の家族研究におけるきょうだい関係への注目度は，けっして高いものではない．しかし，きょうだいとの関係は，一般に親子関係よりも長期にわたる最長の家族関係である．また，幼少期から成人するまでの定位家族の経験を同じ立場で共有し，同じときに親の健康問題や死亡を経験するという，かなり特殊な関係である．

　この意味から，きょうだい関係についてライフコースを通した連続的な理論を構築する必要性が唱えられている（吉原 2006a）．また，福祉的な視点からは，きょうだいが高齢期の社会化のエージェントとなる可能性が指摘されている（安達 1999）．つまり，幼い頃にきょうだいを手本として社会化が進むのと

同じように，高齢期の自分の過ごし方を境遇の似たきょうだいから学ぶことが，前例のない高齢化社会を生きる人々にとって有効な手段となる可能性が示唆されている．このような理論的な必要性や予想を検討するためにも，きょうだい関係研究の中でもとくに手薄な成人期のきょうだい関係の実態を明らかにすることの重要性は，強まっているといえる．

　NFRJ は成人のきょうだい関係を継続的に調査している稀な家族調査である．当初から，「きょうだい関係についてここまで細かい項目が設定されているデータはめずらしい．（中略）NFRJ98 はきょうだい関係という新たな研究領域を浮かび上がらせた」（渡辺・稲葉・嶋﨑 2004: 8）とその特異性が強調されている．しかし，後で見るように，その研究成果は十分なものではない．この１つの原因は，きょうだいそれぞれとのダイアド関係を（最大で３人まで）調べているデータ構造が複雑なことにあると考えられる．本章では，マルチレベル分析によりこのデータを適切に取り扱い，NFRJ98，03，08 の３時点データで成人期きょうだいの交流頻度（１年間の話らしい話の回数）の分布と規定要因を明らかにする．

2　成人期のきょうだい関係についての実証研究

　成人期を視野に入れたきょうだい関係の実証研究としては，海外では Cicirelli（1995）の調査報告や Sanders（2004）のレビュー書籍が有益である．国内の研究としては，生涯学習施設の高齢者を調査した安達（1999）や老人会を調査した吉原（2006a）が，高齢期のきょうだい関係について独自の調査研究をおこなっている．

　NFRJ を利用した分析研究もいくつか存在し，NFRJ98 を用いたものでは，安達（2004）が高齢者きょうだいの接触頻度の分析，澤口（2001）がきょうだいの家族認知の分析をおこなっており，NFRJ03 では，吉原（2006b）が情緒的サポート源としてのきょうだいの分析，西野（2009）が既婚者のきょうだいとの交流頻度の分析をおこなっている．

　成人期のきょうだい関係のもっとも主要なテーマは，（とくに高齢期を見据えた）きょうだい間のサポート関係の分析である．直接的なサポート行動の代

わりに接触や会話の頻度，サポート源としてきょうだいを頼る意識，あるいはその結果としての幸福感が分析されている．上記の中では澤口（2001）だけが異色で，他はすべてこのテーマに関わっている．分析対象者の範囲や測定の仕方に違いはあるものの，男性より女性の方がきょうだい間の接触やサポートが多いことは，ほぼ共通の見解である（安達 1999, 2004；吉原 2006b；西野 2009）．

逆に，知見が分かれるのは，きょうだい以外の家族の存在が及ぼす影響の仕方である．きょうだい以外の家族が存在しないときにきょうだいによるサポートが増加するならば，きょうだいが他の家族の代替として働いている可能性を指し示すことになる．Cicirelli（1995）はこれを「二次的介護者としてのきょうだい役割（the role of siblings as secondary caregivers）」と呼び，吉原（2006b）は Cantor の「ハイアラーキー代償仮説（the hierarchical-compensatory hypothesis）」として解釈している．

NFRJ98 による安達（2004）の分析は，配偶者や子どもの有無は高齢期のきょうだいの接触頻度と関係ないとしている．一方，高齢者の学習施設での安達（1999）の調査では，同居子の有無はやはり接触頻度と無関係だが，配偶者がいないことは接触頻度を高めるという結果である．吉原（2006a）の老人会の調査も同様に，子どもの有無はきょうだいの接触と無関係で，無配偶者は接触が多い．西野（2009）は NFRJ03 の既婚者のみを分析しているが，子どもの有無は会話頻度に関係しないとしている．同じ NFRJ03 を分析した吉原（2006b）は，サンプルを性別・年齢層でグループ分けした上で，サポート源としてきょうだいを求める意識が無配偶者について高いだけでなく，若年女性に限ると子どもが少ないことも同様の効果を持つことを示している．

言うまでもなく，分析の対象者や扱っている概念に違いがあるので，これらの知見の不一致は当然であるが，一方で，とくに NFRJ の分析では複数のきょうだいダイアドのデータを十分に活かしていない問題がある．安達（2004）や吉原（2006b），西野（2009）は，いずれも 1 番目のきょうだいとの関係のみを分析対象としている．その場合，データの半分以上を切り捨てていることになるだけでなく，長男や長女にあたるきょうだいとの関係を偏重するバイアスがかかる．分析テーマが異なるが，澤口（2001）は各きょうだいダイアドを

1ケースとみなして，全てのダイアドデータを活用している．しかし，単純な分析方法では，同じ回答者が関わる複数のきょうだい関係が別々の独立ケースとして観察されたかのように扱われるため，統計的に適切な結果が析出されない．

そこで，本章では，マルチレベル分析により3組のきょうだいダイアドデータを全て用い，成人期きょうだいの交流頻度（1年間の話らしい話の回数）の規定要因を適切に分析する．交流頻度は暗にサポート関係への期待を意味している．実際に，交流が多いきょうだいは介護をきょうだいに頼る意識が高く（数値は割愛），両者の間には明らかに関連がある．

重要な分析視点は，きょうだいとの交流が他の家族の存在の影響を受けるのかどうかを明確にすることである．また，ライフステージの進行で，きょうだい関係がどう変化するのかを把握するため，若齢期と高齢期の分析結果を比較する．同様に，NFRJ98-08までの10年間の時代的なトレンドを把握するため，3時点の分析結果を比較する．これらの分析により，結局，きょうだいとの交流は他の家族との交流の代替となっているのかどうか，結論を下すことができるものと考えている．

3 成人きょうだいの交流頻度

きょうだいとの交流頻度の指標には，3時点で共通に調査されている「話らしい話の頻度」を使用する．質問文は，「この1年間に，この方と『話らしい話』をどのくらいしましたか．電話なども含めます」である．6段階の回答を西野（2009）と同じ方式で年間の会話回数に変換し，「ほぼ毎日」「週に3-4回」「週に1-2回」「月に1-2回」「年に数回」「まったくない」をそれぞれ，年間312回，182回，78回，18回，5回，0回とカウントする．分析単位は1つ1つのきょうだいダイアドで，1人の回答者が複数の分析ケースを持つ．欠損を含むケースを除いた最終的な分析ケース数は，NFRJ98から08まで順に，1万1709，9661，7966ダイアドであり，回答者数では5628，4982，4364人である．NFRJ08では回答者が72歳までに限られているため，78歳までのデータがあるNFRJ98，03でも分析対象は72歳までに限定している．

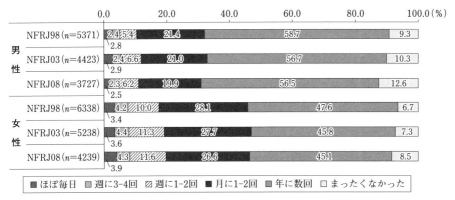

図 14.1　きょうだい間の交流頻度の単純集計（ダイアド単位）

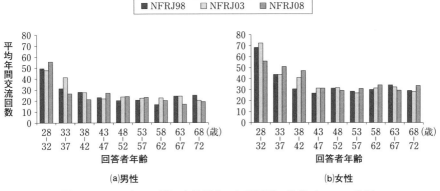

図 14.2　きょうだい間の交流頻度の年齢層別の推移（ダイアド単位）

まずは交流頻度の分布を回答者の基本属性別に単純比較してみよう．図14.1 は，男女別，時点別の集計結果である．きょうだいの交流は全般的に低調で，男女ともに半数以上が「年に数回」までしか会話をしていない．ただし，活発に交流するきょうだいが無視できるほど少ないわけではなく，週1回以上会話をしているきょうだいも 1-2 割程度存在する．男女で比べると，明らかに女性の方がきょうだいとの交流頻度が高い．時点間での差は小さいが，やや交流が減る（まったく交流がなかった者の割合が漸増している）傾向があり，この変化は男女ともに 1% 水準で統計的に有意である．

次に，交流頻度を1年間あたりの会話回数に変換して，加齢による平均値の

変化を観察したものが図14.2である．男女ともに40代にかかる頃まではきょうだいの交流が漸減するが，その後はほぼ安定した平均値をとる．どの年齢層でも女性の方が交流が活発である傾向は変わらない．また，3つの調査時点の間で顕著な違いは見られない．あえていえば，NFRJ08の女性で40歳前後での交流の減り方がやや異なる傾向を示している．

図14.1で，時点が進むと交流が減少する傾向が見られたが，ここでの結果が示すように同じ年齢層の中では交流が減るトレンドは見られない．このことから，図14.1で見られた時点間の差異は，最近の調査の方が回答者の高齢化が進んでいることにより，交流の多い若い層が相対的に少なくなったことを反映しているにすぎないことがわかる．つまり，きょうだいの交流が減る時代のトレンドがあるわけではない．

まとめると，きょうだいの交流頻度は女性の方が明らかに高く，40代にかかる頃までに漸減する傾向は男女共通である．これらの基本的な傾向は，NFRJ98，03，08の3時点で変わらない．

4 交流頻度の規定要因のライフステージによる変化

(1) データと分析方法

では次に，個々のきょうだいの交流頻度が何に規定されているのか，規定要因の分析に移ろう．何が活発な交流を保つきょうだいと疎遠なきょうだいとを分かつのであろうか．

ここでは，各きょうだいとのダイアド関係を第1水準とし，複数のダイアド関係を持つ回答者個人を第2水準とするマルチレベル分析をおこなう．ランダム係数モデルは想定しないので，回帰係数の読み取り方は通常の回帰分析と同じであるが，マルチレベルの設定によって，回答者自身の属性と相手のきょうだいの属性，あるいは両者が共有する定位家族の状況のそれぞれが，きょうだいの交流をどのように規定しているのかを，統計的に適切に把握できる．

この分析で確かめたいことは，成人期の人々のサポート源として，きょうだいが，配偶者や成人子，親の代替となっているのかどうか，ということである．つまり，他の有力な家族成員が存在しない場合に，きょうだいとの交流が頻繁

になるようなことが起こっているのかどうかを検討したい．そのため，独立変数は，回答者自身に配偶者や子ども，存命の親がいるかどうかを示すダミー変数を投入する．これらの変数がきょうだいの交流頻度に影響するならば，きょうだいがこれらの家族成員の代替になっている可能性を示すことになる．ここで想定するのは介護等に限らず，金銭的援助や相談相手など広い意味でのサポート源なので，子ども等が同居しているかどうかは問わない．理想的には，同じように交流相手のきょうだいについても，配偶者や子ども，存命の親がいるかどうかを検討すべきであるが，NFRJではきょうだいが子どもを持つかどうかを調べていない．また，きょうだいの親は回答者の親と共通である．そのため，きょうだいについては，配偶者の有無（有配偶かどうか）だけを独立変数として扱う．

　これらに加えて，基本的な属性として回答者本人ときょうだいそれぞれの性別と年齢，また全体のきょうだい数（回答者を含む）も統制する．なお，交流頻度と明らかな相関を持つ居住関係（すなわち同別居や距離）については，2つの理由から統制変数には含めない．第1に，同居等の居住関係が当事者の選択的行動なのか，先行的な制約条件なのか，あるいは（既婚のきょうだいが2組同居することは避ける等の）規範的制約なのか，理論的位置づけが明確でないため分析結果の解釈が混乱する．第2に，NFRJ98，03，08の間で居住関係の調査方法（選択肢）が異なっており，単純な比較ができない．厳密さを無視すると，若年期・壮年期・高年期におけるきょうだい間の同居率はどの調査時点でも約7％，2％，1％である．これらのことから，居住関係の影響は，若年期の他の変数の影響（具体的には結婚の影響）を解釈する際の考慮に留める．

　使用する変数の記述統計（平均値）は，**表14.1**のとおりである．先頭に「Sib」とあるのはきょうだいの属性（すなわち第1水準の変数）であり，「R」とあるのは回答者本人の属性や，きょうだいで共有する定位家族の属性（すなわち第2水準の変数）である．各平均値は，およそ予想されるような数値を示しているが，きょうだい数が急速に減っていることを受けて，調査時点が進むほど平均きょうだい数が少なくなっていることと，同じ調査時点の中でも若いコーホートほどきょうだい数が少ないことには注意が必要である．きょうだい関係の回答欄は3人までなので，自分を含めたきょうだい数が5人以上だと，

表14.1 分析に使用する変数の記述統計（ダイアド水準）

	NFRJ98			NFRJ03			NFRJ08		
	28-42歳	43-57歳	58-72歳	28-42歳	43-57歳	58-72歳	28-42歳	43-57歳	58-72歳
Sib 年間交流回数	41.5	25.1	26.2	46.0	26.3	26.3	43.1	27.5	25.3
Sib 女性（=1）	.492	.516	.532	.501	.506	.525	.498	.510	.542
Sib 年齢	35.6	52.6	65.0	35.1	52.5	65.7	35.2	51.6	65.7
Sib 有配偶（=1）	.688	.848	.797	.634	.827	.789	.648	.839	.853
R 女性（=1）	.550	.550	.525	.578	.558	.504	.551	.546	.509
R 年齢	35.2	50.4	64.6	35.2	50.9	64.5	35.2	50.6	64.3
R 有配偶（=1）	.761	.881	.842	.773	.888	.849	.683	.836	.847
R 子どもあり（=1）	.695	.905	.942	.714	.900	.931	.643	.857	.923
R 両親とも死亡（=1）	.028	.297	.775	.027	.258	.747	.013	.184	.682
R きょうだい数	3.1	4.3	5.2	2.9	3.7	4.7	2.8	3.3	4.3

年下のきょうだいとの関係はデータに入らないことになる．

なお，データを回答者の年齢層で28-42歳，43-57歳，58-72歳の3層（以下，便宜上，若年期・壮年期・高年期と呼ぶ）に分割しているのは，成人期のライフステージの進行によるきょうだい関係の変化を検討する，という本章の1つの目的を果たすためである．同様に，時点間の変化を読み取るために，NFRJ98, 03, 08の3時点は個別に分析して結果を併記する．

（2） 分析結果と解釈——年齢層別の規定要因の違いが持つ意味

表14.2～表14.4が，若年・壮年・高年のきょうだいの交流回数についてマルチレベル分析をおこなった結果である．順に，結果の読み取りと簡単な解釈を示す．表14.2の若年期（28-42歳）は，回答者本人やきょうだいが育った定位家族からの離脱が進む時期にあたる．本人についても相手きょうだいについても，有配偶の負の効果が大きく，それぞれの結婚が年間20-40回程度もきょうだいの交流を減らす．また，それぞれが女性であることも強い力を持ち，男性よりも年間20回前後，交流が多い．一方で，子どもの有無や両親の死亡は影響しない．また，年齢については一部に有意な効果が認められるが，その絶対的な影響力は強くない．同様に，きょうだい数の影響がNFRJ03についてのみ有意であるが，2人きょうだいと4人きょうだいを比べても，差が年間7回といった程度なので，絶対的な影響力はやはり弱い．

これらの結果から，若年期におけるきょうだいの交流は次のように解釈できる．この時期は，図14.2で加齢に伴う急激な交流の減少が認められた時期であるが，その理由はほぼ本人およびきょうだいが結婚により定位家族から離脱することで説明できたといえる．配偶関係の影響を統制すると，年齢の効果がほとんどなくなってしまうからである．積極的な言い方をすれば，この結果により，配偶者がいなければその代替としてきょうだいの交流が頻繁になるという代替仮説が支持されたともいえる．しかし，ここではそのような積極的な解釈は保留したい．この時期の配偶関係の影響は，単に定位家族からの離脱が住居の移動（別居）などを伴い，接触の機会が減少したという消極的な意味を持つに過ぎないと考える方が自然だからである．一方で，女性の方が交流が多い効果は強固であり，とくに本人だけでなく相手のきょうだいの性別も同様の効果を持つことが重要である．女性回答者の方が交流回数が多いだけであれば，単に女性が交流回数を多く答えがちという回答バイアスの結果である可能性も否定できないが，相手きょうだいが女性であることについても同様の効果が見られるので，バイアスではなく実態を反映しているものと考えられる．

　次に，表14.3の壮年期（43-57歳）の結果を見てみると，若年期とは様相が異なる．この時期は，多くの回答者にとって子どもが成長し，親が年老いてくるころである．若年期との一番大きな違いは，有配偶の負の効果の規模が後退し，本人に子どもがいることが比較的大きな負の効果を持つことである．NFRJ98の場合，有配偶であることが7回程度しかきょうだいの交流を減らさないのに対して，子どもがいることは20回も交流を減らす．有配偶と子どもの影響力の大小関係は，調査時点によって多少異なり，古い時点ほど子どもの影響が強く，新しい時点ほど有配偶の影響が強くなっている．きょうだいが子どもを持つことが同様の効果を持つのかは，変数（調査項目）がないため検討できていない．この分析の中では，きょうだいが有配偶であることの効果の中に混入していると想定される．本人およびきょうだいが女性であることの効果は，若年期と同様に認められるが，その効果は10回前後と若年期の半分程度に後退している．その他の変数の影響は，若年期と同様で，両親の死亡は影響せず，年齢やきょうだい数の影響は一部に有意だが，絶対的な影響力が弱い．

　これらの結果は，壮年期のきょうだい交流の位置づけが，若年期とは大きく

表 14.2 きょうだいとの年間交流回数の規定要因（若年：28-42 歳）

固定効果　係数	NFRJ98	NFRJ03	NFRJ08
切　片	118.73***	128.11***	82.72***
Sib 女性（＝1）	19.24***	25.98***	23.81***
Sib 年　齢	－.92**	－.23	－.41
Sib 有配偶（＝1）	－28.96***	－18.60***	－18.13***
R 女性（＝1）	15.35***	16.88***	21.37***
R 年　齢	－.18	－1.32*	－.27
R 有配偶（＝1）	－41.10***	－33.96***	－35.52***
R 子どもあり（＝1）	4.68	－1.42	－3.66
R 両親とも死亡（＝1）	9.92	－.11	5.88
R きょうだい数	－2.61	－3.82*	－.44
ランダム効果　分散			
level-1（ダイアド単位）	3374.21***	3691.40***	3660.76***
level-2（回答者単位）	1939.39***	1980.85***	1728.81***
ICC	.365	.349	.321
モデル適合			
パラメーター数	12	12	12
－2LL	33729.92	27855.10	23093.54
level-1 n	2,974	2,440	2,031
level-2 n	1,855	1,633	1,387

***$p<.001$, **$p<.01$, *$p<.05$.

異なることを示している．若年期のきょうだい交流の減少が，単に定位家族からの離脱，すなわち住居の移動などを伴う消極的な意味が大きいのに対して，この時期のきょうだい交流の減少には，「子ども」という新たな交流相手の獲得という積極的な影響が示唆されている．成人あるいはそれに近い年齢にあると想定されるこの時期の子どもは，身近な大人の交流相手としてきょうだいに取って代わることができるのであろう．同じ意味でいえば，若年期の有配偶の影響も，配偶者という新たな交流相手の獲得と読むこともできるが，壮年期に有配偶の影響が同様に強い効果を維持していないことから，住居の移転という消極的な意味を差し引いた場合，配偶者ときょうだいの代替関係はより弱いものと予想される．NFRJ98 から 08 へと調査時点が進むにしたがって子どもの影響が小さくなり，逆に有配偶の影響が大きくなることについては，晩婚・晩産化の進展でライフステージの進行が遅くなっていることが反映されているも

表14.3　きょうだいとの年間交流回数の規定要因（壮年：43-57歳）

固定効果　係数	NFRJ98	NFRJ03	NFRJ08
切　片	40.27**	58.36***	59.31***
Sib 女性（＝1）	12.48***	12.42***	8.02***
Sib 年　齢	−.17	.03	−.37
Sib 有配偶（＝1）	−14.84***	−13.67***	−17.57***
R 女性（＝1）	8.62***	8.21***	7.45**
R 年　齢	.56*	.18	.59
R 有配偶（＝1）	−7.08*	−15.74***	−22.57***
R 子どもあり（＝1）	−20.17***	−15.80***	−13.45**
R 両親とも死亡（＝1）	−4.00	−3.42	2.76
R きょうだい数	−1.66**	−3.59***	−1.82
ランダム効果　分散			
level-1（ダイアド単位）	2050.29***	2187.73***	2249.34***
level-2（回答者単位）	752.88***	921.18***	1187.31***
ICC	.269	.296	.345
モデル適合			
パラメーター数	12	12	12
−2LL	50093.95	37588.69	28320.10
level-1 n	4,673	3,475	2,597
level-2 n	2,122	1,780	1,503

***$p<.001$, **$p<.01$, *$p<.05$.

のと思われる．すなわち，同じ年齢層でも NFRJ08 ではライフステージ的には若年期の状況に当てはまる回答者がより多く含まれているものと解釈できる．

最後に，表14.4 の高年期（58-72歳）の結果を確認する．この時期は，子どもが自立し，自身は職業生活から引退していくころである．分析結果は，ほぼ壮年期と共通であるが，有配偶かどうかの影響が小さく，子どもの有無の方が重要である傾向がより鮮明になっている．有配偶の影響は一部，統計的に有意ですらない．また，両親の死亡の影響にはじめて有意性が観察されているが，年間6回程度の違いでやはり絶対的な影響力は比較的小さい．

高年期の結果として子どもの影響が壮年期と変わらぬ影響力を維持したことは，重要である．この時期の子どもはすでに成人し，自立が進んでいる可能性が高いが，それでも子どもがいることは同様にきょうだいとの交流の代替を果たしている．すなわち，子どもの効果が子育てを終えるまでの一時的なもので

表14.4 きょうだいとの年間交流回数の規定要因（高年：58-72歳）

固定効果　係数	NFRJ98	NFRJ03	NFRJ08
切　片	44.86*	62.64**	54.28**
Sib 女性（＝1）	5.14**	6.55***	8.51***
Sib 年　齢	－.12	.15	－.04
Sib 有配偶（＝1）	－8.28***	－10.54***	－13.34***
R 女性（＝1）	8.58***	7.49**	14.19***
R 年　齢	.18	－.14	.27
R 有配偶（＝1）	－8.54**	－5.90	－7.09*
R 子どもあり（＝1）	－14.10**	－18.16***	－25.65***
R 両親とも死亡（＝1）	－1.89	－5.61*	－2.05
R きょうだい数	－.18	－2.13**	－2.90***
ランダム効果　分散			
level-1（ダイアド単位）	2069.67***	2161.15***	1751.41***
level-2（回答者単位）	1083.52***	969.09***	1013.52***
ICC	.344	.310	.367
モデル適合			
パラメーター数	12	12	12
－2LL	43847.24	40477.89	35571.34
level-1 n	4,062	3,746	3,338
level-2 n	1,651	1,569	1,474

***$p<.001$, **$p<.01$, *$p<.05$.

はなく，成人としての子どもの存在がきょうだいとの交流を減少させ続けることが明確に示されている．

5　まとめと議論——きょうだいの代替役割が暗示する日本家族の将来

以上の結果をまとめると，成人期のきょうだい間の交流について，次のことがわかった．きょうだい間の頻繁な交流は多数派ではないものの，無視できるほどマイナーなわけではない．とくに40代にかかるころまでの若年期は交流頻度が高い．これは定位家族への停留であり，結婚により定位家族からの離脱が進むと交流頻度は大きく減退する．ただし，配偶者の存在がきょうだいの交流に及ぼす影響は，壮年期に大きく後退するため，配偶者ときょうだいの代替関係は弱いものと予想される．むしろ，壮年期から高年期にかけては，若年期

に影響力を持たなかった子どもの存在が，強い影響力を持つようになる．すなわち，成長した子どもがきょうだいとの交流の代替的な役割を果たすようになることを示唆する．女性の方が交流が多いことは，どの年齢層でも一貫しており，先行研究と一致する．これらの結果は，調査時点間で違いがほとんどなく，きょうだい間の交流の規定要因を，ライフステージの進行に沿った形で頑健にモデル化できているものと思われる．

　これらの結果が，現代日本あるいは近い将来の日本における，成人期のきょうだい関係の意味を考える上でどのような意味を持つのか，そのインプリケーションについて議論しよう．第2節でも述べたとおり，きょうだい間の交流が多い人々はサポート源としてきょうだいに期待する割合が高く，きょうだいの交流頻度は表面的なものではなくある程度実質的なサポート行動を反映しているものとみなせる．したがって，交流頻度の分析ではあるものの，本章の分析結果から，現代日本では「二次的介護者としてのきょうだい役割」が主に成人子の代替として安定的に認められること（ハイアラーキー代償仮説の支持），およびそのきょうだい役割が女性にとってより大きいこと，が示された．

　年齢層別のマルチレベル分析においては，若年期にきょうだいの交流が多いことは定位家族への停留の結果であり，それぞれが結婚することで交流が減退することが示された．このことは，昨今の晩婚化の進行により，将来的にきょうだい間の頻繁な交流（サポート関係）がより長期間にわたり維持される可能性を示している．さらにいえば，非婚化の進行によりそれが生涯にわたり恒久化される可能性もある．将来，生涯未婚率が現在より高い水準にあることはほとんど間違いない．生涯独身者を社会がどう受け止めるのかを考える際に，きょうだい同士の交流やサポートの存在を考慮に入れなければならない．もう少し具体的な言い方をすれば，きょうだい間で扶養関係が生じるケースが多くなる可能性がある．

　では，実際のデータで近年の方がきょうだいの交流が増えているのかといえば，図14.2で見たようにそのようなはっきりとした傾向は見られない．これは，現時点でまだ非婚化がそこまで進んでいないこともあるが，きょうだい数の減少が影響しているものと思われる．定位家族に停留する未婚の人々が頻繁にきょうだい間で交流するといっても，相手となるきょうだいがいなければな

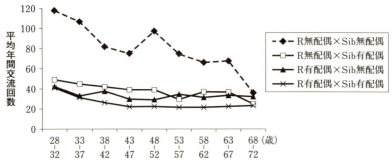

図14.3 配偶者の有無の組み合わせ別 きょうだいの交流回数（NFRJ98-08）

らない．図14.3は回答者本人と相手きょうだいの配偶者の有無を掛け合わせたグループ別に，交流頻度の違いを調べたものである．この図から明らかなように，本人と相手きょうだいの「両方が」無配偶でなければ，頻繁な交流は生まれにくい．表14.1で見たように平均きょうだい数はNFRJ98-08の間で減少しているので，無配偶者は増えても適切な相手きょうだいを見つけられる可能性は低くなっていると考えるべきであろう．つまり，家族内でのサポート関係を頼ることができなくなっている無配偶者が潜在的に増加している可能性がある．今回の分析に現れているきょうだい数の減少は，戦前・戦後の転換期を反映したものである．今後，1980年代ごろに結婚した夫婦から始まったもう一段階のきょうだい数減少の影響が現れてくる．非婚化ときょうだい数減少という人口学的動態がきょうだい間の交流・サポート関係に及ぼす影響には，一層の注視が必要である．

　同じような意味でいえば，結婚しても子どもを持たない生活を選択する夫婦，あるいは高齢等の理由で子どもを持てなかった夫婦が将来的に増加するであろうことも，きょうだい間の交流・サポートと関連して重要な示唆を持つ．すでに見たように，回答者が若年期にあるときの幼い子どもの存在は，きょうだいの交流頻度に影響しないが，壮年期・高年期における成長した子どもの存在は，きょうだいの交流を減少させる効果があった．図14.4は改めてこの点を示すグラフである．若年期には，子どもの有無にかかわらず無配偶であることがきょうだいの交流を活発にしているが，壮年期以降は，無配偶であっても子どもがいればきょうだいとの交流は多くならない．逆の言い方をすれば，「成長し

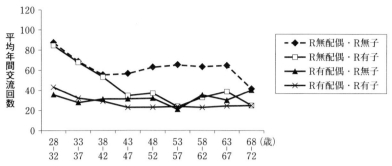

図 14.4 配偶者・子の有無の組み合わせ別 きょうだいの交流回数 (NFRJ98-08)

た子ども」を持たない人々は，交流・サポートの相手としてきょうだいを頼る可能性が高まるということである．結婚して配偶者を得ている人々も，離婚や死別によって配偶者を失ったとき，子どもがいなければ「無配偶・無子」の状態になることに注意が必要である．日本の場合，母親が子どもを引き取り父親との関係が断絶するケースが多いことを考えれば，離婚率の上昇がきょうだいに頼る男性の増加を引き起こす可能性もある．

なお，本章の分析にはいくつか大きな課題がある．第1に，きょうだいがまったくいない一人っ子が分析対象に入っていないことに注意が必要である．きょうだいがいない場合を含めた分析枠組み，理論枠組みの構築は今後の大きな課題である．すでに見たように，成人期のきょうだい関係は成人子あるいは配偶者の代替となっている可能性が高い．とするならば，きょうだいがいない人々（一人っ子）の配偶関係や成人親子関係をも包含した分析をおこなわなければ，真にきょうだい関係の意味を理解することはできないはずである．第2に，結婚や子どもを持つことの影響をより適切に分析するためには，今後，パネルデータでの検証も必要であろう．第3に，今回の分析対象は72歳までと，実際的なサポートの必要性が比較的低い年齢層までの分析である．本格的なサポートが必要となる後期高齢者層において，実際のきょうだいの交流がどうなっているのか，より高齢を含むデータで検討する必要がある．

以上のような課題はあるものの，本章でおこなった分析により，成人期のきょうだい間の交流が，配偶者や成人子の代替となっている可能性が高いことが示された．家族関係の中では夫婦関係，親子関係への視線が集まりがちである

14 成人期のきょうだい関係──273

が，夫婦関係や親子関係を取り結ばない人々が増加しつつある現在，成人期のきょうだい関係への理解を深めることの重要性は増しており，NFRJ の分析によりその1つの土台を形作ることができたように思える．

【文献】
安達正嗣，1999，『高齢期家族の社会学』世界思想社．
安達正嗣，2004，「高齢者のきょうだい関係」渡辺秀樹・稲葉昭英・嶋﨑尚子編『現代家族の構造と変容――全国家族調査［NFRJ98］による計量分析』東京大学出版会，pp. 310-323.
Cicirelli, Victor G., 1995, *Sibling Relationships across the Life Span*, New York: Springer.
西野理子，2009，「兄弟姉妹とのつながり」藤見純子・西野理子編『現代日本人の家族――NFRJ からみたその姿』有斐閣，pp. 187-198.
Sanders, Robert, 2004, *Sibling Relationships: Theory and Issues for Practice*, London: Palgrave Macmillan.
澤口恵一，2001，「きょうだいにおける家族認知とライフステージ――家族発達アプローチの可能性」藤見純子編『家族生活についての全国調査（NFR98）報告書 No. 2-5』日本家族社会学会全国家族調査（NFR）研究会，pp. 49-67.
渡辺秀樹・稲葉昭英・嶋﨑尚子，2004，「戦後日本の家族研究と NFRJ98」渡辺秀樹・稲葉昭英・嶋﨑尚子編『現代家族の構造と変容――全国家族調査［NFRJ98］による計量分析』東京大学出版会，pp. 3-13.
吉原千賀，2006a，『長寿社会における高齢期きょうだい関係の家族社会学的研究』学文社．
吉原千賀，2006b，「情緒的サポート源としてのきょうだいと家族」『奈良女子大学社会学論集』13: 195-208.

15

公的介護保険導入にともなう介護期待の変化
自分の介護を誰に頼るか

大和　礼子

1　問い——介護制度の変化は人々の介護期待をどう変えたか

　日本における後期高齢者（75歳以上）の人口比は急速に高まっている．1960年にはわずか1.7%にすぎなかったが，1980年3.1%，1990年4.8%，2000年7.1%と伸び，2010年には11.0%と人口の1割以上を占めるようになった（総務省統計局 2012, 2013）．これに伴い介護を必要とする高齢者の数は急増している（内閣府 2012）．しかしその一方で，高齢者と子（特に既婚子）の別居の増加，少子化，女性の雇用労働力化，未婚化（男性にとっては親の介護を分担してくれる妻がいない人の増加）などにより，家族の介護資源は乏しくなっている．

　こうした変化を背景に，日本では1980年代以降，介護制度のあり方が大きく変化した．1970年代までは，高齢者の介護はおもに家族・親族の責任と考えられていた．そのため公的な介護サービスは原則として，家族・親族による介護がなく，低所得のために民間のサービスを購入することも難しいといった人々に対して提供されていた．福祉政策におけるこうした原則は「残余主義」とよばれる．しかし1980年代以降，残余主義の原則は徐々に緩和され，それに代わって，家族・親族の状況や所得にかかわらず，介護ニーズがある人に対して公的サービスを提供するという「普遍主義」の原則に基づいて制度が整えられていった．たとえば1982年から，公的ホームヘルプサービスについて，従来の所得税非課税（低所得）世帯に対する無料派遣に加えて，所得税額に応

じた費用負担が導入されて所得制限が撤廃され，中流以上の階層の人々もサービスの利用が可能になった．1989年には「高齢者保健福祉推進10カ年戦略」（ゴールドプラン），さらに1994年にはこれを拡充した新ゴールドプランが策定された．これらによって在宅福祉を支えるためのサービスや施設（ホームヘルプサービス，デイサービス，ショートステイなど）や，それを補完するための施設福祉（特別養護老人ホーム・老人保健施設・ケアハウスなど）の緊急整備が，市町村において推進されることになった．そして2000年からは公的介護保険によって，45歳以上のすべての人が保険料を拠出し，介護ニーズが生じたときはサービスを受けるという体制がスタートした（河畠 2001；渋谷 2011）．

こうした公的介護制度の変化は，「自分が介護を必要とするようになった時，誰に介護を頼るか」についての人々の意識（本章では「介護期待」とよぶ）にどのような影響を与えたか．特に公的介護保険導入の前・後で，人々の介護期待はどう変化したか．本章ではNFRJ98（公的介護保険の導入前に実施）と08（導入後に実施）のデータを分析することにより，この問いに答えたい．

2　理論的検討——介護制度と介護期待の関連

「自分の介護を誰に頼るか」について人々はどう考えているか．この問いに関しては様々な議論がされてきた．1つめはたとえばShanas（1979）やJohnson（1983）の親族代替モデル（the kin substitution model）やCantor and Little（1985）の階統的補償モデル（the hierarchical compensatory model）に見られるような考え方である．これらの説によると，自分の介護を誰に頼るかについてはある程度共通した序列がある．一番に頼りにされるのは配偶者で，配偶者に頼れないときは娘，娘に頼れないときは息子の妻，これら女性近親者に頼れないときは男性である息子，そしてその他の親族，友人，近隣の人々と続き，こうしたインフォーマルなサポートのどれにも頼れないときにはじめて，人々は公的サポートに頼ると考える．ただしこれらの説では，なぜこのような序列なのかについては詳しく論じられていない．このことからこれらの説は，「介護は家族（特に女性）の責任で，公的な援助は恥ずべきこと」とする文化

的規範を暗黙の前提にしていると考えられる．

　これに対してたとえばWalker（1993, 1996）は，制度（そしてその制度を成立させている政治や経済の現実）の影響を重視する．Walkerによると上記のような序列は，公的介護サービスが貧弱で残余主義的であるという制度の現実から生じているのであり，もっと良質なサービスが普遍主義的に提供されるような制度になれば，人々の考える序列も変化し，公的介護を頼りにする人が増加すると考える．

　ではその場合，公的介護と家族介護はどのような関係になるのか．これについては2つの考え方がある．1つめは，公的介護が充実すると家族は介護しなくなる，つまり「公的介護は家族介護を弱める」という説である（たとえばAnderson（1990）を参照）．2つめは，公的介護と家族介護は機能が異なるため両者は相補いあう関係として両立し，「公的介護が充実しても家族介護が弱まるわけではない」という説である．公的介護が優れている点としては，定型的な援助を継続して提供できるといった点があり，家族介護が優れている点としては，人によって異なる多様なニーズに細かく対応できるといった点がある（たとえばLitwak（1965）を参照）．

　さらに制度の影響を重視する立場にしたがうと，社会階層やジェンダーなど制度上の位置（あるいは社会における位置）に応じて，人々の介護期待は異なると考えられる．素朴に考えると，公的介護保険は普遍主義（ニーズがある人は誰でも利用可能）にもとづく制度なので，介護保険の導入によって，介護期待における階層差・ジェンダー差は縮小するはずである．しかしこれと異なる説として，まず社会階層に関してはGilbert（1983）による「中流階級のための福祉国家説」がある．Gilbertによると福祉制度の主な利用者・受益者は，残余主義的制度のもとでは階級があまり高くない人々だが，普遍主義的制度のもとでは中流階級になる．なぜなら中流階級の方が，サービス利用に必要な経済的資源や，サービス提供主体である官僚制に対応するための文化的資源をより多く持っているからである．この説にしたがうと，中流階級の方が公的介護の利用により積極的だと考えられる．

　次にジェンダーに関しては，諸制度が「男性稼ぎ主型」であること，そして公的介護に先立って公的年金が発達したことに注目する説があり，こうした制

度をもつ社会では介護期待の男女差が特に大きくなると考える（大和 2008）．まず高度成長期以降の日本の制度は男性稼ぎ主型であり（大沢 2002, 2007），男は外で仕事をし，女は家庭で家族の世話をするという想定のもとに諸制度が組み立てられている．公的介護保険自体もこの想定のもとに作られている（たとえば，女性親族が介護役割を担うと想定され，公的サービスは補助的なものにとどめられている）．こうした男性稼ぎ主型制度において，男性は外での仕事役割を期待されるので，介護は家族に頼るものと考え，公的サービスを利用する意識は弱い．一方，女性は家族のケア役割を期待されるので，自分が高齢になり介護が必要になっても「生涯にわたるケアラー」（大和 2008）としてのアイデンティティを保つ傾向があり，家族に迷惑をかけないよう公的サービスを利用する意識が強い．さらに現代の日本では，公的年金の発達によって，老後は子に頼るべきではないという意識が強まっている．この結果，家族内の誰に介護を期待するかについても男女差がある．男性にとっての「準制度化された介護者」（大和 2008）は妻であり，妻に介護を期待する人が多い．一方，女性には「準制度化された介護者」といえるような人はなく，夫・子・専門家と介護を期待する相手が分散する傾向がある．

3 仮 説

上記のようなさまざまな理論をもとに，本研究では，公的介護保険の導入が人々の介護期待（具体的には「自分が介護を必要とするようになった時，誰に介護を頼るか」についての期待）に与えた影響について，次のような仮説を立てる．

仮説① 公的介護保険の導入により，自分の介護を「専門家に頼る」という期待が高まった．これと対立する立場としては，「介護は家族の責任，家族介護が一番良い」といった文化的規範の影響が根強いため，介護保険が導入されても「専門家に頼る」という期待は高まらなかった，という仮説が考えられる．

仮説② もし仮説①のように「専門家に頼る」という期待が高まったとすると，それは「専門家と家族の両方に頼る」という形で高まった．これと対立す

る立場としては,「専門家のみに頼る」という形で高まったという仮説が考えられる.

仮説③ もし「専門家のみに頼る」という形で高まったのだとすると,それは家族・親族に「頼れない時のみ」専門家に頼るという形で高まった. これと対立する立場としては, 家族・親族に「頼れるにもかかわらず」専門家に頼るという形で高まった（公的介護は家族の絆を弱めた）という仮説が考えられる.

仮説④ 社会階層に注目すると, 公的介護保険という普遍主義的制度により, 自分の介護を「専門家に頼る」という人は, 中流以上の階層で特に多くなった. これと対立する立場としては, 普遍主義的な（介護ニーズのある人なら誰でも利用可能な）制度であるために, 階層差は縮小したという仮説が考えられる.

仮説⑤ ジェンダーに注目すると, 諸制度が男性稼ぎ主型であることは介護保険が導入されても変わらなかったため, 介護期待の男女差（つまり, 自分の介護を「配偶者に頼る」人は男性に多く,「専門家に頼る」人は女性に多い）も, 介護保険の前・後で変わらなかった. これと対立する立場としては, 普遍主義的な介護保険によって男女ともに「専門家に頼る」が増加し, 男女差は縮小したという仮説が考えられる.

4 データと方法

分析に用いるデータは, 公的介護保険の開始前の 1999 年に行われた NFRJ98 データと, 開始後 10 年近くたった 2009 年に行われた NFRJ08 データである. 分析対象は, 自分の介護についてより現実的に考えている年代として, 63-72 歳の男女とした.

従属変数は介護期待を示す変数で, 複数ある. それらはすべて,「あなたが寝たきりで介護を必要とするようになったときに頼りにする人」として「配偶者」「兄弟姉妹」「子夫婦」「他の親族」「友人・同僚」「近所の人」「専門家」のそれぞれについて「頼りにする／しない」をマルチ・アンサーで回答するという調査項目から作成した[1]. 従属変数についてはそれぞれの分析結果を示す箇所で説明する.

独立変数は**表 15.1** に示した. 公的介護保険導入の影響を見るために,

表15.1 独立変数の記述統計 (N=2,110)

	平均	標準偏差
NFRJ08（基準＝NFRJ98）	.451	.498
女性（基準＝男性）	1.512	.500
社会階層		
学歴（基準＝中学）		
高　校	.434**	.496
短大・4年制大以上	.135*	.342
住宅（基準＝賃貸）		
持家一戸建て	.842	.365
持家集合住宅	.051	.221
家族状況		
配偶者の有無と健康状態		
（基準＝無し・健康状態とても悪い）		
やや悪い・どちらともいえない	.249	.433
まあ良好・良好	.546	.498
子の人数（0-7人）	2.159**	.846
息子あり（基準＝なし）	.730**	.444
娘あり（基準＝なし）	.688	.463
同居子あり（基準＝なし）	.485**	.500
無職の子あり（基準＝なし）	.349**	.477
コントロール変数		
年齢（基準＝63-64歳）		
65-69歳	.521	.500
70-72歳	.280	.449
健康状態		
（1＝非常に悪い〜5＝非常に良い）	3.500	.982
居住地（基準＝非人口集中地区）		
人口集中地区	.571**	.495

注：NFRJ98と08で平均が有意に異なる変数は，*（<.05），**（<.01）で示した．

NFRJ98データか（導入前），NFRJ08データか（導入後）という変数を用いる．ジェンダーについては性別を，社会階層については学歴と住宅所有を用いる．家族状況を示す変数としては，配偶者の有無とその健康状態，子の人数，息子・娘・同居子・無職の子それぞれの有無を用いる．コントロール変数としては，まず介護ニーズに関する変数として本人の年齢と健康状態を用いる．また居住地の環境をコントロールするため，居住地が人口集中地区か否かを用いる．

分析対象は以上の変数すべてに有効な回答があった2110ケースで，

NFRJ98 は 1114 ケース（男 50.1%，女 49.9%），08 は 996 ケース（男 49.1%，女 50.9%）である．これらのケースの家族状況をみると，「配偶者と子の両方あり」は男性により多く（男性 90.8%，女性 73.6%），逆に「子のみあり」は女性に多い（男性 6.3%，女性 23.8%）．「配偶者のみあり」と「両方なし」は男女とも数％にすぎず男女差はない．自分のきょうだいについては，95.6%の人が健在のきょうだいを少なくとも 1 人もっている．**表 15.1** には独立変数の記述統計を示した．NFRJ98 と 08 で平均に有意差があるのは，学歴（NFRJ08 の方が高い），子の人数（NFRJ08 の方が少ない），息子・同居子・無職の子の有無（NFRJ08 の方がなしが多い），居住地（NFRJ08 の方が人口集中地区が多い）であり，高齢者層における高学歴化，少子化，子との別世帯化，都市居住者の増加，娘の労働力化がうかがわれる．

5　分析結果

（1）　項目ごとの介護期待

　まず図 15.1 で，「配偶者」「兄弟姉妹」「子夫婦」「他の親族」「友人・同僚」「近所の人」「専門家」の各項目について，自分の介護で「頼りにする」と答えた人の割合を調査時点別・男女別に比較しよう．第 1 に，頼りにする人として多くの人が選んだのは「配偶者」「子夫婦」「専門家」の 3 項目であり，これ以外の項目を選んだ人はあまりおらず，調査時点やジェンダーによる違いはない．つまり自分の介護を頼る人として人々が期待しているのは「配偶者」「子夫婦」というごく近い家族と，「専門家」である．第 2 に，調査時点による変化をみると，NFRJ98 から 08 の間で，「専門家」に頼る人は男女ともに増加したが，これ以外の項目では両時点間で有意差はほとんどなかった．項目ごとの分析で見る限り，介護保険の導入によって専門家に頼るという人は増加したが，家族・親族に頼る人という人が減少したわけではない．第 3 にジェンダーに注目すると，男性は「配偶者」に頼るという人が他の項目に比べて顕著に多く，配偶者への一点集中型といえる．それに対して女性は「配偶者」「子夫婦」「専門家」への複数分散型といえる．そしてこのパターンは，NFRJ98 と 08 の間で変化していない．

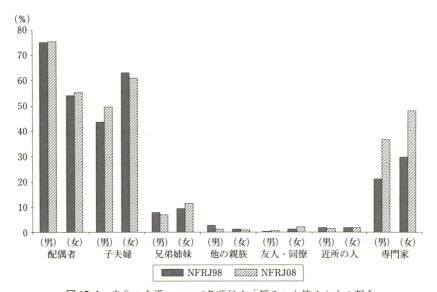

図15.1 自分の介護について各項目を「頼る」と答えた人の割合
注:「配偶者」については配偶者ありの人のみ,「子夫婦」については子ありの人のみ,「兄弟姉妹」については自分の兄弟姉妹ありの人のみについて分析した.

次に多くの人が「頼りにする」と回答した「配偶者」「子夫婦」「専門家」の3つに焦点を当て,他の変数をコントロールしても上記のような傾向があるのかを検討しよう.従属変数は「配偶者」「子夫婦」「専門家」のそれぞれを「頼る／頼らない(基準)」という3つのダミー変数で,それぞれを従属変数とする3つのロジスティック回帰分析を行った.

表15.2に示した結果によると,調査時点とジェンダーによる違いについては図15.1と同じだった.つまりNFRJ98から08の間で「専門家」への介護期待は高まったが,「配偶者」「子夫婦」については変化がなく,また男女で比較すると男性は「配偶者」への介護期待が高いが,女性は「子夫婦」や「専門家」への期待が高い.

次に社会階層や家族状況による違いを検討しよう.まず社会階層についてみると,学歴は介護期待の一部に影響を及ぼす.具体的には,学歴が高いと「配偶者」と「専門家」への介護期待が高まる(ただし「子夫婦」への介護期待には影響しない).つまり,自分の介護を配偶者や専門家に頼るのは,高学歴の

表15.2 「配偶者」「子夫婦」「専門家」のそれぞれに自分の介護を頼る／頼らないを従属変数とするロジスティック回帰分析の結果（基準＝頼らない）

	配偶者 B	配偶者 SE	子夫婦 B	子夫婦 SE	専門家 B	専門家 SE
NFRJ08（基準＝NFRJ98）	−.004	(.109)	.076	(.094)	.652**	(.098)
女性（基準＝男性）	−.862**	(.108)	.555**	(.095)	.575**	(.102)
学歴（基準＝中学）						
高　校	.363**	(.116)	.018	(.101)	.504**	(.108)
短大・4年制大以上	.740**	(.184)	.049	(.149)	.927**	(.156)
住宅所有（基準＝賃貸）						
持家一戸建て	.360	(.196)	.103	(.165)	−.015	(.169)
持家集合住宅	.115	(.302)	.099	(.260)	−.082	(.265)
配偶者の有無と健康状態						
（基準＝無し・健康状態とても悪い）						
やや悪い・どちらともいえない	1.207**	(.327)	−.477**	(.148)	.007	(.148)
まあ良好・良好	1.654**	(.322)	−.567**	(.134)	−.192	(.133)
子の人数	−.030	(.076)	.117	(.066)	−.129	(.070)
息子あり（基準＝なし）	.063	(.142)	.080	(.124)	−.068	(.129)
娘あり（基準＝なし）	−.052	(.142)	.339**	(.124)	−.070	(.130)
同居子あり（基準＝なし）	−.143	(.109)	.248**	(.093)	−.228*	(.100)
無職の子あり（基準＝なし）	.149	(.122)	−.093	(.104)	−.111	(.112)
年齢（基準＝63-64歳）						
65-69歳	−.081	(.139)	.014	(.121)	.283*	(.131)
70-72歳	−.173	(.156)	.052	(.136)	.233	(.147)
健康状態の良さ	−.014	(.057)	.047	(.048)	−.011	(.051)
居住地（基準＝非人口集中地区）						
人口集中地区	.076	(.112)	.042	(.097)	.135	(.103)
定　数	−.772	(.452)	−.674*	(.322)	−1.293**	(.318)
N	1,762		2,050		2,110	
χ^2	155.2**		96.394**		173.311**	
−2LL	2096.964		2730.380		2517.834	

*<.05, **<.01.
注：「配偶者」についての分析では配偶者ありの人，「子夫婦」についての分析では子ありの人を対象とした．

人に多くみられる意識だといえる．学歴と異なり，住宅所有の状況は介護期待にほとんど影響を及ぼさない．

次に家族状況を見ると，家族状況は家族への介護期待には様々な形で影響を与える（たとえば，配偶者が健康だと「配偶者」への介護期待は高まるが「子夫婦」への期待は逆に弱まる．また息子の有無は介護期待に影響しないが，娘や同居子がいると「子夫婦」への介護期待が高まる）．しかし専門家への介護

期待に対しては，家族状況はあまり影響しない（影響があったのは同居子の有無のみで，同居子がいると「専門家」への期待は低下する）．

さらに上記のような，ジェンダー・社会階層・家族状況の効果が介護保険の前・後で異なるかどうかを検討するために，ジェンダー・社会階層・家族状況を示す各変数と，調査時点を示す変数の交互作用効果を分析した（紙幅のためデータは省略）．その結果，交互作用項を追加してもモデルの説明力は有意に改善しなかったし，有意な効果を持つ交互作用項もほとんどなかった．このことからジェンダー・社会階層・家族状況についての上記のような傾向は，介護保険導入の前・後であまり変化していないといえる．

以上の分析から，次の点が疑問として残された．「専門家」への介護期待には，「専門家のみ」への期待と，「専門家と家族の両方」への期待の２つが含まれる．上の分析結果で，「専門家」への介護期待が高いというとき，このどちらを意味するのか．具体的にいうと，第1に上の分析で，NFRJ08，女性，そして高学歴層で「専門家」への介護期待が高いことがわかった．しかしそれは，「専門家のみ」への期待なのか，それとも「専門家と家族の両方」への期待なのか．同様に第2の疑問として上の分析で，家族状況は「専門家」への介護期待にあまり影響しないことがわかった．しかしこれは，「専門家のみ」への期待に影響しないのか，それとも「専門家と家族の両方」への期待に影響しないのか．

(2) 項目の組み合わせからみた介護期待

上の疑問に答えるには，介護期待のうち「専門家と家族の両方」への期待と「専門家のみ」への期待を区別する必要がある．そのため「配偶者」「子夫婦」「専門家」の3項目に注目し，このうちのどの組み合わせを回答者が選んでいるかによって表15.3のような8パターンと，その一部を統合した4パターンを作った．

表15.3で4パターンに注目すると，まず調査時点についてNFRJ98から08の間で増加したのは，専門家を含む「専門家と家族の両方に頼る」と「専門家のみに頼る」という専門家を含む2つの組み合わせである．逆に減少したのは「家族のみに頼る」である．次にジェンダーで比較すると，「専門家と家族の両

表 15.3　自分の介護を「配偶者」「子」「専門家」のどの組み合わせに頼るか　　（％）

4パターン	専門家と家族の両方				専門家のみ	家族のみ				どれにも頼れない	計 (n)
8パターン	(専+配+子)	(専+配)	(専+子)	小計		(配+子)	(配のみ)	(子のみ)	小計		(100%)
NFRJ98	(7.4)	(3.8)	(4.8)	15.9	9.5	(14.7)	(29.4)	(26.3)	70.4	4.2	1,114
NFRJ08	(13.7)	(6.2)	(5.7)	25.6	17.0	(15.4)	(20.3)	(17.6)	53.2	4.2	996
男	(11.4)	(6.0)	(1.7)	19.1	9.3	(17.4)	(34.8)	(14.5)	66.7	5.0	1,047
女	(9.3)	(3.9)	(8.7)	21.8	16.7	(12.7)	(15.5)	(29.7)	57.9	3.5	1,063
学歴　中　学	(6.2)	(2.5)	(5.3)	13.9	11.4	(12.7)	(26.5)	(29.7)	69.0	5.7	889
高　校	(12.1)	(4.9)	(5.7)	22.7	15.3	(16.6)	(23.1)	(19.0)	58.7	3.3	934
高等教育	(17.4)	(12.5)	(3.5)	33.4	10.8	(17.1)	(26.8)	(9.4)	53.3	2.4	287
計	(10.3)	(4.9)	(5.2)	20.5	13.0	(15.0)	(25.1)	(22.2)	62.3	4.2	2,110

注：専門家は「専」，配偶者は「配」，子夫婦は「子」と略記．太字は調整残差が5％水準で有意なもの．

方に頼る」には男女差がないが，「専門家のみに頼る」は女性に多く，「家族のみに頼る」は男性に多い．最後に社会階層として学歴に注目すると，学歴が中〜高程度（高校〜高等教育）の層で多いのは，「専門家と家族の両方に頼る」や「専門家のみに頼る」という専門家を含む組み合わせであり，逆に学歴が低い層で多いのは「家族のみに頼る」「どれにも頼れない」である．

次に，他の変数をコントロールしても上記のような傾向があるかどうかを検討するために，表15.3の4パターン，つまり「専門家と家族の両方に頼る」「専門家のみに頼る」「家族のみに頼る」「どれにも頼れない」を従属変数とする多項ロジスティック回帰分析を行った．8パターンでなく4パターンを用いたのは，配偶者や子がいない人も含めて有効な分析ができるからである．基準カテゴリーは，伝統的な介護期待である「家族のみに頼る」とする．独立変数は表15.2と同じである．

表15.4の結果によると，まずNFRJ98と08の間に増加したのは，「専門家と家族の両方に頼る」と「専門家のみに頼る」という，専門家を含む2つのパターンである．次にジェンダーで比較すると，専門家を含む上記の2パターンは女性でより多く，それに対して「どれにも頼れない」は男性でより多い．さらに社会階層について，まず学歴差に注目すると，「専門家と家族の両方に頼る」は中〜高程度の学歴（高校〜高等教育）で多く，「専門家のみに頼る」は中程度の学歴（高校）で多い．住宅所有による違いに注目すると，「どれにも頼れない」が持家一戸建て層で有意に少ないが，それ以外では差がない．最後に家族状況による違いに注目すると，「専門家と家族の両方に頼る」は家族状

表15.4 自分の介護を「専門家と家族の両方に頼る」「専門家のみに頼る」「家族のみに頼る」「どれにも頼れない」を従属変数とする多項ロジスティック回帰分析の結果（基準＝家族のみに頼る）

独立変数	専門家と家族の両方 B	専門家のみ B	どれにも頼れない B
NFRJ08（基準＝NFRJ98）	.631**	.745**	.214
女性（基準＝男性）	.478**	.626**	－.642**
学歴（基準＝中学）			
高　校	.543**	.395**	－.293
短大・4年制大以上	1.137**	.357	－.600
住宅所有（基準＝賃貸）			
持家一戸建て	.017	－.290	－.900**
持家集合住宅	－.193	－.109	－.879
配偶者の有無と健康状態			
（基準＝無し・健康状態とても悪い）			
やや悪い・どちらともいえない	.248	－.439*	－1.205**
まあ良好・良好	.205	－1.017**	－1.822**
子の人数	－.066	－.259*	－.056
息子あり（基準＝なし）	－.012	－.254	－.609*
娘あり（基準＝なし）	－.112	－.154	－.830**
同居子あり（基準＝なし）	－.195	－.331*	－.228
無職の子あり（基準＝なし）	－.092	－.158	－.071
本人の年齢（基準＝63-64歳）			
65-69歳	.266	.225	－.311
70-72歳	.221	.202	－.138
本人の健康状態の良さ	.005	－.023	.068
居住地（基準＝非人口集中地区）			
人口集中地区	.122	.077	－.374
定　数	－2.223**	－.749	.942
N		2,110	
χ^2		347.421**	
$-2LL$		3786.657	
Nagelkerke R^2		.175	

*＜.05, **＜.01.

況に影響されないが,「専門家のみに頼る」や「どれにも頼れない」は家族状況に影響される．たとえば配偶者に関しては,配偶者の健康状態が良いと「専門家のみに頼る」や「どれにも頼れない」という人が減少する．子に関しては,子の数が多かったり同居子がいると「専門家のみに頼る」という人が減少するし,息子や娘がいると「どれにも頼れない」という人が減少する．

さらにジェンダー・社会階層・家族状況についての上のような効果が，NFRJ98 と 08 で異なるかどうかを確かめるために，ジェンダー・社会階層・家族状況を示す各変数と調査時点との交互作用について分析した（紙幅のためデータは省略）．その結果，ジェンダーと社会階層については交互作用が有意でなく，上で述べた傾向（専門家を含むパターンは女性や中〜高階層の人で多い）は介護保険導入の前・後で変化していない．

しかし家族状況については交互作用が見られ，家族状況が介護期待に与える効果が NFRJ98 より 08 で鮮明になることがわかった．まず配偶者の状況が「専門家と家族の両方に頼る」に与える影響は，NFRJ98 では有意でないが，08 では配偶者が健康だと「専門家と家族の両方に頼る」が増加した．また子についても，子の人数や娘・同居子の有無において交互作用があり，NFRJ98 ではこれらの効果は有意でないが，08 では子が多かったり娘・同居子がいると「どれにも頼れない」が減少した．このことは，介護保険によって専門家に頼るという選択肢ができた結果，単に家族がいるかどうかでなく，「介護を頼りやすい家族」がいるかどうかが重要になり（たとえば配偶者が健康である，子の数が多い，娘や同居子がいる），後者こそが介護期待を左右するようになってきた，ということを示唆しているのかもしれない．

6　結論と政策的含意

本章の分析結果をまとめると，公的介護保険によって介護を「専門家に頼る」という期待は高まったが（仮説①は支持），それは「専門家のみに頼る」と「専門家と家族の両方に頼る」の両者がともに高まるという形で高まった（仮説②は修正が必要）．その中で「専門家のみに頼る」という期待は，家族介護を得にくい人（配偶者がいない・健康でない，娘・同居子がいない）において高まったのであり，「配偶者や子に十分頼れるけれど，それより専門家のみの介護を優先する」という傾向は見られなかった（仮説③は支持）．したがって公的介護保険は，家族の絆が実際にある人においてはその絆を弱めてはいない．

また介護を「専門家に頼る」という期待は，階層の高い人も低い人もともに，

また男女ともに高まったが，階層差やジェンダー差（つまり高階層の人や女性の方が専門家の介護により積極的）は維持されたままで高まったのであり，介護保険の導入によって階層差やジェンダー差が縮小したわけではない（仮説④⑤は支持）．これに関して，介護保険の前・後を通じて高階層の方が専門家の介護に積極的であることの要因としては，介護保険導入（2000年）の20年近く前から，公的介護に関する普遍主義的な政策（1982年のホームヘルパーの利用における所得制限の撤廃や1989年のゴールドプラン）がとられていたことが考えられる．これらによって介護保険の導入前からすでに，中流以上の階層ほど専門家の介護に積極的という状況が生じていたのではないか．またジェンダー差が縮小しなかった要因としては，男性稼ぎ主型という諸制度の特徴は介護保険導入の前・後で変わらず，介護保険自体も男性稼ぎ主型のライフスタイルを優遇する設計になっていたことが考えられる．

　最後に，この分析結果の政策的含意を考察しよう．第1に，介護保険によって専門家の介護という選択肢が増えたことは，家族介護がある人にとっては家族の負担軽減につながり，また家族介護が乏しい人にとっては介護を頼る先のめどがつくという安心感につながっていることが分析からわかった．しかし，現在進行中の家族変動（たとえば子と別居する高齢者の増加，少子化，女性の雇用労働力化，男性の未婚化）によって，家族介護が乏しい人々がさらに増えるだろうと予想できる．にもかかわらず日本の公的介護保険は，家族介護の「代替」であるより「補助」としての性格が強く，さらに財政難によって近年，サービスの利用制限など「補助」という性格が強化されている面もある（大塚・菊地・鈴木 2008; 週刊社会保障 2004; 橘・小川 2007）．今後，家族介護が乏しい人に対して，その「代替」つまり「専門家のみに頼る」という選択肢をどう充実させていくか，そのための人的・財政的資源をどう計画するかは，重要な課題となるだろう．

　第2に，介護についての期待と現実のギャップが，特に社会の周辺に位置づけられている人々（たとえば階層があまり高くない人や，女性）で大きいことがわかった．たとえば分析によると，階層があまり高くない人は，期待という面では専門家の介護に消極的である．しかし非正規雇用の増加やその結果としての未婚化は，階層があまり高くない人々においてより深刻である（太郎丸

2009; 永瀬 2002)．したがって将来の現実として，家族介護を得られず専門家の介護を必要とするのはまさにこの階層であると考えられる．また分析によると，女性は期待面では専門家の介護に積極的である（実際，女性は配偶者に先立たれることが多く，専門家の介護をより必要とする）．しかしながら現実においては，女性は安定した職業を長期間継続することが難しい．そのため経済的資源は男性より乏しく，サービスの利用料が払えないために専門家の介護を十分利用できないことが危惧される．こうした介護期待と現実のギャップを制度的に埋めていくことが必要だろう．

1) この調査項目に対する回答において，配偶者・子・子の配偶者・親・兄弟姉妹のそれぞれが調査時点で「いない」という人に対しては，データクリーニングによってそれぞれに「頼れない」という回答を割り振っている．

またこの調査項目においては，選択肢の一部がNFRJ98と08で異なっているため，前者に合わせて後者の回答を再コード化した．具体的には，NFRJ98の「親・兄弟姉妹」に対応するものとして，08では「自分の親」「自分の兄弟姉妹」「配偶者の親」「配偶者の兄弟姉妹」のうち少なくとも1つについて「頼りにする」と答えた人を「親・兄弟姉妹」を「頼りにする」と見なした．またNFRJ98の「子ども・その配偶者」に対応するものとして，08では「自分の子ども」「子どもの配偶者」の少なくともどちらか1つを「頼りにする」と答えた人を「子ども・その配偶者」を「頼りにする」と見なした．こうした再コード化により，選択肢を「配偶者」「親・兄弟姉妹（兄弟姉妹）」「子ども・その配偶者（子夫婦）」「その他の親族（他の親族）」「友人・職場の同僚（友人・同僚）」「近所（地域）の人（近所の人）」「専門家やサービス機関（専門家）」の7つにした．括弧内は略記で本文ではこれを用いる．「親・兄弟姉妹」を「兄弟姉妹」としたのは，63-72歳という分析対象の年齢のため，自分の介護で「親」を頼るという人はほとんどいなかったからである（親についての独立した選択肢があるNFRJ08で，「自分の親」を頼る人は2人，「配偶者の親」は0人だった）．

【文献】

Anderson, Digby, 1990, "The State of the Social Policy Debate," Nick P. Manning and Clare Ungerson, eds., *Social Policy Review 1989-90*, Harlow: Longman, pp. 30-43.

Cantor, Marjprie and Virginia Little, 1985, "Aging and Social Care," Robert H. Binstock and Ethel Shanas, eds., *Handbook of Aging and the Social Sciences*, 2nd edition, New York: Van Nostrand Reinhold, pp. 745-781.

Gilbert, Neil, 1983, *Capitalism and the Welfare State: Dilemmas of Social Benevo-*

lence, New Haven and London: Yale University Press（関谷登監訳，阿部重樹・阿部裕二訳，1995，『福祉国家の限界──普遍主義のディレンマ』中央法規出版）.
Johnson, Colleen L., 1983, "Dynamic Family Relations and Social Support," *The Gerontologist*, 23(4): 377-383.
河畠修，2001，『高齢者の現代史──21世紀・新しい姿へ』明石書店.
Litwak, Eugene, 1965, "Extended Kin Relations in an Industrial Democratic Society," Ethel Shanas and Gordon F. Streib, eds., *Social Structure and the Family: Generational Relations*, Englewood Cliffs: Prentice-Hall, pp. 290-323.
永瀬伸子，2002，「若年層の雇用の非正規化と結婚行動」『人口問題研究』58(2): 22-35.
内閣府，2012，『平成24年版 高齢社会白書（全体版）』（図1-2-3-11）（2013年12月15日取得 http://www8.cao.go.jp/kourei/whitepaper/w-2012/zenbun/s1_2_3_02.html）.
大沢真理，2002，『男女共同参画社会をつくる』日本放送出版協会.
大沢真理，2007，『現代日本の生活保障システム──座標とゆくえ』岩波書店.
大塚理加・菊地和則・鈴木隆雄，2008，「介護保険法改正によるサービス利用制限の影響と残された課題──東京都の地域包括支援センターへの調査から」『厚生の指標』55(7): 1-8.
Shanas, Ethel, 1979, "The Family as a Social Support System in Old Age," *The Gerontologist*, 19(2): 169-174.
渋谷光美，2011，「在宅介護福祉労働はいかに担われてきたのか──1950年代後半〜1980年代の家庭奉仕員による労働実践を中心に」天田城介・北村健太郎・堀田義太郎編『老いを治める──老いをめぐる政策と歴史』生活書院，pp. 30-89.
週刊社会保障，2004，「社会保障Q&A 介護保険の給付制限」『週刊社会保障』58(2297): 63.
総務省統計局，2012，「日本の長期統計系列（表2-3）」（2013年6月1日取得 http://www.stat.go.jp/data/chouki/02.htm）.
総務省統計局，2013，「日本の統計2013（表2-5）」（2013年6月1日取得 http://www.stat.go.jp/data/nihon/index.htm）.
橘晃弘・小川栄二，2007，「『予防』という名のホームヘルプ利用制限を検証する──『制度施行から1年…予防訪問介護サービス利用者316人の実態調査 第1次報告』について」『賃金と社会保障』1450: 21-31.
太郎丸博，2009，『若年非正規雇用の社会学──階層・ジェンダー・グローバル化』大阪大学出版会.
Walker, Alan, 1993, "Intergenerational Relations and Welfare Restructuring: The Social Construction of an Intergenerational Problem," Vern L. Bengston and W. Andrew Achenbaum, eds., *The Changing Contract across Generations*, New York: Aldine de Gruyter, pp. 141-165.
Walker, Alan, 1996, "Introduction: The New Generational Contract," Alan Walker,

ed., *The New Generational Contract, Intergenerational Relations, Old Age and Welfare*, London: University College London Press, pp. 1-9.

大和礼子,2008,『生涯ケアラーの誕生——再構築された世代関係,再構築されないジェンダー関係』学文社.

V

性別役割分業と家族

16

有配偶女性からみた夫婦の家事分担

乾　順子

1　問題設定

　本章の目的は，日本における夫婦の家事分担の趨勢や規定要因の変化を全国規模の調査データを用いて明らかにすることである．

　日本においては，男性の家事労働時間の短さや労働市場から退出する女性の多さなどから性別分業が強固に維持されていることが指摘されるが，その性別分業とは，大きく分けて労働市場と家庭における分業と言える．本章は労働市場の分業と家庭内の分業の関連の一端を明らかにすることを目指すものである．

　労働市場における分離・分業の理論として二重労働市場の理論がある．この理論によれば，労働市場が高賃金，良好な職場環境，雇用の安定性，昇進機会などを特性とする一次市場と，低い賃金・低い付加給付，劣悪な就労環境，高い離職率，昇進機会の欠落を特性とする二次市場に分割されており，不利な立場の労働者は，不十分な技能，乏しい職歴，差別などによって，二次市場に閉じ込められている（Doeringer and Piore 1985=2007: 204）．一次労働市場は中核市場，二次労働市場は周辺市場とも呼ばれ，大別すると正規就業は中核市場労働，パート等の非正規就業は周辺市場労働と捉えることができる．

　女性の労働市場への進出が進んでいる一方で，女性は男性に比べて周辺労働市場にとどまっているが，このような不安定な職業上の立場や配偶者への経済的な依存が家庭での無償労働と結びつくというフェミニズムからの主張がある（Delphy 1984; Walby 1986）．そうであるならば，安定した職業につく経済的

に自立が可能な女性は家事労働を免れるはずであるが，日本の男性の家事分担は増加傾向であるとはいえ，非常に低い程度にとどまっている（総務省統計局 2012）．

また，女性が労働市場へ参入することによって性別役割分業意識はリベラル化し（末盛・石原 1998; 佐々木 2012），家事分担の平等化が進むことが予想されるが，その反面，Kranichfeld（1987: 52）は，労働市場への参加などによってより大きな力が得られるにもかかわらず，女性たちは家族内での影響力を手放したくないと考えるだろうと予測していた．LaRossa（1997: 17）は，母親は家庭において家事の主導権，権威を享受しているので家事をシェアすることを躊躇するとしている．これは「Maternal Gatekeeping」（＝母親による監視．以下では gatekeeping と記す）と呼ばれる．

日本においては，中川（2010）が 1999 年の調査データを用いた分析の結果，男性の家事・育児参加が進まない理由を妻が家庭責任意識の強さから家事・育児を自ら担い，男性の家事・育児参加を阻害するという結論を得ており，gatekeeping の存在を認めている．

本章ではこれらの議論を受け，女性の側からみた夫婦の家事分担の規定要因の変化を明らかにする．その際，女性の就業と女性が労働市場へ参入するとともにリベラル化すると予想される性別役割分業意識との関連を中心に明らかにする．有配偶女性が中核労働市場へ進出することによって夫婦の家事分担は平等化するのだろうか，正規就業の妻，非正規就業の妻がいる夫婦においては，一律に家事分担が平等化しているのか，それともそのなかで分業意識による差異が生じているのであろうか．

2　先行研究と仮説

(1)　女性の就業・意識と家事分担

まず，女性の就業と家事分担についての先行研究に焦点をあてて検討していく[1]．

90 年代前半までは，妻の従業上の地位は夫の家事に有意な効果がない（永井 1992; Kamo 1994）という結果が得られていた．また，西岡は，全体とし

てみれば妻の従業上の地位は夫の家事参加に有意な効果は見られないが，年齢別の分析では，20歳代において妻の従業上の地位が効果をもっており，その後の規定構造変化の可能性を示していた（Nishioka 1998）．

　90年代後半には，妻の就業形態が常勤であると夫の家事遂行頻度が高くなる（永井 2001）という結果，さらに近年になると，妻の職業階層別にみれば専門管理と事務職ではパート就業に比べてフルタイム就業であることが夫の家事参加度に正の効果をもち，サービス職であれば負の効果をもつという結果（岩間 2008）もある[2]．全国家族調査の2時点のデータ（NFRJ98とNFRJ03）のデータを用いて夫の家事参加の要因を分析した松田（2006）は，2時点ともに，妻の労働時間が長く，収入割合が高いと夫の家事参加が増えることを確認している．

　二重労働市場理論でみたように，正規就業は高い資源をもたらすと考えられ，非正規就業は家父長制と資本制の妥協点（上野 1990）とも言われるように，女性を格下の労働力としてとどめておくための就業形態ともいえ，資源が少ないとみなされる．経済的な依存の対価や労働市場で周辺的であるがゆえに妻が家事を担うのであれば，正規，非正規，無職の女性の順に家事分担が増加するはずである．ここから仮説1が導出される．

　仮説1　夫婦の家事分担は，妻の従業上の地位が正規である場合に最も平等化し，ついで非正規が平等化し，妻が無職の場合に最も平等化しない

　次に意識についてであるが，これまでもジェンダーイデオロギー仮説として以下のような検証がなされてきた．1993年の全国家庭動向調査データによる分析では，妻が性別役割分業を肯定する意識をもつほど，夫の家事参加が少なくなるという結果であった（Nishioka 1998）．

　稲葉（1998）では，1995年の社会階層と社会移動全国調査（SSM95）データによる性別役割分業意識を用いた分散分析において，男性では性別役割分業を支持するほど家事参加の程度は低くなるが，女性回答では性別役割分業意識が夫の家事参加に影響を与えていないという結果を得ている．

　松田（2004）では，NFRJ98のデータを用いて分析した結果，男女どちらの

回答においても性別役割分業意識が高くなると夫の家事参加度が低下するということが明らかとなった．同じデータを用いて共働き夫婦の夫の家事参加を分析した石井クンツ（2004）では，男性の性別役割分業意識は効果をもつが，女性のそれは有意な影響をあたえないという結果を得ている．2004年の第1回人口・家族・世代世論調査を用いて共働き世帯の夫の家事参加度の規定要因について分析した岩間（2008）は，妻が分業に賛成していることが負の効果をもつという結果を得ている．Greenstein（1996）は，家事分担を予測する上で，伝統的か平等主義かといった信念は男性のそれより女性のもののほうが重要であると述べている．以上のことから仮説2は次のとおりとする．

仮説2 夫婦の家事分担は，妻がよりリベラルな性別役割分業意識を持っているほど平等化する

さらに，妻の従業上の地位と性別役割分業意識が夫婦の家事分担に与える影響を明らかにする．正規就業の妻，非正規就業の妻がいる夫婦においては，一律に家事分担が平等化しているのか，それともそのなかで分業意識による差異が生じているのであろうか．妻の労働者化と家事分担の間には性別役割分業意識が介在している可能性が考えられ，最後の仮説3を次のとおりとする．

仮説3 妻が就業していても，性別役割分業意識がリベラル化しなければ，夫婦の家事分担は平等化しない

（2） 家事分担のその他の規定要因

夫婦間の家事分担を規定する要因，特に夫の家事頻度を規定する要因についての研究には膨大な蓄積がある．

アメリカにおける家事分担の規定要因としては大きく3つに整理されている（Shelton and John 1996）．その3つとは，①相対的資源仮説（relative resources），②時間制約仮説（time availability），③イデオロギー仮説（ideology）である．これらのアメリカにおける代表的な仮説から敷衍して日本においても，①ニーズ仮説，②相対的資源仮説，③時間的余裕仮説，④ジェンダー

イデオロギー仮説に基づいた多くの実証研究が積み重ねられてきた．

ニーズ仮説として，子どもの年齢や人数，親との同居が検討されてきた（品田 1996; 稲葉 1998; Nishioka 1998; 永井 1999; 松田 2004; 岩間 2008 ほか）．代替資源仮説は，世帯内外で夫婦以外に家事を担当してくれる人間がいれば，男女ともに家事参加が減るという仮説である（稲葉 1998）．相対的資源仮説としては，夫婦の収入格差や学歴が用いられ（Kamo 1994; 稲葉 1998; 永井 1999; 松田 2004 ほか），時間的余裕仮説としては，妻の就労形態や夫の帰宅時間などが分析に用いられている（Kamo 1994; 稲葉 1998; 永井 1999, 2001; 松田 2004; 岩間 2008）．さらに前節でも確認したジェンダーイデオロギー仮説も検討されている．以上の仮説以外に，情緒関係仮説（稲葉 1998）があるが，ここでは検討しない．

男性が女性よりも勢力・資源（power）をもっていて，男性は家事をしたくないときは抵抗することができるとも言われる（Poortman and van der Lippe 2009）が，中核労働市場で正規就業をしている女性は，男性と同様の勢力をもちかつリベラルな分業意識をもち，その資源と意識によって家事分担を軽減しているのであろうか．それとも中核労働市場で働きつつも性別分業を肯定し，家事も担うという層が存在しているのであろうか．

3 データと変数

(1) データ

NFRJ03，NFRJ08 を用いる[3]．NFRJ は国内最大規模の全国調査データであり，近年の家族内の家事分担と労働市場における働き方および性別役割分業意識との関連をみるために最も適したデータであるといえる．現在の夫婦の家庭内と労働市場の分業に焦点をあてるため，定年退職年齢を考慮し，60 歳以下のサンプルを分析に用いる．さらに有配偶女性からみた家事分担に着目するため，女性回答のみを対象とする．分析に用いるサンプル数はリストワイズにより，$N=1233$（NFRJ03），$N=1013$（NFRJ08）となる．

(2) 従属変数

　従属変数は，週あたりの家事頻度から算出した夫の家事分担割合を用いる．「あなた自身と配偶者の方は，次にあげる（ア）〜（オ）の家事を現在どのくらいの頻度で行っていますか．」の問いに対して，（ア）「食事の用意」，（イ）「食事のあとかたづけ」，（ウ）「食料品や日用品の買い物」，（エ）「洗濯」，（オ）「そうじ（部屋，風呂，トイレなど）」，に対する回答「ほぼ毎日」に7点，「週に4-5回」に4.5点，「週に2-3回」に2.5点，「週に1回」に1点，「ほとんど行わない」に0点を与える．この5項目の家事の得点を合計し，夫の家事頻度，妻の家事頻度とする．夫の家事割合として夫の家事頻度の合計得点を夫と妻の家事頻度の合計得点で割ったものに100をかけて使用する．本章では夫の家事分担の相対的割合を従属変数として用いるが，その理由は相対的な割合のほうが男女の平等化の指標として適している（Kamo 2000; Blair and Lichter 1991）ためである．たとえば，夫の家事頻度が増える要因を明らかにしたとしても同時に妻の家事頻度も増えている可能性もあり，夫婦の家事分担の平等化の指標としては相対的な割合が適すると考えられる．

(3) 独立変数

　まず，仮説1，仮説3を検証するための妻の現在の従業上の地位である．正規，非正規，自営他，無職の4つに分類し，それぞれをダミー変数として用いる．その内訳は，「正規」＝経営者・役員，常時雇用されている一般従業者，「非正規」＝臨時雇い・パート・アルバイト，派遣社員・契約社員・嘱託社員，「自営他」＝自営業主・自由業者，自営業の家族従業者，内職，「無職」＝無職である．

　次に仮説2，仮説3の検証のための性別役割分業意識についてであるが，（ア）男性は外で働き，女性は家庭を守るべきである．（イ）子どもが3歳くらいまでは，母親は仕事をもたず育児に専念すべきだ．（ウ）家族を（経済的に）養うのは男性の役割だ．の3項目に対する回答，1そう思う，2どちらかといえばそう思う，3どちらかといえばそう思わない，4そう思わない，を肯定するほど得点が高くなるように反転する．時点別に3項目の主成分分析を行ったところ1主成分が生成されたので，以上の3項目を単純加算したものを性別役

表 16.1　性別役割分業意識の記述統計

性別役割分業意識項目	データ	平均値	標準偏差	標準誤差	最小値	最大値
（ア）男性は外で働き，女性は家庭を守るべきである．	NFRJ03	2.073	0.927	0.026	1	4
	NFRJ08	2.214	0.902	0.028	1	4
（イ）子どもが3歳くらいまでは，母親は仕事をもたず育児に専念すべきだ．	NFRJ03	2.820	1.007	0.029	1	4
	NFRJ08	2.769	0.989	0.031	1	4
（ウ）家族を（経済的に）養うのは男性の役割だ．	NFRJ03	2.725	0.969	0.028	1	4
	NFRJ08	2.782	0.960	0.030	1	4
性別役割分業意識	NFRJ03	7.618	2.301	0.066	3	12
	NFRJ08	7.765	2.336	0.073	3	12

割分業意識とする．クロンバックの α はそれぞれ 0.702（NFRJ03）と 0.755（NFRJ08）である．

表 16.1 は性別役割分業意識として用いる変数の時点別の記述統計である．3項目のそれぞれの平均値と合計したものの平均値を時点別に示している．得点が高いほうが伝統的な性別役割分業意識であることを示しているので，2時点の平均値をみると，（イ）子どもが3歳くらいまでは，母親は仕事をもたずに育児に専念すべきだ，のみリベラル化しており，それ以外の項目と合計得点は分業肯定の方向に変化している．しかしながら t 検定による有意差があるのは（ア）男性は外で働き，女性は家庭を守るべきである，のみである．3つの回答を加算したものについてはやや肯定の方向に変化しているが有意差はない．

その他，統制変数として以下のものを用いる．ニーズ仮説・代替資源仮説にもとづいて，「末子年齢」，「母親との同居ダミー」，相対的資源仮説にもとづいて，「夫教育年数」，「妻教育年数」，「妻年収」，「夫婦の年収差」を用いる．時間制約仮説にもとづいて，「夫労働時間」を用い，さらに階層を統制するものとして，「夫の職業階層」を用いる．年収については，各回答カテゴリの中央値としており，労働時間については1日あたり労働時間と往復の通勤時間を時間単位として計算し，合計したものを使用している．

各変数の記述統計や度数分布は以下のとおりである．**表 16.2** は記述統計，**表 16.3** はカテゴリカルデータの度数分布である．左半分が NFRJ03，右半分が NFRJ08 のデータを示している．

表 16.2 記述統計

変数名	NFRJ03				NFRJ08			
	最小値	最大値	平均値	標準偏差	最小値	最大値	平均値	標準偏差
妻家事頻度	0	35	29.139	5.826	1	35	28.519	6.152
夫家事頻度	0	35	2.659	4.390	0	35	3.292	4.326
夫家事分担割合	0	100	7.963	12.065	0	92.42	9.982	12.191
年　齢	28	60	42.682	8.349	28	60	43.571	8.377
妻教育年数	9	18	13.201	1.622	9	18	13.334	1.628
夫教育年数	9	18	13.748	2.240	9	18	13.969	2.174
妻年収−夫年収（万円）	−1200	400	−448.382	299.977	−1200	550	−402.665	319.448
妻年収（万円）	0	1200	133.520	170.807	0	1200	165.025	184.790
夫労働時間（時間）	1	17	11.033	2.090	3	17	10.854	2.042

表 16.3 分析に使用するカテゴリカル変数の度数分布

	NFRJ03（n=1,233)		NFRJ08（n=1,013)	
	n	%	n	%
末子年齢				
子どもなし	82	6.7	82	8.1
末子 0-6 歳	394	32.0	290	28.6
末子 7-12 歳	228	18.5	196	19.3
末子 13-18 歳	208	16.9	177	17.5
末子 19-24 歳	134	10.9	103	10.2
末子 25 歳以上 or 同居子なし	187	15.2	165	16.3
自分の母同居				
していない	1,151	93.3	911	89.9
している	82	6.7	102	10.1
義理の母同居				
していない	996	80.8	794	78.4
している	237	19.2	219	21.6
夫職業				
専門管理	416	33.7	352	34.7
事務営業	251	20.4	192	19.0
販売サービス	144	11.7	129	12.7
技能労務農業	422	34.2	340	33.6
妻従業上の地位				
正　規	222	18.0	217	21.4
非正規	371	30.1	383	37.8
自営他	126	10.2	89	8.8
無　職	514	41.7	324	32.0

4 分　析

(1) 家事分担は変化したのか

表16.2の記述統計では，2004年に比べて2009年の夫の家事分担割合が2％ほど上昇していた（7.963→9.982）．その内訳を確認しよう．

まず，家事項目別に妻と夫の週あたりの平均頻度を確認していく．2時点で有意に家事頻度に差があるのは，妻食事用意（6.649→6.516），妻食事あとかたづけ（6.678→6.523），妻そうじ（5.112→4.803），夫食事用意（0.418→0.589），夫食事あとかたづけ（0.669→0.923），夫洗濯（0.298→0.414）である．また，妻買い物は約4.5回，妻洗濯は約6.2回，それに対して夫の家事頻度は低調であり，いずれの家事についても平均週に1回を下回っている．

次に夫が週あたりに行う家事分担割合の平均値を妻の従業上の地位別に確認する．どの従業上の地位においても，2004年より2009年の夫の家事分担割合が上昇しているが，有意差があるのは，妻が正規と非正規である．2時点の変化は正規では12.0→15.5％，非正規7.9→9.9％，自営他6.5→7.4％，無職6.6→7.1％となっている．時点ごとにみると，2004年では正規だけがそれ以外の従業上の地位と有意差があったが，2009年では無職と非正規の間，非正規と正規の間に有意な差が生じている．

(2) 家事分担の規定要因

次に，家事分担の規定要因を重回帰分析により分析した．従属変数は夫の家事分担割合である．モデルⅠには統制変数と妻の従業上の地位を投入し，モデルⅡには性別役割分業意識（Z得点化したもの），モデルⅢには，さらに妻の従業上の地位と性別役割分業意識の交互作用項を加えている．

表16.4が分析結果であり，左がNFRJ03，右がNFRJ08のデータによるものである．NFRJ03ではモデルⅠからⅢまで，有意な効果をもつ独立変数はほとんどかわらず，妻年収が高いことが夫の家事分担割合を増加させ，夫労働時間が長いことが夫の家事分担割合を低下させる．性別役割分業意識の有意な効果はない．説明力はモデルⅠが最も高く，2004年では妻の性別役割分業意

表 16.4 夫家事分担割合の規定要因

独立変数	NFRJ03			NFRJ08		
	モデル I	モデル II	モデル III	モデル I	モデル II	モデル III
(定　数)	15.142**	15.202**	15.162**	7.224	7.304	8.420
年　齢	−0.094	−0.092	−0.090	−0.063	−0.050	−0.067
末子年齢（基準：末子 25 歳以上）						
子どもなし	3.577	3.575	3.543	5.373**	5.391**	5.507**
末子 0-6 歳	−0.060	−0.059	−0.072	1.930	1.945	1.641
末子 7-12 歳	−1.243	−1.243	−1.225	0.404	0.510	0.063
末子 13-18 歳	−2.126	−2.119	−2.109	−0.863	−0.798	−1.055
末子 19-24 歳	−2.203	−2.217	−2.327	1.244	1.287	1.281
妻母同居（＝1）	1.360	1.363	1.283	−1.611	−1.728	−1.877
夫母同居（＝1）	−1.623	−1.623	−1.646	−3.423**	−3.459**	−3.368**
妻教育年数	0.127	0.121	0.124	0.311	0.272	0.226
夫教育年数	−0.064	−0.064	−0.073	0.381	0.364	0.404*
妻年収−夫年収	0.002	0.002	0.002	0.001	0.001	0.001
妻年収	0.007*	0.007*	0.007*	0.015**	0.015**	0.014**
夫労働時間	−0.344*	−0.346*	−0.342*	−0.697**	−0.672**	−0.710**
夫職業（基準：専門管理）						
夫事務営業	0.248	0.255	0.239	−0.356	−0.320	−0.443
夫販売サービス	0.808	0.808	0.772	0.470	0.408	0.363
夫技能労務農業	−1.015	−1.006	−0.998	0.723	0.635	0.560
妻従業上の地位（基準：無職）						
妻正規	2.767*	2.745	2.704	2.685	2.410	2.244
妻非正規	1.278	1.270	1.321	1.639	1.590	2.139*
妻自営他	−0.524	−0.522	−0.601	−1.321	−1.257	−1.007
妻性別役割分業意識（Z 得点）		−0.086	0.069		−0.879*	1.068
妻正規×性別役割分業意識			−0.380			−3.833**
妻非正規×性別役割分業意識			−0.686			−2.579**
妻自営他×性別役割分業意識			1.040			−0.353
N		1,233			1,013	
Adj R^2	0.052	0.051	0.050	0.140	0.144	0.156
AIC	6095.337	6097.278	6101.148	4933.295	4929.833	4918.794

識にかかわらず，妻が正規就業をしていると夫の家事分担割合が高まると言えよう．

　NFRJ08になると，やや規定要因が変化している．モデルⅠ，Ⅱで有意な効果のあるものだけみると，子どもがいないことや妻の年収が高いことが夫の家事分担割合を増加させ，夫の母と同居していることや夫の労働時間が長いこと，妻が性別役割分業を肯定していることが夫の家事分担割合を減少させる．最も説明力の高いモデルⅢにおいては，正規と性別役割分業意識の交互作用，非正規と性別役割分業意識の交互作用が有意となっている．これらの効果は負となっており，妻が正規や非正規で働いていると，妻が分業を肯定しているほど，無職と比べて夫の家事分担割合が下がり，妻が分業を否定しているほど，夫の家事分担割合が上がるという結果となった．

　以上，NFRJ03と08の夫の家事分担割合の規定要因の分析を行ったが，どのように変化したのか，しなかったのかを検討していこう．

　まず，子どもがいないことはNFRJ08においてのみ夫の家事分担割合を増加させる効果を持っていた．これは近年において結婚年数の短い子どものいない時期は家事の負担もそれほど多くはなく，夫も協力的であることを示していると言えよう．

　次に夫の母同居であるが，これもNFRJ08においてのみ夫の母親が同居していれば，夫の家事分担割合は減少する．これは夫の母親が夫の代わりに家事をしてくれているのか，あるいは夫の母親がいる手前，夫に家事はさせられないのか，どちらの可能性も考えられるだろう．

　妻年収については，2時点ともに正の効果があった．女性自身が収入を得て経済的な資源を持っていれば，夫の家事分担割合は増加するのである．ところが，「妻年収－夫年収」という変数はいずれの年においても有意な効果がない．夫労働時間は2時点ともに有意な負の効果があった．

　最後に妻の従業上の地位と性別役割分業意識の効果に注目してみよう．NFRJ03では，妻自身の性別役割分業意識が夫の家事分担割合に与える有意な効果はなかった．ところが，NFRJ08では妻自身の分業意識と妻従業上の地位の交互作用が夫の家事分担割合に影響をもつようになる．妻自身が正規や非正規で就業し，より分業を否定するような意識をもつと夫の家事分担割合は（無

職のものと比べて），増加するようになったのである．

　前節の**表 16.2** のとおり全体としての家事頻度，家事分担割合が 2009 年では 2004 年に比べて夫婦間でわずかながら平等化しており，**表 16.4** の分析では，2009 年では 2004 年よりモデルの説明力がわずかながら上がっていた．これは今回投入した独立変数で有意な効果のあった変数の間の家事分担の格差が増大したとみることもできるだろう．

　以上の分析から得られた主要な知見を仮説を検討しつつまとめておく．

　仮説 1「夫婦の家事分担は，妻の従業上の地位が正規である場合に最も平等化し，ついで非正規が平等化し，妻が無職の場合に最も平等化しない」については，一部支持された．分析対象者全体としての平均値をみれば，確かに夫の家事分担割合はこの順になる．労働時間や性別役割分業意識を考慮した多変量解析の結果では，2004 年には妻が正規就業していることが夫の家事分担割合を高めていた．しかし，2009 年になるとより複雑な関係が生じているのである．

　仮説 2「夫婦の家事分担は，妻がよりリベラルな性別役割分業意識を持っているほど平等化する」は NFRJ03 については支持されず，最後の仮説 3「妻が就業していても，性別役割分業意識がリベラル化しなければ，夫婦の家事分担は平等化しない」は NFRJ08 について支持されたといえよう．

5　結果のまとめと議論

　本章での新たな知見は，2004 年には妻の分業意識による夫家事分担割合の差異は見られなかったが，2009 年になると有償労働をしている妻のいる夫婦において妻の分業意識による差異が生じるようになったということである．

　さらに，家事分担の平等化の趨勢がみられるが，その変化はわずかであり，全体的な傾向としては女性が就業すると自らの選好を実現しやすい状況になってきたということが言える．

　このことは有償労働をしている有配偶女性が，分業を否定していれば，夫の家事頻度をあげてもらいあるいは自分の家事頻度を減らし，分業を肯定していれば，夫の家事への参入を拒否する（gatekeeping）というように自立性を獲

得したとも言えるかもしれない．勢力・資源（power）をもつ男性が家事をしたくないときには抵抗することができる（Poortman and van der Lippe 2009）ように，女性もわずかではあるが，そのような力をつけつつあると見ることもできる．

しかし一方で，中核労働市場で働き，よりリベラルな分業意識をもつ女性において家事分担平等化の兆しが見え始めているが，必ずしもすべての女性が平等化を望んでいるわけではないということも言える．

本章で使用したデータは2004年と2009年のものであったが，この間にどのようなことがあったのだろうか．1つは，「ワーク・ライフ・バランス憲章」の策定である（内閣府男女共同参画局 2007）．2007年に仕事と生活の調和の実現に向けての取り組みが官民一体となって始まり，その気運を受け入れる素地のあった層，つまりリベラルな分業意識をもつ雇用者層にその気運が広がった可能性がある．また，2008年9月のリーマン・ショックによる経済状況の悪化が，労働時間の減少や夫の収入減少につながり，より多くの妻が働くようになり，家事分担平等化が進んだ可能性もある．

また，2時点ともに夫の労働時間が有意な負の効果を持っており，妻の労働市場への参入，収入の増加，および夫の労働時間の短縮，さらには性別役割分業を肯定しないことが夫婦の労働の平等化につながるということが明らかになった．

男性の労働時間は近年減少しており，また今回用いたデータでは，女性の無職が減少し，そのためか全体としての平均労働時間は増加し，平均収入はわずかではあるが増加傾向にあった．反対に男性の収入や労働時間は減少していた．近年の労働時間の減少や妻の労働市場への参入によって労働市場と家庭における性別分業の不均衡がわずかながら崩れつつあると言える．

なお，妻従業上の地位の効果が妻の労働時間によるものである可能性を考慮して妻の労働時間を統制した分析を行った結果，NFRJ08のモデルIIにおける妻性別役割分業意識の効果が有意ではなくなったが，モデルIIIの交互作用については有意なままであった．妻の意識の効果は，妻の労働時間の疑似効果である可能性も考えられるため，性別役割分業意識・労働時間と家事分担の関係についてはさらに詳細な分析を行いたいと考えている．

また，本章の分析の限界として，家事頻度が女性の側からの評価であることがあげられる．あくまでも女性からみた主観的な夫婦の家事頻度に基づいた分析となっていることに留意が必要である．

1) これらは，後であげる相対資源仮説や時間的余裕仮説にかかわる研究であるといえる．
2) 使用されているデータは，毎日新聞社が2004年に実施した「第1回人口・家族・世代世論調査」データである．
3) NFRJ98については，家事項目と性別役割分業意識の質問項目が異なるため本章では使用しない．

【文献】

Blair, Sampson Lee and Daniel T. Lichter, 1991, "Measuring the Division of Household Labor: Gender Segregation of Housework among American Couples," *Journal of Family Issues*, 12(1). 91-113.

Delphy, Christine, 1984, *Close to Home: A Materialist Analysis of Women's Oppression*, trans. and ed. by Diana Leonard, Amherst: The University of Massachusetts Press（井上たか子・加藤康子・杉藤雅子訳，1996,『なにが女性の主要な敵なのか——ラディカル・唯物論的分析』勁草書房）．

Doeringer, Peter B. and Michael J. Piore, 1985, *Internal Labor Markets and Manpower Analysis: With a New Introduction*, Armonk, New York: M. E. Sharpe, Inc.（白木三秀監訳，2007,『内部労働市場とマンパワー分析』早稲田大学出版部）．

Greenstein, Theodore N., 1996, "Husbands' Participation in Domestic Labor: Interactive Effects of Wives' and Husbands' Gender Ideologies," *Journal of Marriage and the Family*, 58(3): 585-595.

稲葉昭英，1998,「どんな男性が家事・育児をするのか？——社会階層と男性の家事・育児参加」渡辺秀樹・志田基与師編『1995年 SSM 調査シリーズ 15　階層と結婚・家族』1995年 SSM 調査研究会，pp. 1-42.

石井クンツ昌子，2004,「女性の就業と夫婦関係」渡辺秀樹・稲葉昭英・嶋﨑尚子編『現代家族の構造と変容——全国家族調査［NFRJ98］による計量分析』東京大学出版会，pp. 201-230.

岩間暁子，2008,「家事分担は変わるのか」岩間暁子『女性の就業と家族のゆくえ——格差社会のなかの変容』東京大学出版会，pp. 127-149.

Kamo, Yoshinori, 1994, "Division of Household Work in the United States and Japan," *Journal of Family Issues*, 15(3): 348-378.

Kamo, Yoshinori, 2000, "He Said, She Said: Assessing Discrepancies in Husbands' and Wives' Reports on the Division of Household Labor," *Social Science Research*, 29: 459-476.

Kranichfeld, Marion L., 1987, "Rethinking Family Power," *Journal of Family Issues*, 8 (1): 42-56.

LaRossa, Ralph, 1997, *The Modernization of Fatherhood: A Social and Political History*, Chicago: University of Chicago Press.

松田茂樹, 2004, 「男性の家事・育児参加」渡辺秀樹・稲葉昭英・嶋﨑尚子編『現代家族の構造と変容——全国家族調査［NFRJ98］による計量分析』東京大学出版会, pp. 175-200.

松田茂樹, 2006, 「男性の家事参加の変化——NFRJ98, 03 を用いた分析」西野理子・稲葉昭英・嶋﨑尚子編『第2回家族についての全国調査（NFRJ03）第2次報告書 No.1　夫婦, 世帯, ライフコース』日本家族社会学会全国家族調査委員会, pp. 35-48.

永井暁子, 1992, 「共働き夫婦の家事遂行」『家族社会学研究』4(4): 67-77.

永井暁子, 1999, 「家事労働遂行の規定要因」樋口美雄・岩田正美編『パネルデータからみた現代女性』東洋経済新報社, pp. 95-125.

永井暁子, 2001, 「父親の家事・育児遂行の要因と子どもの家事参加への影響」『季刊家計経済研究』49: 44-53.

内閣府男女共同参画局, 2007, 「仕事と生活の調和（ワーク・ライフ・バランス）の実現に向けて」（2013年5月8日取得 http://wwwa.cao.go.jp/wlb/government/）.

中川まり, 2010, 「子育て期における妻の家庭責任意識と夫の育児・家事参加」『家族社会学研究』22(2): 201-212.

Nishioka, Hachiro, 1998, "Men's Domestic Role and the Gender System: Determinants of Husband's Household Labor in Japan,"『人口問題研究』54(3): 56-71.

Poortman, Anne-Rigt and Tanja van der Lippe, 2009, "Attitudes toward Housework and Child Care and the Gendered Division of Labor," *Journal of Marriage and Family*, 71(3): 526-541.

佐々木尚之, 2012, 「JGSS 累積データ 2000-2010 にみる日本人の性別役割分業意識の趨勢——Age-Period-Cohort Analysis の適用」大阪商業大学 JGSS 研究センター編『日本版総合的社会調査共同研究拠点研究論文集』12: 69-80.

Shelton, Beth Anne, and Daphne John, 1996, "The Division of Household Labor," *Annual Review of Sociology*, 22: 292-322.

品田知美, 1996, 「既婚女性の家事時間配分とライフスタイル」『家族社会学研究』8: 163-173.

総務省統計局, 2012, 「平成 23 年社会生活基本調査　結果の概要」（2013年3月23日取得 http://www.stat.go.jp/data/shakai/2011/pdf/gaiyou2.pdf）.

末盛慶・石原邦雄, 1998, 「夫の家事遂行と妻の夫婦関係満足感——NSFH（National Survey of Families and Households）を用いた日米比較」『人口問題研究』54(3): 39-55.

上野千鶴子, 1990, 『家父長制と資本制』岩波書店.

Walby, Sylvia, 1986, *Patriarchy at Work: Patriarchal and Capitalist Relations in Em-*

ployment, Cambridge: Polity Press.

17

ワーク・ファミリー・コンフリクト
職業生活領域から家族生活領域への葛藤（WFC）を中心に

内田哲郎・裵智恵

1 研究の目的

　「ワーク・ファミリー・コンフリクト」という概念は，仕事役割と家族役割が相互にぶつかり合うことから発生する役割葛藤を意味するものとして，今から半世紀以上前の 1960 年代に提唱された（Kahn *et al.* 1964=1973）．その後，特に欧米を中心にワーク・ファミリー・コンフリクトをめぐる理論的研究，実証的研究が蓄積されてきた．Greenhaus and Beutell（1985）は，このワーク・ファミリー・コンフリクトについて，「個人の仕事と家族生活領域における役割要請が，いくつかの観点で互いに両立しないような役割葛藤の一形態」のことと定義している．そして，このワーク・ファミリー・コンフリクトには，「家族生活領域から職業生活領域への葛藤（Family-Work Conflict: 以下 FWC とする）」及び「職業生活領域から家族生活領域への葛藤（Work-Family Conflict: 以下 WFC とする）」の 2 つの方向があり，それぞれ①時間，②ストレス反応，③行動に基づく葛藤という 3 つの形態が存在すると説明している．さらに，近年ではこの 2 つの方向は，それぞれ規定要因や影響要因が異なるため，両者を別々に分析するのが妥当という考えが主流となっている（Frone 2003; Allen *et al.* 2000; Kinnunen and Mauno 1998 など）．

　ワーク・ファミリー・コンフリクトという概念が現代社会を理解するうえで重要な概念となるのは，仕事役割と家族役割の両方を担う（ことが期待される）人が増加してきたことにある．この概念の出自も女性の社会進出という現

象がその背景にあったわけであるが,昨今の日本の状況[1]をみても,有配偶女性,なかでも30歳前後や50歳前後の有配偶女性の就業率の上昇や,性別役割意識の変化に伴い,家族生活領域,職業生活領域の双方での役割を果たすことが男女ともに求められるようになってきたことなど,実態面・意識面での変化がみられる.このようななかで,彼ら／彼女らが経験する両立の困難さや,そこから生じてくる様々な問題,そしてそれを解決するための糸口の模索が,重要な課題となってくるのである.

本研究では,現代日本のワーク・ファミリー・コンフリクト,なかでも,職業生活領域から家族生活領域への葛藤すなわちWFCの現況を,NFRJ08を用いて,以下の視点で描くことを目的としたい.

まず,①現代日本人にとってのWFCの程度を記述する.特に,どのような人でWFCの度合いがより高く現れるかを明らかにする.次に,②男女それぞれにとってWFCが意味するものが何かを明らかにすることを試みる.「職業生活領域から家族生活領域への葛藤」といっても,それが家族役割の何が阻害されることにより現れるのかは,従来のWFC研究では明らかにされていない.本研究では,男性にとってのWFCと女性にとってのWFCとは,家族役割のうち何が阻害されることにより生じるのかを明らかにする.そのうえで,③男女それぞれにおけるWFCの規定要因を明らかにする[2].

なお本研究では,「職業生活領域から家族生活領域への葛藤」を示す場合にWFCと記し,「職業生活領域から家族生活領域への葛藤（WFC）」と「家族生活領域から職業生活領域への葛藤（FWC）」の両方を含めた全体概念を示す場合は「ワーク・ファミリー・コンフリクト」と記すことにする.

2　WFCをめぐる先行研究の整理

ワーク・ファミリー・コンフリクト（「職業生活領域から家族生活領域への葛藤」及び／または「家族生活領域から職業生活領域への葛藤」）についてのこれまでの研究は,大きく分けると,概念の定義や測定方法をめぐる議論,規定要因の分析,そしてワーク・ファミリー・コンフリクトが個人に及ぼす影響といった3つの論点を中心に行われてきた.

2000年代以後の，アメリカにおける「仕事と家族」に関連する研究をレビューした Bianchi and Milkie（2010）によると，多くの研究が，近年ワーク・ファミリー・コンフリクトの増加を報告している．ただし，ワーク・ファミリー・コンフリクトの分析枠組みとしての理論は多様であるが，それぞれの理論間の相違点を明快に検証した研究はあまりない現状だという．そうした状況の下でも，ワーク・ファミリー・コンフリクトの発生メカニズムを解明する作業は活発に行われている．

　本研究で主対象とする WFC，すなわち「職業生活領域から家族生活領域への葛藤」を引き起こす要因として最も頻繁に指摘されているのは，労働時間と勤務量，業務負担など，職業関連要因である．職業関連要因が WFC に及ぼす影響については，一貫した結果が報告されており，労働時間が長いほど，勤務量が多いほど，そして業務負担が重いほど，WFC は高くなるという傾向が確認されている（Byron 2005; Voydanoff 2004）．このなかでも特に，過多な労働時間は，多数の研究で WFC の主要因であることが明らかにされてきた（Guelzow et al. 1991）．

　職場関連要因は，WFC を引き起こす要因であると同時に，軽減するサポート要因にもなりうる（Bianchi and Milkie 2010）．たとえば，育児休業，在宅勤務，上司や同僚からの情緒的支持，職場の雰囲気などがそれである．ところで，こうした職場内の支援が持つ効果は，一律的なものではない．育児休業，在宅勤務などのような家族親和的制度よりは，上司や同僚からの情緒的支援，職場の雰囲気のような非公式的支援が，WFC を軽減する効果を持っている（Behson 2005）．

　家族関連要因の影響については，先行研究で重視されてきた要因としては，子どもの年齢，子どもの数などがある（Bellavia and Frone 2005; Voydanoff 2004）．子どもが幼い場合，子どもが多い場合は，家族役割参加への要求が高くなり，WFC を高くする可能性があると推測される．職業関連要因と同様，家族関連要因においても，WFC を軽減するサポート要因が考えられる（Adams et al. 1996）．たとえば，時間配分や役割圧力の衝突などで仕事と家族の両立が困難な場合，家族からのサポートがあると，WFC が低くなる傾向があった（Voydanoff 2005）．

Bianchi and Milkie（2010）は，職種や階層のような，社会人口学的要因とWFCとの関連については，理論的にも経験的にも詳しく検討した研究は多くないことを指摘する．一方，ジェンダー差に関する研究結果は，複雑な様相を示す．彼女たちのレビューによれば，全国規模の調査結果を用いた研究の多くが，男性と女性は，同じレベルのWFCを経験していることを報告している．しかし，同じ職種の男女で比較をすると，ジェンダーによる差が明確にあらわれ，父親と母親を比較してみると，母親の方がより高い水準のWFCを経験していることが明らかにされている．

　このような，複雑なジェンダー差による結果を解釈する際，「選択効果（selection effect）」に注意する必要がある（Bianchi and Milkie 2010; Schieman et al. 2009）．すなわち，WFCが高い女性が，その解決策として仕事をやめる選択をすることによって，仕事と家庭を両立している女性は，そもそもそれほど高くないWFCを経験する女性たちである可能性を考慮しないといけないということである．

　以上，主に，アメリカにおける研究を概観したが，こうしたアメリカの研究成果と比べると日本においては，この分野の研究の蓄積はまだ浅い．しかし，いくつかの先行研究によると，日本においても，男女共に，少なくない人がWFCを比較的頻繁に経験している（国立女性教育会館 2006）．そして，長時間労働のような職業関連要因（金井 2002; 西村 2006），男性の場合は本人の育児参加（裵 2013），性別役割分業意識（松田 2006）などによって，影響を受けていることが知られている．

3　NFRJ08にみるWFCの現況

　本研究では，28-48歳で[3]，現在就業者であり，かつ配偶者及び健在する第1子と同居している男女980ケース（男542ケース，女性438ケース，WFCに関する質問の無回答者を除く）を分析の対象として，WFCの現状について検討する．

　WFCと関連する項目として，「問5-7（ア）仕事が原因で家族と一緒にすごす時間が十分とれないでいる」（以下WFC1）と「問5-7（イ）家にいても仕

表17.1 属性別にみたWFCの頻度分布

属性			全体				男性				女性			
			N	平均	標準偏差	有意差	N	平均	標準偏差	有意差	N	平均	標準偏差	有意差
(全体)			(980)	4.44	1.65		(542)	4.90	1.58		(438)	3.87	1.56	
性別	男性		(542)	4.90	1.58	***								
	女性		(438)	3.87	1.56									
年齢	28-38歳		(432)	4.51	1.63	n.s	(249)	4.80	1.60	n.s	(183)	4.12	1.58	**
	39-48歳		(548)	4.39	1.67		(293)	4.99	1.56		(255)	3.70	1.53	
末子年齢	0-3歳		(276)	4.77	1.65	***	(201)	5.01	1.62	n.s	(75)	4.15	1.58	***
	4-6歳		(192)	4.60	1.67		(108)	4.85	1.58		(84)	4.29	1.74	
	7-12歳		(313)	4.42	1.58		(152)	4.95	1.48		(161)	3.91	1.50	
	13-18歳		(162)	3.86	1.61		(64)	4.63	1.62		(98)	3.13	1.41	
	19歳以上		(15)	3.80	1.37		(7)	4.57	1.40		(8)	3.13	0.99	
本人の就業形態	正規		(605)	4.87	1.57	***	(476)	4.90	1.57	n.s	(129)	4.76	1.61	***
	非正規		(280)	3.50	1.39		(15)	4.60	1.59		(265)	3.44	1.35	
	自営・自由他		(92)	4.47	1.74		(49)	5.00	1.73		(43)	3.86	1.55	
配偶者の就業形態	正規		(443)	4.03	1.60	***	(89)	4.83	1.49	n.s	(354)	3.82	1.57	n.s
	非正規		(202)	4.67	1.59		(178)	4.70	1.61		(24)	4.46	1.44	
	自営・自由他		(91)	4.45	1.61		(37)	5.08	1.48		(54)	4.02	1.57	
	無職		(241)	5.03	1.59		(235)	5.07	1.58		(6)	3.87	1.21	

*$p<.05$, **$p<.01$, ***$p<.001$.
注：正規：経営者・役員，常時雇用されている一般従業者，非正規：臨時雇い・パート・アルバイト，派遣社員・契約社員・委託社員，自営・自由他：自営業主・自由業主，自営業の家族従業者，内職．

事のことが気になってしかたがないことがある」（以下WFC2）の2つの項目を取り上げる．ここでは，WFCに関連する上記の2つについて，「ほとんどあてはまらない」に1点，「あてはまらない」に2点，「まああてはまる」に3点，「あてはまる」に4点を与えて合成変数を作成した．この合成変数が取り得る値の範囲は，2点から8点であり，点数が高いほど，WFCが高いことを意味する．表17.1は，属性別にこの合成変数の平均の差を検定した結果をまとめたものである．

まず，全体の平均は4.44である．取り得る値の範囲からみればそれほど高くない．しかし，男女別にみると，男性の方は4.90，女性の方は3.87となり，男女間で統計的に有意な差がみられる．すでに述べたように，WFCにおけるジェンダー差については，その解釈に注意する必要があるものの，少なくとも，この結果からは，2008年の日本においては，女性より男性のWFCが高くな

っていると言えるだろう．それは，家事・育児に積極的に参加する男性像が期待されている状況においては，男性のWFCが高くなる可能性があるという主張（Winslow 2005）を裏付けるものである．

次に，年齢による差をみると，全体や男性では統計的に有意な差はみられなかったが，女性の場合のみ有意な差がみられた．女性の場合，28-38歳までの比較的若い年齢で，高いWFCを経験していることがわかる．同様に，女性の場合は，末子年齢によってもWFCの程度に違いがあり，末子年齢が0-3歳，4-6歳の層は，他の層よりWFCが高くなる傾向がある．

最後に，夫婦の働き方によるWFCの平均値を調べてみた．その結果，男性においては，本人の働き方，妻の働き方ともにWFCの程度に統計的に有意な差はみられなかったのに対し，女性においては，本人の働き方によりWFCの程度に有意な差がみられた．詳しくみると，女性本人が正規である場合が最も高く（4.76），その次が自営・自由他（3.86）で，非正規である場合が最も低くなっている（3.44）．ただし，夫の働き方は，女性においても，WFCの程度に統計的に有意な差をもたらしてはいなかった．

男女別に結果を整理すると，男性の場合は，ここで取り上げた属性要因のいずれも統計的に有意な結果を示さなかった．対照的に，女性の場合は，夫の就業形態以外のいずれの変数でもWFCの程度に統計的に有意な差がみられた．

ところで，女性に比べて男性でWFCが高い傾向は，それ以前にもあてはまるのだろうか．表17.2は，NFRJ08のWFC1の結果とNFRJ03における類似項目の結果を比較したものである．2003年の時点では，「仕事のために家族との時間がとれないと感じたこと」が，「何度もあった」「ときどきあった」と答えた割合が，男性37.9％，女性27.8％だったのに対し，2008年時点では，「仕事が原因で家族と一緒にすごす時間が十分とれないでいる」に「あてはまる」「まあてはまる」と答えた割合は，男性で52.0％，女性で32.1％となっている．質問文と選択肢が異なるため厳密な比較はできないものの，2003年，2008年の両時点とも女性に比べて男性でWFCの経験が高く，しかも，2008年は2003年に比べて男女間の格差が広がったことがわかる．

表17.2　WFCの変化（NFRJ03との比較）

NFRJ08　　　　　　　　　　　　　　　　　　　　　　　　　　　（％）

性別	あてはまる	まああてはまる	あまりあてはまらない	ほとんどあてはまらない	計
男性	99 (18.3)	183 (33.8)	156 (28.8)	104 (19.2)	542 (100.0)
女性	37 (8.4)	104 (23.7)	137 (31.3)	160 (36.5)	438 (100.0)

NFRJ03

性別	何度もあった	ときどきあった	ごくまれにあった	まったくなかった	計
男性	148 (18.5)	155 (19.4)	221 (27.7)	274 (34.3)	798 (100.0)
女性	63 (10.4)	105 (17.4)	152 (25.2)	284 (47.0)	604 (100.0)

注：「NFRJ03」では，「仕事のために家族との時間がとれないと感じたこと」として聴取．分析対象は，NFRJ08は表17.1と同様．NFRJ03は，28-48歳で，配偶者と同居している就業者．

4　男性にとってのWFC，女性にとってのWFC

　本節では男女それぞれにとって，WFCが意味する内実を明らかにすることを試みる．家族形態や個々に要請される家族役割が多様化しつつあるなかでは，WFCすなわち「職業生活領域から家庭生活領域への葛藤」といっても，その中身は人によって異なってくることが予想される．そして，WFCの内容が異なるならば，その規定要因や，WFCの緩和・解消のための方策も異なることが予想されるのである．そこで本節では，WFCの規定要因分析に先立ち，男性にとってのWFCと女性にとってのWFCとは，家族役割のうち何が阻害されることにより高まるのかを，個々が感じるWFCの程度と家庭生活におけるいくつかの領域にかける時間量または頻度の多寡との関係という視点で明らかにする．

　従属変数はWFCの程度であり，前節で説明した合成変数を用いた．一方独立変数となるのはいくつかの家族役割である．家族役割に関してはさまざまな領域が想定されるが，ここでは，有配偶者において最も基本的役割となる「配偶者役割＝配偶者との関わり」「親役割＝子どもとの関わり」「家事遂行役割＝家事参加度」の3領域とし，それぞれ，夫婦の会話時間[4]，第1子と一緒に夕食をとる頻度[5]，家事参加度[6]を独立変数とした．

表17.3 分析に用いた変数の記述統計量

変　数	男　性 ($n=542$)				女　性 ($n=438$)			
	平　均	標準偏差	最大値	最小値	平　均	標準偏差	最大値	最小値
WFC度	4.90	1.58	8.00	2.00	3.87	1.56	8.00	2.00
対象者年齢	38.97	5.42	48.00	28.00	39.30	5.17	47.00	28.00
夫婦会話時間	8.21	5.83	22.75	0.00	7.96	6.22	22.75	0.00
第1子夕食	3.61	2.12	6.00	0.00	5.20	1.58	6.00	0.00
家事参加度	4.79	5.35	35.00	0.00	28.27	6.23	35.00	2.50
親同居（=1）（非同居=0）	0.23	0.42	1.00	0.00	0.34	0.47	1.00	0.00
非正規（=1）（正規=0）	0.06	0.24	1.00	0.00	0.69	0.46	1.00	0.00
配偶者就業（=1）（非就業=0）	0.56	0.49	1.00	0.00	0.99	0.12	1.00	0.00
性別役割分業意識	2.43	0.95	4.00	1.00	2.04	0.89	4.00	1.00

表17.4 男性にとってのWFC，女性にとってのWFC

独立変数	男　性	女　性
夫婦会話時間	−0.035**	−0.029*
第1子夕食	−0.197***	−0.038
家事参加頻度	0.000	−0.036**
対象者年齢	0.018	−0.034*
親同居（=1）	−0.037	0.080
非正規（=1）	−0.331	−1.086***
配偶者就業（=1）	−0.191	0.439
性別役割分業意識	−0.152*	0.059
定　数	5.734*	6.763***
n	542	438
Adj-R^2	0.128	0.181
F	10.948***	13.083***

*$p<.05$,　**$p<.01$,　***$p<.001$.

　さらに，統制変数として，本人の年齢，親同居ダミー（親または義親と同居=1，非同居=0），非正規ダミー（本人の従業上の地位が非正規=1，正規=0），配偶者就業ダミー（配偶者が就業状態にある=1，就業状態にない=0），及び性別役割分業意識を投入した[7]．各変数の記述統計量は表17.3の通りである．分析対象は表17.1と同様とし，ここでは，男女別に重回帰分析（OLS）を実施した[8]．

分析結果をみると，男性の場合WFC度と関連が最も強いのは，第1子との夕食頻度であり，次に夫婦の会話時間である．だが，家事参加度はWFC度とは統計的に有意な関連はみられない．一方女性の場合，3つの家族役割領域のうち家事参加度が本人のWFC度に最も影響し，次いで夫婦の会話時間が影響する．しかし，第1子との夕食頻度には統計的にみて有意な関連はみられない．なお，統制変数をみると，女性において，非正規ダミーが強く働いており，非正規に比べて正規として就業している女性ほどWFC度が高くなっていることがわかる（**表17.4**）．

　以上の結果から，ひとことでWFCといっても，その中身は男女によって異なることが明らかとなった．男性にとってWFCの文脈で重要なのは家族成員との関わりを持てるかどうかであり，家族成員との関わりを持てないことが，男性にとってのWFCなのである．一方女性の場合，WFCの文脈で重要なのは家事を行っているかどうか，及び夫との関わりであり，家事を実施できないことや，夫との会話時間を持てないことが，女性にとってのWFCなのである．

5　WFCの規定要因

　このように，男女によりWFCの中身が異なるわけだが，それぞれのWFCを規定する要因と言えるものは何だろうか．以下ではWFCの規定要因について分析する．従属変数は，第3節，第4節で用いたWFCの合成変数を用いる．独立変数は，先行研究の知見や第3節の属性要因との関連を考慮し，カップルの働き方（第3節で用いた就業形態），職業関連要因（労働時間[9]），家族関連要因（末子の年齢，本人と配偶者の家事参加度[10]，配偶者からの情緒的サポート[11]，親との同居），意識要因（第4節で用いた性別役割分業意識）を使用した．そして，統制変数[12]として，年齢，（去年1年間の）世帯年収，教育年数のような社会人口学的変数を投入した．**表17.5**は，分析に用いた各変数の記述統計量（前節における変数と重複するものを含む），**表17.6**は，男女別にWFCを従属変数とした重回帰分析（OLS）の結果である．

　まず男性の結果をみると，WFCと有意な関連がみられるのは，年齢，労働時間，性別役割分業意識である．年齢が高いほど，労働時間が長くなるほど，

表17.5 分析に用いた変数の記述統計量

変　数	男　性 (n=542)				女　性 (n=438)			
	平　均	標準偏差	最大値	最小値	平　均	標準偏差	最大値	最小値
世帯年収	706.28	286.53	1650.00	250.00	712.57	300.65	1650.00	50.00
教育年数	13.85	2.04	18.00	9.00	13.24	1.51	18.00	9.00
本人非正規（＝1）	0.03	0.16	1.00	0.00	0.61	0.49	1.00	0.00
本人自営業（＝1）	0.09	0.29	1.00	0.00	0.10	0.30	1.00	0.00
配偶者非正規（＝1）	0.33	0.47	1.00	0.00	0.05	0.23	1.00	0.00
配偶者自営（＝1）	0.07	0.25	1.00	0.00	0.12	0.33	1.00	0.00
配偶者無職（＝1）	0.44	0.49	1.00	0.00	0.01	0.12	1.00	0.00
労働時間（時間／月）	240.64	50.28	448.00	77.00	139.21	59.12	270.00	4.67
末子年齢	6.21	4.93	23.00	0.00	8.60	4.93	23.00	0.00
配偶者からの情緒的サポート	9.19	2.17	12.00	3.00	8.60	2.31	12.00	3.00
本人家事参加度	4.79	5.35	35.00	0.00	28.27	6.23	35.00	2.50
配偶者家事参加度	28.63	6.12	35.00	1.00	3.68	5.04	35.00	0.00
親同居ダミー	0.23	0.42	1.00	0.00	0.34	0.47	1.00	0.00
性別役割分業意識	2.43	0.95	4.00	1.00	2.04	0.89	4.00	1.00

革新的な性別役割分業意識を持つほど，男性のWFCは高くなる．

　女性においては，教育年数，本人の働き方，労働時間，末子の年齢，配偶者からの情緒的サポートがWFCと有意な関連がみられる．教育年数が長いほど，すなわち高学歴であるほどWFCは高くなる．本人の働き方では，本人が正規として働いている場合と比べ，非正規として働いている場合に女性のWFCは低くなる．また，労働時間が長くなるほどWFCは高くなる．さらに，末子の年齢が高くなるほど，配偶者からの情緒的サポートが高くなるほど，女性のWFCは低くなる．

　男女ともに共通の結果がみられたのは，労働時間のみである．一方，本人の年齢及び性別役割分業意識の効果は男性のみ，教育年数，本人の働き方，末子年齢，配偶者からの情緒的サポートは，女性のみ関連性がみられた．男性の場合，性別役割分業意識がWFCに有意な影響を及ぼしているのは，第4節でも確認できる．保守的な性別役割分業意識を持つほど家族役割への意識が低く，結果的に職業役割と家族役割の葛藤を感じない結果と考えられよう．

　女性の場合，本人が非正規として働くことがWFCを軽減する効果を持っているのは，示唆するところが大きい．WFCと仕事からの撤退（withdrawal

表17.6 WFCの規定要因

独立変数	男 性	女 性
対象者年齢	0.047**	0.007
世帯年収	0.000	0.000
教育年数	0.036	0.068*
本人従業上の地位（基準：正規）		
非正規（=1）	-0.245	-0.422*
自営（=1）	-0.065	-0.357
配偶者従業上の地位（基準：正規）		
非正規（=1）	-0.250	0.393
自営（=1）	-0.176	0.258
無職（=1）	0.017	-0.418
労働時間	0.010***	0.010***
末子年齢	-0.035	-0.066**
配偶者からの情緒的サポート	-0.023	-0.082**
本人の家事参加度	-0.011	-0.019
配偶者の家事参加度	-0.010	0.011
親同居（=1）	-0.131	0.019
性別役割分業意識	-0.148*	-0.009
定　数	1.379	3.468**
n	542	438
Adj-R^2	0.136	0.282
F	6.695***	12.428***

*$p<.05$, **$p<.01$, ***$p<.001$.

intentions）との関連を指摘したGreenhaus et al.（2001）の研究を考慮するならば，こうした結果は，日本社会において，有配偶女性が正規として働くことが夫婦の仕事と家庭生活の両立を困難にし，そのため，女性たちは，一種の「撤退」として非正規を選択した可能性も考えられる．

配偶者からの情緒的サポートは女性のWFCを軽減する効果が認められているのに対し，配偶者の家事参加は女性のWFCに影響を及ぼしていない．男性が積極的に家族役割に参加し女性の家事負担を減らすより，情緒的サポートの方がWFCの軽減に有効であるという結果は，興味深い．この結果は，現時点においては，夫による家事参加度の増加が，必ずしも妻のWFCの緩和には結びついていない，ということを意味する．ならばそれはなぜなのだろうか．この点は，次節でもう少し考察することにしたい．

6　結びにかえて——現代日本の WFC の様相

　本研究では，現代日本の WFC の様相をみてきた．分析を通じて最初に確認されたのは，女性に比べて男性で WFC 度が高いこと，さらにその差は数年前に比べて広がっていることである．昨今は「育メン」が話題になるなど，従来女性の役割とされてきた育児や家事に積極的に関わる男性が目立つようになってきた．また，男性が家庭生活に関わり，あるいは育児や家事に参加することは，行政からも後押しされるなど，その期待が高まっている．その結果として，男性の WFC 度がより高くなってきていると考えられよう．

　だが，そのような WFC も，男性と女性とでは若干内容が異なるようである．男性の場合は，WFC の強さは，妻や子どもといった，家族との関わりとの薄さに関連し，妻との会話時間が少なかったり，子どもと一緒に夕食をとる頻度が少ないと WFC 度が上がる傾向がある．なかでも子どもとの食事の頻度の影響が顕著に強い．一方女性の場合は，夫との会話時間が少なかったり，家事参加度が少ないと WFC 度が上がる傾向がある．女性の場合は，WFC 度に最も影響するのは家事参加度の少なさなのである．別の言い方をすれば，男性の場合は家族との関わりを得ることを求め，それが十分ではないと WFC 度が上昇し，女性の場合は，夫との関わりを求めるとともに家事を行うことが念頭にあり，それが達成されないと WFC 度が上昇する．つまり，男女で WFC の中身が異なるのである．

　WFC は，冒頭にも述べたように，仕事役割と家族役割の両方を担う（ことが期待される）ようになり，そこに何らかの摩擦や葛藤が生じる結果として発生する．そしてそれは，個々人には，多かれ少なかれ「生き難さ」をもたらすのである．これは，女性にとっては，就労機会が増え，家族役割とともに仕事役割も担うことにより，両者の摩擦や葛藤として経験されるのであるが，その時に問題になるのは，一義的には家事役割を行えるかどうか，ということになる．一方，男性の場合は，仕事役割とともに家族役割を担うことへの期待の高まりが背景にあり，その結果として両者の摩擦や葛藤として経験される．だが，その時に問題になるのは，一義的には家族とともに過ごせるかどうかというこ

とであり，女性のように家事役割を行えるかどうかということではないのである．言い換えれば，女性は家族生活を思うように運営できない場合にWFCを感じ，男性は自身が家族生活を思うように享受できない場合にWFCを感じるということである．

　また，本研究では，男女それぞれのWFCの規定要因についても分析を行った．WFC度に強く影響を及ぼすのは男女ともに労働時間であり，これは従来のWFCの規定要因研究と同様の結果であったと言える．また，女性の場合は，配偶者からの情緒的サポートが増えるとWFC度が低下するという傾向がみられた．これは先の夫婦の会話時間とWFC度との関連とも相通ずるものであり，夫と過ごす時間やコミュニケーションを確保することが，とりもなおさず妻のWFC度を低減させる効果を持つと理解することができる．

　一方，配偶者の家事参加は，女性のWFCを低下させる効果がなかった．これは，夫の家事参加自体が女性のWFC度の緩和には必ずしも結びつかないことを意味する．ならばそれはなぜなのだろうか．今回の分析からは明らかにはできないものの，ひとつには，男性による家事遂行が，妻である女性からみれば物理的・精神的に効果的に行われていない結果であると考えることができよう．仮に，夫により効果的な家事遂行が行われているならば，女性の家事役割という負担や責任を緩和させ，そのことが女性のWFC度を軽減させる効果があるかもしれない，と考えられるからである．その意味では，男性の家事参加度よりは，その質が問題となってくる．

　また，もうひとつは，家事はあくまで女性の役割である，という家事責任の所在についての価値観ないし規範の強さである．性別役割分業意識が流動化してきているとはいえ，家事の一義的責任は女性にあるという価値観・規範により，男性の家事遂行の増加が女性のWFC度の軽減をもたらさない，場合によっては男性の家事遂行の増加こそが，女性にとっては罪悪感となり，WFC度を高める結果をもたらす，と考えることもできよう．

　さらに，本研究の分析を通じて，女性の働き方，特に非正規としての働き方が，男女ともにWFC度を軽減する効果を持っていることが確認された．この結果は，現代日本社会においては，夫婦がともに正規として働くことは，その夫婦が仕事と家庭生活の両立の困難に直面しやすいこと，そしてその回避策と

して，妻が非正規という就労形態を選択している現状にあることを示唆する．だが，その際選択の俎上に載るのは女性の働き方であり，男性の働き方ではないのである．

　昨今の日本社会においては，男女ともに仕事役割と家族役割の両方を担うことが要請されるようになり，結果として両者ともにWFCという問題に直面するようになっている．しかしながら，両者のWFCの中身の相違やその規定要因の非対称性をみると，両者は必ずしも問題を一にしているわけではないこと，そしてその底流には，相変わらず性別役割分業意識が介在していることが垣間見えるのである．

1) 総務省「労働力調査」によると，30歳前後や50歳前後の有配偶女性の就業率は，10年前と比べると大きく上昇し，その結果，2010年時点では25歳から59歳まで各年代における有配偶女性の就業率は5割を超えるようになった．意識面では，「夫は外で働き，妻は家庭を守るべき」といった考えに反対の割合が年々増加し，最近は「反対」が5割を超えるようになってきた．また，男性の「仕事」と「家庭生活」の希望優先度では，「仕事」優先の人は1割あまりであるのに対し，「家庭生活」優先は2割強，「仕事と家庭生活」優先が3割強と，「仕事」のみならず「家庭生活」を優先したい人の割合が大きく上回っている（内閣府 2009）．
2) 本研究では，このようにWFCをより多面的に捉えることに主眼を置いたため，FWCすなわち「家族生活領域から職業生活領域への葛藤」に関する分析は捨象した．しかしながら，現代日本においてFWCがWFCと同様に重要な論点のひとつであることは確かである．このFWCに関する多面的な分析・研究は，別の機会における課題としたい．
3) 年齢を28-48歳までとしたのは，第4節の分析で独立変数として使用した，第1子との関わり（夕食をともにする頻度）を聴取しているのが，48歳までの若年票回答者のみというデータ上の制約による．
4) 夫婦の会話時間は，平日1日あたりの会話時間と休日1日あたりの会話時間をもとに，1週間あたりの会話時間を算出した．その際，各選択肢には，「0分」＝0，「30分未満」＝15，「30分～1時間未満」から「2時間30分～3時間未満」はそれぞれの中央値，「3時間以上」＝195（3時間15分）を代入した．
5) 第1子との夕食頻度は，「ほぼ毎日（週に5-7回）」を6点，「週に3-4回」を3.5点，「週に1-2回」を1.5点，「月に1-2回」を0.4点，「年に数回」を0.1点，「まったくない」を0点とした．なお，第3節や第5節では，子育ての負担感を示す指標として「末子」年齢により分析を行っているのに対し，本節では子どもとの関わりを示す指標として「第1子」との夕食頻度を採用している．これは，子どもの年齢を同一とした場合，対象者（親）にとっては，末子との関わりよりも第1子との

関わりのほうが心理的な重要度がより高いのではないかと思われるからである．また，調査では第1子との関わりは聴取しているものの，末子との関係は必ずしも聴取されていないというデータ上の限界も考慮した．
6) 家事参加度は，「食事の用意」「食事のあとかたづけ」「食料品や日用品の買い物」「洗濯」「そうじ（部屋，風呂，トイレなど）」の5項目について，「ほぼ毎日」に7点，「週に4-5回」に4.5点，「週に2-3回」に2.5点，「週に1回」に1点，「ほとんど行わない」に0点を与えて，各項目の得点を合計してもとめた．
7) 性別役割分業意識は，「男性は外で働き，女性は家庭を守るべきである」という質問項目について，「そう思う」から「そう思わない」までを4点から1点とした．
8) 独立変数において欠損値があるケースは，その変数の平均値を代入して分析を行うこととした．これにより，第3節から第5節のケース数はすべて同一となっている．
9) 労働時間は，往復の通勤時間を含む1日平均労働時間と1カ月の平均労働日数をもとに，月あたりの労働時間を算出した．なお，1日の労働時間を24時間と答えたものは除外した．
10) 本人と配偶者の家事参加度は，第4節における本人家事参加度と同様の方法で算出した．
11) 「問7-17（ア）配偶者（夫・妻）は，わたしの心配ごとや悩みごとを聞いてくれる」，「問7-17（イ）配偶者（夫・妻）は，わたしの能力や努力を高く評価してくれる」，「問7-17（ウ）配偶者（夫・妻）は，わたしに助言やアドバイスをしてくれる」の3項目を用いる．これらの項目について，「あてはまらない」から「あてはまる」までを1点から4点として，その合計点をもとめた．点数が高いほど，配偶者からの情緒的サポートが高いことを意味する．なお，この合成変数のCronbach α は，男性が.855，女性が.870であった．
12) 年齢は，調査時点での実年齢を連続変数として使用した．教育年数は，最終学歴を卒業とみなし，それに対応する教育年数を算出した．1年間の世帯収入は，調査票上のカテゴリーの中間値を用いる．また，便宜上，「収入がなかった」には0，「100万未満」には50，「1600万円以上」には1650の値を与えた．

【文献】

Adams, Gary A., Lynda A. King and Daniel W. King, 1996, "Relationships of Job and Family Involvement, Family Social Support, and Work-Family Conflict with Job and Life Satisfaction," *Journal of Applied Psychology*, 81(4): 411-420.

Allen, Tammy D., David E. L. Herst, Carly S. Bruck and Martha Sutton, 2000, "Consequences Associated with Work-to-Family Conflict: A Review and Agenda for Future Research," *Journal of Occupational Health Psychology*, 5(2): 278-308.

裵智恵, 2013,「男性のワーク・ファミリー・コンフリクトに関する日韓比較研究」『桜美林論考 法・政治・社会』4: 39-54.

Behson, Scott J., 2005, "The Relative Contribution of Formal and Informal Organiza-

tional Work-Family Support," *Journal of Vocational Behavior*, 66(3): 487-500.
Bellavia, Gina M. and Michael R. Frone, 2005, "Work-Family Conflict," Julian Barling, E. Kevin Kelloway and Michael R. Frone, eds., *Handbook of Work Stress*, Thousand Oaks: Sage, pp. 113-148.
Bianchi, Suzanne M. and Melissa A. Milkie, 2010, "Work and Family Research in the First Decade of the 21st Century," *Journal of Marriage and Family*, 72(3): 705-725.
Byron, Kristin, 2005, "A Meta-Analytic Review of Work-Family Conflict and Its Antecedents," *Journal of Vocational Behavior*, 67(2): 169-198.
Frone, Michael R., 2003, "Work-family Balance," James C. Quick and Lois E. Tetrick, eds., *Handbook of Occupational Health Psychology*, Washington D. C.: American Psychological Association, pp. 143-162.
Greenhaus, Jeffrey H. and Nicholas J. Beutell, 1985, "Sources of Conflict between Work and Family Roles," *The Academy of Management Review*, 10(1): 76-88.
Greenhaus, Jeffrey H., Saroj Parasuraman and Karen M. Collins, 2001, "Career Involvement and Family Involvement as Moderators of Relationships between Work-Family Conflict and Withdrawal from a Profession," *Journal of Occupational Health Psychology*, 6(2): 91-100.
Guelzow, Maureen G., Gloria W. Bird and Elizabeth H. Koball, 1991, "An Exploratory Path Analysis of the Stress Process for Dual-Career Men and Women," *Journal of Marriage and Family*, 53(1): 151-164.
Kahn, Robert L., Donald M. Wolfe, Robert P. Quinn, J. Diedrick Snoek and Robert A. Rosenthal, 1964, *Organizational Stress: Studies in Role Conflict and Ambiguity*, New York: Wiley (西昭夫・大滝伊久男・奥田俊介訳, 1973, 『組織のストレス──葛藤にさらされた現代組織の歪み』(下) 産業能率短期大学出版部).
金井篤子, 2002,「ワーク・ファミリー・コンフリクトの規定因とメンタルヘルスへの影響に関する心理的プロセスの検討」『産業・組織心理学研究』15(2): 107-122.
Kinnunen, Ulla and Saija Mauno, 1998, "Antecedents and Outcomes of Work-Family Conflict among Employed Women and Men in Finland," *Human Relations*, 51(2): 157-177.
国立女性教育会館, 2006,『平成16年度・17年度 家庭教育に関する国際比較調査報告書』国立女性教育会館.
松田茂樹, 2006,「仕事と家庭生活の両立を支える条件」『Life Design REPORT』2006年1-2月, 第一生命経済研究所:4-15.
内閣府大臣官房政府広報室, 2009,「男女共同参画社会に関する世論調査(平成21年10月調査)」(2013年5月11日取得 http://survey.gov-online.go.jp/h21/h21-danjo/index.html).
西村純子, 2006,「ライフステージ, ジェンダー, ワーク・ファミリー・コンフリクト──ワーク・ファミリー・コンフリクトの規定要因と生活の質との関連」『第2

回家族についての全国調査（NFRJ03）第2次報告書 No. 1』日本家族社会学会全国家族調査委員会，pp. 75-88.
Schieman, Scott, Melissa A. Milkie and Paul Glavin, 2009, "When Work Interferes with Life: Work-Nonwork Interference and the Influence of Work-Related Demands and Resources," *American Sociological Review*, 74: 966-988.
Voydanoff, Patricia, 2004, "The Effects of Work Demands and Resources on Work-to Family Conflict and Facilitation," *Journal of Marriage and Family*, 66(2): 398-412.
Voydanoff, Patricia, 2005, "Social Integration, Work-Family Conflict and Facilitation, and Job and Marital Quality," *Journal of Marriage and Family*, 67(3), 666-679.
Winslow, Sarah, 2005, "Work-Family Conflict, Gender, and Parenthood, 1977-1997," *Journal of Family Issues*, 26(6): 727-755.

18

有配偶女性の就労と性別役割分業意識

島直子・賀茂美則

1 本章の目的

　近年，日本では有配偶女性の労働力化が進んでいる．たとえば総務省「労働力調査」によると，1980年代半ばまで「夫が会社員である専業主婦」の絶対数は増加傾向にあった．しかしその後は頭打ちとなり，会社員の妻の労働参加率は上昇し続けている（服部 2005）．そしてこれまでの研究によると，妻が有職である男性および職業をもつ女性は，性別役割分業に対して否定的な態度を示す傾向にある（東・鈴木 1991; 原・肥和野 1990; 木村 2000; 白波瀬 2005; 山嵜 1998）．

　有配偶女性の就労行動と本人およびその夫の性別役割分業意識の因果関係については，「意識が行動を規定する」可能性も考えられる．しかしパネル調査データを用いた分析によると，夫が性別役割分業に否定的であるから妻が就労するというよりも，妻の就労行動によって夫の性別役割分業意識が形成されるようである（Zuo and Tang 2000）．また妻に関しても，性別役割分業に否定的な妻が就労するというよりも，就労行動に適合的な性別役割分業意識が形成されることが示されている（Molm 1978; Thornton and Freedman 1979; Zuo and Tang 2000）．

　日本では，女性の年齢階級別労働力率は出産・育児期に減少するM字型を維持しており，育児が一段落した後の就労も非正規就労に限定されがちである．夫の所得が高いと妻の就労が抑制される傾向にある（島根・田中 2011）こと

からもわかるように,妻の就労は,その大半が家計補助の域を出るものではない.しかしその一方で,近年,夫婦共に高収入を得るカップルが出現し,世帯間の所得格差が拡大している（小原 2001；大竹 2000）.これらの知見から妻の就労パターンは,夫の経済力不足を補うための家計補助型と,キャリア継続型に二極化されつつあると考えられる.ゆえに夫および妻における性別役割分業意識の形成や変容について理解を深めるためには,「働いている妻,およびその夫は,性別役割分業に否定的である」という理解にとどまらず,夫の経済力によって「妻の就労」の意味が異なり,ゆえに性別役割分業意識に及ぼす影響も異なりうることに留意する必要がある.

さて,これまでの研究によると,妻の就労が本人もしくはその夫の性別役割分業意識に及ぼす影響は,夫の経済力によって異なっている.そこで本章でははじめに,その差異を説明する理論枠組みを整理する.そのうえでNFRJ03・08データを用いて[1],夫および妻の性別役割分業意識に対する,妻の就労と夫の経済力の交互作用効果について検証を試みる.

2 先行研究の知見
――妻の就労が本人及び夫の性別役割分業意識に及ぼす影響

多くの研究によって,職業をもつ有配偶女性もしくはその夫は,性別役割分業に対して否定的な態度を示す傾向にあることが明らかにされてきた（東・鈴木 1991；原・肥和野 1990；木村 2000；白波瀬 2005；山嵜 1998）.と同時に妻の就労が本人および夫の性別役割分業意識に及ぼす影響が,夫の経済力によって異なることも論じられている.この「妻の就労と夫の経済力の交互作用効果」を説明する理論枠組みを整理すると以下のようになるだろう[2].

(1) 脅威仮説
妻の就労は,夫が稼ぎ手役割を十分に果たせていないことの象徴と考えられる場合がある.また妻が収入を得ると,夫に対する妻の勢力が強まる傾向にある.ゆえに夫にとって,妻の就労は「男」としての権威とアイデンティティを脅かす「脅威」となる（Mirowsky 1987）が,こうした傾向は経済力が低い

夫によりあてはまる．たとえば欧米の労働者階級を対象とする質的研究によると，この研究の対象となった夫たちは，収入が低く稼ぎ手としての地位を維持することが困難であり，職場での地位が低く権威を行使しうる場が家庭に限られることなどから，妻の就労に強い苛立ちをもつ．一方，彼らの妻も，稼ぎ手役割が「男」としてのアイデンティティの源であることを認識している．そこでたとえ就労しても，「女の仕事」をすることで夫のアイデンティティがさらに脅かされないよう家事・育児を一手に担ったり，より従順にふるまったりする（Hochschild 1989=1990; Komarovsky 1962; Rosen 1987; Rubin 1976）．

つまり経済力が低い夫や，その妻にとって，妻の就労は夫の権威とアイデンティティを脅かす「脅威」である．ゆえに彼らは妻が就労すると，男性優位のジェンダー秩序を維持するため性別役割分業を強化する（Zuo and Tang 2000）．さらに言えば，稼ぎ手役割を剥奪された夫は，「自分が男性として果たすべき役割を果たしていない」ので，いわば男性役割からの「逸脱」を意識せざるを得ない．このような夫およびその妻は，この「逸脱」を回避し，自分たちを「規範的なカップル」に見せようとする結果，性別役割分業を支持することが考えられる．もしくは性別役割分業を支持しないまでも，妻の就労が性別役割分業に与える負の影響が見られない，もしくは逆に稼ぎの多い妻，つまり稼ぎ手役割を担っている（逸脱した）妻ほど性別役割分業を支持するということも考えられる．

(2) 選択的役割観仮説

有配偶女性が就労パターンを選択する自由度には，階層差があることが指摘されている．たとえば学歴などの人的資本を多くもつ女性は，労働市場での価値が高いため，希望どおりの職を得るチャンスが高まる．一方，彼女たちは経済基盤が安定した男性と結婚する確率が高いことから，家計補助のために就労を強いられる可能性は低い．そこで社会経済的地位が高い女性は，就業継続／就業中断いずれにせよ，希望のパターンを選択することがより可能である（松田 2004）．このような側面に注目するならば，夫が高収入を得てもなお就労する妻は，本章の冒頭で述べたキャリア継続型であり，そもそも経済的自立志向が強く，性別役割分業に批判的な意識の持ち主であることが考えられる．

一方，夫の収入が低い妻の場合，家事・育児に専念することを望みながらも，やむをえず就労している，家計補助型の割合が高いと思われる．つまり夫の経済力が低い妻の場合，就労は必ずしも主体的な選択ではないと考えられる．そして家事・育児に価値を認める妻は，たとえ就労しても，夫に家事・育児分担を求めたり，自身が提供する家事サービスの質を低下させたりする可能性は低い．

　つまり，夫の経済力が高い「のに」就労している妻（キャリア継続型）は性別役割分業を否定するが，夫の経済力が低い「ので」就労している妻（家計補助型）は性別役割分業を肯定する．別の言い方をすれば，妻の就労が本人の性別役割分業意識に与える影響は，夫の収入が高い場合に大きくなるということである．

　この選択的役割観仮説は，男性にも適用することができる．なぜなら妻が主体的に就労しているわけではなく，就労してもなお性別役割分業型の夫婦関係を維持しようとしているならば，性別役割分業をめぐる夫の意識と行動が変容を迫られる可能性は低いからである．そこで経済力が低い夫は，妻が就労しても性別役割分業を否定しないことになる．つまり妻の就労が夫の性別役割分業意識に与える影響は，夫自身の収入が高い場合に大きくなる．

(3) 認知的不協和仮説

　Liebow はアンダークラスに属する黒人男性のエスノグラフィーにおいて，働き口が限られ，稼ぎ手としての責任を果たせない彼らが，挫折感から逃れるべく妻子の養育を放棄するさまを描いた．彼らは「男性は家族を経済的に扶養すべき」という規範を内面化していないのではない．むしろ稼ぎ手規範を守ろうとするのだが，不安定で低収入な仕事しか得られないために，自身の尊厳を傷つけまいとして物理的にも感情的にも家族から離れていくのである（Liebow 1967）．Montgomery は彼らの行動を，稼ぎ手規範を内面化しながらも応えることができないために生じる認知的不協和を低減する，合理的な選択であるとする（Montgomery 1994）．

　個人は自分自身の内部に矛盾（不協和）が生じると，この心理学的不快を低減するために，矛盾を合理化しようと努める傾向がある（Festinger

1957=1965). 従って，経済力が低い夫は妻が就労すると，その家計補助が不可欠な現実に適応するべく，経済力が高い夫以上に性別役割分業を否定すると考えられる．本仮説は前述の脅威仮説と同じく，夫は稼ぎ手規範を内面化しているとの立場にたつ．しかし脅威仮説が，経済力が低い夫は「男」としての権威やアイデンティティを維持するべく，性別役割分業規範に固執すると説明するのに対し，本仮説は，経済力が低い夫は予測される不協和を低減するべく，性別役割分業規範を放棄すると説明する．妻においても，稼ぎ手規範と現実の間に矛盾が生じると，予測される不協和を低減するべく性別役割分業規範を放棄することが考えられる．このメカニズムに基づいた場合，夫の収入が低い，もしくは妻の収入が高い夫婦は，性別役割分業を否定することになる．さらに，夫の収入が高い場合は，妻の収入によって認知的不協和はおきない（つまり，性別役割分業意識に影響を与えない）が，夫の収入が低い場合，妻の収入は性別役割分業意識にマイナスの影響を与えることになる．

(4) 利益仮説

前述したように，妻の就労は夫の「男」としての権威とアイデンティティを脅かしうる．しかしその一方で，妻が就労し家計の担い手となるならば，夫は唯一の稼ぎ手として家計を支える責任から解放され，過酷な長時間労働に従事する必要性も低下する．経済環境が悪化し，安定的に高収入を得ることが難しい社会では，妻の経済的貢献は不可欠といえるだろう（Hunt and Hunt 1987; Gerson 1993）．

夫の経済力が低い夫婦においては，妻による家計貢献がより切実に求められる．そこで妻の就労がもたらす「経済的利益」に注目するならば，経済力の低い夫を持った妻が就労すると，夫，妻ともに，そうでない場合以上に性別役割分業を否定すると考えられる（Zuo and Tang 2000）．より具体的には，夫の収入が高い場合，妻の収入は性別役割分業意識に影響を与えないが，夫の収入が低い場合，妻の収入は性別役割分業意識にマイナスの影響を与える，ということになる．

これらの理論仮説から，「妻の就労」と「夫の経済力」が「夫および妻の性

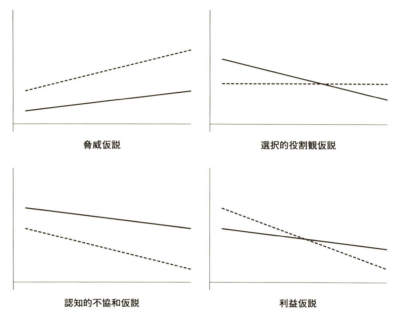

図 18.1 4つの理論モデルから予測される結果
注：縦軸：性別役割分業意識，横軸：妻の収入，実線：夫高収入，破線：夫低収入．

別役割分業意識」に及ぼす影響について，簡単に図示したものが図 18.1 である．

1）**脅威仮説**　夫の収入が低い，または妻の収入が高い者ほど，性別役割分業を支持する．さらに，夫の収入が低い場合，妻の収入が高い者ほど性別役割分業を支持する傾向がより強い．

2）**選択的役割観仮説**　夫の収入が低い場合，妻の収入は本人および夫の性別役割分業意識に影響を与えないが，夫の収入が高い場合，妻の収入が高い者ほど，性別役割分業を支持しない．

3）**認知的不協和仮説**　夫の収入が低い，または妻の収入が高い者ほど，性別役割分業を否定する．さらに，夫の収入が低い場合，妻の収入が高い者ほど性別役割分業を否定する傾向がより強い．

4）**利益仮説**　妻の収入が高い者ほど，性別役割分業を否定する．さらに，夫の収入が低い場合に，妻の収入が高い者ほど性別役割分業を否定する傾向が

より強い.

3 方　法

(1) 分析方法と分析対象

はじめに「夫もしくは妻の性別役割分業意識」を従属変数,「妻の年収」「夫の年収」を独立変数とし,男性および女性の性別役割分業意識に影響を及ぼすことが報告されている「本人年齢」「夫の学歴」「妻の学歴」をコントロール変数[3]とする重回帰分析（OLS）を行う[4]．次に,「妻の年収」と「夫の年収」の交互作用項を投入する．データは，NFRJ03・08 データを用いる．本章の分析対象者は 65 歳以下[5]の有配偶男女であり，NFRJ03 は夫 1930 人, 妻 2250 人，NFRJ08 は夫 1608 人, 妻 1836 人である.

(2) 分析に用いた変数

「夫の年齢」「妻の年齢」は調査時点の実年齢を用い,「夫の学歴」「妻の学歴」は最終学歴を教育年数に変換した．「夫の年収」「妻の年収」は，それぞれ自己申告した値を用いる．なお妻の年収・夫の年収ともに,「収入はなかった」から「1200 万円以上」まで 15 のカテゴリーが設定されている．そこで「収入はなかった」＝0,「1200 万円以上」＝1250，その他には中間値を与えた．

「夫の性別役割分業意識」「妻の性別役割分業意識」については,「男性は外で働き，女性は家庭を守るべきである」「子どもが 3 歳くらいまでは，母親は仕事を持たず育児に専念すべきだ」「家族を（経済的に）養うのは男性の役割だ」という 3 つの変数を用いた．分析では性別役割分業を支持する人ほど高得点となるよう,「そう思う」「どちらかといえばそう思う」「どちらかといえばそう思わない」「そう思わない」という選択肢に対して，順に 4-1 点を付与した．NFRJ03・08 ともに 3 つの変数間の相関は高く，主成分分析の結果，NFRJ03 の夫は固有値 1.912（寄与率 63.7%），妻は固有値 1.884（62.8%），NFRJ08 でも夫は固有値 2.038（67.9%），妻は固有値 1.981（66.0%）という顕著な成分が 1 つ抽出された．そこで以下の分析では，3 つの変数の平均値を「性別役割分業を支持する態度」の尺度として用いる．クロンバックの信頼性

表 18.1 分析対象者の特徴 (%)

年齢	03 夫 n=1,763	08 夫 n=1,509	03 妻 n=1,994	08 妻 n=1,684
20代	2.5	2.4	3.0	3.0
30代	20.9	20.1	26.2	23.0
40代	25.4	25.0	27.1	28.0
50代	31.4	31.5	29.5	29.3
60代	19.8	20.9	15.0	16.6
学歴	03 夫 n=1,763	08 夫 n=1,509	03 妻 n=1,994	08 妻 n=1,684
中学	11.3	9.3	9.2	7.6
高校	41.9	44.1	46.1	47.1
専門・短大	13.6	11.9	34.1	33.6
大学	31.3	31.5	10.3	11.0
大学院	2.0	3.1	0.3	0.7
年収	03 夫 n=1,763	08 夫 n=1,509	03 妻 n=1,994	08 妻 n=1,684
収入はなかった	1.3	0.9	32.2	23.8
100万円未満	2.3	2.0	33.8	32.4
100-129万円台	1.9	1.9	8.3	11.3
130-199万円台	3.3	3.9	6.7	8.7
200-399万円台	25.2	26.8	11.5	14.1
400-599万円台	29.5	29.2	4.7	6.0
600-799万円台	18.0	18.0	1.6	2.3
800-999万円台	11.3	9.6	1.0	1.2
1000万円以上	7.1	7.6	0.4	0.3
配偶者の年収	03 夫 n=1,763	08 夫 n=1,509	03 妻 n=1,994	08 妻 n=1,684
収入はなかった	32.3	28.3	1.2	1.5
100万円未満	30.3	29.9	3.0	3.4
100-129万円台	9.0	11.1	2.2	2.0
130-199万円台	8.2	7.4	3.6	4.5
200-399万円台	12.2	14.1	25.5	30.4
400-599万円台	3.8	5.6	29.7	25.1
600-799万円台	2.6	2.2	18.7	17.4
800-999万円台	0.9	1.2	7.9	8.7
1000万円以上	0.4	0.2	8.2	7.2
男は外，女は家庭	03 夫 n=1,761	08 夫 n=1,503	03 妻 n=1,992	08 妻 n=1,681
そう思う	12.6	12.7	7.1	6.6
どちらかといえばそう思う	37.0	40.7	31.9	37.0
どちらかといえばそう思わない	24.5	24.0	29.0	27.9
そう思わない	25.8	22.6	32.0	28.5
母は育児に専念すべき	03 夫 n=1,758	08 夫 n=1,506	03 妻 n=1,990	08 妻 n=1,679
そう思う	38.2	36.5	32.7	29.2
どちらかといえばそう思う	36.9	37.5	37.9	40.0
どちらかといえばそう思わない	13.8	14.3	15.7	16.8
そう思わない	11.1	11.8	13.7	14.0
養うのは男	03 夫 n=1,761	08 夫 n=1,503	03 妻 n=1,993	08 妻 n=1,678
そう思う	36.6	39.6	23.2	25.0
どちらかといえばそう思う	43.8	41.1	43.8	45.1
どちらかといえばそう思わない	10.7	10.4	17.6	15.7
そう思わない	8.9	8.9	15.5	14.2

表 18.2　夫の性別役割分業意識に影響を及ぼす要因（標準化係数）

	NFRJ03 ($N=1,763$)		NFRJ08 ($N=1,509$)	
本人年齢	.153***	.154***	.132***	.131***
夫の教育年数	.017	.018	−.010	−.009
妻の教育年数	−.037	−.035	−.126***	−.124***
夫の年収	.076**	.037	.121***	.096**
妻の年収	−.260***	−.380***	−.279***	−.350***
夫の年収×妻の年収		.141***		.085
R^2 (Adj R^2)	.098 (.095)	.101 (.098)	.134 (.132)	.136 (.132)
F 値	38.005	32.925	46.693	39.350

**$p<.01$, ***$p<.001$.

係数は，NFRJ03 では，夫 $\alpha=.714$，妻 $\alpha=.703$，NFRJ08 では夫 $\alpha=.763$，妻 $\alpha=.742$ である．

4　結　果

(1)　分析対象者の特徴

　分析対象者の特徴は，表 18.1 のとおりである．夫・妻ともに，NFRJ03 と NFRJ08 では，年齢，学歴，本人および配偶者の年収，性別役割分業意識にほとんど差はみられない．
　性別役割分業意識については，「男性は外で働き，女性は家庭を守るべきである」という考え方について「そう思う」夫は 1 割だが，「子どもが 3 歳くらいまでは，母親は仕事を持たず育児に専念すべきだ」「家族を（経済的に）養うのは男性の役割だ」という考え方については，4 割近くの夫が「そう思う」と回答している．特に「家族を（経済的に）養うのは男性の役割だ」については支持が高く，「そう思う」もしくは「どちらかといえばそう思う」という夫が 8 割を占める．妻の回答を夫のそれと比較すると，3 項目すべてにおいて「そう思わない」もしくは「どちらかといえばそう思わない」者の割合が高い．

(2)　夫の性別役割分業意識に及ぼす影響

　重回帰分析（OLS）を使用して，まず夫の性別役割分業意識に影響を及ぼす要因について検証したところ，表 18.2 のような結果が得られた．この結果か

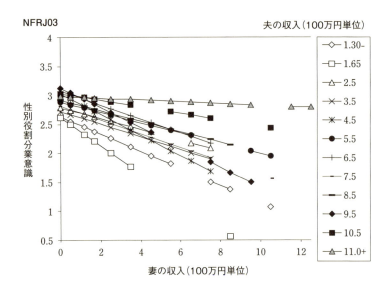

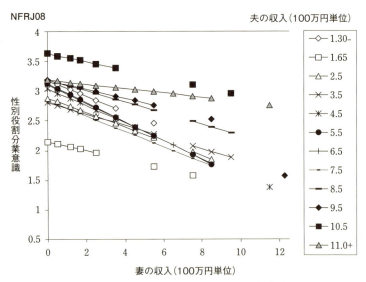

図 18.2　夫の収入別に妻の収入が夫の性別役割分業意識に与える影響

表 18.3 妻の性別役割分業意識に影響を及ぼす要因（標準化係数）

	NFRJ03 ($N=1,994$)		NFRJ08 ($N=1,684$)	
本人年齢	.117***	.117***	.143***	.142***
夫の教育年数	−.014	−.017	−.019	−.017
妻の教育年数	−.087**	−.081**	−.054†	−.052†
夫の年収	.006	−.029	.094***	.064*
妻の年収	−.270***	−.392***	−.285***	−.365***
夫の年収×妻の年収		.141**		.095+
R^2 (Adj R^2)	.109 (.107)	.112 (.110)	.114 (.111)	.115 (.112)
F値	48.608	41.901	43.078	36.445

†$p<.10$, *$p<.05$, **$p<.01$, ***$p<.001$.

ら，NFRJ03・08 ともに年齢が高い夫ほど性別役割分業を支持し，妻の年収が高い夫ほど性別役割分業を否定する傾向にあるといえる．夫本人の学歴は有意な効果をもたないが，妻の学歴は，NFRJ08 において有意な負の効果をもつ．夫の年収は NFRJ03・08 ともに有意な正の効果を持ち，年収が高い夫ほど性別役割分業を支持する傾向にある．そして妻の年収と夫の年収の交互作用項は，NFRJ03 において有意である．

交互作用の方向については，図 18.2 のとおりである．十分なサンプル数を確保するため，「収入はなかった」「100 万円未満」「100-129 万円台」をまとめ，さらに「1100-1199 万円」と「1200 万円以上」をまとめてある．交互作用項が有意である NFRJ03 では，夫自身の年収が低い層（=「収入はなかった～129 万円台」「130-199 万円代」）では，夫自身の年収が高い層（=「1000-1099 万円代」「1100 万円以上」）に比べて，妻の年収が高い夫ほど性別役割分業を否定する傾向がより顕著である．とくに夫の年収が最も高い層（=「1100 万円以上」）では，妻の年収は夫の性別役割分業意識にまったくと言っていいほど影響を及ぼさない．交互作用が有意でなかった NFRJ08 に関しても，夫の年収が最も高い層で妻の年収の影響が最も小さくなっている．

(3) 妻の性別役割分業意識に及ぼす影響

次に妻の性別役割分業意識に影響を及ぼす要因について検証したところ，表 18.3 のような結果が得られた．まず，NFRJ03・08 ともに年齢が高い妻ほど性別役割分業を支持し，年収が高い妻ほど性別役割分業を否定する傾向にある

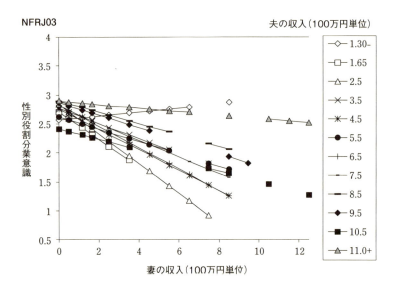

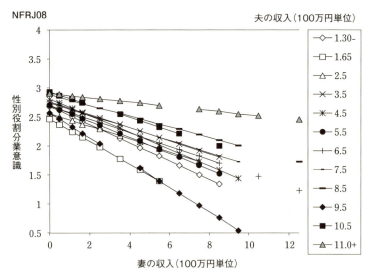

図 18.3 夫の収入別に妻の収入が妻の性別役割分業意識に与える影響

といえる．夫の学歴は有意な効果をもたないが，妻本人の学歴は有意な負の効果をもつ（ただし NFRJ08 では $p<.10$）．NFRJ08 では夫の年収が有意な正の効果を持ち，夫の年収が高い妻ほど性別役割分業を支持する傾向にある．そして妻の年収と夫の年収の交互作用項は，NFRJ03・08 ともに有意である（ただし NFRJ08 では $p<.10$）．

交互作用の方向については，図 18.3 のとおりである．NFRJ03 では，夫の年収が最も低い層（=「収入はなかった〜129 万円台」）では，年収が高い妻ほど性別役割分業を支持する傾向にある．しかしながらその次に夫の年収が低い層（「130-199 万円代」「200-299 万円台」）では，年収が高い妻ほど性別役割分業を否定する傾向が顕著である．そして夫の年収が最も高い層（=「1100 万円以上」）では，妻の年収は妻自身の性別役割分業意識に全くと言っていいほど影響を及ぼさない（図 18.3）．NFRJ08 では，夫の年収が最も低い層（=「収入はなかった〜129 万円台」「130-199 万円代」）において，年収が高い妻ほど性別役割分業を否定する傾向がより顕著である．そして夫の年収が最も高い層（=「1100 万円以上」）では，妻の年収は妻自身の性別役割分業意識にあまり影響を及ぼさない．

5 まとめ

分析の結果，有配偶者の性別役割分業意識に影響を及ぼす要因について以下のような知見が得られた．NFRJ03・08 ともに妻の年収は有意な負の主効果をもち，係数から判断する限り影響力も独立変数の中で最も大きいことから，妻の年収が高い夫，もしくは妻本人ほど，性別役割分業を否定する傾向にある．この結果だけを見ると「脅威仮説」は支持されない．ただし，NFRJ03 において，夫の年収が最も低い層では，年収が高い妻ほど性別役割分業を支持するという「脅威仮説」に適合的な結果が示された．夫が最も脅威を感じやすいこのグループ（$N=127$）において脅威仮説を支持する結果が出たのは興味深いが，同じ年の夫本人，または 2008 年においては似たパターンは観察されない．

夫の年収は本人の性別役割分業意識に正の影響を与えるが，妻の意識に対しては NFRJ08 でのみ正の影響が見られた．この結果はおおむね認知的不協和

仮説を支持し，脅威仮説は支持されない（図18.1参照）．

そして妻の年収と夫の年収の交互作用については，夫，妻双方の意識に対してNFRJ03において有意な効果が見られた．NFRJ08においては交互作用が有意ではないが，その符号は正であり，NFRJ03の結果と矛盾してはいない（妻の意識については$p<.10$）．これによると，夫の年収が低い層では，妻の年収が高いほど性別役割分業を否定する傾向がより顕著である．逆に夫の年収が最も高い層では，妻の年収は夫の性別役割分業意識にあまり影響を及ぼさない．

つまり，図18.1によると，認知的不協和仮説，もしくは利益仮説が支持され，脅威仮説，もしくは選択的役割観仮説は支持されない．図18.2，図18.3を詳細に観察すると，図18.1の認知的不協和仮説による予測と合致する．つまり，性別役割分業意識に対し，夫の収入は正の，妻の収入は負の効果を持ち，さらに夫の収入が高いと妻の収入の影響が小さい（夫の収入が低いと妻の収入の影響が大きい）．ただし，この結果は利益仮説とも矛盾しない．

従来，妻が有職である夫および有職の妻は性別役割分業に否定的であることが報告され（東・鈴木 1991; 原・肥和野 1990; 木村 2000; 白波瀬 2005; 山嵜 1998），今回の分析でも，妻の年収は夫および妻の性別役割分業意識に対して有意な負の主効果をもつ．しかし夫の収入が最も高い（1100万円以上）夫婦においては，妻の収入にかかわらず，夫，妻双方の役割分業に対する支持が高いという，認知的不協和仮説と合致する結果は注目に値する．

今回のNFRJ03・08データによると，夫の8割また妻の7割が「家族を（経済的に）養うのは男性の役割だ」という考え方を支持している．つまり夫・妻とも，脅威仮説や認知的不協和仮説が前提とするように，男性を稼ぎ手とみなす規範を強く内面化していることが示された．こうした結果から日本社会では，夫の収入が低い夫婦の場合，妻が収入を得ると規範と実態の矛盾によって認知的不協和が生じる可能性が高い．そこで彼らは，この不協和を低減するためになんらかの合理化を図ることが考えられるが，今回の結果によると，夫の権威やアイデンティティを維持するべく性別役割分業規範に固執するのではなく，予測される不協和を低減するべく性別役割分業意識を修正するようである．

子どもの性別が父親のジェンダー意識に及ぼす影響について検証した研究に

よると，日本の父親はアメリカやカナダの父親と異なり，女の子をもつと性別役割分業を支持する．そしてその一因として，ジェンダー不平等が強固な日本では，それに抗うよりも受け入れるほうが「合理的」であることが論じられている（Kamo and Warner 1997）．これらの知見に注目するならば，日本社会では「規範」からの逸脱が意識されるとき，実態と適合的な方向へと意識が合理化されやすいことが考えられる．

　最後に，本章の限界と今後の課題について述べる．

　第 1 に，今回設定した分析モデルは，必ずしも説明力が高くないことに留意すべきである．決定係数（R^2）は 4 つのグループを通じて 0.10 から 0.14 程度である．また，夫の収入と妻の収入に関する交互作用が夫の役割分業観に与える影響など，調査年度間で結果の異なる場合が見られた．モデルの適合性に問題がなしとはしないが，その理由として考えられる一番大きなものが，従属変数である．3 つの質問に対する回答の平均値を取ったが，1 つ 1 つの質問に対しては選択肢が 4 つしかない．回答に対する選択肢，あるいは質問の数そのものがより多ければ，モデルの決定力ももう少し大きなものになったと思われる．また，従属変数は「価値観」であるが，従来より，「行動」を説明する場合より「価値観」を説明する場合の方がモデルの決定力は小さくなることが常である．

　第 2 に，「夫と妻の収入が，夫および妻の性別役割分業意識に及ぼす影響」とその「メカニズム」については，さらなる分析が必要である．様々な階層の夫婦を対象に，彼らのジェンダー意識の深層に迫る質的研究が求められるだろう．またこれまでに同様のテーマで行われた計量研究では，「妻の就労」や「夫の経済力」の指標の取り方によって，今回と異なる結果が得られている（島 2010, 2011）．これらの点から，夫と妻それぞれの経済力とその交互作用が性別役割分業意識に及ぼす影響については，さらなる分析が求められる．

1）　NFRJ98 に関しては，性別役割分業意識項目と夫妻の収入カテゴリーがNFRJ03・08 と異なる．このため今回の分析には用いなかった．
2）　本章では「妻の就労」と「夫の経済力」それぞれの指標として「妻の収入」および「夫の収入」を用いる．なぜならここでは，「妻の就労」そのものではなく，それがもたらす「収入」の多寡が，本人と夫の役割分業意識に影響し，夫の「稼ぎ手

としての地位」を脅かし,「認知的不協和」を引き起こし,さらには夫婦双方に対する利益となる度合いとメカニズムに焦点が当てられているからである.
3) これまでの研究によると,「年齢」が高い男性および女性ほど,「学歴」が低い男性および女性ほど性別役割分業を支持する傾向にある(東・鈴木 1991; 降矢 1994; 原・肥和野 1990; 白波瀬 2005).
4) 一般的に年齢,学歴,収入は関連が強い.そこで後述する回帰モデルについて多重共線性の程度を測定する指標である VIF(Variance Inflation Factor:分散拡大要因)を確認したところ,VIF が 2 以上の変数はなく,多重共線性が発生している可能性はないことが示された.
5) 66 歳以上の回答者の場合,定年退職後の再雇用などによって,著しく収入が低い職に従事する者が多く含まれる.そこで本章では,65 歳以下の男女を分析対象とする.

【文献】

東清和・鈴木淳子,1991,「性役割態度研究の展望」『心理学研究』62(4): 270-276.

Festinger, Leon, 1957, *A Theory of Cognitive Dissonance,* Evanston, Illinois: Row Peterson and Company(末永俊郎監訳,1965,『認知的不協和の理論——社会心理学序説』誠信書房).

降矢憲一,1994,「家族の就業・所得意識」日本大学総合科学研究所編『「現代家族に関する全国調査」報告書——進行する静かな家族革命』日本大学総合科学研究所,pp. 91-103.

Gerson, Kathleen, 1993, *No Man's Land : Commitments to Family and Work,* New York: Basic Books.

原純輔・肥和野佳子,1990,「性別役割意識と主婦の地位評価」岡本英雄・直井道子編『現代日本の階層構造 4 女性と社会階層』東京大学出版会,pp. 165-186.

服部良子,2005,「女性と労働」井上輝子・江原由美子編『女性のデータブック』[第 4 版]有斐閣,pp. 73-92.

Hochschild, Arlie, 1989, *The Second Shift: Working Parents and the Revolution at Home,* New York: Penguin(田中和子訳,1990,『セカンド・シフト第二の勤務——アメリカ共働き革命のいま』朝日新聞社).

Hunt, Janet G. and Larry L. Hunt, 1987, "Male Resistance to Role Symmetry in Dual-Earner Households: Three Alternative Explanations," Naomi Gerstel and Harriet E. Gross, eds., *Families and Work,* Philadelphia: Temple University Press, pp. 192-203.

Kamo Yoshinori and Rebecca L. Warner, 1997, "The Effect of Children's Sex on Parent's Gender-Role Attitudes: An Extension Using Japanese Data," *Journal of Comparative Family Studies,* 28(3): 204-219.

木村邦博,2000,「労働市場の構造と有配偶女性の意識」盛山和夫編『日本の階層システム 4 ジェンダー・市場・家族』東京大学出版会,pp. 177-192.

小原美紀，2001，「専業主婦は裕福な家庭の象徴か？――妻の就業と所得不平等に税制が与える影響」『日本労働研究雑誌』493: 15-29.

Komarovsky, Mirra, 1962, *Blue-Collar Marriage*, New Haven and London: Yale University Press.

Liebow, Elliot, 1967, *Tally's Corner: A Study of Negro Streetcorner Men*, Boston: Little, Brown and Company.

松田茂樹，2004，「女性の階層と就業選択――階層と戦略の自由度の関係」本田由紀編『女性の就業と親子関係――母親たちの階層戦略』勁草書房，pp. 3-20.

Mirowsky, John, 1987, "The Psycho-Economics of Feeling Underpaid: Distributive Justice and the Earnings of Husbands and Wives," *American Journal of Sociology*, 92(6): 1404-1434.

Molm, Linda D., 1978, "Sex Role Attitudes and the Employment of Married Women: The Direction of Causality," *Sociological Quarterly*, 19(4): 522-533.

Montgomery, James D., 1994, "Revisiting Tally's Corner: Mainstream Norms, Cognitive Dissonance, and Underclass Behavior," *Rationality and Society*, 6(4): 462-488.

大竹文雄，2000，「90年代の所得格差」『日本労働研究雑誌』480: 2-11.

Rosen, Ellen I., 1987, *Bitter Choices: Blue-Collar Women in and out of Work*, Chicago and London: University of Chicago Press.

Rubin, Lillian B., 1976, *Worlds of Pain: Life in the Working-Class Family*, New York: Basic Books.

島直子，2010，「妻の常雇就労が夫の性別役割分業意識に及ぼす影響――夫の経済力による交互作用」『国際ジェンダー学会誌』8: 99-112.

島直子，2011，「妻の家計貢献が夫の性別役割分業意識に及ぼす影響――夫の社会経済的地位による交互作用」『家族社会学研究』23(1): 53-64.

島根哲哉・田中隆一，2011，「母親の就業が女性労働供給に与える影響について――独身者と既婚者の調査を用いて」樋口美雄・府川哲夫編『ワーク・ライフ・バランスと家族形成――少子社会を変える働き方』東京大学出版会，pp. 123-142.

白波瀬佐和子，2005，『少子高齢社会のみえない格差――ジェンダー・世代・階層のゆくえ』東京大学出版会.

Thornton, Arland and Deborah S. Freedman, 1979, "Changes in the Sex Role Attitudes of Women, 1962-1977: Evidence from a Panel Study," *American Sociological Review*, 44(5)：831-842.

山嵜哲哉，1998，「価値意識の構造」『男性の自立とその条件をめぐる研究――団塊世代を中心に』東京女性財団1998年度研究助成報告書，pp. 84-110.

Zuo, Jiping and Shengming Tang, 2000, "Breadwinner Status and Gender Ideologies of Men and Women Regarding Family Roles," *Sociological Perspectives*, 43(1): 29-43.

19

補章 マルチレベル分析による家族研究

保田　時男

1　ダイアド集積型調査におけるマルチレベル分析

(1) NFRJ データの特徴

　NFRJ は家族という集団を自明な前提とせずに，個人を単位とする枠組みから家族・親族関係を把握するように設計されている（渡辺 2001）．この姿勢は NFRJ98 以来一貫しており，回答者本人の視点から，配偶者，父母，義父母（配偶者の父母），3人までの子ども，3人までのきょうだいという最大 11 人もの家族・親族とのダイアド関係（dyadic relation）を並列的に調べている（図 19.1）．このようなダイアド関係の情報を集積することでその人の家族構造や家族関係を把握することができる．このような形式の家族調査を「ダイアド集積型調査」と呼ぶことにする．

　ダイアド集積型調査では，回答者を単位とする通常の分析のほかに，それぞれのダイアドを個別の観察ケースとみなす分析が可能である．たとえば，NFRJ08 の場合でいえば，有効回答者数は 5203 人であるが，その中には配偶者・父母・義父母・子・きょうだいとの関係ケースがそれぞれ 4062 ケース，1万 406 ケース，6336 ケース，8912 ケース，9102 ケース含まれており，ダイアドを単位とすれば計 3 万 8818 ケースもの膨大なデータが分析可能である．

　このような家族データに対しては，一般にマルチレベル分析の適用が有効である（保田 2011）．この章では NFRJ データにマルチレベル分析を適用するための実際的な手続き，および家族研究におけるモデル設定や解釈上の注意点

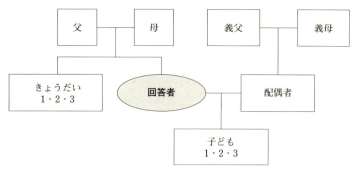

図 19.1　NFRJ で調べられているダイアド関係の相手

について解説する．近年の計量的な家族研究の発展において，マルチレベル分析が果たした役割は甚大であり（Teachman and Crowder 2002），本書籍でもいくつかの章でマルチレベル分析が活用されている（第 3 章，第 5 章，第 7 章，第 11 章，第 12 章，第 14 章）．

(2) マルチレベル分析の基本枠組み

　マルチレベル分析の考え方や手続きについての詳細は，専門の解説書（たとえば，Luke 2004; Snijders and Bosker 2012）を参照すべきであるが，本章の内容を理解するために必要最小限の枠組みは説明しておこう．マルチレベル分析はデータの標本構造が 2 重，3 重と多水準（マルチレベル）になっている際に，統計的に適切な扱いを可能にする分析技法である．わかりやすいのは学校生徒の調査であり，たとえば全国の中学校の中から 100 校をまず無作為抽出し，選ばれた中学校の中から 50 名ずつを無作為抽出した 100×50＝5000 名のデータがあったとする．このデータをそのまま通常の回帰分析等で分析することには，統計的に問題がある．明らかに i. i. d.（independent and identically distributed）の前提に違反しており，生徒個人の抽出が非独立（nonindependence）に行われているからである．つまり，同じ学校に通う生徒は同時に選ばれやすく，違う学校に通う生徒は同時に選ばれにくくなっている．このことを考慮せずに，通常の統計的技法を適用すると，適切な確率計算が成り立たないので，統計的な有意性が過剰に評価される，等のバイアスがかかってしまう．

一方で，この種のデータは理論的な関心を刺激する豊富な情報を含んでいる．ここでの例でいえば，生徒の成績が学校ごとにどう異なるのかを知るためには，同じ学校に通う生徒を複数調べ，成績の共通性を学校間で比較しなければならない．逆に，学校に依存しない生徒の個人的な特徴と成績の関係を調べる場合にも，同じ学校に通う生徒同士を直接的に比較する方が有効なので，やはり上記のような2水準でのサンプリングに意味がある．

　マルチレベル分析は，このように理論的に必要となる非独立なデータを，統計的に適切に扱うことを可能にする分析技法である．このような発想自体は古くからあるものだが，旧来の分析方法に比してマルチレベル分析には多くの優位な点があり（複数の分析結果を組み合わせる必要がないこと，欠損を含むデータの扱いが容易なこと，等），マルチレベル分析のための専用ソフト（HLM，MLwinなど）や汎用統計ソフトへの組み込み（SPSSやStataなど）が進んだこともあり，その地位はゆるぎないものになっている．

　マルチレベル分析の肝は，標本構造が複層的であることに合わせて複数のランダム効果をモデル化していることにある．通常の回帰分析では，個々のケースの従属変数の値は，説明できない誤差による1つのランダム効果と，特定の条件（独立変数の値）で説明できる複数の固定効果が組み合わさって決まっているとモデル化する．一方，マルチレベル分析では標本構造の複層的水準それぞれについてランダム効果を設定する．たとえば，先ほどの学校生徒の調査で言えば，生徒個人の違いによる誤差（第1水準のランダム効果）とは別に，学校の違いによる誤差（第2水準のランダム効果）があると仮定する．

　第2水準のランダム効果が大きいほどマルチレベル分析を適用すべき統計的根拠が大きいことになるので，ランダム効果の総量に対する第2水準のランダム効果の割合は，ICC（intraclass correlation coefficient）という指標として重視される．はっきりとした基準ではないが，Heck et al. (2014)はICCが5%以上あればマルチレベル分析を試みる価値があると述べている．

　さて，ダイアド集積型調査としてのNFRJデータは，回答者が無作為にサンプリングされた上で，その回答者が関係する複数のダイアドのデータが収集されている．形式上，個々のダイアドが第1水準（下位水準），回答者が第2水準（上位水準）のデータということになるので，統計的にマルチレベル分析

が有効なことは明らかである．また，理論的な意味からも，家族研究においてこのようなデータの必要性が高いことが理解できる．たとえば，ある条件を満たす家族の親子関係が良好になると主張するためには，同じ家族の中の複数の親子関係が共通して良好であることを示すことが望ましい．逆に，家族全体に依拠しない個々の親子関係の中にその条件を求める場合でも，同じ家族の中で複数の親子関係の差異に注目することが直接的である．このように，家族研究はダイアド集積型調査のマルチレベル分析が強く求められる領域なのである．

2　NFRJ データでの分析例

表 19.1 は NFRJ08 を用いたマルチレベル分析の一例である．25-34 歳の成人子とその親との関係について，その接触頻度を規定する要因を分析している．自身の生殖家族を形成し始める 30 歳前後の成人子にとって，定位家族である父母との接触頻度は重要な意味を持つ．実質的な援助交換だけでなく，生活行動の助言（あるいは監視），規範の伝達など，親世代との様々な関わりの基盤になるからである．成人親子の接触頻度は何に規定されるのであろうか．この分析例を通して，NFRJ におけるマルチレベル分析の扱い方とその意義を具体的に説明しようと思う．

NFRJ データでは，回答者を親世代とみなせば，最大 3 人までの子どもとの接触頻度を分析することができる．ここでは，「話らしい話」をする回数を年間頻度に換算したもの（ほぼ毎日→312 回，週に 3-4 回→182 回，週に 1-2 回→78 回，月に 1-2 回→18 回，年に数回→5 回，まったくない→0 回）を接触頻度の指標として用いている．子側の年齢が 25-34 歳の場合に分析サンプルを限定した結果，欠損ケースを除いて，2195 ダイアドが分析対象サンプルとなった（回答者単位では 1358 人）．

ダイアド集積型調査のマルチレベル分析では，ダイアドが第 1 水準の単位である．表 19.1 のように，ここでは，子どもの属性（性別，年齢，孫の有無）や子どもとの関係性（同居かどうか）を第 1 水準の独立変数として投入している．一方，第 2 水準は回答者個人にあたるので，ここでは回答者（親）の性別と年齢を第 2 水準の独立変数としている．また，見方を変えれば，同じグルー

表 19.1 親子の年間接触回数のマルチレベル分析

固定効果	係 数	標準誤差	t	p
切 片	−40.11	32.33	−1.24	.215
ダイアド水準［子水準］				
娘ダミー	43.46	3.88	11.19	.000
子年齢	1.14	.84	1.36	.176
孫ありダミー	30.66	4.55	6.73	.000
同居ダミー	181.17	4.42	41.02	.000
回答者水準［家族水準］				
母ダミー	38.88	4.82	8.06	.000
親年齢	.45	.60	.75	.451
ランダム効果	分 散	標準誤差	Wald	p
ダイアド水準	5938.19	287.65	20.64	.000
回答者水準	3122.70	328.43	9.51	.000
モデル適合	−2LL	パラメータ数	AIC	
	26114.84	9	26132.84	

注：n（ダイアド水準）= 2,195，n（回答者水準）= 1,358，residual ICC = .345．

プに属する子ども全員に共有される属性や経験が第2水準のグループであるから，きょうだいの人数や生育地など，定位家族の情報も第2水準の変数として扱うことができる（ここでは分析例を単純にするために，これらは投入していない）．

　固定効果の読み取り方は通常の回帰分析と変わらない．表 19.1 の結果からは，親子がそれぞれ女性である場合に接触が年間約 40 回ずつ多いこと，孫がいると接触が 30 回程度多いこと，同居していると接触が約 180 回多いことがわかる．これらは 0.1% 水準で有意である．年齢は，親の年齢も子の年齢も有意には影響しない．

　マルチレベル分析では一般的に，ランダム効果の値にも注目する．このモデルで説明されない接触頻度の誤差分散は 5938.19＋3122.70＝9060.89 だけ残されるが，3122.70/9060.89＝.345 なので約 3 分の 1 は第 2 水準が要因と推定されている（residual ICC = .345）．つまり，約 3 分の 2 はそれぞれの成人子との関係に固有の要因で，約 3 分の 1 はどの子に対しても共通の要因（親の属性や行動，定位家族の条件）が残されているということになる．ちなみに，まったく独立変数を投入しないモデル（null model）では，第 1 水準，第 2 水準の誤差

分散がそれぞれ12937.62と3381.38となる．表19.1のモデルではとくに第1水準（子水準）の要因だけが大きく説明されたことがわかる（12937.62が5938.19に半減した）．このモデルでは，親の経済状況や健康状態などがまったく反映されていないので，第2水準（家族水準）の説明力が不足しているのであろう．

−2LL（−2 log likelihood）やAIC（赤池情報量基準）を用いれば，複数モデル間での適合度の比較が可能な点も，一般的なマルチレベル分析と同様である．ここでは複数のモデルを比較していないので，これらの数値からとくに意味のある解釈は読み取れないが，一般的な統計量として提示している．

3　ダイアド集積型調査における分析の特殊性

このように，ダイアド集積型調査のマルチレベル分析といっても，一般的なマルチレベル分析とその結果の読み取り方に大きな違いはない．では，ダイアド集積型調査であるNFRJの分析に何ら特殊性がないのかといえば，そうではなく，主にモデルの設計時に特殊な注意が求められる．

NFRJでは，第2水準の1ケースのもとにぶら下がっている第1水準のケース数が極端に少ない．ここで示した分析例でいえば，第1水準（ダイアド水準）のケース数が2195，第2水準（回答者水準）のケース数が1358なので，1人の回答者に属する子ダイアドの平均ケース数は1.62しかない．これはNFRJに限らず家族調査のダイアド集積型データでは一般的な特徴であろう．

この特徴を主な理由として，ダイアド集積型家族調査の分析に際しての重要な留意事項が，以下のように3点あげられる．なお，ここであげる3つの留意事項は，ダイアド関係の分析方法を網羅的に整理したKenny et al.（2006）の枠組みに基づいて考察したものである．より詳しい考察過程は保田（2011）を参照してほしい．

（1）　基本的にランダム切片モデルに限る

NFRJ（ダイアド集積型調査）の分析における第1の留意事項として，基本的にランダム切片モデル（random intercepts model）に絞ってモデル設定を

行うべき，という点があげられる．より複雑なランダム係数モデル（random coefficients model）の設定では安定した結果を得ることが難しい．

ランダム係数モデル，あるいはランダム傾きモデル（random slopes model）とは，第2水準のグループによって第1水準の独立変数の効果（すなわち，回帰直線の傾きを表す回帰係数）が異なると想定するモデルである．より厳密には，特定の要因による固定的な異質性ではなく，不明な要因による確率的な誤差（ランダム効果）による異質性を仮定する．たとえば，同居が親子の接触頻度に及ぼす効果が回答者（家族）によって異なると想定する．もちろん，同居の効果が場合によって異なるのは当然であるが，ここで大切なポイントは，「第2水準のグループが同一であれば，つまり同じ回答者（親）の中であれば，その効果は同一になる」という仮定を設定しているということである．

実際にそういうことはあるかもしれない．しかし，1人の親が持つ子ダイアドが平均1.62ケースしかいないデータから「親が同一であれば効果は同一」と実証するのが困難なことは，容易に想像がつく．一般に，p個の独立変数についてランダム係数を仮定したモデルを検討するためには，第2水準の1ケースに属する第1水準の平均ケース数が少なくとも$p+2$以上なければ，安定した結果は得られない（Kenny *et al.* 2006: 279）．NFRJの場合，たった1つの独立変数についてもランダム係数モデルを検討するには不十分である（最低でも3ケースは必要）．

一方，ランダム係数を仮定せずに，ただ第2水準のグループごとに従属変数の値が平均的に上下するだけ（すなわち，回帰直線の切片だけが上下する）と考えるモデルをランダム切片モデルと呼ぶ．ランダム切片モデルでは，第2水準の1ケースに属する第1水準のケース数が小さいことは問題にならない．問題になるのは，ただ第1水準，第2水準それぞれでの全体的なケース数のみである（ここでの例では，それぞれ2195ケース，1358ケースなので十分）．

このような理由から，NFRJのようなダイアド集積型の家族調査では，基本的にランダム切片モデルに範囲を絞った分析になる．ポジティブに捉えるならば必要とされる技術的ハードルが低く，扱いやすい対象といえる．また，この副産物として「独立変数のセンタリング」に気を遣う必要がなくなる．マルチレベル分析のテキストでは，しばしばセンタリングの必要性やその方法に多く

の解説をあてている．センタリングとは，独立変数の値からその全体平均（grand mean）やグループ内での平均（group mean）を引いて，平均が０になるように独立変数を変換することである．マルチレベル分析では，独立変数のセンタリングを行わないと誤った分析結果を導いてしまうことがよく注意される．しかし，センタリングが重要な意味を持つのは，ランダム係数モデルを扱う場合に限られる．NFRJの分析では，ここで述べたとおり，基本的にランダム係数モデルは扱うことができないので，センタリングの問題に神経をとがらせる必要はなく，センタリングしないデータのままで分析を進めて問題ない．

(2) 負のICCへの注意

NFRJの分析における第２の留意事項は，負のICCの可能性を考慮する必要がある，ということである．一般的なマルチレベル分析では，第２水準のグループが共通のケース同士は類似性が高くなることを想定している（同じ学校の生徒同士は他校の生徒よりも似ている，など）．つまり，グループ内の相関であるICCは正の相関を示すことを前提としている．なぜならば，そもそも同じグループを構成する人々は最初からある程度共通の特徴を持つことが考えられるし，また同じグループを構成した後にも共通の環境にさらされやすいからである．家族の例で言えば，同じ親の子は生まれながらに似ているし，同じ家庭環境や共通の地域・人間関係にさらされて育つことで類似性はさらに高くなる．Kenny et al. (2006)は前者を構成効果（compositional effect），後者を共通運命（common fate）と呼んでいる．

加えて，家族という非常に小規模なグループの中では，さらに別の要素も無視できない．第１に，家族の行動が直接的に他の成員の行動や意識に働きかけることがある．たとえば，ある成人親子が満足度の高い関係を保っていれば，それによって別の成人子とも余裕をもった接触や援助交換ができ，そちらの満足度も上がるといったことが考えられる．第２に，より直接的に，一方の親子が満足度の高い関係を保っていること自体を，他方が肯定的に感じて満足度が高くなるといった影響もある．両者はよく似ているが，Kenny et al. (2006)はこれらをそれぞれパートナー効果（partner effect），相互影響（mutual influence）と呼んで区別している．

構成効果や共通運命は家族内の類似性，すなわち正のICCしかもたらしえないが，パートナー効果や相互影響は正のICCだけでなく負のICCも起こしうる．たとえば，親子関係の例で言えば，特定の子どもを経済的に援助する親は，手持ちの資源の制約から他の子どもへの援助を減らす可能性がある．あるいは，親が特定の子どもと親密にしていること自体を，他の子どもが不快に思い親子仲が悪くなる，といったことも家族によってはありえるだろう．小集団のダイアド集積型調査では，こういった負のICCの規模は無視できない．

　ここで問題になってくるのは，分析結果におけるICCの解釈である．一般的なマルチレベル分析では，ICCをデータ全体の誤差のうち第2水準のグループの違いに起因する誤差の割合，すなわち説明されていないグループ内の類似性の強さとして読み取る．したがって，モデルの精緻化によってグループの類似性が説明できるほどICCが低下すると考える．ICCが正の相関であることを前提にする限りにおいて，この読み替えは正しい．しかし，負の相関の可能性を含めるならば，このような解釈は誤解を含んでいる．独立変数でグループ内の負の相関が説明されることによってICCが上昇することもありえるからである．

　したがって，NFRJのようなダイアド集積型の家族調査を分析する場合には，負の相関も一定程度ありえることを考慮する必要がある．前節で，表19.1から算出したICCを読み取って，親子の接触頻度の（このモデルで説明されない）誤差のうち約3分の1は第2水準が要因と推定される，と解釈したが，上に示した理由から，この解釈は厳密には誤りである．とはいえ，ほとんどの場合は，正の相関の方が強いことが多いので，目安としては間違いではない．ただ，モデル間でICCを比較してその変動に厳格な意味を読み取るような利用は危険ということである．

（3）第1水準の独立変数の二重性

　NFRJのマルチレベル分析における第3の留意点は，第1水準の独立変数がそのまま第1水準の効果を表しているとは限らないということである．たとえば，先の分析例の表19.1では，孫がいることが親子の接触頻度を有意に高めることが示された．このとき，孫ありダミーは第1水準の変数であるが，そこ

には家族水準（第2水準）の意味も混じっている．なぜならば，その子ダイアドに孫がいることが重要なのではなく，親にとって「どこかの」子ダイアドに孫がいることが重要なのかもしれないからである．つまり，第1水準の独立変数には，第2水準の意味が混入している．Kenny et al. (2006)はこのような独立変数を混合変数（mixed variables）と呼んでいる．本来，どのようなマルチレベル分析でもこのような現象は発生するが，第2水準の1ケースにぶら下がる第1水準のケース数が極端に小さいNFRJのようなデータでは，この影響が無視できないほど大きくなるので，とくに注意が必要になる．

　第1水準の独立変数の効果をどのように解釈するかは，理論的な面と統計的な面の両面から慎重に扱われなければならない．統計的な検討のためには，単純にその変数を第2水準（家族）の単位で集計した変数を同時に投入してやればよい．たとえば，第2水準の孫ありダミー（3つの子ダイアドのいずれか1つにでも孫がいれば1，いなければ0）を集計して，第1水準の孫ダミーと同時に投入する．

　実際に，表19.1でダイアド水準の変数として投入した4つの独立変数（娘ダミー，子年齢，孫ありダミー，同居ダミー）について，第2水準（家族水準）で集計した変数の効果を統計的に検討してみたところ，孫ありダミーについてのみ，家族水準での集計変数の効果が有意に認められた．

　さらに，「家族水準での集計変数」と一言でいっても，その集計方法は複数考えられることに注意が必要である．代表的には，「合計」「平均」「最大値」の3通りの集計方法がある．孫ありダミーのようなダミー変数を集計する場合，「合計」とは孫がいる子ダイアドのカウント数に相当し，「平均」とは孫がいる子ダイアドの割合に相当する．そして，「最大値」とは，いずれか1つの子ダイアドにでも孫がいるかどうかのダミー変数に相当することになる．孫ありダミーの集計方法について上記の3種類を個別に検討した結果（多重共線性の問題が生じるので同時には検討できない），統計的には，合計（つまり，孫のいる子の人数）がもっとも説明力が高いことがわかったので，これを採用することにした．

　その結果は表19.2にまとめている．表19.2ではnull modelから始まるボトムアップ式のモデル検討の過程も同時に示している．マルチレベル分析のモ

表19.2 親子の年間接触回数のマルチレベル分析（ボトムアップのモデル比較）

固定効果　係数	Model 1	Model 2	Model 3	Model 4
切片	138.79***	-2.34	-40.11	-43.85
ダイアド水準［子水準］				
娘ダミー		43.03***	43.46***	43.61***
子年齢		1.46*	1.14	.97
孫ありダミー		30.68***	30.66***	22.76***
同居ダミー		181.60***	181.17***	181.73***
回答者水準［家族水準］				
母ダミー			38.88***	38.94***
親年齢			.45	.53
孫のいる子の人数				10.27*
ランダム効果　分散				
ダイアド水準	12937.62***	5941.94***	5938.19***	5927.67***
回答者水準	3381.38***	3474.78***	3122.70***	3106.03***
ICC	.207	.369	.345	.344
モデル適合				
パラメータ数	3	7	9	10
-2LL	27480.27	26181.76	26114.84	26108.81

***$p<.001$, **$p<.01$, *$p<.05$.
注：従属変数は親子の年間接触回数．n（ダイアド水準）=2,195，n（回答者水準）=1,358.

デル設定は，一般的に null model から第1水準の独立変数のみのモデル，第2水準の独立変数も含めたモデル，より精緻化されたモデル（ランダム係数モデルなど）と段階を進めるものであるが，NFRJ の分析においては，精緻化されたモデルとして上記の集計変数の効果の検討も望まれるということである．

　表19.2 の Model 3 と Model 4 を対比すればわかるように，ある子ダイアドに孫ができるとそのダイアドの親子関係が活性化するということ自体には間違いはないが，効果は年間約30回から年間約20回に弱まる．Model 4 では，家族単位での「孫のいる子の人数」の効果が無視できないことが示されている．いずれかの子ダイアドに孫ができるごとに，家族全体について親子関係が活性化される（接触頻度が年間10回程度高まる）という効果が認められる．他の子どもからみれば甥・姪の誕生であり，それが家族の接触のきっかけになるということであろう．パラメータ数と-2LL によるモデル間比較では，このモデルの精緻化が有意に適合度を高めていることがわかる（df=10-9=1, $\chi^2=$

$26114.84 - 26108.81 = 6.03$, $p = .014$).

以上のように,第1水準(ダイアド水準)の独立変数に第2水準(家族水準)の効果が混入していることは,NFRJ データの重要な留意点ではあるが,逆に言えばこの点をうまく取り扱うことによって,データ解釈の幅が大きく広がる.機械的にダイアド水準,家族水準の峻別ができるだけでなく,集計変数の可能性を探る過程は重要である.

4 マルチレベル分析による家族研究の発展可能性

この章では,1つの分析例を中心にして,ダイアド集積型調査である NFRJ データに対するマルチレベル分析の適用方法について解説した.このようなマルチレベル分析は,統計的な適切さを確保するという便宜的な面だけでなく,家族研究が取り組むべき本質的な問題に正面から立ち向かう強力な術を与えてくれる.すなわち,NFRJ のマルチレベル分析は,個人や個々のダイアド関係を超えた「家族」の特性を計量的に明らかにしてくれる.

また,さらなる可能性がある.NFRJ は,異なる続柄の家族関係についても共通性が高い調査項目を設けているので,夫婦やきょうだいなど,異なる続柄とのダイアド関係を並列的に第1水準のケースに盛り込むことができる.そうすることで,たとえば,同じ家族関係でも,親子の場合,夫婦の場合,きょうだいの場合で,関係満足度が高まる条件がどう異なるのか(あるいはどう共通なのか),といった分析も可能になる.同一の家族の中で種類の異なる家族関係を直接比較することで,何が夫婦関係や親子関係に固有の特徴なのかをより明示的に知ることができる.特定の家族関係を取り結ばない人々(生涯非婚者,子どもを持たない夫婦,きょうだいのいない1人っ子など)が増加する現代社会で,異なる種類の家族関係の間での代替可能性(あるいは不可能性)を明らかにすることは重要な課題となっているように思える.本書籍ではこういった分析は扱われていないが,NFRJ データのマルチレベル分析はそのような方向性にも可能性を秘めている.

さらに広げて考えるならば,家族研究におけるマルチレベル分析の重要性は,データの比較「軸」の多元化という側面からも理解できる.NFRJ は 98,03,

08と調査時点を積み重ねることで，単一の横断調査に時点間比較という「軸」を加えている．さらに，ダイアドを集積することでダイアド間の比較という別の「軸」が利用できる．一般的に，データの比較「軸」が多元的になるほど分析の厚みが増し，注目する家族現象がより鮮明に捉えられることが期待できる．パネル調査は同一個人の変化という「軸」を加えるし，夫婦のペア調査のようにmulti-actorの「軸」を加える調査もある．マルチレベル分析はこのような「軸」の多元化に対して汎用性の高い対応を可能にしてくれる．

調査設計の当初から企図したわけではないが，マルチレベル分析の発展によってNFRJデータが本来持つ情報量を適切に引き出せる素地が整った．同様の形式によるさらなるデータの蓄積および新たな比較軸を加えた調査方法の発展によって，日本の家族の計量研究は強力に推し進めることができるであろう．

【文献】

Heck, Ronald H., Scott L. Thomas and Lynn N. Tabata, 2014, *Multilevel and Longitudinal Modeling with IBM SPSS, Second Edition*, New York: Routledge.

Kenny, David A., Deborah A. Kashy and William L. Cook, Foreword by Jeffry A. Simpson, 2006, *Dyadic Data Analysis*, New York: Guilford Press.

Luke, Douglas A., 2004, *Multilevel Modeling*, Thousand Oaks: Sage Publications.

Snijders, Tom A. B. and Roel J. Bosker, 2012, *Multilevel Analysis: An Introduction to Basic and Advanced Multilevel Modeling, 2nd ed.*, London: Sage Publications.

Teachman, Jay and Kyle Crowder, 2002, "Multilevel Models in Family Research: Some Conceptual and Methodological Issues," *Journal of Marriage and Family*, 64: 280-294.

渡辺秀樹，2001，「NFR98の思想」嶋﨑尚子編『家族生活についての全国調査（NRJ98）報告書No.2-7　家族と職業』日本家族社会学会全国家族調査（NFR）研究会，pp.79-88.

保田時男，2011，「マルチレベル・モデリングによるNFRJデータの分析方法——ダイアド集積型家族調査の有効活用」稲葉昭英・保田時男編『第3回家族についての全国調査（NFRJ08）第2次報告書第4巻　階層・ネットワーク』日本家族社会学会・全国家族調査委員会，pp.1-19.

付録　NFRJ 調査の概要

(1) 全国家族調査の概要

本書で使用した「全国家族調査」(NFRJ) データは，日本家族社会学会が 1999 年 (NFRJ98)，2004 年 (NFRJ03)，2009 年 (NFRJ08) の 3 回にわたっておこなった調査によるものである[1]．英語名 National Family Research of Japan の頭文字をとって NFRJ と略称している．3 回の調査のそれぞれについて，対象者を抽出した台帳の編成年を表す数字を末尾につけて NFRJ98, NFRJ03, NFRJ08 の略称を使用している．調査が実際に行われたのはそれぞれ 1999 年，2004 年，2009 年の 1-2 月であり，台帳編成年とはそれぞれ 1 年ずれていることに注意されたい．簡便な覚えかたとしては，98, 03, 08 などの末尾の数字は会計年度をあらわすと考えていただいてもよい．

以下では，調査の概要の簡単な説明をおこなう．各調査の詳細は，渡辺・稲葉・嶋﨑編 (2004)，日本家族社会学会 (2005, 2010)，全国家族調査ウェブサイト (http://nfrj.org) をご覧いただきたい．

(2) 調査票と調査対象

「全国家族調査」の調査票には，個人と世帯の基本的属性のほか，一定の親族関係的位置にある人との関係，人生上のさまざまな経験，家族に関する意識や行動を問う項目が配置されている．ただし，社会状況や学術的関心のちがいなどのため，調査のたびに質問の入れ替えや質問文・回答選択肢の変更がおこなわれている (日本家族社会学会 2010: 13-20)．また，対象者の年齢によって家族状況が大きくちがうことを考慮し，2 種類 (NFRJ03) あるいは 3 種類 (NFRJ08，28-47 歳，48-62 歳，63-72 歳) の調査票を使いわけている．いずれの調査票でも，大部分の質問は共通であるが，年齢ごとに想定されるライフステージによって，一部の質問を変えている．調査実施の際，調査員が対象者の生年を確認したうえで，適切な調査票をわたして回答を依頼する．

調査対象は，日本国内（ただし調査困難な島嶼部をのぞく）に居住する個人であり，住民基本台帳または選挙人名簿に登録されていることが条件になる．2009年の住民基本台帳法改正以前はこの条件を満たすのは日本国籍を持つ者に限られていたため，外国人はふくまれていない（総務省統計局「人口推計」によれば，2003年10月時点の28-77歳人口のうち日本国籍を持つ者は98.9%である）．NFRJ98とNFRJ03の調査対象は，それぞれ1998年末と2003年末で28-77歳の者である．NFRJ08は，予算的な制約が大きかったため，2008年末で28-72歳の者を対象としており，前2回の調査にくらべて最高齢の層が5歳分短くなっている．

　対象者の抽出は，いずれも層化2段無作為抽出による．47都道府県内の市町村を，都市規模等によって3種類あるいは4種類にわけ，108個から153個の「層」を設定した．こうして設定した各層について，国勢調査の調査区または基本単位区（総務省統計局 n.d.）を利用して，調査地点を抽出した．各層からの地点抽出は，抽出確率を各地点の人口に比例させる「確率比例抽出法」による．なお，NFRJ98では，性別と年齢階級（5歳刻み）による20区分について，各層の抽出対象者の構成が全国における構成に等しくなるように，性別・年齢階級まで指定して地点別抽出人数を決めた（渡辺・稲葉・嶋﨑編 2004: 16-17）．

　このようにして抽出した調査地点について，各自治体において住民基本台帳または選挙人名簿を閲覧し，調査対象となる個人を抽出した．最初の1人はランダムな番号により抽出し，2人め以降は一定の間隔で抽出する「系統抽出法」による．なお，台帳が閲覧できなかった調査地点（NFRJ03で3地点，NFRJ08で2地点）については，同一層内の別の自治体から代わりの地点をえらんだ（日本家族社会学会 2005: 24, 2010: 22）．

　各地点からは，割り当てられた人数（正規対象）に加えて，「予備対象」も抽出した．予備対象は，特定の理由（後述）によって正規対象の調査ができなかった場合にだけ調査の対象とする．

(3) 調査実施と回収状況

　実際の調査は，訪問留置法による．台帳に記載されていた対象者住所を調査

員が訪問し，調査の趣旨を説明したうえで，調査票を預けて対象者本人に記入してもらい，後日回収する．調査票回収時に，対象者本人が記入したかどうか，記入もれはないか，あきらかな間違いはないかなど，調査員による簡単な点検をおこなう．ただし，NFRJ08 では，個人情報保護やプライバシー意識の高まりに配慮して，密封や郵送の方法によって，調査員の目に回答が触れない形でも回答できるようにした．これらの方法による回収数は，NFRJ08 回収票全体の 12.6% である（日本家族社会学会 2010: 36）．

対象者が不在だったり協力を拒否されたりして調査できなかった場合，原則として「欠票」となる．ただし，転居・死亡・身体的理由による場合は，代わりに予備対象を調査することがある．NFRJ98 では，68 歳以上の対象者について，同年齢階級の同性の予備対象を用意した．NFRJ03, NFRJ08 では，年齢・性別にかかわらず，各地点に用意した予備対象を調査した[2]．

回収率は，NFRJ98 では 66.5%，NFRJ03 では 63.0%，NFRJ08 では 55.4% であった．3 回の調査とも，男性よりも女性のほうが回収率が高い．また，性別と年齢を組み合わせて検討すると，回収率にちがいがあり，調査によっては，特定の性・年齢層にかたよりがみられる場合がある（渡辺・稲葉・嶋﨑 2004: 17-18; 日本家族社会学会 2005: 29; 稲葉 2010: 228-229）．

「国勢調査」等と比較すると，全国家族調査には，有配偶率が高いという共通のかたよりがある（渡辺・稲葉・嶋﨑 2004: 17-23; 日本家族社会学会 2005: 31-46; 永井 2010: 232-233）．そのほか，各報告書には，それぞれの調査についてのかたよりが報告されている．分析結果の解釈にあたっては，これらのかたよりに留意する必要がある．

(4) NFRJ08 調査について

NFRJ08 は 1936-1945 年生まれ，1946-1960 年生まれ，1961-1980 年生まれで対象者を区分し，それぞれ若年者票（28-47 歳），壮年者票（48-62 歳），高年者票（63-72 歳）の調査票を使用している．回収率は若年者票では全体で 54.7%，男性 51.3%，女性 58.0%，壮年者票は同 56.1%，54.6%，57.6%，高年者票は同 55.2%，55.2%，55.3% であった．

(5) 研究経費

NFRJ08 の実施及び本書の作成にあたって，日本学術振興会より以下の科学研究費の助成を受けた．記して謝意を表したい．

基盤研究（A）「家族研究のための大規模長期継続データの構築」（2006-2009 年度，研究課題番号：18203030，研究代表者：稲葉昭英）　47190 千円（直接経費 36300 千円）

基盤研究（B）「日本の家族に関するトレンド分析」（2010-2012 年度，研究課題番号：22330155，研究代表者：永井曉子）　11960 千円（直接経費 9200 千円）

基盤研究（C）「全国家族調査データを用いた 1999-2009 年の日本の家族の総合的研究」（2013-2015 年度，研究課題番号：25380683，研究代表者：稲葉昭英）　4810 千円（直接経費 3700 千円）

1) これらの 3 回の調査以外に，2002 年には女性だけを対象とした 5000 人規模の特別調査「戦後日本の家族の歩み」（NFRJ-S01）を，2010-2013 年には，NFRJ08 回答者の一部を対象とした追跡調査「全国家族調査パネルスタディ」（NFRJ-08Panel）を実施している．
2) NFRJ08 における予備対象使用状況とそれにともなう回収票の偏りについては，稲葉（2010: 226-228）を参照．

【文献】
稲葉昭英，2010，「NFRJ08 のデータ特性——予備標本・回収率・有配偶率」『家族社会学研究』22(2): 226-231.
永井曉子，2010，「NFRJ08 回答者の基本属性」『家族社会学研究』22(2): 232-237.
日本家族社会学会全国家族調査委員会，2005，『第 2 回家族についての全国調査（NFRJ03）　第 1 次報告書』．
日本家族社会学会全国家族調査委員会，2010，『第 3 回家族についての全国調査（NFRJ08）　第 1 次報告書』．
総務省統計局，n.d.，「平成 7 年国勢調査 統計表で用いられる地域区分の解説」（http://www.stat.go.jp/data/kokusei/1995/04-02.htm　2015.9.28 閲覧）．
渡辺秀樹・稲葉昭英・嶋﨑尚子編，2004，『現代家族の構造と変容』東京大学出版会．

（田中重人）

執筆者一覧（執筆順，＊編者）

＊稲葉　昭英	（いなば・あきひで）	慶應義塾大学文学部教授	
＊保田　時男	（やすだ・ときお）	関西大学社会学部教授	
＊田渕　六郎	（たぶち・ろくろう）	上智大学総合人間科学部教授	
＊田中　重人	（たなか・しげと）	東北大学大学院文学研究科准教授	
筒井　淳也	（つつい・じゅんや）	立命館大学産業社会学部教授	
永井　暁子	（ながい・あきこ）	日本女子大学人間社会学部准教授	
西野　理子	（にしの・みちこ）	東洋大学社会学部教授	
中西　泰子	（なかにし・やすこ）	相模女子大学人間社会学部准教授	
大日　義晴	（だいにち・よしはる）	日本女子大学人間社会学部助教	
菅野　　剛	（すがの・つよし）	日本大学文理学部教授	
荒牧　草平	（あらまき・そうへい）	日本女子大学人間社会学部准教授	
平沢　和司	（ひらさわ・かずし）	北海道大学大学院文学研究科教授	
福田　亘孝	（ふくだ・のぶたか）	東北大学大学院教育学研究科教授	
松田　茂樹	（まつだ・しげき）	中京大学現代社会学部教授	
西村　純子	（にしむら・じゅんこ）	明星大学人文学部教授	
松井　真一	（まつい・しんいち）	愛知学院大学教養部専任講師	
鈴木　富美子	（すずき・ふみこ）	東京大学社会科学研究所助教	
品田　知美	（しなだ・ともみ）	城西国際大学福祉総合学部准教授	
田中　慶子	（たなか・けいこ）	公益財団法人家計経済研究所次席研究員	
嶋﨑　尚子	（しまざき・なおこ）	早稲田大学文学学術院教授	
施　利平	（シ・リーピン）	明治大学情報コミュニケーション学部教授	
金　貞任	（キム・ジョンニム）	東京福祉大学社会福祉学部教授	
大和　礼子	（やまと・れいこ）	関西大学社会学部教授	
乾　順子	（いぬい・じゅんこ）	大阪経済法科大学法学部助教	
内田　哲郎	（うちだ・てつろう）	くらしのつくり方研究所代表	
裵　智恵	（ベ・ジヘ）	桜美林大学リベラルアーツ学群専任講師	
島　直子	（しま・なおこ）	国立女性教育会館研究員	
賀茂　美則	（かも・よしのり）	ルイジアナ州立大学社会学部教授	

日本の家族　1999-2009
全国家族調査［NFRJ］による計量社会学

2016 年 6 月 30 日　初　版

［検印廃止］

編　者　稲葉昭英・保田時男
　　　　田渕六郎・田中重人

発行所　一般財団法人　東京大学出版会

　　　　代表者　古田元夫
　　　　153-0041　東京都目黒区駒場 4-5-29
　　　　http://www.utp.or.jp/
　　　　電話 03-6407-1069　Fax 03-6407-1991
　　　　振替 00160-6-59964

印刷所　株式会社精興社
製本所　誠製本株式会社

Ⓒ 2016 Akihide Inaba et al.
ISBN 978-4-13-050188-0　Printed in Japan

[JCOPY]〈(社)出版者著作権管理機構　委託出版物〉
本書の無断複写は著作権法上での例外を除き禁じられています．複写される場合は，そのつど事前に，(社)出版者著作権管理機構（電話 03-3513-6969，FAX 03-3513-6979, e-mail: info@jcopy.or.jp）の許諾を得てください．

現代家族の構造と変容	渡辺秀樹・稲葉昭英・嶋﨑尚子 編	A5・7800円
少子化時代の家族変容	阿藤 誠・西岡八郎・津谷典子・福田亘孝 編	A5・4800円
ワーク・ライフ・バランスと家族形成	樋口美雄・府川哲夫 編	A5・4200円
女性の就業と家族のゆくえ	岩間暁子	A5・3800円
現代家族のパラダイム革新	野々山久也	A5・4300円
格差社会の福祉と意識	武川正吾・白波瀬佐和子 編	A5・3700円
福祉社会の価値意識	武川正吾 編	A5・5000円
ソーシャル・キャピタルと格差社会	辻 竜平・佐藤嘉倫 編	A5・3800円
高齢期と社会的不平等	平岡公一 編	A5・5200円

現代の階層社会（全3巻）　　　　　　　　　　A5 各4800円
　［1］　格差と多様性　　佐藤嘉倫・尾嶋史章 編
　［2］　階層と移動の構造　　石田浩・近藤博之・中尾啓子 編
　［3］　流動化のなかの社会意識　　斎藤友里子・三隅一人 編

シリーズ福祉社会学（全4巻）　　　　　　　　A5 各3500円
　［1］　公共性の福祉社会学　　武川正吾 編
　［2］　闘争性の福祉社会学　　副田義也 編
　［3］　協働性の福祉社会学　　藤村正之 編
　［4］　親密性の福祉社会学　　庄司洋子 編

ここに表示された価格は本体価格です．ご購入の
際には消費税が加算されますのでご了承下さい．